YO-CUN-346

Colección La mujer en la literatura hispánica
Dirigida por Juana Alcira Arancibia

Volumen I
La nueva mujer en la escritura de autoras hispánicas
Juana Alcira Arancibia y Yolanda Rosas,
editoras

Volumen II
Amantes, cautivas y guerreras
por Marta de París

Volumen III
Protestas, interrogantes y agonías
en la obra de Rima de Vallbona
Juana Alcira Arancibia y Luis A. Jiménes,
editores

Todos los libros de la COLECCIÓN "LA MUJER EN LA LITERATURA HISPÁNICA" son publicados por la Revista Alba de América y el Instituto Literario y Cultural Hispánico 8452 Furman Avenue, Westminster. CA. 92683. Teléfono (714) 892-8285, California, Estados Unidos de Norteamérica.

PROTESTAS, INTERROGANTES Y AGONIAS EN LA OBRA DE RIMA DE VALLBONA

Juana Alcira Arancibia
y Luis A. Jiménez
Editores

Volumen III

"La mujer en la literatura hispánica
Dirigida por Juana Alcira Arancibia"

INSTITUTO LITERARIO Y CULTURAL HISPANICO

Ediciones
Perro Azul

Diseño de la portada: Jaime Belden
Obra de arte: RHIUX. A (Lilia Fischer-Ruiz) Retrato de Sisi Oleo/Collage
COMPOSICIÓN TIPOGRÁFICA: Lucía M. Picado
CORRECCION FILOLOGICA: Jorge Chen Sham
EDICIÓN GRÁFICA: Ediciones Perro Azul - Tel. 280 79 90   Fax: 285 35 11
                   Apartado Postal 376 - 2070 SABANILLA — COSTA RICA

801.953
P967   Protestas, interrogantes y agonías en la obra de Rima de
       Vallbona / Comp. por Juana Alcira Arancibia y Luis A.
       Jiménez. -- 1ª ed. -- San José, C.R. : Ediciones Perro Azul,
       1997.
       438 p.; 21 cm. -- (Colección La Mujer en la literatura
       hispánica)

       ISBN 9968-9846-0-4

       1. Rothe de Vallbona, Rima Gretchen - Crítica literaria. 2.
       Mujeres en la literatura. I. Arancibia, Juana Alcira. II.
       Jiménez, Luis A. III. Título.

© D R ® Rima Gretchen Rothe de Vallbona.

© D R ® Juana Alcira Arancibia y Luis A. Jiménez

© D R ® Instituto Literario y Cultura Hispánico.

8452 Furman Avenue, Westminster CA 92683 Estados Unidos de Norteamérica
Tel. (714) 892-8285.

PROTESTAS, INTERROGANTES Y AGONIAS EN LA OBRA DE RIMA DE VALLBONA, ensayos compilados por © D R ® Juana Alcira Arancibia y Luis A. Jiménez y escritos por Enrique Anderson Imbert, Lee Dowling, Angela B. Dellepiane, Mary Gómez Parham, Cida S. Chase, Nori Molina y Julia E. Patiño, Virginia Sandoval de Fonseca, Juliette Decreus, Berti Acker, Daniel Alejandro Silvestre, Lee A. Daniel, Delia V. Galván, Amalia C. Lasarte Dishman, Virginia Caamaño, Kattia Chinchilla Sánchez, Julia G. Cruz, Luis A. Jiménez; Estébana Matarrita, María Amoretti Hurtado, Jorge Chen Sham, Nancy M. Kason; María A. Umanzor, Anabella Acevedo; Rima de Vallbona, Belkis Cuza Malé y Juana Alcira Arancibia © D R ® y es una obra más de la COLECCIÓN LA MUJER EN LA LITERATURA HISPÁNICA, dirigida por Juana Alcira Arancibia © D R ® Hecho el Depósito de Ley con Registro Legal.

Alba de América, Revista Literaria
ISBN: 0888-3181

• Impreso en Costa Rica

• Printed in Costa Rica

ÍNDICE

Página

PROTESTAS, INTERROGANTES Y AGONÍAS EN LA OBRA DE RIMA DE VALLBONA

Nota preliminar
Juana Alcira Arancibia y Nélida Norris 9

Carta-Prólogo
Enrique Anderson Imbert 13

Perspectivas de la narración y desafíos ideológicos
en algunas de las obras tempranas de Rima de Vallbona
Lee Dowling 19

La imagen del hombre en la obra de las escritores
contemporáneas: el caso de Rima de Vallbona
Mary Gómez Parham 41

Los personajes protagónicos de las novelas
de Rima de Vallbona
Ángela B. Dellepiane 61

Noche en vela: discurso y temática
Cida S. Chase 83

La escritura femenina en "Balada de un sueño"
Nory Molina y Julia E. Patiño 95

Las sombras que perseguimos o una práctica de relectura
Virginia Sandoval de Fonseca 109

Búsqueda agónica de la fe en los protagonistas
de *Noche en vela* y *Las sombras que perseguimos*
Juliette Decreus 123

Rima de Vallbona: dos novelas y muchos enigmas
   Bertie Acker 135

Acercamiento psicocrítico a cuentos de Rima de Vallbona
   Daniel Alejandro Silvestri 143

Kafka y Vallbona: exilio del ser o la busca
de respuestas al enigma de la existencia
   Ester de Izaguirre 173

Ekphrasis en "El impostor" de Rima de Vallbona
   Lee A. Daniel 183

Medios de distanciamiento de la realidad
en *Cosecha de pecadores*
   Delia Galván 191

Cosecha de pecadores: una carcajada solapada.
   Amalia C. Lasarte Dishman 201

¿Seguirá tejiendo Penélope?
   Virginia Caamaño 207

¿Quién es la tejedora de palabras? ¿Una medusa,
una sirena, la bruja Circe, una novia o algo más?
   Kattia Chinchilla Sánchez 223

La perspectiva mágica de la Circe de Rima de Vallbona
   Julia G. Cruz 237

Construyendo el sujeto femenino en
Los infiernos de la mujer y algo más...
   Luis A. Jiménez 247

Macroestructura en el cuentario *Los infiernos
de la mujer y algo más...*
  Estébana Matarrita 257

La morada interior y sus espectros
  María Amoretti Hurtado 275

Estrategia epigrafial y doble lectura en
Mundo, demonio y mujer
  Jorge Chen Sham 301

A través del espejo: el proceso de concientización
en *Mundo, demonio y mujer*
  Nancy M. Kason 311

La búsqueda de la salida laberíntica de Renata
en la relectura de *Mundo, demonio y mujer*
  Marta Aída Umanzor 321

La búsqueda de los espacios propios: un
acercamiento a *Mundo, demonio y mujer*
  Anabella Acevedo 335

Espinas y laureles del quehacer literario
en Hispanoamérica
  Rima de Vallbona 345

Desde Miami con Rima de Vallbona (Entrevista)
  Belkis Cuza Malé 387

Entrevista con Rima de Vallbona
  Juana Alcira Arancibia 403

Bibliografía de y sobre Rima de Vallbona
  Luis A. Jiménez 413

NOTA PRELIMINAR
Juana Alcira Arancibia
Instituto Literario y Cultural Hispánico
y Nélida Galovic Norris
University of Miami

Por el aporte crítico de los ensayos que reúne este volumen se puede inferir que estamos frente a una escritora de complejas aptitudes novelísticas. La "Carta-Prólogo" de Enrique Anderson Imbert anticipa admirablemente la práctica escritural que Rima de Vallbona cultiva en su obra literaria.

Hay, por lo demás, en el predominio de análisis de índole psicológico, que adoptan muchos de estos ensayos, un indicio significativo de la trascendencia que Vallbona atribuye a los problemas humanos, como se verá, en el carácter unívoco del desasosiego femenino.

En conocimiento por experiencia propia, de las inquietudes y zozobras que problematizan a la mujer, Vallbona reelabora, amalgama y luego ficcionaliza o literaturiza, como ella afirma, con retazos autobiográficos, vivencias angustiosas del sentir femenino en conflicto con los tradicionales deberes que le impone la sociedad. En los personajes de la autora, este conflicto se interioriza en introspecciones y ansias insatisfechas que, a lo largo de su tramo expresivo, va en pos de la búsqueda existencial y la de Dios. Atada al proceso creador, esa búsqueda articula el sentimiento de la mujer desde una substancial proyección psicológica rica en complejidad imaginativa. De esta forma, presa de intensidad envolvente y una óptica que mira por dentro, Vallbona devela en sus novelas la plurivalencia del sentir femenino, corroborando de ese modo que hay una literatura escrita por mujeres, "cuya voz y temas son femeninos, una literatura con trazos que la diferencian de la escrita por los hombres" (Arancibia, "Entrevista": 1990). A veces ese sentir femenino, dice Ángela Dellepiane, se hunde en el pozo amargo de los recuerdos que asaltan a Luisa, personaje central de la novela *Noche en vela;* otras veces se sumerge en el soliloquio de sueños abrumadores que construye la mente de Renata, protagonista de *Mundo, demonio y mujer* o se concreta en la gestación de un mundo ficcional creado por la imaginación de Cristina, la trágica figura de la esposa en *Las sombras que perseguimos*.

Pero aunque es cierto que el personaje femenino acapara la materia y espíritu vallboniano, la temática de esta escritora costarricense no se repliega en un estrecho código femenista. La problemática existencial también fermenta con irresistible atracción en la psique masculina. Lo atestigua, entre otros, Pedro Almirante, personaje de corte unamuniano que, al igual que Cristina *(Sombras)*, trata de novelizarse mediante una intensa labor escritural para luego ganarse, al menos, afirma Juliette Decreus, "un instante de eternidad en la mente de algún lector".

Asimismo, la cuentística de Vallbona testimonia un anecdotario de personalísimas ideas en pleno conflicto con la realidad circundante. Y en ese afinamiento de ideas, el relato vallboniano establece tonificantes conexiones con todas las corrientes de la cuentística moderna. Así, en "El hondón de las sorpresas", Ester de Izaguirre discierne la correlación kafkiana en "esa realidad antojadiza creada por la imaginación del personaje"; en "El impostor", el trasunto de transmigración del alma, configurado por "el tratamiento de la ekphrasis" resulta, según Lee Daniel, en un ingenioso proceso de reencarnación al revés; en "El legado de la venerable María de Jesús de Agreda", la unidad temática, dice Delia Galván, se beneficia de la noción del doble dentro de una "multiplicidad de tiempos, espacios y narradores"; mientras que en los cuentos de "Penélope en sus bodas de plata" y "La tejedora de palabras", Penélope y Circe, respectivamente, surgen de la mitología griega con renovada notoriedad: la primera, según Lee Dowling, para rechazar el yugo de la domesticidad de la mujer moderna y, la segunda, como indica Julia Cruz, "para propiciar lo fantástico... con la intromisión de lo insólito" en el mundo real. Vallbona crea ese universo fantástico a través del lenguaje de su Circe.

Los cuentos de Rima son ámbitos infernales a los que nos hace acceder, en plenitud, por fuerza y gracia de su talento narrativo. La esperanza y la fe les son ajenas a sus personajes que, como afirma Ester de Izaguirre, "buscan un castillo al que nunca llegarán y se sienten juzgados o perseguidos por una culpa que no saben cuál es" (Conferencia, Buenos Aires, 1994). Con tal estilo el que gana es el lector al que no le importa al recrear un libro si va a ascender al paraíso o descender a los infiernos, lo que le interesa realmente es buscar y encontrar en los personajes su propia desmedida y castigada pasión. Catarsis lo llamaban los griegos, evasión o libertad podemos llamarla hoy.

En el mundo ficticio de Rima no cabe la virtud, ni la bondad. Sus personajes están erizados, algunos de resentimiento, otros de rencor y otros de hartura. Los personajes son crueles, pero la forma de narrar nos introduce a ellos como a un mundo de normalidad. Lo normal es la maldad. Hay en los cuentos de la autora, una extraña mezcla de sentimentalismo y maldad, de tal modo que cuando los personajes dicen "yo tenía que matar" nos sentimos de parte de ellos, los comprendemos. Hay sinceridad en sus cuentos, el narrador ficticio expresa lo que siente. Todos los personajes de los cuentos son inteligentes y vivos como personajes de novela. Si tuviéramos que clasificar los cuentos de Rima según la definición de los críticos, podríamos decir que son mininovelas. El acontecimiento único que caracteriza al cuento no es tan importante para Rima, como lo es el de profundizar en los ocultos móviles morbosos que en la vida real el hombre esconde en su inconsciente.

En última instancia, las criaturas ficcionales de esta escritora nunca son seres triviales aún cuando vivan y se muevan dentro de un núcleo de realidades cotidianas. Estas criaturas son los portavoces de las ideas de su creadora con las que construye su mundo imaginario. Es que Vallbona ha dicho en varias oportunidades que escribe por una íntima necesidad para crear su mundo de ficción que no es más que el resultado de amasar sus propias experiencias, su realidad vivida. La autora admite que crea ese universo ficticio como un refugio de este mundo miserable, como afirman los personajes Renata *(Mundo, demonio y mujer)* y Pedro *(Las sombras que perseguimos).*

El montaje narrativo de esta talentosa creadora, rico en protagonizaciones de acendrada introspección psicológica, de inusitada complejidad temática y de probada disciplina técnica, sin duda oculta el anhelo expresado por Pedro Almirante: "La verdad es que yo escribo para garantizarme una forma de salvación". Si así fuese, la obra de Vallbona ya es un acontecer literario de gran valor. El celo investigador que le prestan los ensayos incluidos en este volumen, es una prueba contundente. Indudablemente, Rima de Vallbona es como dice Enrique Anderson Imbert "una de nuestras mejores narradoras de la literatura hispanoamericana".

CARTA-PRÓLOGO
Enrique Anderson Imbert.
Harvard University

Señora Rima de Vallbona:

Sus libros me llegaron por casualidad. ¿No es así, por casualidad, como nos conocemos los escritores de nuestros Estados Desunidos de América? La lengua española es una de las más habladas en la civilización occidental pero desgraciadamente su literatura no es de las más leídas. Ni siquiera por nosotros mismos. Los hispanoamericanos estamos tan atentos a los prestigios de otras culturas que desatendemos la propia. De cuando en cuando, por casualidad, nos llegan libros de países hermanos pero no bien conocidos. Entonces suele ocurrir que, con sorpresa, descubrimos un talento que por ser de nuestra lengua nos llena de orgullo.
  Es lo que me ha pasado con usted. Yo no la conocía. Ahora sé que es autora de narraciones extraordinarias por el profundo análisis psicológico, la visión poética del mundo y la elegante claridad de su prosa. Sin duda es usted una de las mejores narradoras de nuestra literatura hispanoamericana.
  Me he enterado de que usted nació en Costa Rica; que en 1956 se estableció en Houston, Texas, donde se casó con un distinguido médico español y tuvieron tres hijas y un hijo; que estudió en universidades de Costa Rica, de Salamanca, de París; que se doctoró en los Estados Unidos y desde 1964 es profesora de literatura hispánica en University of Saint Thomas en Houston, Texas; que ha publicado trabajos de investigación, novelas y colecciones de cuentos; que ha merecido diversos premios...
  Ya ve, es poco lo que sé de usted, en cuanto persona; y es mejor que sea así pues lo que importa, en crítica, no es la biografía de un escritor sino el valor estético de su obra. A lo más, importan las confidencias literarias porque, al fin y al cabo ¿no le parece? son parte de la obra. He aquí algunas, de usted:

Todo lo rutinario me exaspera. Por eso escribo sin método, sin plan alguno, desordenadamente. Pero siempre escribo, casi día tras día; y cuando paso algún tiempo sin tocar la pluma, me siento enferma de veras, inquieta, perdida dentro de mí misma. Mi obra forma parte de la realidad vivida; hasta aquello que parece fantasía lo he recogido de la realidad; esto, más una dosis de imaginación y poesía, son mis novelas, mis cuentos. En mis libros hay siempre un poco de autobiografía, pero una autobiografía vista con ojos ajenos que exageran o disminuyen los hechos, los literaturizan" ("Autorretrato" en *Noche en vela,* 1969).

No escribo ni para el público hispano ni para el anglosajón pues siempre trato de desarrollar temas universales aunque tengan raíces en la realidad latinoamericana o estadounidense [...]. Con quien siento verdadera afinidad en lo que respecta a los cuentos es con Julio Cortázar [...]. En cuanto a las novelas, Kundera ("Respuestas a un cuestionario", 1989).

En verdad las narraciones de usted no se asemejan ni a las de Cortázar ni a las de Kundera ni a las de nadie. Son demasiado espontáneas, sinceras, personales para que se le peguen ajenos trucos de estilo. Lo que sí hay en usted es una educada conciencia de las viejas y nuevas estructuras narrativas. Por ejemplo, su primera novela, *Noche en vela* (1968), asombra por la rapidez vertiginosa con que sus formas cambian sin desintegrarse en el caos de las antinovelas experimentales de moda en esos mismos años. Al contrario, en cada uno de sus segmentos usted hace que Luisa —la narradora protagonista— cuide que no se rompa el hilo de sentido que une escenas que saltan en el tiempo, ya para atrás, ya para adelante.

Ha muerto la odiada tía Leonor. En las horas de la "noche en vela", sentada frente al ataúd, entre cirios y flores, Luisa evoca la historia de la familia y de su propia adolescencia. La fina caracterización de los personajes, la precisa pintura del ambiente, la diversidad de tonos, que van de lo truculento a lo lírico, los diálogos ricos en sinrazones incoherentes y también en lúcidos razonamientos, y sobre todo los monólogos interiores de la atormentada Luisa, que iluminan aún las zonas más oscuras de su oficio y no dejan que la novela se le desarme. La felicito, Rima. Usted usa la técnica de lo que William James llamó *"stream of consciousness"* pero nunca cae en la ilegibilidad de los joyceanos que la exageraron.

Su prosa de usted es tan flexible y sabia que se ciñe exactamente a las ondas de sus experiencias sin necesidad de ceder a la irresponsabilidad de la "escritura automática".

De *Polvo del camino* (1971) sólo he podido leer el cuento "Caña hueca". Admirable: Dorita, Juliana, Chumico el Tonto ¡y Caridad! de un momento a otro se desprenderán de las páginas y serán personas de carne y hueso.

Usted, contestando a una encuesta, dijo: "Mi obra favorita es *Mujeres y agonías* porque marca la madurez mía en el manejo de recursos narrativos". Será así, puesto que usted lo dice, pero quiero asegurarle que en *Noche en vela* usted ya manejaba sus recursos con madurez. Allí, por ejemplo, usted compone un armonioso contrapunto donde entran la fantasía, la reflexión, la creación metafórica, la locura, el soñar despierto y la pesadilla. ¿Qué le parece? ¡No cualquiera! En el capítulo VI Luisa, que nos dice haber leído las *Ficciones* y *El Aleph* de Borges, juega con la metafísica: "¿Y si todo esto en total fuera una sola pesadilla continuada, un sueño de horror? [...] ¿Y si en vez de estar soñando pesadillas y de estar siendo yo, fuera otro el que me esté soñando y yo un día me descubriese siendo sueño pesadilla de otro?". Estos temas, estas formas, reaparecen en *Mujeres y agonías*, a mi juicio con igual plenitud.

En los cuentos de *Mujeres y agonías* (1982) usted ahonda en los problemas humanos (especialmente en los femeninos) y lo hace con tanta angustia que uno no puede menos de recordar la de los existencialistas, pero esos sentimientos adquieren fuerza artística gracias a las ingeniosas formas que usted les da. En "El impostor" ha superpuesto, magistralmente, varias for-mas: la del "doble", la del "retrato viviente", la del "sueño-vida que resulta en vida-sueño", la de la "fusión de épocas". El narrador nos habla en 1975 de un tal Pedro Romero que vive a su lado como colega universitario, pero que también vive (y muere) en el siglo XVIII como Conde de Regla. En "Beto y Betina", otra vez la forma del "doble" o, más bien, la de la personalidad invertida: Alberto es Albertina (como en Proust). En "Penélope en sus bodas de plata" la figura de la homérica Penélope prepara, paródicamente, la sorpresiva escena de la liberación de una mujer abandonada. Todos los cuentos de esta recopilación son riquísimos en rasgos impresionistas (que describen el golpe de la realidad sobre la íntima organización nerviosa del autor o su personaje; las impresiones son autónomas) y expresionistas (que muestran cómo la conciencia sale al encuentro de las impresiones sensoriales y las somete a un nuevo plan; las impresiones, ahora, aparecen configuradas por todo lo que el autor o el personaje siente, percibe, imagina, recuerda, piensa y quiere). En este sentido sí, Rima, usted tiene razón al preferir *Mujeres y agonías* por su madurez estilística.

Esta carta se está alargando demasiado pero algo tengo que decirle sobre *Las sombras que perseguimos* (1986). Esta novela es muy diferente de la primera ¿no? *Noche en vela* transcurría en unas pocas horas; toda la acción consistía en las evocaciones de una adolescente; la prosa, aún en los pasajes más sórdidos, era poemática; predominaba la fantasía. En cambio, en *Las sombras que perseguimos* varios personajes comentan el accidente fatal de un hombre misterioso que ha dejado una libreta que "es una mezcla de diario íntimo, conato de novela y colección de apuntes". Los acontecimientos referidos en esa libreta corresponden a una historia de más de medio siglo. No hay unidad. Muchos fragmentos quedan sueltos. El acento cae en la realidad objetiva vista con un humor mas irónico e intelectual que antes. Claro, el don de frase, la abundancia de imágenes, los constantes aciertos de estilo, el brillo de la prosa logran que el realismo de su novela no se confunda con el realismo ingenuo de la literatura costumbrista.

Y por fin, Rima, llego al motivo de esta carta, que es agradecerle por haberme permitido leer el manuscrito de *El arcángel del perdón*. Pertenece, en cierto modo, a la "literatura infantil", el más difícil de los géneros (por algo será que apareció muy tarde, en el siglo XIX). ¿Por qué es tan difícil? Bueno, en parte porque las ganas de contar cuentos a los niños se malogran por la intervención de propósitos didácticos y moralizadores: se quiere enseñar, más que entretener. En parte porque, así como al hablar con un niño nos agachamos (a menos que seamos enanos), también al escribir para los niños bajamos el nivel de nuestro lenguaje, nuestro saber, nuestros gustos y estilos. En parte porque cuando el escritor piensa en niños suele enternecerse, revive su propia infancia, él mismo se aniña y se pone demasiado sentimental. Y ya se sabe que lo que vale en literatura no son los sentimientos naturales sino los sentimientos fríamente cristalizados en formas artísticas.

Usted se libra de estas trampas del género porque a pesar de que dedica los cuentos "a los niños", *El arcángel del perdón* no es un libro *para* niños sino *sobre* niños. En todo caso, para esos niños que fuimos, nosotros, viejos lectores que tenemos: "la carne triste y hemos leído todos los libros". La clave de la intención de usted está en las líneas de la dedicatoria a su marido: "A ti, Carlos, niño eterno, algunos momentos de tu infancia, la de nuestros hijos, en estas páginas".

Cuando parece que usted va a terminar en una moraleja, el cuento se salva con una sorpresa final, como "El árbol del chumico". Natacha cuenta un cuento, en "Vocación temprana", pero por suerte usted estiliza su habla. Usted, siempre usted es la que cuenta lo que hacen los niños y medita sobre la niñez. En "Los niños y el arcano" usted "se dice a sí misma que, en medio de su ignorancia, los niños, todos los niños, tienen la sabiduría de rozar el arcano; el acierto de resolver aplastantes problemas filosóficos y metafísicos en un abrir y cerrar de ojos, sin los aspavientos sabihondos de los mayores"; y en "El niño y el tiempo" es la madre, es usted la protagonista.

Sí, Rima, *El arcángel del perdón* es un libro *sobre* niños. Sus cuentos suelen tener marco, como en las colecciones de cuentos medievales. "Te voy a contar un cuento", dice la madre, y a continuación lo cuenta. Además de estar encuadrados en circunstancias familiares estos cuentos se continúan unos a otros, con los mismos personajes y aún con las mismas situaciones. Todo esto le da al libro un movimiento novelesco. Y en cierto sentido es una novela porque se desarrolla linealmente en el tiempo y vemos crecer a Pablito y a Natacha ("Hacia la vida").

En sus obras anteriores oímos al fondo el fragor de la violenta vida centroamericana; en *El arcángel del perdón* oímos las voces de una tranquila familia en los Estados Unidos. Lo que no ha cambiado es la estremecedora concepción del mundo de usted, notable aún al hablarnos de sus niños.

La saluda muy cordialmente,

Enrique Anderson Imbert.

PERSPECTIVAS DE LA NARRACIÓN Y DESAFÍOS IDEOLÓGICOS EN ALGUNAS DE LAS OBRAS TEMPRANAS DE RIMA DE VALLBONA
Lee Dowling
University of Houston

I

En su prólogo a la novela *Noche en vela,* Jézer González coloca a la escritora Rima de Vallbona entre un distinguido grupo de autores de su país que incluye a Adolfo Herrera García, Carlos Luis Fallas, José Marín Cañas, Fabián Dobles, Joaquín Gutiérrez y Yolanda Oreamuno. Comenta González que la mayoría de estos prosistas siguen una misma tendencia: un realismo lindante muchas veces con el realismo socialista. Al mismo tiempo, señala que las dos mujeres, Oreamuno y Vallbona, difieren marcadamente de los otros en cuanto a su temática y a los procedimientos mediante los que desarrollan dicha temática. Ambas mujeres plantean en sus obras la situación de dominación en la que debe desenvolverse la mujer costarricense y quizá la latinoamericana. Además, las técnicas que emplean se parecen en mucho a las mismas que asociamos con la nueva narrativa hispanoamericana. En este sentido, los escritos de Yolanda Oreamuno y Rima de Vallbona constituyen una importante ruptura dentro de la tradición literaria costarricense (González: 6).

De las dos, Yolanda Oreamuno, nacida en San José en 1916, murió a los cuarenta años de edad después de una vida tormentosa en la que se le quitó a su único hijo después de divorciarse del padre. Oreamuno escribió novelas, cuentos, relatos, ensayos, epístolas y comentarios. Además de temas feministas, trataba el de la realidad costarricense, siempre velada, en su opinión, por una serie de mitos que no correspondían a la realidad. Oreamuno intentaba crear obra universal sin desechar lo hispanoamericano, "más bien aferrándose a éste con la fuerza de la raíz que sostiene el árbol y lo nutre". En 1948 su novela titulada *La ruta de su evasión* ganó en Guatemala un importante premio. Oreamuno respondió haciéndose ciudadana del mismo país, al decir que en Costa Rica "todo el mundo se ha dedicado a denigrarme, odiarme y ponerme obstáculos" (Vallbona, *Yolanda Oreamuno:* 14). Sin embargo, no ganó en ninguna parte el apoyo que necesitaba. Lo más trágico es que con su muerte se haya perdido gran parte de la obra, incluyendo varios cuentos y, según se cree, unas cinco novelas inéditas. A partir de su muerte en 1956, unas revistas de Costa Rica comienzan a rendirle homenajes, y para 1962 se despierta un entusiasmo general por sus escritos. El triste hecho es que casi todo el reconocimiento del genio de Oreamuno, sobre todo en su propio país, ha sido póstumo.

La otra escritora que menciona González es Rima de Vallbona, cuentista, novelista, ensayista y poeta.[1] Durante los últimos quince años, su obra ha ido ganando una serie de premios literarios. Su primera novela, *Noche en vela,* obtuvo el Premio Aquileo J. Echeverría en Costa Rica en 1968; dos colecciones de cuentos, *Polvo del camino* y *Mujeres y agonías,* han sido bien recibidas por la crítica y los lectores; y cuatro de estos cuentos se encuentran incluidos en *Baraja de soledades* (1983). Los cuentos de Vallbona han merecido el Premio Jorge Luis Borges en Argentina, y en Estados Unidos el Premio SCOLAS. Su segunda novela, *Las sombras que perseguimos,* ganó en Colombia el Premio Agripina Montes del Valle.

A pesar de todos estos honores y de una creciente fama, los estudios críticos de las obras de Vallbona todavía no son muy numerosos. Lo que sigue aquí representa el primer paso hacia el análisis de la trayectoria de su desarrollo como escritora a través de varias de sus obras tempranas, dado no precisamente por la falta de crítica, sino más bien porque dentro de los escritos mismos, abundan elementos que merecen una lectura y un comentario detenidos.

II

En un entrevista informal realizada en Houston, Texas, donde reside Rima de Vallbona desde 1956, la escritora nos hizo la siguiente observación: "Siempre me ha sobrado material para mis cuentos. No he tenido nunca el problema de qué contar, sino de cómo contarlo". Se trata aquí, según creemos, de la diferencia fundamental entre la "historia" que se relata y el "discurso", términos que se basan en el concepto aristotélico de *mythos* como disposición de los incidentes de la historia. Según Seymour Chatman:

> Los incidentes de una historia son transformados en la trama a través del discurso, el modo de presentación. El discurso se puede manifestar por varios medios, pero tiene una estructura interna que difiere cualitativamente de cualquiera de sus manifestaciones posibles. Es decir, la historia-en-el discurso se da a un nivel más general que todas las objetivaciones particulares (películas, novelas, etc.). No es necesario que el orden de la presentación coincida con el orden lógico-natural de la historia. La función del discurso consiste en aumentar o reducir el énfasis de ciertos elementos, en interpretar algunos, relegando otros a la inferencia, en manifestar o contar, en comentar u omitir, en enfocar uno u otro aspecto de un evento o personaje (42).

La resolución de parte de Rima de Vallbona del problema de cómo contar, en todos los aspectos señalados por Chatman, será el marco teórico del estudio a seguir.

Desde los primeros escritos de Vallbona se puede advertir la presencia de una constante fundamental: la puesta en cuestión del orden establecido. Dicho orden puede pertenecer tanto al ámbito latinoamericano como al norteamericano, puede referirse a materias religiosas o seculares, y la narración puede adoptar la perspectiva de hombres, mujeres o niños. En "Siervo de siervos", un joven cura negro revela las agonías de sus luchas para que lo ordenen como sacerdote en un área de los Estados Unidos en que el racismo —con categoría de institución— ha contaminado los altos niveles de la Iglesia Católica (*Polvo del camino:* 15-19). En "Cementerio de camiones", una mujer joven describe su resistencia ante la obligada línea divisoria entre blancos y negros en los vehículos de transporte público de Houston (*Polvo del camino:* 31-37). Esta misma colección de cuentos incluye uno ("La niña sin amor" : 45-53) sobre la tragedia de Belita, la víctima inocente del incesto perpetrado por su padre. Es una pieza relatada con sensibilidad, y termina cuando un sacerdote aconseja a una pareja sin hijos que trata de adoptar a Belita: "Toda ella está consumida por el pecado.

Es el cuerpo del pecado el que entrará con ella a su hogar, contaminará los muebles, las paredes, el aire" (53). Luisa, la narradora adolescente de la novela *Noche en vela,* pone en cuestión todas sus circunstancias. Luisa, lo mismo que los personajes mencionados más arriba, ha sido la víctima de Leo, una tía que recuerda en varios particulares a la Celestina. Durante el velorio de la tía, Luisa rememora con amargura la extrema rigidez de su vida hasta ese momento. En esta novela la protagonista, nacida y criada en una familia agnóstica, encuentra amor y consuelo en la Iglesia católica romana.

En suma: la puesta en cuestión, la protesta, se refiere a diversos papeles sociales y prácticas tradicionales que producen víctimas, personajes que sufren en medio de la indiferencia general. No cabe duda de que los temas mencionados, así como otros temas que trata Vallbona (temas audaces, tales como transvestismo, homosexualidad, masturbación, la opresión social de las mujeres) son importantes y deben ser explorados. Pero también es cierto que cualquier obra literaria que aspire a cierto tipo de reconocimiento crítico debe ser elaborada dentro de ciertas pautas que le proporcionan las normas de su época. Dichas normas, que conforman en particular el discurso de la obra, evidentemente varían de período en período, y en nuestra época de best-sellers y de rápida saturación de los mercados literarios, pueden variar incluso de década en década. La tarea del escritor, entonces, no se limita a escoger temas apropiados. Además, debe comprender o intuir cuáles son los procedimientos discursivos aceptables, eficaces, para la expresión de estos temas dentro del género que prefiere. En la mayoría de los casos, las decisiones que tome el escritor serán el resultado de la manera cómo perciba el sistema literario tanto en su dimensión diacrónica como sincrónica. Así define David Foster el concepto de la *escritura,* o producción del texto:

> [La escritura es] a phrase that implies the need to study literature as a problem in defining and evaluating the unique structuring given language and semantics within the context of the ideological postulates with which any text necessarily functions. The Latin American short story as it is being written today is the response to particular literary traditions, both hemispheric and

international. But it is also the response to metaliterary demands that define the goals and the limitations of verbal expression (20).

De lo dicho se sigue que para comprender y exponer los méritos literarios de la obra de Rima de Vallbona es preciso trascender los límites de la biografía personal o el análisis de sus temas. Nuestras observaciones a partir de este punto estarán orientadas hacia el examen detallado de los elementos que integran la estructuración del discurso en varios cuentos de esta escritora y en su segunda novela, *Las sombras que perseguimos*. En otras palabras, el objeto de nuestro análisis será el de explorar el desarrollo de la escritura de varias de las obras tempranas de la autora.

III

Para llevar a cabo una indagación de esta índole se deben distinguir tres elementos importantes: la autora biografiada (la costarricense Rima de Vallbona, nacida en 1931 y radicada en Houston, Texas, desde 1956); el autor implícito, el que reconstruye el lector sobre la base de la narración; y el narrador de cada una de las piezas de esta autora (sea que tal narrador esté caracterizado o no). Usaremos también, en este estudio, el concepto de "desfamiliarización", con el que los formalistas rusos y los estructuralistas de Praga describen el modo cómo un texto literario "disloca nuestras percepciones habituales del mundo, haciéndolo así objeto de atención renovada" (Bennett: 20). Tal como se observa en las obras más recientes sobre los dos grupos mencionados, la desfamiliarización operada característicamente dentro del discurso literario puede servir de base a la puesta en cuestión de la ideología dominante, por medio de la subversión de formas lingüísticas, conceptuales y cognitivas que condicionan normalmente la percepción de la realidad que tiene el lector. Forzando al lector a adoptar, por sorpresa, una perspectiva diferente, el texto puede tener el efecto de modificar su visión del mundo.

En uno de los primeros cuentos incluidos en *Polvo del camino* (1971), titulado "Cementerio de camiones", la narradora, que participa en la narración como uno de sus personajes, es una mujer joven, madre de hijos pequeños y una nativa de Costa Rica que reside en Houston, Texas. La historia, narrada en primera persona, refiere la experiencia de una ley vigente en el sur de los Estados Unidos en la época del cuento, que prohibía a blancos y negros que se sentaran en la misma sección de los vehículos públicos: los negros debían sentarse en la parte trasera del ómnibus, mientras los blancos ocupaban el frente del vehículo. La narradora, que se opone a esa ley por razones morales, decide transgredirla. Va a sentarse junto a un negro. Otra pasajera del ómnibus, una negra, cuando advierte que nadie parece oponerse a la acción de la narradora, se atreve por su parte a ir a sentarse al lado de una mujer blanca. Esto resulta en una tempestad de insultos dirigidos a la mujer negra, y finalmente tanto ésta como la narradora bajan del ómnibus voluntariamente. Así las dos mujeres tienen oportunidad de conocerse, y la narradora comprende algunos elementos de la cosmovisión de esta víctima norteamericana de un sistema social injusto.

El cuento es un relato directo y honesto de un episodio que, si nunca ocurrió, pudo haber ocurrido. Incluye un epílogo en el cual la narradora observa cuidadosamente que cuando, unos ocho años más tarde, tomó nuevamente un ómnibus en la misma ciudad, encontró que la ley de segregación no era ya válida y pudo observar a blancos y negros conversando con toda cortesía. No obstante, agrega, no pudo dejar de preguntarse si realmente el espíritu de una sociedad se puede ver libre de prejuicios en tan corto tiempo.

"Cementerio de camiones" relata una historia importante, que puede ser de interés para una gran variedad de lectores. Sin embargo, se debe observar, con respecto a esta obra, que interesa menos como arte verbal que como documento sociológico. La narradora y el autor implícito comparten un mismo punto de vista, y es casi imposible no considerar todos los incidentes relatados como si pudieran haber sido la experiencia personal de la autora biografiada a poco de llegar a Houston. La narrativa misma no se propone transformar la experiencia de manera significativa; no desfamiliariza nada. Es efectiva en particular por la relativamente inmediata descripción de una estructura social represiva hasta lo intolerable.

En otros cuentos de *Polvo del camino,* así como en varios de los que incluye la colección *Mujeres y agonías,* encontramos, a la manera de formas más tradicionales de la novela y el cuento, un narrador omnisciente, que posee un repertorio cognoscitivo más extenso que el de los personajes mismos, y que, por otra parte, puede ser testigo de los más íntimos pensamientos de dichos personajes.

Así ocurre en dos cuentos memorables de la primera colección: "La niña sin amor" y "Caña hueca". El primero es el cuento ya mencionado en que Belita, una niña de diez años, es víctima del deseo sexual de su padre, el minero Trino Gómez. En este cuento se percibe la aguda comprensión que tiene la autora implícita de las circunstancias sociológicas que pueden conducir a una relación incestuosa entre padre e hija. La madre, cuyo nombre, Amparo, es irónico, no parece tener mucho afecto por ninguno de los dos, y Trino describe a su mujer con desprecio como una "mula de carga" y nada más. Es decir, que Trino y Belita necesitan el afecto mutuo. En la narración diestra de Vallbona, después de una breve introducción de la criatura afligida, el primer párrafo menciona que Trino murió en un accidente de la mina. La explicación que dan de su muerte los otros mineros, sin embargo, es que el demonio fue poseyendo a su compañero poco a poco hasta dominarlo por completo.

En el *flashback* que sigue a este párrafo inicial se revelan los acontecimientos previos a la muerte de Trino. El punto de vista es cambiante: en algunos casos, es el del padre, ya consumido por la culpa y el alcohol; en otras ocasiones, la narradora emplea a la vez las voces de los tres miembros de la familia, a medida que luchan contra la creciente conciencia de cada uno de los posibles efectos del repudiable acto de Trino. Cuando Belita percibe la muerte que amenaza a su padre y a su madre, y los mineros insisten en que el demonio está físicamente presente en el hueco negro de la mina, nuevos elementos cuasifantásticos enriquecen estilísticamente la narración. También revela el narrador algunas veces las sensaciones de la niña mientras el padre la acaricia, comparando estas caricias con "hormigas negras y sucias", que además pueden convertirse en "hormigas electrizadas" (51). Usando elementos de la magia, la escritora ofrece admirable penetración psicológica en los caracteres de los miembros de la familia Gómez, especialmente de la niña Belita. El enfoque cambia al final de la historia, reforzando, una vez más su valor de documento sociológico, pero al mismo tiempo debilitando sus cualidades estéticas. El narrador omnisciente puede informar al lector que, después de la muerte de Trino, una vecina bondadosa, una mujer sin hijos, muestra afecto a Belita e incluso va a ver al cura para tratar de adoptarla. El sacerdote, que casi no había figurado en la narración anterior, se convierte aquí en el villano máximo del cuento. Responde a la vecina generosa que la chica está moralmente pervertida por el acto de lujuria del padre, y que va a contaminar cualquier hogar en que la acepten. Cuando el cuento finaliza, Belita se queda imaginando los horrores que la esperan en el correccional al que la envíen.

Son similares las técnicas empleadas en "Caña hueca", la historia de Caridad, una maestra rural acosada por la soledad, cuya vida de continua frustración sentimental cambia su curso cuando llega Juliana y surge una relación homosexual entre las dos mujeres (*Polvo del camino:* 55-68). Si bien es cierto que la voz narrativa de este cuento sigue siendo omnisciente (necesariamente, para observar la relación íntima de las dos mujeres), el problema epistemológico se resuelve, al menos parcialmente, con la observación reiterada de que la fuente del conocimiento que tiene el narrador son las historias del escándalo, repetidas al infinito por la gente del pueblo, y más como materia de folclore que de escándalo. Los elementos documentales y aún los anecdóticos pasan a segundo plano en este momento, a medida que la atención de la autora se concentra más y más en el diseño del discurso completo. "Caña hueca" no ofrece una historia escrita para sustanciar juicios morales o sociales de parte del autor implícito, sino que presenta diferentes puntos de vista, representados individualmente al menos por un personaje o un núcleo de personajes. Cierto es que la señorita Caridad, como Trino Gómez, muere al final de la historia, consumida, aparentemente, por la conciencia de un pecado mortal; sin embargo, el lector debe hacerse responsable del juicio: puede gozar del escándalo junto con la gente del pueblo; puede suscribir el afecto simple que tiene Chumico, el Tonto, por Caridad, quien ha sido la única en el pueblo que lo trató con bondad; puede también identificarse con la cortante condenación que resume el padre Cándido al comparar el amor de la mujer por Juliana a una "caña hueca". El lector puede, finalmente, simpatizar con el sufrimiento de la mujer estéril y desolada que, angustiada, exclama: "A Dios se le conoce en el amor, ¿no lo sabía usted?" (65).

Al lector de esta historia le ofrece Vallbona no sólo un lenguaje que fluye espontáneo, sino también una gran riqueza de imágenes que, al servir de base para la biografía de Caridad, crean, al mismo tiempo, paralelos gracias a los cuales la narración adquiere una nueva y más vasta significación. Por ejemplo, aparecen constantemente puertas y ventanas de significado plurivalente: aperturas que, cierto es, sirven a los habitantes del pueblo para espiar a Caridad, pero al mismo tiempo los actos de Caridad al abrir y cerrar las puertas y las ventanas de su casa sugieren el modo cómo abre y cierra su corazón a las relaciones humanas. Cuando Caridad ofrece su amistad a Chumico el Tonto, se dan en la novela un esquema y un paralelo preparatorios de la aceptación posterior de Juliana por parte de Caridad. Al poco tiempo de ser rescatado por Caridad de una banda de crueles raposos, Chumico le regala un pequeño sauce llorón; la mujer finalmente encuentra coraje suficiente para plantarlo. Este arbolito, como las plantas que ahora Caridad ha comenzado a cultivar alrededor de su casa, puede connotarla a ella misma. El sauce murió, destruido por un rayo, después que Juliana la abandonó, y una vez más Caridad "cerró visillos y contraventanas" (67).

Estos elementos, al formar núcleos semánticos que enriquecen inmensamente la textura del discurso, tienen como consecuencia el desfamiliarizar el tema al que se refieren. Así es que incitan al lector a considerar el destino de una solterona solitaria y la solución inaceptable socialmente, que ella le da. De esta manera el lector suspende la condenación automática de las relaciones sexuales entre miembros del mismo sexo, condenación prescrita por la ideología dominante.

En dos libros escritos después de *Polvo del camino,* la colección de cuentos titulada *Mujeres y agonías* (1982) y la novela *Las sombras que perseguimos* (1983), se advierte cómo percibe Vallbona, con creciente agudeza, los matices más sutiles del discurso literario. El resto de este trabajo estará dedicado al análisis de uno de los cuentos de *Mujeres,* y a la consideración de la estructura narrativa de *Sombras.*

El cuento "Penélope en sus bodas de plata" (*Mujeres y agonías:* 11-20), está dedicado "a la mujer que se ha descoyuntado de la sociedad farisea" (11) cuya vida gira alrededor de un matrimonio vacuo, y que, en ocasión de celebrar el vigesimoquinto aniversario de su matrimonio, decide no continuar casada con "un hombre egoísta, cruel, necio" (18). La mujer de la dedicatoria coincide perfectamente con la protagonista del cuento, quien les anuncia su decisión a los huéspedes en la fiesta misma, al compararse a un reo que ha cumplido su condena y recuperado la libertad.

La idea misma, de que una mujer costarricense de la alta clase media haga algo semejante, es divertida y hasta escandalosa; será material para una telenovela o novela rosa. Además, la implícita intertextualidad entre esta Penélope y la fiel compañera de Ulises crea un delicioso espacio irónico. El cuento, sin embargo, no responde al propósito de escandalizar a nadie; por el contrario, su intención es señalar los estrechos límites del código social que condenan a muchas mujeres a roles insípidos, inútiles e hipócritas, desde que dejan de ser jóvenes hasta el fin de sus vidas. No se encuentra ya en la historia ni la identificación transparente del narrador con el autor biográfico ni la presencia indiscreta del omnisciente fabricante de mitos que entreteje un relato abundante con la escasa materia de los rumores. El narrador de "Penélope" es Abelardo, el hijo adulto de la rebelde mujer, que la observa en el papel tradicionalmente venerado de madre, un papel casi más allá de todo reproche.

Abelardo refiere la historia mediante un largo monólogo interior, "una presentación directa e inmediata —sin intervención de narrador alguno— de los pensamientos no expresados de un personaje"(Scholes y Kellogg: 177). Abelardo se caracteriza a sí mismo en su propia retórica; éste es un recurso ingenioso, pues el hijo se verá al final del cuento como el obstáculo tal vez más importante para que la madre modifique su papel tradicional. Que Abelardo sea el narrador tiene la ventaja de exponer eficazmente el ciclo de renovación de los roles en sucesivas generaciones. Si este ciclo se perpetuara, la madre pasiva, asexual casi, casándose con el padre activo, sensual y mujeriego, habría producido un hijo cuya conducta duplicaría la de su padre. Si la esposa de tal hijo no desempeñara este mismo papel femenino tradicional, él perdería tal vez interés en ella. ¿Cuál es, pues, la solución?

Abelardo observa, iniciando así un soliloquio interno, que las preparaciones previas a la fiesta de esa noche han creado un ambiente de zozobra en el cual todo rueda hacia algo inesperado y "a lo mejor suceda algo que haga historia en esta dormida ciudad" (11). Oye el ruido de la vajilla que preparan las sirvientas, percibe los olores tanto del "ajo y fritangas" como de "jazmines, perfumes-de-tierra, rosas y gardenias" (12). La presencia simultánea de lo doméstico y lo natural le provoca luego náuseas, al percibir que su madre no es sólo una criatura doméstica, sino también sensual, lo mismo que él. Sus propios sentimientos eróticos se revelan en los pensamientos que tiene sobre la piel tibia de las primas. Son dos muchachas jóvenes; con una de ellas ha tenido una intensa intimidad que ha despertado en él sensaciones que compara con el "paraíso". En tanto "el infierno eran las noches que endurecían mi cama y tenía que aguantar con miedo la hinchazón del pecado" (13).

A Abelardo no le cabe duda de que su madre es incapaz de comprender estas sensaciones físicas; de hecho, ella no puede comprender nada más que sus propias agujas de tejer: sólo la recuerda ocupada en tejer "colchas, escarpines, cotoncitas, almohadones, suéters, gorros, bufandas" de lana blanca, y amonestando a su hijo sobre "las penas del infierno". Cuando Abelardo se queja a su padre, éste le aconseja que la deje en ese pequeño mundo femenino donde es feliz la mujer; ¿quién no lo sería si viviera, como ella, en un "lecho de rosas" (14-15).

El hijo tiene un fugaz recuerdo de que su madre habló una vez de "bailar hasta dejar los zapatos destrozados y llevar un par nuevo cada noche" (15-16). Pero la imagen actual de su madre está tan lejos de esa espontaneidad que Abelardo rechaza la imagen del recuerdo; no puede imaginar que su madre sea capaz de placer erótico, ni siquiera en las relaciones con el padre.

A la hora del comienzo de la fiesta, se encuentra esperando que su madre no avergüence a la familia hablando de "plátano, picadillo, pozol, tamal" (19). Queda atónito cuando hace precisamente lo contrario, al rechazar pública y categóricamente el yugo de Penélope:

el peso, ahora intolerable, de la cultura contra la naturaleza. La domesticidad absoluta de su madre le fastidiaba antes; ahora, el hijo se vuelve contra ella porque la ve revelar la sensualidad por cuya ausencia la condenaba anteriormente. Horrorizado ante la transformación de su madre, lo único que desea es que vuelva a su tejido, pero en una escena que un crítico ha comparado con la desrealización característica de Fellini, ve a su madre repartiendo docenas de las prendas de lana blanca que la han ocupado durante toda la vida de su hijo (Baccio: 23). Finalmente, invitados y prendas "se fundieron en una masa blanca de múltiples brazos y piernas que chillaba en loca algarabía de libertad y lujuria" (20).

Este terso y magistral relato es eficaz no sólo en virtud de la fusión íntima de elementos de la trama con otros simbólicos y léxicos, sino también porque Vallbona opta por contar la historia exclusivamente desde la perspectiva del hijo. Este, evidentemente, no puede tolerar a la madre en ninguno de los dos roles mutuamente exclusivos que ensaya ante sus ojos. Es interesante observar que la madre misma no habla hasta el momento de la rebelión. Así es como nunca la han dejado expresar su propia voz para formular una función social que le permitiera ser íntegra. La perspectiva narrativa de "Penélope" desfamiliariza la condición de la desdichada mujer casera, revelando que aún el individuo que siempre ha protegido y apreciado más a la madre, la encuentra insuficiente tanto en su papel tradicional como en la rebelión con que la rechaza. El autor implícito no condena abiertamente esta situación, ni tampoco moraliza. Lo que hace es enfrentar al lector con una pregunta sin respuesta, para que examine con atención aquello que antes puede haberle parecido transparente o "natural", como ocurre, al parecer, en el caso del marido del cuento.

En su segunda novela, *Las sombras que perseguimos,* Rima de Vallbona explora una vez más la injusticia racial y la posición de la mujer en el orden social. Pero hace mucho más que eso. Por primera vez incorpora en su obra explícitamente la noción de que la literatura no trata solamente del mundo sino también de su propia inscripción. El concepto de escritura, ya mencionado, implica que la obra literaria no se reduce a sus temas, sus contenidos, o su autor, tenga o no talento. Como pertenece a un contexto histórico e ideológico, requiere ciertas estrategias de producción, de estructuración. Estas estrategias derivan de tradiciones literarias y a la vez reciben ciertos efectos de otras obras de literatura. Simplificando al extremo: algunas estrategias han sido utilizadas tanto que han perdido la capacidad de desfamiliarizar su objeto. Otras estrategias darían lugar a obras tan radicales que casi nadie podría leerlas. Los buenos escritores, probablemente, tienen idea de ciertos límites dentro de los cuales pueden funcionar eficazmente, y saben cómo explorar las posibilidades que se dan dentro de esos límites. El crítico francés Roland Barthes afirmó algo que los escritores de la nueva narrativa han intuido: en la literatura moderna la problemática de la escritura misma ya no se le puede ocultar al lector (177). Dado que esta problemática involucra en forma implícita el control, las jerarquías estructurales y la comunicación, existe una analogía inherente entre ella y muchos de los temas tratados con más frecuencia por los escritores.

Son cuatro los personajes principales de *Sombras:* el escritor Pedro; Tata Blas, zapatero de un pueblo rural; Cristina, una mujer de la clase media y Benito, su esposo, quien es agente de seguros. Por un lado, los cuatro personajes se conocen y se relacionan; sin embargo, tienen diferente nivel óntico, ya que Blas, Cristina y Benito también son, aparentemente, personajes en una novela escrita por Pedro. La novela (la de Rima de Vallbona) comienza con la muerte de Pedro, que se ocupa de vender encajes. El primer narrador de la obra es en realidad Benito, quien, en un accidente de automóvil, descubre un cadáver que no se puede identificar. Junto al muerto había una fotografía misteriosa y una libreta descuadernada que Benito describe como "una mezcla de diario íntimo, conato de novela y colección de apuntes" (13). Según él, para identificar a la víctima será necesario examinar la libreta. Este procedimiento, que ciertos géneros tradicionalmente considerados subliterarios han hecho popular, es presentado al lector con ironía. Además, Benito lo ofrece a un narratario concreto: "usted que se dedica a la literatura" (15). Así la estructura discursiva de la obra adquiere una interesante complejidad. En efecto, además del narratario, debe haber un lector implícito, alguien capaz de apreciar la técnica en cuestión y, naturalmente, también un lector real, que pueda comprender tanto como el lector implícito o no. Hay más complicaciones estructurales, como veremos.

Benito le informa al lector que, al leer el diario de Pedro, descubrió que "de alguna manera está conectado conmigo, con mi propia vida", ya que su autor —todavía sin identificar— "conoció a Cristina, mi esposa —Dios la tenga en gloria y la haya perdonado— porque esta Cristina de la libreta es ella misma y no otra" (15). Sin embargo, en un largo soliloquio revela lo que no sabe explicar: que a diferencia de la mujer de la libreta, su mujer fue siempre feliz porque le dio todo lo que un hombre puede dar a una mujer, y no le fue nunca infiel. Admite que no le permitió seguir su carrera en la enseñanza, pero no se arrepiente porque todos saben que es el deber de la mujer estar en casa "cocinando y vigilando el bienestar del marido y la familia" (15). Recuerda además cómo le aburría la "cháchara" de Cristina y piensa que en los últimos meses, cuando ella se volvió reservada, era posible que hubiera entablado relaciones con otro, con Pedro Almirante.

Interrumpiendo varias veces el curso de la "reproducción" de la libreta de Pedro, Benito, como primer narrador, intenta que el narratario ("Viejo amigo que es") dude de que el Pedro Almirante y la víctima del accidente sean la misma persona. Mientras el Pedro Almirante de la libreta se ha quejado de sus zapatos gastados, la víctima lleva zapatos "de suela limpia como si al caminar nunca hubieran rozado los suelos" (14). El Registro Civil revela, además, que la única persona registrada con ese nombre ha muerto tiempo atrás, "tanto que nombre y datos están borrados y apenas si se pueden leer" (12). Más adelante, Benito interrumpe la narración, que lo va a representar a él mismo de manera desfavorable, para proclamar en tono casi histérico que la víctima del accidente, moribundo en un hospital, no es otro que Escorpión, "el asesino que hace seis meses andamos buscando". Agrega que comprende la sorpresa del lector al recibir esta noticia, pero que de hecho, Pedro Almirante es un neurótico obsesionado por lo que está más allá de las debilidades humanas (67).

En el primer capítulo se le presenta al lector la narración de Pedro Almirante, que comienza haciéndose una serie de preguntas existencialistas que no sabe contestar ("¿Quién soy yo?" etc.). Una vez que se ha descrito a sí mismo como un fracaso, Pedro sumerge al lector en su supuesta biografía y en la historia de unos alemanes-costarricenses que eran amigos de su familia cuando él era niño, los

Schultz. En el curso de la narración se entera el lector de la triste historia de esta familia: a sus miembros los han arrestado y encarcelado, los han tenido internados por un largo período en Crystal City, Texas, y finalmente los han canjeado con los nazis por unos prisioneros americanos que éstos tenían en su poder. Pedro sospecha que su propia familia ha tenido parte en la confiscación de las propiedades de esta gente. [2]

También cuenta Pedro las historias de Tata Blas, un campesino sufrido, y de Cristina, que fue una de sus alumnas, según afirma, en una escuela de Guadalupe. Si bien es cierto que Pedro es el segundo narrador, el que controla inicialmente el discurso de Blas y de Cristina, los tres personajes forman una unidad dentro de la novela que he llamado en otro trabajo una suerte de "trinidad secular" (Dowling: 66). Blas, la figura paterna, espera pacientemente el retorno de un hijo que ha ido a luchar como voluntario en Vietnam muchos años atrás, y se niega a perder las esperanzas de que regrese. Su tienda a veces sirve de refugio a Pedro y Cristina.

Por su edad, Pedro podría ser el hijo de Blas, aunque a su vez quiere ser "padre" de una novela. Lo mismo que Blas, lo mismo que Cristina, Pedro es un inconformista, un vendedor de encajes, hilos y botones, que una vez fue secretario de una figura política. Finalmente, ha rechazado esta esfera de actividad y se pasa el tiempo haciendo entrevistas a aquellos que en otros momentos aparecen como sus personajes: son invenciones destinadas a la novela que es su última esperanza de adquirir fama.

La novela ofrece, a todos los niveles, abundantes consideraciones sobre la escritura y sobre lo que debería ser la escritura. Todos los capítulos comienzan con epígrafes, citas ya sea de la literatura costarricense o de la internacional. En tanto que busca inmortalidad escribiendo su historia íntima "aunque sea como personaje ficticio", Pedro, lo mismo que Cristina e igual que el joven Blas, busca la fe en Dios. No obstante, Pedro parece debilitarse a medida que el libro se acerca a la conclusión, en parte, según dice, porque le ha costado un gran dolor darle muerte a Cristina. "Si Dios existe —pregunta— ¿se apegará tanto a cada uno de nosotros y le dolerá tanto como a mí dar muerte a sus criaturas?". De hecho, Pedro parece que diera la vida por su libro. Debilitado y deprimido, lamenta:

Y ahora ¿qué hacer con este cuadernucho y las páginas en blanco? Me he quedado solo, profundamente solo; hasta mis quimeras van muriendo. Yo me muero también aunque no ceso de esperar siempre, en cada esquina, en cada rincón, en cada camino del mundo, que lo soñado sea la realidad... pero sigue siendo sueño, anhelo, deseo, sólo eso. La realidad permanece ciega y sorda a nuestro llamado, desviada de nuestras apetencias... rumbo a la muerte (159-160).

En este soliloquio dramático Pedro, el narrador ficticio de una obra de ficción, parece aceptar finalmente su condición óntica: existe como exigencia estructural y, cuando el libro que se supone está escribiendo se acaba, no le queda ninguna función que cumplir. En cierto sentido su vida es un sacrificio, y Pedro parece aceptar convertirse en algo así como un Cristo literario, una figura que confiere vida eterna a sus personajes.

De todos sus personajes, es con el de Cristina con el que más lucha. Ella completa la trinidad de personajes, exhibiendo en las palabras de él "el espíritu por fuera y la carne dentro". Cristina es una muchacha tímida que ha visto a su madre acusada de "puta" y que recuerda con tristeza cómo el padre rechazó a la madre y cómo ella los rechazó a los dos. Como Blas y Pedro, ella es un personaje fuera de lo común, que lucha con las limitaciones de la vida e indaga su significado transcendental. Como ellos, debe inventar lo que no tiene, hasta que al final queda totalmente derrotada por las circunstancias.

Comparada con los otros personajes de la novela, Cristina ocupa la posición menos autónoma de todos. Su marido Benito es el primer narrador y por tanto está en condiciones de hablar al lector más directamente que nadie tanto sobre Cristina como sobre Pedro. Serias dudas, sin embargo, se presentan con respecto a la veracidad de Benito como narrador, pues su versión contradice casi totalmente la manera en que ellos se revelan a sí mismos, tanto Cristina como Pedro. El discurso de Benito sirve de marco al de Pedro. Este es el segundo narrador que se refiere a Cristina; la ve de modo radicalmente diferente del punto de vista de Benito. Para Pedro, Cristina fue una obsesión "desde que era mi alumna. Siempre fuera del corro de los otros, ajena a sus juegos del can, la ova, el matarile-rile-ron, o el salto a la cuerda. Callada en clase, inaccesible, como borrada de la realidad" (35).

Es la psicología femenina de Cristina lo que parece fascinar a Pedro, que admite: "La verdad es que llevo a Cristina metida muy dentro de mí. No hay minuto del día que no la recuerde ni piense en ella. A mis años, ¿por qué estos sentimentalismos? ¿Estaré enamorado de ella? ¿O estoy enamorado de una Cristina idealizada que sólo existe dentro de mí?" (117). Está claro, pues, que Pedro simpatiza con ella y trata de penetrar su mente y sus sentimientos. [3] Pero no puede lograrlo, a pesar de que Pedro mismo parece ser un personaje altamente andrógino. No sólo es vendedor de encajes; después del accidente le encuentran la fotografía de un vientre materno con un feto. Una vez ampliada, la foto revela que el vientre está compuesto por partículas diminutas, cada una de las cuales es otro vientre con su feto compuesto por partículas, en un proceso que se repite al infinito. Pero la cámara falla cuando las partículas se vuelven "más y más borrosas al final" (12). Con toda su buena voluntad, Pedro no puede percibir la psique profunda de Cristina; solamente puede adivinar lo que ella siente. Pedro tiene conciencia de su fracaso, y exclama: "Me angustia porque hay algo en Cristina que se resiste a ser novelado y quiere hacerse carne de realidad" (21).

Hay que llegar al capítulo final del libro, para que Cristina "hable". Esto ocurre después de la muerte de Pedro y del intento final desesperado por parte de Benito de desacreditar todo lo que se ha dicho. Aunque se puede suponer que estas palabras de Cristina, como otras anteriores, proceden del manuscrito de Pedro y por lo tanto tienen su origen en él, también existe la posibilidad dramática de que este capítulo represente la resolución de la trama que Vallbona ha entrelazado a nivel estructural. Tal vez se la oye a Cristina, por primera vez, *no* mediatizada, ni por su marido (que no asigna ninguna importancia a lo que ella dice) ni por Pedro. Este, no obstante sus buenas intenciones y su interés por el discurso femenino, no puede traspasar la superficie de dicho discurso.

Las palabras de amarga angustia que profiere aquí Cristina prolongan un tema que, como notamos más arriba, es una constante de la obra completa de Vallbona: la puesta en cuestión del orden establecido; en este caso, nuevamente, la opresión de la mujer que le impide realizarse dentro del matrimonio tradicional de clase media. Como a la Cristina "estructural" la definen Benito y Pedro (ella no se define a sí misma), a la Cristina que habla en el último capítulo la define un rol tradicional que ella misma no contribuyó a formular. Simbólicamente, se siente morir y ve a su marido, Benito, como a su asesino.

En su narración Vallbona no hace concesiones. Cristina revela que Benito y ella se conocieron en una procesión de Corpus Christi; en el curso de un noviazgo placentero, no llegaron a conocerse, debido, entre otras razones, al decoro que debían observar. En el único momento de emoción de Cristina que precede al matrimonio, Benito responde preguntándole: "—¿Qué tenés, Cristi, estás loca? Te ruego no me llamés al despacho. Dejáme tranquilo—. Su voz era áspera e impersonal, la única voz voz que tuvo para mí después" (169-170). Inmediatamente después de la boda, Benito viola a su mujer, explicando: "¡Qué hambre traía, Cristi!". Cristina le pregunta si no ha visitado los burdeles, como otros hombres. Con ira, Benito contesta que sus principios religiosos no le permitirían hacer algo semejante. Después de descansar un rato, Benito fuerza a su mujer a hacer el amor otra vez, y después decide cancelar el viaje de bodas a México que habían planeado. Le anuncia a Cristina que van a gozar juntos de un "paraíso" en San José, sin que nadie sepa que se encuentran ahí. Este paraíso es en realidad el comienzo de un infierno para Cristina: tiene que levantarse a servirle el desayuno en la cama a este hombre desnudo y velludo que usa una medalla religiosa colgada del cuello. Cristina, cuyas únicas experiencias sexuales son las fantasías de la adolescencia, se siente asqueada, siente que esta cruda iniciación sexual la ha envilecido irrevocablemente. Benito, no menos ignorante, se irrita porque su mujer le parece frígida y le dice con desprecio: "No servís para nada más que llorar y decir que no" (172). Cristina piensa en él como si fuera Tipotani, un ídolo atávico, primitivo, en cuyo honor los indios precolombinos celebraban sacrificios humanos.

Cristina a duras penas puede comunicarse con su marido, y esto sólo en actitud maternal. Empieza a fantasear una figura de protector masculino con nombre femenino: Caridad-María. Anhela suicidarse, pero en cambio pronto tiene un niño, y luego otro. Imagina que otros cuatro que nacieron muertos siguen vivos y la están llamando. La inunda la culpa, puesto que no puede hacer lo que le piden, y se ve como una mosca en una telaraña, con Benito sorbiéndole la vida poco a poco.

El médico recomienda que no tenga más niños, pero Benito, acariciándola por primera vez, le dice que la necesita. La negativa de él de abstenerse de relaciones sexuales la llena ahora de miedo a la muerte. Desesperada, va a ver a un sacerdote, y éste le dice que la Iglesia prohíbe todos los anticonceptivos y que por ello el único recurso que tiene es dejar todo en las manos de "Dios misericordioso". Cristina llora con desesperación:

> El Padre Reyes, tras la rejilla del confesionario, no comprende lo que me pasa. Yo temía que me fuera a decir esto, pero fui a él en un último intento de salvación física y espiritual. Salí desolada, preguntándome por qué los preceptos de la Iglesia los establecen los hombres. ¿Qué saben ellos, célibes, del matrimonio, de la vida íntima de la mujer, de las ansias ardientes de un cuerpo joven como el mío, ávido de amor y asqueado de sexo?...¡Déjelo todo en manos de Dios! ¡Vaya solución!
> ¿En manos de Dios? ¿Hasta el movimiento azaroso de millones de espermatozoides depende de Dios? ¡Qué infeliz debe ser Dios con tanto que hacer! (177).

Queda claro ahora que la mujer hablante está terminando su vida en agonía y que delira. Al ver a su marido junto al lecho, Cristina imagina el ídolo primitivo con el que lo ha comparado muchas veces. Este mismo ídolo ahora la persigue en estado de horrible erección. Cuando ella se levanta, aterrorizada, para esconderse en el closet, sueña que ha salido de la casa en busca de libertad. Pero la persiguen manos de hombres que se posan sobre su cuerpo: "Son todos hombres de la ciudad los que se han contagiado. Pasan rozando con lujuria las carnes de las mujeres, sus caderas, sus muslos, sus formas. Se abalanzan sobre sus pechos y los soban" (181). Sin aliento, Cristina anhela morir, pero se da cuenta con horror de que tal vez recién ahora está naciendo. Con esto termina la novela.

La línea final conduce al lector nuevamente a una "lectura" de la estructura narrativa de *Sombras*. Cristina está naciendo porque ha encontrado la manera de contar su historia, de interpretarse a sí misma en lugar de ser interpretada por otros. Nos lleva también al tema central del presente estudio: el creciente control que ha adquirido Rima de Vallbona de la estructura discursiva, así sus comentarios tajantes adquieren eficacia máxima. *Las sombras que perseguimos* es memorable no sólo porque pone en cuestión el orden establecido; además merece un lugar en las distinguidas filas de la nueva narrativa hispanoamericana. Sin perder su visión personal, no sacrificando nada para lograr efectos tópicos, Vallbona ha creado una novela permeada de reflexiones sobre el proceso y el significado del acto de escribir. Para este objeto utiliza un deslumbrante repertorio de fuentes, costarricenses e internacionales. La escritora usa su propia lengua vernácula de Costa Rica, y demuestra que es un medio artístico perfectamente adecuado. La novela, como la mayoría de las obras de la nueva narrativa, pone en cuestión constantemente su propia estructura. Vallbona resuelve brillantemente y de manera no convencional los problemas epistemológicos de la narración. Hay personajes que se reconocen a sí mismos como ficciones, como facilitantes del discurso. Ciertos elementos lúdicos, inteligentemente elaborados, exigen la complicidad consciente del lector: la autora implícita no intenta manipular a un lector que se niegue a participar en el juego.

Las normas de cualquier tradición literaria en algún momento van a modificarse; lo único que se desconoce es cuándo y cómo dicho cambio se vaya a efectuar. Costa Rica ha producido dos voces sobresalientes en Yolanda Oreamuno y Rima de Vallbona, valientes mujeres que no sólo han sabido dominar los nuevos procedimientos formales que tanto han distinguido en décadas recientes la nueva narrativa, sino formular al mismo tiempo preguntas que desafían la conciencia moral pública demandando respuesta y solución. *

---

* Estamos sinceramente agradecidas a los siguientes colegas por la ayuda que han brindado en la redacción de este trabajo: las profesoras Dora Pozzi y Rima de Vallbona, y los profesores David William Foster y Nicolás Kanellos.

NOTAS

[1] Dos de las obras de esta autora, *Noche en vela* y *Mujeres y agonías,* han sido publicadas bajo el nombre de "Rima Vallbona". La escritora asegura, sin embargo, que prefiere "Rima de Vallbona" y que en el futuro toda obra suya llevará este nombre.

[2] Esta sección de *Sombras* se funda parcialmente en realidades históricas y representa una nueva condenación por parte de Vallbona del racismo institucionalizado de cualquier índole que sea. También es significativa porque ubica un segmento de la historia de Costa Rica dentro de un contexto literario, desfamiliarizándola y mitificándola a su vez, de modo que provoque nuevas reflexiones y puntos de vista.

[3] De hecho, Pedro se pregunta: "¿Será que en ella me busco un poco a mí mismo?" (32). Lo que postula aquí Vallbona puede representar una respuesta interesante a la problemática de cómo eliminar el discurso exclusivamente "falocéntrico" que ha identificado la crítica feminista, y que tienen sus raíces modernas en los escritos de Sigmund Freud.

OBRAS CONSULTADAS

Baccio, Salvo. Reseña de *Baraja de soledades. Análisis.* (Santo Domingo, República Dominicana) 81 (octubre de 1983): 23.

Barthes, Roland. "To Write: Intransitive Verb?" *The Structuralist Controversy.* Eds. Richard Macksey y Eugenio Donato. Baltimore: Johns Hopkins University Press, 1970: 134-145.

Bennett, Tony. *Formalism and Marxism.* Londres y Nueva York: Methuen, 1979.

Chatman, Seymour. *Story and Discourse.* Ithaca y Londres: Cornell University Press, 1978.

Dowling, Lee H. "Point of View in Rima de Vallbona's Novel *Las sombras que perseguimos". Revista Chicano-Riqueña* 13.1 (1985): 64-73.

Foster, David William. *Studies in the Contemporary Spanish-American Short Story.* Columbia y Londres: University of Missouri Press, 1979.

González, Jézer. "Prólogo". *Noche en vela*. Por Rima Vallbona. [sic].

Scholes, Robert y Robert Kellogg. *The Nature of Narrative*. Londres: Oxford University Press, 1966.

Vallbona, Rima [de]. *Noche en vela*. Primera edición, San José: Editorial Costa Rica, 1968. Segunda edición, San José: Editorial Fernández Arce Ltda., 1976. Tercera edición, San José: Editorial Universidad Estatal a Distancia, 1982. Cuarta y quinta ediciones, San José: Editorial Costa Rica, 1984 y 1997 respectivamente.

—. *Polvo del camino*. San José, Costa Rica: Autores Unidos, 1971.

—. *Yolanda Oreamuno*. San José: Ministerio de Cultura, Juventud y Deportes, 1973.

—. *Mujeres y agonías*. Houston, Texas: Arte Público Press, 1982.

—. *Baraja de soledades*. Barcelona: Rondas, 1983.

—. *Las sombras que perseguimos*. San José: Editorial Costa Rica, 1983.

LA IMAGEN DEL HOMBRE EN LA OBRA DE LAS ESCRITORAS CONTEMPORÁNEAS: EL CASO DE RIMA DE VALLBONA

Mary Gómez Parham
University of Houston - Downtown
Traducido del inglés al español por
Ingrid Hansz, *Rice University*

El título de este estudio menciona un tema —cómo aparecen los hombres en la obra literaria de las mujeres— el cual ha sido tratado con sorprendente negligencia. Los investigadores tradicionales han pasado décadas reflexionando sobre los matices de los retratos hechos por los hombres de sus Emas y de sus Anas. Más recientemente las investigadoras feministas han publicado ensayos acerca de la naturaleza anti-feminista de dichos retratos, o se han volcado a "works by women to find alternative representations of women..." ("trabajos por mujeres con el fin de encontrar representaciones alternas de las mujeres...") (Heilbrun y Higonnet xv).[1] Estos estudios de cómo escriben las mujeres, cómo perciben el mundo o cómo ven sus vidas, han jugado un papel invalorable en el estudio de la obra literaria femenina.[2] Pero el retrato de los hombres hecho por las mujeres, cuya contraparte ha sido considerada por tanto tiempo como un área legítima de investigación, no ha sido todavía estudiado con mucha profundidad. Los libros que tratan este tema se limitan principalmente a *Der Typus des Mannes in der Dichtung der Frau* por Else Hoppe y el más reciente de Jane Miller, *Women Writing About Men*. La profesora Elizabeth Ordóñez se lamenta de esta situación en forma indirecta, rechazando la noción de que solamente (o aún principalmente) los personajes femeninos deberían ser de interés de los investigadores de la obra femenina, al preguntar, "[W]hy should a woman writer's treatment of the male be less relevant for feminist theory than her writing of the female?" ("¿Por qué debería ser menos importante para la teoría feminista el tratamiento del hombre por una escritora que su obra literaria sobre la mujer?") (118). Ella cree que "[c]onsiderations of questions such as this might result in the uncovering of unspoken notions about gender formation and might comment on the formulation of discourses shaping gender in texts by both men and women" ("las consideraciones de preguntas semejantes podrían tener por resultado el descubrimiento de nociones aún no expresadas sobre la formación del género en los seres humanos y podría ofrecer un comentario sobre la formulación de discursos que esculpen el género en textos tanto de los hombres como de las mujeres") (118). Es de acuerdo con opiniones tales como la que expresa Ordóñez que se ha escrito este estudio sobre la presencia masculina en los cuentos de Rima de Vallbona. Se espera que este trabajo sea una contribución útil al estudio de esta importante área tan dejada de lado, al mismo tiempo que proyecte una luz sobre el aspecto central del trabajo de Vallbona en particular, y por extrapolación y analogía, sobre las vidas y obras de otras mujeres, sean escritoras o no.

La razón principal de la importancia del estudio de este tema en general, y más específicamente en el contexto del trabajo de Vallbona, es una razón socio-crítica. Obviamente, para empezar, los hombres son importantes para las mujeres, y poder comprender las actitudes de las mujeres hacia ellos es especialmente crucial en este momento en que las mujeres quieren volver a definir quiénes son *vis-à-vis* quienes siempre se han encargado de definirlas. Estas actitudes contemporáneas —y, es claro, las de los hombres hacia las mujeres— son complejas y a menudo confusas. Como dice Jane Miller, hablando de las novelas de las mujeres, "[M]en are to be found in women's novels as they are to be found in women's heads and histories: equivocably. They are ourselves, our protectors, our representatives and our opponents" ("Los hombres se encuentran en las novelas de las mujeres de la misma manera que se encuentran en la cabeza de las mujeres: equívocamente. Ellos son nosotras mismas, nuestros protectores, nuestros representantes y nuestros contrincantes") (3). El resultado de esta realidad, concluye Miller, es que "we can expect double vision and shifting ground in the novels of women" ("podemos esperar visión doble y tierra movediza en las novelas de las mujeres") (17). [3] Otro resultado, según ella, es que hoy "most women's novels are engaged at some level in extricating their authors as well as their heroines from charges of abnormality" ("la mayoría de las novelas de escritoras tratan, en algún nivel, de liberar a sus autoras así como a sus heroínas de acusaciones de anormalidad") (3). Así es que las escritoras pueden reivindicar a miembros de su propio sexo al esculpir cuidadosamente a los personajes masculinos, cuyas verrugas quedan penosamente en evidencia. Estas dos características en la obra de muchas escritoras de hoy en día —una tendencia a la "doble visión" y a envolverse en una campaña de reivindicación de las mujeres— son parte de muchas relaciones de la mujer moderna con los hombres; por eso la naturaleza mimética de dicha obra le confiere una relevancia, la cual sería bueno que investigáramos muy de cerca.

Las razones antes mencionadas de la necesidad de una buena revisión de los hombres creados por las escritoras, se aplica al caso de Rima de Vallbona en cuya obra se encuentran las características comunes que están presentes en textos de otras escritoras. En su obra encontramos evidencia de un intenso interés por los hombres, el cual es básicamente parte de un "plea for mutual understanding" ("una súplica para un entendimiento mutuo") entre los sexos, una súplica que es el motivo central de su obra (Dowling, "Point of View...": (71). [4] El deseo ya mencionado de reivindicar también se encuentra claramente presente, pero es posible que lo más importante sea la marca en Vallbona de la "doble visión" de Jane Miller: la manifestación en la obra de Vallbona de la ambivalencia de las mujeres modernas hacia los hombres en su vida.

En este ensayo se hablará sobre los personajes masculinos de Vallbona desde el punto de vista de las características ya descritas y que son la clave para comprender su obra. Con este fin, se analizará algunos cuentos representativos en lugar de entrar en sus dos novelas, ya que este enfoque permitirá un encuentro con muestras más variadas de los hombres que habitan el subconsciente de los narradores de Vallbona. Dentro de dichos cuentos, se enfocará a los personajes masculinos en papeles que parezcan más importantes para la autora —los curas, esposos, hijos, hermanos y amantes. [5]

La figura del cura es central en varios cuentos de Vallbona, tales como "Siervo de siervos" en *Polvo del camino,* "Desde aquí" en *Mujeres y agonías* y "Cosecha de pecadores" en la colección del mismo nombre. Pero el cuento en el cual la presentación del hombre como cura es más compleja es "Lo inconfesable", en *Mujeres y agonías*. Es un cuento que ha evocado mucho interés de la crítica, en gran parte como resultado de los temas que trata, es decir, la masturbación femenina y el cura lascivo e hipócrita. Por lo menos en la primera área, el cuento fue algo muy innovador, y no sólo en la literatura hispánica. Y en la segunda, se conocen muy pocos escritores, ya sean o no hispanos, que hayan manejado con sensibilidad un tema tan delicado como éste del cura pecador.

En "Lo inconfesable" el padre Segura narra su cuento; es uno de varios narradores masculinos de Vallbona que llevan al lector a la mente del hombre, mientras observa el mundo, mientras observa a las mujeres. El nos transporta a las profundidades recónditas de una mente cuyas vueltas bizantinas son a la vez repelentes y comprensibles. El hombre se muestra hipócrita al tratar de convencerse a sí mismo que sus grabaciones magnetofónicas en el confesionario de las narraciones de las niñas acerca de su masturbación constituyen una investigación científica, y que su trabajo ha sido inspirado por el celo pastoral. Explota a las niñas sexualmente, engañándolas al proporcionarle a él material que sacie su apetito sexual. Y es un misógino predecible que se refiere a "las mujeres, esas timoratas que a la hora de la tentación, no se lo piensan dos veces, pero se acercan al confesionario con remilgos, con reticencias" (89). Sin embargo, es claro que Vallbona desea dar espacio para que haya exculpación, dejando que el padre Segura narre el sufrimiento de su pobreza cuando niño, su pena por su madre desgraciada, su soledad y la hipocresía y falta de sensibilidad de sus superiores del clero. Por encima de todo, Vallbona parece querer destacar la lucha que encara un hombre ordinario para lograr su voto de castidad, al hacer que él se lamente: "¡Si los sacerdotes fueran un género neutro, un 'ello' sin necesidades físicas, sin deseo, sin sentir que su fisiología masculina se entremece de ansias de mujer!" (95). Esta expresión de exoneración de la dificultad en la vida del cura, contrapuesta a la revelación de sus atroces perversiones, es evidencia de los sentimientos ambivalentes hacia el hombre a los cuales se refiere Jane Miller.

Si en "Lo inconfesable" Vallbona exhibe la ambivalencia hacia los hombres de una escritora moderna, también aquí se aboca a la otra actividad común que describe Jane Miller: en realidad está vindicando a las mujeres en este retrato de un hombre confundido y neurótico. Las niñas que confiesan su "pecado" sexual al padre

Segura son descritas por el superior que reprende al padre, como "Hijas de María, todas", a quienes se les requiere, en todo momento, que sean "el ejemplo máximo de pureza y castidad" (97). Pero el hecho es que las niñas no son, de la manera en que el monseñor comprende esas palabras, ni castas ni puras. Es decir que no son seres asexuales, sino seres muy sexuales que han sido llevados a ocultar su sexualidad. Una de las niñas le dice a su malicioso confesor, por ejemplo: "[D]icen que sólo los hombres lo practican [la masturbación]: yo me sentía doblemente culpable, creía que era yo sola..." (98). La niña se siente doblemente culpable porque ha cometido no sólo el pecado en cuestión sino que también ha tenido demasiada vergüenza para confesarlo. El mensaje que se encuentra aquí es que la represión tradicional de las mujeres de ocultar su sexualidad por temor a la violación, al embarazo o al rechazo social por la pérdida de la virginidad, es comprensible y lamentable. Acá tenemos a un grupo de jovencitas que se atreven a ser honestas sobre su sexualidad, bajo las condiciones más sancionables socialmente, y el oído al otro lado de la ventanilla del confesionario resulta ser de un hombre que las hace víctimas sexualmente.

Esta ambivalencia de parte de la autora en su trato del padre Segura, sin embargo, está completamente ausente en el caso del esposo y del hermano en "Infame Retorno" en *Cosecha de pecadores*. El esposo de la protagonista es un canalla y objeto de su sorna y rabia, como son casi todos los esposos en los cuentos de Vallbona. En este cuento en particular, el ex-esposo deja de mantener económicamente a sus hijos y es una figura fría y cruel que, por casualidad, ha traído a su esposa la noticia de la muerte de su amiga Gladys:

> ¡Ah!, lo imperdonable es que sea siempre la voz cruda de Oscar... la que traiga las muertes de los seres queridos por los hilos telefónicos. Hace cinco años también me dijo: "Ha muerto Hernán... Sí, lo que te digo, que ha muerto tu hermano", así como así, igual que si hubiese dicho que se había descompuesto la nevera... (57).

La crueldad del esposo y el odio que siente su mujer a esa crueldad son evidentes en el pasaje anterior. En cuanto a su hermano muerto, a quien la autora coloca junto a la amiga Gladys entre los "seres queridos", resulta ser en realidad un individuo explotador que agota a la narradora de manera emocional y económica. Más importante aún, él ha tratado de socavar la fe religiosa que él sabe que la narradora desea conservar desesperadamente. Es cruel e implacable en su empeño, y su constante explotación y falta de sensibilidad hacen que la narradora termine su relación con él, declarando finalmente, " 'Has muerto para mí desde ahora, Hernán, y desde ahora te entierro para siempre' " (58). Al final, en un giro borgesiano, este "ser querido" precipita la ruina de su hermana con la destrucción de su tesis doctoral.

En "Infame retorno" hay algo insólito, sin embargo, en el trato de Vallbona de sus personajes masculinos, ya que, como se ha indicado antes, ellos son retratados en esta historia sin la ambivalencia que se nota en "Lo inconfesable" y en otros cuentos, como en "Más allá de la carne" de *Cosecha de pecadores*. En este último, así como en "Infame retorno", un hombre es finalmente la fuente de la destrucción de la mujer, al transformarse el amante en su asesino. En otras palabras, los hombres pueden ser peligrosos e indignos de confianza. Sin embargo, y esto es muy importante en una visión general de la obra literaria de Vallbona, los hombres son representados al mismo tiempo como irresistiblemente atractivos. Son necesarios para la satisfacción sexual, estos hombres, en palabras de la narradora, "olorosos a sudor y a hombre-hombre. . . [que] colman mi cuerpo de ellos hasta el éxtasis supremo" (30). Estos son los hombres-amantes que aparecen a menudo en los cuentos de Vallbona, trayendo gratificación a las mujeres por medio de la sexualidad o, de vez en cuando, a través de sólo el cariño. Ellos ofrecen una relación sexual (que aquí la autora llama "amor" como lo hace a menudo en su obra) el cual es descrito por la protagonista de "Más allá" como "placer intenso y no costumbre, repetida costumbre de contrato matrimonial" (30). Este pasaje otra vez se dirige a los esposos insensibles como Oscar en "Infame retorno" mientras que, simultáneamente, reivindica a aquellas mujeres cuyos maridos ineptos en la sexualidad las fuerzan a buscar gratificación sexual en el adulterio. Así, "Más allá" exhibe tanto la ambivalencia como el deseo-de-reivindicar que se ha encontrado como característica del trato de Vallbona de su hombre de ficción.

Otro cuento que tiene que ver con la figura del amante es "Parábola del edén imposible" en *Mujeres y agonías*. Aquí el hombre se convierte en algo más que meramente necesario para la felicidad sexual; aparenta convertirse en el posible salvador de la mujer en otras áreas, una fuente imaginada de satisfacción y consumación en un sentido menos carnal. La protagonista de "Parábola" parece esperar que el héroe la salve no sólo del tedio sexual sino de la insensatez y aburrimiento de un matrimonio desgraciado y una existencia generalmente trivial. [6] Y él hace esto, por lo menos temporalmente: es quien le trae a ella "la flor del éxtasis" (24), "el único que podría construir la nave, izar las velas rumbo al paraíso-plenitud, y llegar" (23), quien la lleva de "su ahora, su limpia-casa, barre-suelos, cambia-pañales, lavaplatos, marido-en-la-cama, y final-de-día-vacío-rota-toda-por-dentro" (21). El tema de consumación que se encuentra en su obra literaria está claramente presente aquí: por un hombre-amante (o tal vez hasta un marido; el punto no queda claro) son "mujeres completas" (22), y la narradora, después de la consumación de su amorío se da cuenta de que "se sintió completa; por primera vez se sintió mujer" (24). El amor de un hombre y la experiencia de relaciones sexuales satisfactorias, entonces, pueden traerles estimulación y alegría, así como algún grado de plenitud, a las mujeres. Sin embargo, la ambivalencia de Vallbona, tanto aquí como en otras obras, impide un endorso en pleno del hombre en consideración. Aunque el amante de la protagonista no le hace daño físico, como en el caso de "Más allá", el cuento termina en realidad con una nota de desilusión, al darse cuenta la heroína de que su héroe no es un salvador y ella empieza a añorar "la orilla que una tarde abandonó llena de esperanzas..." (25). En suma, curas, hermanos y maridos tienen sin duda alguna, un efecto pernicioso en la vida de las mujeres, mientras que el amante puede ser una fuente de algún placer y satisfacción, aunque tal vez no todo lo que ellas quisieran; este es el mensaje de "Parábola". Los aspectos positivos de este personaje masculino, el amante, serán más fuertes en otros cuentos que comentaremos más adelante. [7]

Antes de discutir los hombres en el importante cuento de Vallbona "Penélope en sus bodas de plata", hay dos cuentos que deben ser comentados, puesto que continúan tratando a los amantes y esposos que ya discutimos. El primero de éstos es "Balada de un sueño" de *Polvo del camino;* y este esposo es otro de los insensibles egoístas que se encuentran a través de los cuentos de Vallbona, un hombre que vuelve a casa todas las noches "oliendo a perfume y a licor"(111). [8] Silvia, la protagonista, siente que esta situación es insoportable, ya que había esperado desde el principio de su matrimonio poder "completarse en el amor" (105), algo que no ha podido lograr nunca con su esposo Víctor. Se menciona que Silvia "[h]asta ha llegado a creer que sólo lleva medio corazón porque el otro medio late en algún lugar lejano" (105). Así reaparece el tema de la soledad y la posibilidad de una unión, la cual siempre anhelamos, como dice Freud, después de romper con la madre. Sin embargo, mientras que en "Parábola" el fallido intento a unirse parece principalmente sexual, en "Balada" la salvación a través de la unión con el amado (lo cual sí ocurre, aunque por y después de la muerte) toma una forma más espiritual. El amante aquí es un poeta, el cual, para la protagonista, es "otra alma que es su entrañable mitad" (113). Vallbona describe su primer encuentro así: "Se miraron a los ojos... [,] se miraron al alma... [y] en ese instante se descubrieron como una sola vida" (111). Se da a entender una implicación sexual —los amantes se besan, hay una referencia al tiempo pasado en la habitación del poeta y se pone énfasis en la masculinidad física del hombre— pero la unión predominante aquí es la espiritual en contraposición con las físicas de "Más allá" y "Parábola". [9] También es interesante el hecho de que ahora tenemos frente a nosotros un cuento que muestra una falta de evidencia de ambivalencia hacia la figura del amante, otra diferencia con "Más allá" y "Parábola". Como características en común en dichos cuentos sólo se encuentran el interés en la figura del amante y el intento de reivindicar a una aparente esposa errante.

Otro tratamiento de hombres-como-amantes, y que es diferente, es el que vemos en "Tierra de secano" en *Cosecha de pecadores*. Acá, diferente a los dos primeros cuentos tratados y posiblemente "Balada", el personaje masculino se mantiene por todo el cuento sólo como una *posible* pareja sexual. El es el hombre amado por la protagonista cuyo amor, y esto queda claro, nunca llega a consumarse sexualmente. Esta solterona virgen, de cincuenta años, ansía una unión sexual con su amante, así como esta totalidad que buscan otras, entre las mujeres de Vallbona. Ella se refiere a sí misma como una "solterona-mujer-a-medias" (87) "que no conoce a un hombre, y sólo sabe del amor incompleto" (86), es decir, sólo de los besos y abrazos de su amante. Le escribe que ha pasado su vida soñando "que vos eras agua que... me penetrabas y saturabas; y arrebujado en mis granitos de polvo, refrescabas los ardores de mi virginidad" (88). Es así que Vallbona de manera muy explícita y sin equivocación reconfirma aquí el valor e importancia del amante. Sin embargo, este cuento resuelve de una manera muy poco usual la "cuestión del amante", si se puede llamar así. Como en "Parábola", la unión sexual no trae una satisfacción duradera ni tampoco desilusiona. Lo que ocurre es que la heroína sublima sus necesidades sexuales insatisfechas y encuentra satisfacción en una unión espiritual. Decide que la unión sexual no es absolutamente necesaria en su caso después de todo, por la profundidad de su amor: "Ahora sé que... por solterona no soy mujer incompleta, ni tierra árida...Vos y yo nunca nos hemos unido en una cama, pero... vos me has habitado y es tan viva tu presencia en mí, Alfredo, que nunca he necesitado de marido como las demás"(88). De todos modos la mujer es rescatada, por su posible amante, de su sentimiento de futilidad, vergüenza y pérdida. Otra dinámica saliente en "Tierra" es la reinvidicación de los derechos de una mujer soltera y sin hijos. De una manera oblicua, se le dice al lector que una mujer soltera o sexualmente abstinente también puede ser una "mujer completa", como se describe a sí misma, la protagonista de "Parábola". Un hombre-como-amante, por consiguiente, puede ser una fuente de felicidad para una mujer, pero la unión sexual o los compromisos legales con él no son, en un análisis final, necesarios para que ella logre satisfacción en la vida. [10]

El último cuento que vamos a discutir en este artículo, es considerado como el más importante de Vallbona: "Penélope en sus bodas de plata" de *Mujeres y agonías*. En él encontramos a los hombres mencionados hasta ahora (menos el sacerdote), además de hombres como padres e hijos. El cuento es un tipo de síntesis o recapitulación de los hombres que hemos visto en las tres colecciones de cuentos de Vallbona que son representados aquí por tres hombres —el esposo de la protagonista, su hijo y su amante— cada uno de los cuales será tratado individualmente. A través de estos personajes seguimos siendo testigos tanto del empuje de Vallbona para reivindicar a las mujeres como su ya observada ambivalencia hacia los hombres.

El esposo de Penélope, al cual no se le da nombre en el cuento, es, en sus propias palabras, "un hombre egoísta, cruel, necio y lascivo" que no le ha traído otra cosa que "noches de insomnio y [...] días de agotador trabajo" (18). [11] Lo que es probablemente más penoso para ella es el hecho de que, como el esposo en "Balada", le ha sido infiel. Además, él ha logrado tanto éxito con su hipocresía que aparenta ser inocente para todo el mundo. Esto es especialmente enfurecedor para su esposa quien, después de anunciar públicamente sus planes de dejarlo, le dice "¿[V]erdad, querido, que es un alivio que lo haya dicho yo y no vos? Así yo fui la del escándalo y vos quedás como siempre, muy bien ante todos. Como de costumbre" (18).

El esposo de Penélope también es un ejemplo primario del padre fracasado, como lo son la mayoría de los padres en los cuentos de Vallbona. [12] Estos hombres generalmente son personas obstinadas, dañinas y, en "Penélope", el padre falla aún en su obligación más importante como padre: le enseña a su joven hijo valores equivocados como guía para su vida. El joven ve cómo su padre maltrata o ignora a su esposa ("Papá acepta impasible su charla" [14]), y cuando se atreve a interrogarlo directamente acerca de ella, la respuesta de su padre es:

> Dejála en su mundo, Abelardo, que ella es feliz así, en su fácil mundo de mujer. Veinticinco años de casados y ni una queja, ni un reproche. Es feliz tejiendo. Es feliz entre los cachivaches de la cocina, arreglando ramos de flores, cambiando de lugar a los muebles. Si nuestro mundo de hombres fuera como el de ellas, todo sería lecho de rosas. Mirá, mirá mis canas de estar doblado frente al escritorio (14-15).

De este modo, en la misma persona se ve al marido fracasado que se convierte en padre fracasado al enseñarle a su hijo a que sea un marido fracasado también. Acá hay un mensaje de reinvidicación de esas madres que no tienen éxito en criar hijos no sexistas —la influencia del padre es demasiado fuerte y perjudicial— y nuevamente, una reinvidicación de la mujer atormentada que finalmente debe terminar su matrimonio. [13]

El ya mencionado hijo es hijo de Penélope también, es claro, y por medio de él se explora la relación de madre e hijo y, en este proceso se ponen otra vez en evidencia las ya discutidas tendencias de Vallbona hacia la ambivalencia y la suposición del papel de reivindicador. [14] El problema principal para su hijo, Abelardo, es que a pesar de lo que él sabe, intuye o experimenta, no se puede permitir entender, apoyar o defender a su madre. A pesar de que su padre le habla acerca de las mujeres, se deja claro varias veces que él tiene noción de las limitaciones injustas en las que la sociedad coloca a la mujer. En un momento dado, pensando en el destino de su madre, él reflexiona, "Pobrecilla. Como abuelita y como todas las mujeres, sin alas para volar a infinitos horizontes, sin sueños para vencer" (16). Abelardo también entiende, por lo menos a un nivel subconsciente, la necesidad sexual de las mujeres y hasta llega a expresar la creencia de que su madre no comprende la sexualidad que él ha encontrado y admira en Charo, su prima y amante. El siguiente pasaje contiene, de hecho, una insinuación de reproche a su madre por este fracaso de su parte: "[E]lla no puede comprender lo que pasa por Charo cuando roza su piel con la mía y podemos estremecernos hasta el infinito" (16). Y al principio del cuento, él lucha mentalmente para explicarle a su madre los gozos de una relación sexual satisfactoria: "Era el paraíso, mamá, el paraíso mismo..." (13). Cerca del fin del cuento, sin embargo, cuando descubre que su madre está, casi seguro, envuelta sexualmente con el Dr. Garcés, se olvida de estas realidades sobre la sexualidad de la mujer y abandona toda su pena por su madre. Demostrando una misoginia subyacente que ha aprendido de su padre, decide que ella es "mala como todas las mujeres" (19) y que ella debe, definitivamente, mantenerse como un ama de casa asexual, aburrida y aburridora por el resto de su vida; tanto su padre como él necesitan de sus servicios como tal. De este modo, al fin toma la parte de su padre, como lo hacen otros hijos en los cuentos de Vallbona. [15] Se muestra tan egoísta y lascivo como le ha enseñado su padre pero no está dispuesto a legitimar ni el derecho de su madre a tener la misma gratificación ni su derecho de vivir para sí misma y no exclusivamente para los otros.

La influencia de su padre y el resultante egoísmo y misoginia de Abelardo no son, sin embargo, las únicas razones de la eventual condenación de su madre. Su lascivia está relacionada a ciertos impulsos de incesto cuyo tratamiento por Vallbona en este cuento constituye otra manifestación más de su valentía en lidiar con tópicos que tradicionalmente han sido considerados tabúes.[16] Abelardo tiene encuentros incestuosos con sus primas Laura y Charo, a pesar de las amonestaciones de su madre de que son "tus primas, tus primitas huérfanas a las que tenés que respetar y querer siempre" (13). Pero sus relaciones con ellas no le preocupan; su angustia surge de sus sentimientos para con su madre. Después de decidir sofocar toda noción de la posibilidad de la sexualidad de su madre (" '¡Es absurdo [que Penélope pudiera ser el objeto de la seducción de Pelico Tinoco]![...][E]s mi madre...' " [16]), descubre en la fiesta que termina el cuento que él, su hijo, encuentra a su madre atractiva sexualmente. Abelardo experimenta este descubrimiento con un asombro que pronto se torna en pánico y después en negación: "Fue entonces que me di cuenta de que su bello traje negro tenía un escote provocativo. Su cuello —nunca lo había pensado— es firme y fresco como el de Charito y todavía excita ... ¡No, qué cosas se me ocurren, es mi madre!" (19). La sensación es tan insoportable que el joven, unas líneas más abajo, hace su juicio inequívoco y final de que nada de esto es culpa suya porque su madre, después de todo, y lo repite, "[e]s mala" (19). Y de esta manera Abelardo llega a resolver, simplemente y sin pena, todos sus sentimientos conflictivos acerca de su madre: ella es "mala", mientras que su padre es "pobre papá" (18).

Los conflictos que Abelardo resuelve de este modo son importantes y los beneficios que obtiene al resolverlos de esta manera son varios. En realidad detesta a Penélope en su papel de ama de casa, quejándose en un momento dado, "¡Cuántas vergüenzas he pasado cuando vienen mis amigos y ella que si los tomates se pudrieron y las vainicas están tiernas, delante de ellos!" (15). Y la admira por su modo a veces independiente, y "majestuoso", exclamando sobre ella, para sí mismo, en la fiesta, "¡Tan bella; está toda de negro que hace resaltar lo rojizo de su cabellera! Imperial como nunca. Pero que no hable, que continúe sin tocar la esencia de lo cotidiano" (17). Pero como la independencia de su madre implica una identidad sexual que él considera saludable, como hemos visto, pero la cual es demasiado amenazante para la honra de su padre ("¡Papá, pobre papá, qué vergüenza!" [18]) y, por sobre todo, para su código de ética sexual, debe denunciar cualquier divergencia de parte de su madre de su papel de ama de casa asexual, cualquier abandono que también, como se ha señalado antes, crearía un inconveniente personal para él y para su familia. El sacrificio de su lealtad a su madre, por consiguiente, le parece a Abelardo, de lejos, el mejor recurso a su disposición. En su tratamiento de esta relación problemática entre madre e hijo, Vallbona extrae de su conocimiento del trabajo de otros escritores sobre asuntos feministas, de Freud a Friedan y otros, pero con la meta común de reivindicación, así como su característica ambivalencia acerca de la figura masculina que examinamos. Queda implícito, por ejemplo, en el tratamiento del autor de la atracción sexual de Abelardo hacia su madre y en su énfasis en el egoísmo e hipocresía de él, el intento de reivindicar a las mujeres en ciertas condiciones existenciales; éste es el mismo intento que se ha encontrado en otros cuentos tratados aquí. En este caso, hay evidencia de un proceso de justificación por el resentimiento de las mujeres debido a que son explotadas por los hombres como amas de casa. También se muestra justificado su temor a la violación, al incesto, y a la imprudencia y libertinaje del comportamiento sexual masculino. Pero el tratamiento del hijo por Vallbona también revela algo de la ambivalencia acerca de los hombres que hemos descubierto en otras partes de su obra. La propensión a la piedad del hijo, por lo menos, hacia su madre es rápida y eficientemente destruida por la influencia del padre (recuérdese su consejo, "Déjala en en su mundo, Abelardo..." (14) y por sus espantosos y —de acuerdo con Freud— inevitables sentimientos incestuosos hacia su madre. [17] De este modo Vallbona mitiga la responsabilidad de Abelardo por su condenación de Penélope, confiriéndole algo de la disculpa que se le da a la víctima, y al mismo tiempo manteniendo su defensa de la desconfianza que sienten las mujeres de los motivos de los hombres y su sexualidad.

Después de este examen de la figura tan central del hijo en "Penélope", le prestaremos atención al tercer hombre en importancia del cuento, el amante. Es él, o más específicamente su relación con Penélope, lo que hace que este cuento sea el más positivo y alentador de Vallbona. En éste, es prácticamente un hombre sin cara, como muchos de los amantes de sus cuentos; se nos dice sólo que es un médico canoso y atractivo, que se llama Dr. Garcés y es quien cuidó a la protagonista durante una enfermedad seria. El se siente muy atraído sexualmente a Penélope y en realidad éste es el único aspecto de su relación que se describe al lector, y hasta se le trata en forma muy breve. Sin embargo, lo que queda claro y explícito aquí es la falta de ambivalencia en el tratamiento del amante que hemos encontrado en otros cuentos. Se sobreentiende que Penélope finalmente experimentará su satisfacción sexual con el Dr. Garcés y que su efecto sobre la vida de su amante será beneficioso y no deletéreo.

Se hace llegar a esa conclusión por la forma segura y enfática en que Penélope anuncia en su fiesta de aniversario que no seguirá confinada o esclavizada por un hombre: "Hoy quiero anunciarles que me declaro libre del yugo del matrimonio, libre para disponer de mi tiempo como me dé la gana. Voy a darme el gusto de viajar por todo el mundo" (18). Ella usa, seguramente con algún significado, la primera persona del singular en el anuncio de sus planes: es obvio que pudo haber usado la primera persona del plural, para incluir a su amante, pero no lo hace. Es claro que él es importante para ella, pero no parece esperar que él le proporcione todo el significado y felicidad que ella espera encontrar después de la disolución de su matrimonio, como parece ser el caso en algunos cuentos de Vallbona, según hemos observado. La independencia y la decisión que implica la actitud de Penélope, como se demuestra en el anuncio formal en la fiesta ("Se subió a un taburete y majestuosa, autoritaria, los hizo callar a todos. Tenía el más maravilloso gesto imperial" [17]), es un buen presagio para su relación con el Dr. Garcés y para su futuro en general, con o sin él a su lado. De hecho, es lo que *no* dice acerca de la relación de los amantes lo que hace de "Penélope" un cuento de esperanza: no se habla de ningún compromiso o dependencia que pueda llevar a la protagonista a una decepción. Ni siquiera se menciona la necesidad entrampadora de sentirse completa a través de la unión con su amante, esa necesidad que ha sido un eco de otros cuentos de Vallbona.

Tal vez sea esta fuerza de Penélope *vis-à-vis* de su amante lo que separa el tratamiento de Vallbona del Dr. Garcés de la aparente ambivalencia que da al tratamiento de Abelardo, o de los hombres, en algunos de sus cuentos. Un hombre que está dispuesto a estar al lado de una mujer fuerte, apoyando y alentando su independencia, está, aparentemente, más allá del reproche. La fuerza y control de Penélope también juegan una parte en la continua campaña de Vallbona para la reivindicación de la mujer, en este caso de esas mujeres que encuentran que ellas deben liberarse de situaciones domésticas perniciosas. El esposo y el hijo de Penélope, como se ha demostrado, la separan de ellos, y tanto la manera heroica en la que ella efectúa el rompimiento que han perpetrado, como la independencia que caracteriza sus planes, sirven para confirmar aún más lo correcto de sus acciones.

"Penélope" reúne para nosotros el reparto de personajes masculinos de Rima de Vallbona, y también representa tanto su ambivalencia acerca de ellos como su deseo de reivindicar a esas mujeres que tratan de vivir con sus hombres y amarlos pero quienes, a menudo, debido a estos mismos hombres, transgreden las normas sociales y la moralidad popular aceptadas. Los hombres de este cuento son, entonces, destilaciones de todos los hombres de sus cuentos. Son objetos de una doble visión que investigadores como Jane Miller encuentran frecuentes entre las escritoras feministas de hoy: hombres deseados y repelentes, amados y odiados, benéficos y peligrosos, a menudo culpados de la situación de las mujeres. Pero ya sean problemáticos o solamente enigmáticos, siempre están presentes, y de manera muy importante, en las vidas y en el arte de las mujeres como fuentes de inspiración y objetos de esperanza.

NOTAS

[1] Toda traducción de las citas es nuestra.

[2] Algunos de los más importantes de estos trabajos son los de Hardwick, Moers, Spacks, Ellman, Rogers, Heilbrun y Higonnet, Cornillon, Showalter, Gilbert y Gubar, Beth Miller, y Mora y Van Hooft.

[3] En su importante libro *Archetypical Patterns in Women's Fiction,* Annis Pratt ofrece tanto la confirmación de la teoría de Jane Miller sobre la ambivalencia del autor en la ficción feminista como una convincente explicación junguiana para la existencia de esta ambivalencia. Ella escribe que:

> [...] the novel is a social construct and... women authors internalize gender norms from birth. A battle goes on unremittingly within the heads of most women authors between assumptions about male and female behavior norms and dreams of more gender-free possibilities. It is as if the authorial superego, or censor, preoccupied with proper conduct for women, were constantly repressing subversive desires for self-expression and development. The disjunction between an author's social conscience and her need for selfhood renders characterizations ambivalent, tone and attitude ambiguous, and plots problematic (11).

[4] Otro artículo de Dowling que es de interés para quienes estudian la obra de Vallbona, es "Rima de Vallbona: Desafíos ideológicos y perspectiva de la narración en su obra literaria".

[5] En este trabajo, se usará el término "amante" para referirse al ser amado, haya o no una relación sexual entre las dos personas mencionadas.

[6] El tema del tedio emocional y sexual que puede traer el matrimonio es tratado en forma interesante en "Iniciación" en *Cosecha de pecadores,* en el cual un hijo se da cuenta, inesperadamente, de la frialdad de la relación entre sus padres.

[7] Es bastante difícil darle mucha importancia a los aspectos negativos de la relación con el amante en estos dos últimos cuentos, debido al entusiasmo abrumador con el que Vallbona generalmente trata a este personaje. También en "Más allá" se da a entender que el amante-asesino actuó bajo la influencia de las drogas y que tal vez no era totalmente responsable de sus acciones. En "Parábola" las descripciones del poder que tiene el amante para dar felicidad son complicadas y no se muestra en ninguna parte del cuento ni un ápice de desilusión por parte de "las otras" con la simbólica estrella en los ojos. El contenido y el tono del último párrafo del cuento, la descripción de la desilusión de la protagonista, son

insuficientemente negativos como para cancelar los beneficios que ellas reciben de la relación con su amante.

[8] El marido alcohólico está también retratado en "La niña sin amor" en *Polvo del camino,* en el cual el padre le dice a su hija, "las mujeres como tu mamá son sólo mulas de carga. No seas nunca como ella, hacéme caso, mijita" (52).

[9] La apariencia física del poeta con tan pronunciada masculinidad es un elemento interesante en este cuento. Se le describe con un "rostro marcadamente masculino, casi duro... y manos cuadradas, burdas, torpes" (108). Estas manos son mencionadas cinco veces en el cuento. Además se le describe teniendo una "voz ofensivamente masculina" (112). Vallbona parece determinada aquí a integrar lo espiritual con lo físico, la sensibilidad con la masculinidad. Silvia sabe, escribe Vallbona, que "el acero de esas facciones [...] esconde una ternura infinita en el fondo de las pupilas..." (108).

[10] Se encuentra una variación poco común para su época del tema del estado incompleto en "Caña hueca" (un título que recuerda, por cierto, el de "Tierra de secano") en *Polvo del camino.* En éste, en la desesperada necesidad de "sentirse completa" (63), una mujer se torna lesbiana.

[11] En este cuento, no se menciona por el nombre a la protagonista, como tampoco a su esposo. Sin embargo, aunque existe la posibilidad de que el uso del nombre Penélope en el cuento sea puramente metafórico, se aplicará el nombre Penélope al personaje de este cuento, ya que no se encuentra ninguna indicación de una proscripción de autoría contra el uso del nombre Penélope para la protagonista, y porque el uso del nombre facilitará el análisis. La heroína es, de todos modos, y sin duda alguna, una Penélope moderna.

[12] Como ilustración, el lector debe tener en cuenta al padre indiferente e insensible en "Iniciación" en *Cosecha de pecadores* y al padre incestuoso en "La niña sin amor" en *Polvo del camino.*

[13] Los lectores interesados en las imágenes de los padres en otras escritoras, deberán leer *Fathers: Reflections by Daughters* de Ursula Owen.

[14] Los jóvenes adolescentes juegan un papel central en varios de los cuentos de Vallbona, entre ellos "El juego de los grandes" en *Mujeres y agonías* e "Iniciación" en *Cosecha de pecadores.*

[15] Se debe considerar, por ejemplo, el caso del hijo en *"El juego de los grandes",* mencionado en la nota 14.

[16] Se dirige nuevamente la atención del lector a la relación incestuosa que es el tema central de "La niña sin amor" en *Polvo del camino.*

[17] A este respecto, se discuten las teorías de Freud en su *The Origins of Psychoanalysis: Letters to Wilhelm Fliess, Drafts and Notes: 1887-1902*, y también en su *Three Essays on the Theory of Sexuality*.

OBRAS CONSULTADAS

Cornillon, Susan Koppelman, ed. *Images of Women in Fiction: Feminist Perspectives*. Bowling Green, Ohio: Editorial de la Universidad de Bowling Green, 1972.

Dowling, Lee. "Point of View in Rima de Vallbona's Novel *Las sombras que perseguimos*". *Revista Chicano-Riqueña* 13.1 (1985) : 64-73.

------. "Rima de Vallbona: Desafíos ideológicos y perspectiva de la narración en su obra literaria". *Letras* 11-12 (1986) : 193-214.

Ellmann, Mary. *Thinking About Women*. New York: Harcourt Brace Jovano-vich, 1968.

Freud, Sigmund. *The Origins of Psychoanalysis: Letters to Wilhelm Fliess, Drafts and Notes; 1887-1902*. New York: Basic Books, 1954.

------. *Three Essays on the Theory of Sexuality*. New York: Avon Books, 1962.

Gilbert, Susan M. y Susan Gubar. *The Madwoman in the Attic: The Woman Writer and the Nineteenth-Century Literary Imagination*. New Haven: Editorial de la Universidad de Yale, 1979.

Hardwick, Elizabeth. *Seduction and Betrayal: Women and Literature*. New York: Random House, 1974.

Heilbrun, Carolyn G. y Margaret R. Higonnet, eds. *The Representation of Women in Fiction*. Baltimore: Editorial de la Universidad de Johns Hopkins, 1983.

Hoppe, Else, ed. *Der Typus des Mannes in der Dichtung der Frau*. Hamburg: Marion von Schröder Verlag, 1960. (Obra traducida al español por Inés Durruty y publicada como *El hombre en la literatura de la mujer* [Madrid: Gredos, 1964]).

Miller, Beth, ed. *Women in Hispanic Literature: Icons and Fallen Idols.* Berkeley y Los Angeles: Editorial de la Universidad de California, 1983.

Miller, Jane. *Women Writing About Men.* New York: Pantheon Books, 1986.

Moers, Ellen. *Literary Women: The Great Writers.* Garden City, New York: Doubleday, 1976.

Mora, Gabriela y Karen S. Van Hooft. *Theory and Practice of Feminist Literary Criticism.* Ypsilanti, Mich.: Editorial Bilingüe, 1982.

Ordóñez, Elizabeth J. Reseña de *Contemporary Women Writers of Spain,* por Janet Pérez. *South Central Review* 6.1 (1989) : 116-118.

Owen, Ursula. *Fathers: Reflections by Daughters.* Londres: Virago Press, 1983.

Pratt, Annis. *Archetypical Patterns in Women's Fiction.* Bloomington: Editorial de la Universidad de Indiana, 1981.

Rogers, Katharine M. *The Troublesome Helpmate: A History of Misogyny in Literature.* Seattle y London: Editorial de la Universidad de Washington, 1966.

Showalter, Elaine, ed. *The New Feminist Criticism: Essays on Women, Literature and Theory.* New York: Pantheon Books, 1985.

Spacks, Patricia Meyer. *The Female Imagination.* New York: Alfred A. Knopf, 1975.

Vallbona, Rima de. *Cosecha de pecadores.* San José: Editorial Costa Rica, 1981.

-----. *Mujeres y agonías.* Houston: Editorial Arte Público, 1982.

-----. *Polvo del camino.* San José: Autores Unidos, 1971.

LOS PERSONAJES PROTAGÓNICOS
DE LAS NOVELAS DE RIMA DE VALLBONA
Ángela B. Dellepiane
City University of New York

Leer, y aún más, re-leer el mundo ficcional de Rima de Vallbona depara el encuentro con una labor imaginativa impregnada de pasión, de una pasión desplegada en narraciones —cuentos y novelas— que obsesiva y profundamente tejen sus tramas alrededor de sustanciales problemas humanos. Rima de Vallbona, una mujer delicada, inteligentísima en la misma medida en que es sensible, confronta a su lector con textos frente a los cuales no hay escapatoria pues, con frecuencia, las preguntas que insistentemente las palabras impresas le proponen, son las mismas que ese lector se ha hecho en la oscuridad de noches insomnes, o en los momentos de solitario desaliento.

Es mi intención en este artículo analizar la caracterización de los personajes femeninos protagónicos de las tres novelas que hasta la fecha ha publicado Rima de Vallbona. Me detendré particularmente en Renata, la protagonista de *Mundo, demonio y mujer,* el más complejo de todos los personajes femeninos novelescos de Vallbona, señalando sus coincidencias con Cristina de *Las sombras que perseguimos,* y separando estas dos protagonistas adultas de la adolescente Luisa d*e Noche en vela.*

El concepto *personaje* [1] es, paradójicamente, uno de las más oscuros de la poética. El problema del personaje es ante todo lingüístico, ya que no existe fuera de las palabras dado que es un "ser de papel". Mas su importancia radica en que él es, en realidad, el hilo de la intriga, el agente de la acción del texto narrativo. El personaje es, al mismo tiempo, un instrumento fundamental para la visión de mundo que el texto trasmite, esto es, el personaje es el medio, la *técnica* con que se construye ese mundo. Como lo ha expresado con su concisión habitual Enrique Anderson Imbert:

> Los personajes pueden ser estudiados como materia narrativa: sus acciones se dejan plasmar [...]. También pueden ser estudiados

como conciencias narrativas: entonces sus acciones cobran energía y ayudan a definir una cosmovisión (237).

Siempre siguiendo a Anderson Imbert, podemos sostener que los personajes de Rima de Vallbona son *materia narrativa* porque ellos dan forma al mundo narrado, están fundidos con lo que se narra, conocemos sus actos y sus palabras, se desplazan al unísono con la narración; pero también son *conciencia narrativa* ya que, a través de ellos, se define la cosmovisión de la autora, participan del modo de contar, sabemos lo que piensan sobre la vida, son la fuente de la narración.

Escudriñemos así pertrechados estos personajes vallbonianos. En dos de sus novelas —*Noche en vela* y *Mundo, demonio y mujer*— las protagonistas son mujeres. En *Sombras*, el rol protagónico está confiado a un hombre, Pedro Almirante, el autor del diario que constituye la mayor parte de la novela. Pero, hacia el final, ese rol protagónico es asumido por Cristina a quien ya habíamos conocido en algunas de las páginas de Pedro. Esta proclividad por los personajes femeninos es indudablemente atribuible, en gran medida, por un lado a los elementos autobiográficos que Rima de Vallbona ha entretejido en ciertos aspectos de la vida de esos personajes: los sinsabores matrimoniales en *Sombras* y *Mundo*; el hecho de que Luisa, la protagonista de *Noche en vela* y Cristina, la de *Sombras,* soportan las respectivas circunstancias adversas de sus vidas mediante la escapatoria a mundos imaginarios; la profesión académica y de escritora de Renata en *Mundo* como así también en esta novela, los tres hijos, su vida en la ciudad de Houston, las amigas, los colegas, los problemas universitarios y de exilio; el personaje de María en *Noche,* etc. No hay duda de que el narrador es un ser real que crea a sus personajes a su imagen y semejanza y que proyecta su propia humanidad en esos personajes (Anderson Imbert: 241), de modo que es explicable esta ingerencia de la biografía de Rima de Vallbona en la creación de sus criaturas ficcionales. Pero, además, ello permite a la narradora penetrar más hondamente en la subjetividad de esos personajes ya que siendo la principal preocupación de esta escritora de índole existencial (como se verá más adelante), debatir cuestiones de tal naturaleza presupone haber indagado en la propia persona, en el propio carácter, en la propia angustia e incertidumbre que el misterio de lo que nuestra vida es y significa y cómo debemos comprenderla y realizarla supone. Por otra parte, Rima de Vallbona no deja lugar a dudas en lo que hace a su misma vida *vis-à-vis* sus mundos ficcionales, ya que ha dicho:

> Mi obra toda parte de la realidad vivida; hasta aquello que parece fantasía, lo he recogido de la realidad; esto, más una dosis de imaginación y poesía, son mis novelas, mis cuentos. En mis libros hay siempre un poco de autobiografía, pero una autobiografía vista con ojos ajenos que exageran o disminuyen los hechos, los literaturizan (*Noche:* 12).

En la caracterización de Renata en *Mundo* no se nos entrega la prosopografía de la protagonista, en primer lugar, porque Renata está trasmitida a partir de sus monólogos interiores, de sus cartas, de sus sueños, [2] i.e., todas las formas que puede adoptar un narrador autodiegético, [3] amén de los diálogos que sostiene con sus amigas, [4] y de un narrador omnisciente que también nos informa acerca de ella. [5] No sabemos nada de su físico (como tampoco conocemos el de Cristina, otra narradora-protagonista en primera persona) porque no es ni importante ni relevante con respecto a los problemas que se debaten en el interior de Renata, y porque hacer tal retrato hubiera sido sucumbir (por parte del narrador), de cierta manera, a lo que es exterior y meramente casual. Pero, además, ese físico debe ser escamoteado no sólo porque resultaría grotesco tal retrato en los propios monólogos, o cartas, o sueños, sino porque *Mundo* es, fundamentalmente, una novela de *introspección* sicológica y, aun más, *filosófica,* ya que a todo lo largo de ella su heroína se formula estas preguntas fundamentales:

> Cuando los mayores pronunciaban "vivir", ¿era a ese angustioso estado suyo al que aludían? [...]. ¿[P]ara qué vivimos? (*Mundo:* 15);
> [...] cada mañana, al abrir los ojos, la asedia la aplastante pregunta de si después de todo, algo en la vida vale la pena. ¿Vale la pena acaso comer, si después hay que expulsar los alimentos?[...] ¿Reír, si detrás de la risa están las lágrimas? ¿Dormir, para despertar? ¿Para qué luchar, para qué trabajar, para qué

sentir? ¿Para qué levantar el brazo, mover un pie, un dedo? ¿Para qué vivir? ¿Para qué seguir viviendo? (*Mundo:* 199). En realidad, ¿para qué estamos aquí? (*Mundo:* 223).

Es decir, que la autora está realizando una búsqueda "en el paisaje interior del alma" (*Mundo:* 8), búsqueda que es también la llevada a cabo por Pedro en *Sombras*. [6] Detengámonos un instante en este punto. Rima de Vallbona, desde el comienzo de su carrera de escritora, ha sido una ferviente defensora de los derechos de la mujer. Ahora bien: obsérvese que en el primer párrafo de este artículo me he referido a "sustanciales problemas humanos" como la materia de la cual está hecha la narrativa de Rima. E insisto en ello dado que me niego a limitar su obra con el rótulo de "literatura femenina" y "feminista". Rótulos limitadores, particularmente el segundo ya que implica que sus temas están circunscriptos a problemas propios de las mujeres o a una determinada ideología. Rima misma ve esta situación muy claramente cuando expresa lo siguiente:

> Creo que es un error hablar de "literatura femenina" porque los hombres que escriben no llaman a la suya "literatura masculina". Es un error también porque de cierta manera, al agruparnos nosotras mismas bajo esa categoría, nos estamos autodiscriminando. Es claro que hay una literatura escrita por mujeres, cuya voz y temas son femeninos. Es una literatura que tiene trazos muy definidos que la distinguen de la escrita por los hombres [...]. No debemos olvidar que a Santa Teresa, Sor Juana Inés de la Cruz, la Pardo Bazán, y la Avellaneda nunca se les separó del conjunto total de escritores hispánicos [...]. Quizás [...] debemos decir "literatura escrita por mujeres" (Arancibia: 355).

Y esta aclaración es muy importante de tener en cuenta ya que Rima de Vallbona aboga por los derechos igualitarios de la mujer (con lo cual se incorpora a la doctrina social del 'feminismo' y es, consiguientemente, 'feminista') [7] pero sin declarar una guerra sin cuartel a los hombres, por lo cual la profesora Dowling puede aseverar, con razón, que el último capítulo de *Sombras* constituye "a plea for mutual understanding [between man and woman] which Vallbona repeats in several of the stories of her 1982 *Mujeres y agonías.* It is notable since concern for understanding between the sexes is a theme so often markedly absent even in the most brilliant examples of nueva narrativa works" (71). En idéntica dirección, pues, debe interpretarse el hecho de que en *Sombras* haya un protagonista masculino que comparta las mismas preocupaciones existenciales que embargan la vida de Renata, por lo que considero que estamos en presencia de un discurso literario de naturaleza existencial y, por lo tanto, humano. Esto no significa descartar el aspecto feminista de *Mundo,* como así también el de *Sombras,* como lo mostraré más adelante. En lo que estoy tratando de hacer hincapié es en que no debemos reducir los valores del discurso vallboniano a un estrecho feminismo. En el caso de *Mundo,* la búsqueda se lleva a cabo a través de una vida, la de Renata, una mujer como otra cualquiera, una vida como otra cualquiera (lo que viene en abono del valor que acabo de señalar), según se desprende de estas palabras:

> En el proceso de mi búsqueda, te contaré una historia que todavía ignoro si es la mía, porque toda historia, todo vivir y morir, todo sufrimiento, se confunden irremisiblemente, unos con los otros, sin distinción alguna (8).

Si su físico no se registra, en cambio sí conocemos muchas de las circunstancias materiales de su vida y del espacio en que ella transcurre. Conocemos sus peculiaridades lingüísticas,[8] sus gustos, sus procesos mentales y hasta cómo ella es percibida por sus amigas. Renata Jefferson Bradley es un personaje verídico, nacido en Costa Rica pero que hace veinticinco años que vive en Houston adonde vino a casarse con Antonio, arquélogo, su novio de los años estudiantiles de París, al que, antes de casarse, no había visto por tres años. El resulta ser un hombre sólo interesado en su carrera, egoísta y que únicamente ve en la mujer un objeto sexual para saciar sus necesidades de tal índole.

La protagonista es un personaje complejo y no desprovisto de ciertas contradicciones. Desde el principio percibimos su romanticismo y el valor que ha concedido siempre al intelecto, hasta el punto de castigarse en esta forma:

soy el tiro que le salió a mi madre por la culata ya que desoí sus consejos y me largué por el camino difícil del estudio, los libros, la profesión (9).

Por el contrario, la relación con la madre fue siempre negativa porque ésta "nunca tuvo para ella ternuras ni amor" [...] (38). [9] La madre había sido una mujer tan frustrada en su matrimonio (cf. 16) como lo será después la hija, [10] y quizá en ese extrañamiento del amor materno haya que buscar la causa de que Renata

> [d]esde muy niña, [...] se había sentido extranjera, enajenada en su propio terruño [...]. Aquí o allá, es igual para mí, sigo enajenada; allá o aquí, el mismo exilio con hambre de eternidad (21),

enajenación a la que ha contribuido grandemente el exilio en un país de lengua y gentes extrañas. [11] Sin embargo, las contradicciones e hipocresía que empieza a ver en los seres y el mundo han llevado a Renata a sentirse

> frustrada: por naturaleza tiende hacia el centro armónico, hacia el mandala donde estaría la integración total de alma/cuerpo, fe/razón, vida/religión, arte/ideología (*Mundo:* 59),

frustración de la que nace

> una rabia que me abrasa las entrañas; es una rabia inexplicable, que asfixio cada mañana para que no se me salga en gritos, golpes, puñaladas [...] (*Mundo:* 30),

rabia que la lleva a cuestionar lo que el siglo XX le ha enseñado, atrapándola

> en un laberinto de conocimientos sin sentido, sin uso, ¿me sirve de algo saber si el signo lingüístico es arbitrario? (*Mundo:* 122).

Este es uno de los pensamientos contradictorios de esta mujer que precisamente enseña a sus alumnos esa arbitrariedad del lenguaje, lo que, no obstante, no lo niega ni le quita significación;

contradicción que se acentúa cuando ella misma considera que se ha realizado y tenido éxito como intelectual pero que ha fracasado como mujer (230). Mas, en verdad, es a este "supuesto" fracaso de Renata al que hay que adscribir la visión de mundo que ha echado raíces en ella y que, en el transcurso de la narración, veremos cambiar. Porque, en puridad *Mundo* es un *bildungsroman,* es el relato de un aprendizaje, duro, porque hace a las vivencias y sentimientos más profundos del ser, pero aprendizaje al fin (cf. 309-10).

En el curso de ese aprendizaje, Renata suele refugiarse en el mundo de la imaginación que es para ella "tangible y verdadero" (*Mundo:* 15) y en el que "no hay castigos, ni pecados ni rutinas que abrumen, ni terrores, ni oscuridades"(*Mundo:* 16): "Dormir, soñar dormida y despierta, sí son mis placeres" (*Mundo:* 235). Hasta había creado su "primer personaje imaginario"(*Mundo:* 272), Bultillo, un poco ella misma "con el desgarrado dolor de ir creciendo hacia la realidad de los mayores" (*Mundo:* 273). Igual refugio en la imaginación distingue, de niña, a los ojos de Pedro, a Cristina. [12] Ese trabajo de la imaginación se vuelve hacia la escritura, hacia la creación literaria tanto en Renata como en Pedro, como sucede igualmente con la mujer de carne y hueso, Rima de Vallbona quien, en el "Autorretrato" que precede a su novela *Noche en vela* declara enfáticamente: "Todo lo rutinario me exaspera. Por eso escribo sin método, sin plan alguno, desordenadamente. *Pero siempre escribo...*" (12. El énfasis me pertenece). Pedro también expresa algo semejante:

> Hoy sólo me queda buscar formas para salvarme de la nada. Una forma es el dolor (sufro, luego existo); otra, el trabajo; pero la última, la principal, el resultado de las otras dos: la creación (*Mundo:* 28).

Ese "extraño y esclavizador [fenómeno]" (*Mundo:* 74) que, a pesar de tener "la estrechez de una prisión" (ib.) logra enriquecer y ensanchar el mundo "por efecto de la imaginación que impone lo que se anhela en el despojo de la libertad y de todo lo que afuera se vuelve mera y puramente deseo" (ib.). Afirmación que muestra la solidaridad de Rima con la estética surrealista que veía en la imaginación el camino de la libertad. A ese refugio se acogen, sin excepción, los protagonistas de sus tres novelas. Mas, en otro orden de ideas, esta necesidad "visceral" que los personajes vallbonianos sienten por el quehacer literario, es lo que me ha llevado, en las líneas iniciales de este trabajo, a hablar de "pasión" en la obra de Rima de Vallbona. Pasión revelada también en la frustración que despierta el manejo del instrumento lingüístico, las palabras, una pasión semejante a la de Julio Cortázar que lo llevó a calificarlas de "proxenetas negras", y a las que Pedro Almirante denuesta cándidamente así:

> ¡malditas palabras que limitan la creación literaria! Son las palabras las que se me resisten y yo me angustio forcejeando con ellas (*Sombras:* 51). [13]

La importancia concedida a la imaginación no sólo define el intelecto y el espíritu del personaje, sino que es un instrumento en la indagación sico-filosófica de Renata (como asimismo de Pedro), o sea que impone la temática. En el plano filosófico, el mundo imaginario y sus seres aparecen más reales que lo que corrientemente llamamos realidad, otro de los problemas que le interesan a la autora que afirma que *Sombras* "nació de mi obsesión por el tema de la vaga zona que divide la realidad de lo irreal, la verdad de la mentira" (Arancibia: 358). En el plano sicológico, porque por medio de él Renata encuentra el primer indicio de lo que luego comprenderá acerca de sí misma, le dice a Antonio en una carta:

> El único hombre que me sostuvo todos estos años de aridez, vive sólo en mis sueños. No lo sueño despierta, sino dormida: es siempre un hombre sin cara, indefinido, el cual me prodiga la ternura que nunca me diste [...]. El hombre de mis sueños nunca se concreta en una realidad, pues sólo es deseo, un deseo tan intenso que se repite y se repite y se repite (*Mundo:* 258).

Se repite porque Renata es una mujer frustrada que no puede sobrellevar "la pena de verse condenada a ser sólo madre, sirvienta y barragana en el lecho nupcial" (109) [14] ya que ha nacido "para los libros, para la enseñanza, para vagar con el espíritu por regiones de magia trazada por la música, la pintura, la poesía" (220). Por aquí es por donde entra en esta novela, como en *Sombras,* la temática feminista ya que Renata, como Cristina, han sido víctimas de dos maridos egoístas, arrogante el uno —Antonio—, burdo el otro — Benito— pero coincidentes ambos en ver a la mujer relegada al marido, a las tareas domésticas y a los hijos, a una vida de aplastante rutina en la que la mujer termina por irse borrando como persona.[15] A lo largo de toda la novela, debido a los saltos temporales con que se conduce la narración, Renata increpa duramente a su marido (pp. 131, 135, 167, 221) con el que hace treinta años que está casada aunque separada por diecisiete. Ese matrimonio en que ella ha sido un objeto para él, ha resultado una lente que ha deformado la visión de mundo de Renata y la que tiene de sí misma. Porque no ha podido comprender que ella era también una mujer hecha para el amor ("Todavía estoy joven, muy joven y la sangre me arde por dentro con ansias violentas de amor, de ternuras, de un algo que yo misma no me sé..." [136]).[16] Esto lo descubre cuando conoce a Ricardo Díaz Alvear, un novelista con el cual "se estableció una corriente de intensa electricidad emotiva" (*Mundo:* 292), apercibiéndose entonces Renata de que ella es:

> tan mujer como las otras y que lo de la frigidez mía fue la barricada tras la que Antonio se escudó para justificar sus aberraciones sexuales. Todo este tiempo experimenté una culpa torturadora [...]. Es un alivio para mí haberme estremecido de deseos junto a Ricardo [...]. Si me he enamorado o no, es secundario, lo principal es haber tocado fondo con mi identidad de mujer (*Mundo:* 315).

Se produce así:

> un milagro callado en el mundo: renací yo, yo, yo ¡¡¡yo, que hacía años yacía muerta en mi morada interior!!! [...] ¡[H]e vuelto a nacer!, y vos hiciste el milagro. ¿Será éste el final de mi búsqueda? (294).[17]

Si el romance con Ricardo es duradero o no, y si Renata —ya divorciada de Antonio— se casa con él, no se explicita en la novela porque lo fundamental es que ella se ha encontrado a sí misma, ha "tocado fondo" en su "identidad de mujer". Y esta es la meta del aprendizaje que Renata ha debido llevar a cabo debido a esa visión equivocada de sí misma y de la vida determinada también por otras razones. Una de ellas: su idealismo romántico que le exige una "imposible"(como todos bien sabemos) total afinidad en sus relaciones, particularmente en el matrimonio y con los hijos, afinidad que sólo tuvo con su hermano Santi y con su amiga Faustina (270), aunque luego, al descubrir el lesbianismo de ésta, se aleje de ella pues no puede corresponderla. Esta necesidad de afinidad es síntoma también de ingenuidad, la misma que Renata ha mostrado al creer en los dictados de su marido a pie juntillas, y resulta un tanto anacrónica en una mujer intelectualmente sofisticada como ella lo es. [18]

Una segunda razón resulta bastante incongruente. Me refiero a lo siguiente: Renata desea "[t]rasgredir la estética, trasgredir los convencionalismos, trasgredir el sistema, trasgredir los códigos masculinos..." (*Mundo:* 45), por ser fiel a su *weltanschauung* y también, opino, por su afán de ser diferente (149), pero, por otro lado, siente

> horror, cuasi fobia, a lo antiestético [...]. [N]o me había divorciado de Antonio aún, por miedo al ridículo, al escándalo —otra forma antiestética— , al rechazo, al implacable Ojo de Dios, a pasar a las filas de los disidentes... ¡La disonancia antiestética total!" (*Mundo:* 44).

O sea, que ella no se atreve a llevar a cabo el divorcio, que puede ser considerado, según la óptica de Renata, como una trasgresión, por temor al ridículo, lo cual no casa con la mentalidad de una mujer culta. [19] Quizá el verdadero problema resida en que ella vive aterrada por la soledad en la que se encuentra a pesar de su matrimonio: "Entre los argumentos que Renata aduce para justificar su matrimonio está el de la soledad [...]. Para andar más sola que perro sin amo, ¿vale la pena dejar a los hijos sin padre?" (*Mundo:* 65), que suena como una muy conveniente racionalización para explicar la incomprensible parálisis de su conducta. Al final comprueba

> [...] lo sola, lo abandonada que he pasado mi vida entera [...] ¿Sola y abandonada habré de encararme con esa señora gris que llaman MUERTE? ¿Del camino a su negra morada, cuánto trecho me acompañará Ricardo, si es que de veras me llegara a acompañar? ¿Y el resto, lo tendré que recorrer otra vez en soledad y abandono? (*Mundo:* 296),

preguntas para las que nadie, desdichadamente, tiene respuestas. No obstante, Renata termina por hacer paz consigo misma y aceptar a los seres y la vida tal como se dan, sin exigir tanto como lo había venido haciendo:

> Pasado el tiempo entre el dolor y la desesperación, una paz rotunda ocupa el centro de mi vida. Me he ubicado en esos años que todos desprecian y rechazan porque se llaman vejez-camino-corto-rumbo-a-la-muerte. Hoy bendigo este haber llegado al fin a reconciliarme conmigo misma, con el mundo, con mis hijos y hasta con Antonio, aunque él siga mariposeando (*Mundo:* 72).

Mención aparte merece otro aspecto del carácter de Renata que ha determinado lo erróneo de su percepción del mundo: me refiero a su conflictiva religiosidad. En el fondo "Dios sigue aquí, en el hondón del ser, haciéndome temblar de miedo" (*Mundo:* 42). Faustina considera que Renata no se puede deshacer de su "Dios iracundo" (*Mundo:* 43) porque es "una cajita complicada de minuciosos problemas" (ib.). Y Renata se pregunta:

> ¿Buscar la verdad y la paz en el templo? ¿Para qué, si las llevamos en nosotros mismos como si Dios las hubiese sembrado mucho antes de la concepción? (*Mundo:* 72); [...] pese a todo, Renata seguía añorando los transportes místicos de su juventud religiosa [...] (*Mundo:* 261),

tanto que una amiga le dice que "[a] lo largo de la autobiografía de sor María Marcela estás viviendo tu vocación frustrada, Renata". A lo que responde: "Es probable" (*Mundo:* 263). Probabilidad que parece ser real:

> ahora que al fin se cerró lo de mi divorcio, pienso mucho en mi vocación religiosa, pues sé bien que Ricardo no es mi última meta en esta vida, ya que busco algo definitivo, único, la plenitud espiritual [...] que halló sor María Marcela (*Mundo:* 315). [20]

Resulta muy interesante destacar la estrategia narrativa de la que Rima de Vallbona se ha valido para ahondar en la discusión del problema de las convicciones religiosas de Renata. Esa estrategia es lo que le hace incluir en las páginas de la novela, fragmentos del manuscrito de la autobiografía de Sor María Marcela, una monja mexicana del siglo XVIII que dejó un texto en cuya edición Rima está actualmente trabajando. La estrategia es doblemente significativa porque aúna en ella diferentes estratos de la personalidad de Rima de Vallbona: el real y el literario, su tarea de investigadora literaria [21] y su acumen para incorporar tal material a una ficción y con ello contribuir al ahondamiento de un rasgo del carácter de su personaje, como así también a mostrar cómo una débil y solitaria mujer, imponiéndose a familia y sociedad, fue capaz de realizarse como ser humano encontrando el verdadero sentido de su vida. Aunque no es éste el único texto que Rima utiliza, sino también la Ifigenia de Teresa de la Parra, el cual aparece citado cuando Renata discute con sus amigas el sentimiento de culpa particularmente referido al cuerpo, sentimiento igualmente ligado a la religión: "La educación que nos dieron nos castró el placer del cuerpo" (*Mundo:* 83) se dicen y se preguntan: "¿¿¿ el final del cuerpo será también el del ser ???". "Pensaba que su generación y las generaciones anteriores habían hecho del cuerpo un anatema" (*Mundo:* 96) que es lo que ha generado ese sentimiento de culpa: "¿Por qué esa culpa, si el cuerpo, como el alma, también salió de manos del Hacedor?" (ib.). A este atávico sentido de culpa que Renata ha llevado como un silicio, hay que atribuir lo que ella siente durante su noche de bodas:

> La sensualidad de Renata [...] se negaba rotundamente a entregársele, a soltarse, ("¡pecado!, el demonio..., puta en la cama..."), y él sin comprender, impaciente, poseído sólo por el deseo no saciado durante los dos años de noviazgo, sin acordarse siquiera que Renata era un caudal de afecto y ternura y espiritualidad... (*Mundo:* 120).

Esto explica la incomprensión que siempre separó a la pareja, enfrascados como estaban cada uno en sus propias percepciones: las de ella prejuiciadas por la religión; las de él sólo atentas a sus instintos más primarios. Los dos habían ido al matrimonio con expectaciones que nunca se explicaron mutuamente, por lo que para ambos esa unión había sido insatisfactoria.

Es de notar asimismo que esa vocación religiosa va unida a una visión de mundo sumamente hispánica ya que Renata cree que

> la esencia y sentido de la vida, es el dolor; su culminación, la muerte, pero muerte como desenlace y liberación y no como tangente del dolor. Es preciso dejar espacios libres, para que haya nueva vida (158),

afirmación esta última que parece contradecir lo aseverado en la primera parte del párrafo, porque esos espacios son precisamente los que Renata liberará, al finalmente comprenderse y aceptar un cierto hedonismo en el destino humano. Renata y Cristina son dos personajes castigados, retaceados e impedidos por el matrimonio de realizarse como seres humanos y como mujeres. Cristina muere destruida no sólo por la enfermedad sino por la incomprensión del burdo y materialista Benito. Renata, con un marido semejante al de Cristina, logra alcanzar la liberación pero no ya a través del divorcio, sino por haber comprendido que ella no ha fracasado como mujer, que es la dueña de su propio destino que se abre ancho y pródigo frente a ella a pesar de su edad y de sus desdichas pasadas. *Sombras* parecería ser, pues, la novela de la visión negativa, de la destrucción a que el matrimonio somete a la mujer. *Mundo,* por el contrario, parece decirnos que hay esperanza para esa misma mujer si ella lucha buscando en sí misma los resortes de su liberación.

Luisa, la protagonista de *Noche en vela,* es una chica impresionable y muy imaginativa de quien la novela narra sus dudas interiores y su sufrimiento, a partir de los recuerdos que ella evoca la noche del velatorio de la cruel tía Leonor. Dada la técnica de evocación, la cronología del relato es difícil de establecer ya que se dan saltos hacia adelante y hacia atrás en el tiempo, pero parecería que la novela abarca la vida de la chica desde los 12 a los 18 años. Se narra mayormente en primera persona narradora-protagonista pero a veces hay observaciones en tercera persona, y diálogos y pensamientos de la protagonista destacados con sangría y entrecomillado, [22] es decir, otra vez una presentación mixta.

Luisa, a pesar de ser una adolescente, comparte sin embargo con Renata y Cristina ciertos rasgos de carácter y mentalidad pues, como las otras dos protagonistas, la muchachita se propone sesudos interrogantes:

> ¿Por qué vivo? ¿Por qué siento? ¿De veras hay Dios? ¿Hay eternidad? ¿Por qué se sufre? ¿Por qué se muere? (*Mundo:* 211-2). [23]

Igual que las otras dos, Luisa también ama la expresión poética (40). Como ellas, está dominada por temores, particularmente, el temor al ridículo (pp. 40-1, 43, 102, 151). Y, como ellas, vive en soledad (146-7). Su visión de la vida y el sexo es tan negativa como la de Renata (68 y 174), aunque un día (cuando ya tiene 18 años), descubre su cuerpo ante el espejo y entonces se libera de temores y culpas y se reconcilia con la vida (206). No obstante, su náusea existencial es tan profunda que el desahogo que su diario significaba ya no le basta. [24] Necesita confesarse. [25] Es decir que, también aquí como en el caso de Renata, la crisis más profunda que debate el alma y la mente de Luisa, es la religiosa, nacida del escepticismo con el que su padre había resquebrajado su catolicismo (85) (Cf. pp. 49, 51, 84, 176, 236). Luisa está a la espera del día en que se haga en ella la luz, cosa que sucede en la última página del libro.

La locura de su hermana María (que había sido prácticamente su madre) debida a un rudo desengaño de amor, tornándose en un ser sucio y violento que grita y la ataca (pp. 109, 155, 157-8, 160, 161), ahonda la soledad y penuria de la muchachita quien huye del miserable mundo de su hogar, tal como lo vimos en Renata y Pedro, a través de su imaginación:

> Lo que me iba sacando del letargo de los días llenos de preocupaciones, miedos y confusión, era la jaca impetuosa de mi fantasía (*Mundo:* 152. Cf. asimismo pp. 43 y 145-6).

En *Noche en vela* hay otros personajes femeninos: la tía Amparo, la amiga Angela, las compañeras de colegio Liliana y Amalia, amén de las dos hermanas: María, quien antes de su enfermedad había ayudado a la chica en sus viajes al mundo de la fantasía. Por el contrario, su otra hermana mayor Ofelia, es un personaje casi siempre silente pero usado para caracterizar, por oposición, a Luisa (pp. 73, 78, 83). Sin embargo, tan sólo la tía Leo alcanza relieve y puede ser considerado un personaje principal, a diferencia de los restantes. Su caracterización está dada por los informes que se nos proporcionan desde la omnisciencia y por sus frases, casi siempre ofensivas, groseras, humillantes y crueles, estentóreamente pronunciadas. Es el agente del tumulto espiritual de Luisa pues su presencia todopoderosa cambia fundamentalmente el ambiente del hogar llenándolo de zozobra, privaciones y desconfianza ya que la tía convence prontamente al padre de que sus hijos todos son mentirosos e hipócritas.[26] Esto nos lleva a la diferencia fundamental existente entre *Noche* y las otras dos novelas: en *Noche*, la búsqueda existencial está demandada por el nuevo mundo con que se ve enfrentada la adolescente, mundo de odio, miseria, humillaciones y desconfianza, de total hipocresía desatado por la presencia de la tía. En *Sombras* y *Mundo,* la búsqueda existencial está determinada por la desdicha matrimonial y, en el caso de Pedro en esta novela, por su angustia existencial y su rebelión ante los convencionalismos sociales. Lo que sí es constante en las tres novelas es la búsqueda de Dios y la existencial.

Quizá en ninguna otra de sus narraciones ha sido la autora costarricense más explícita en lo que respecta a explicar los principios que guían y dan fisonomía particular y coherencia a sus ficciones, que en su segunda novela —*Las sombras que perseguimos* (1983)— en la cual su protagonista, Pedro Almirante, discurre claramente acerca de lo que podríamos denominar "la poética" vallboniana. Si se comparan las aseveraciones que Pedro hace en esas páginas, con el mapa que he intentado trazar de la caracterización de los personajes, se comprobará que esos personajes son fieles a dicha poética. Tanto Renata como Pedro escriben por íntima necesidad, como una forma de salvación ya que sólo pueden escapar a las miserias del mundo real refugiándose en los mundos creados por su imaginación, mundo narrado que ellos construyen con verdades que sacan de su vida, de sus experiencias, de las entretelas de su corazón. Pero el mundo es más amplio que su propia intimidad, y está poblado por muchos otros seres de los que también hay que dar cuenta, lo que lleva a Vallbona, en *Sombras* por ejemplo, a incorporar las vidas y avatares de los amigos alemanes durante la Segunda Guerra y la marcha del hijo de Tata Blas a Vietnam y hasta la reproducción de comentarios periodísticos (pp. 151, 153-5), como así las voces de otros personajes femeninos y las de los masculinos. [27] Todos estos elementos ensanchan la temática, la universalizan, crean un contexto histórico-social dentro del cual los personajes y sus tragedias personales se inscriben resultando por ello más verosímiles, tocando más de cerca, por ello también, al lector inmerso en la misma realidad histórico-social y por lo tanto bien sintonizado con las problemas que acucian a esos personajes. Porque, en realidad, lo que Pedro ansía es entrometerse en los resquicios del alma de sus personajes para poder hacer "una novela única" y "entonces tendría justificada mi existencia, y podría morir tranquilo..." (137): objetivo similar al perseguido por Renata en *Mundo*: "los esfuerzos que hago por realizar una obra literaria que abarque la infinitud de mi cosmovisión..." (237). Y que es lo que lleva a Rima (creo) a novelar sin plan —como también lo hace Pedro— para permitir que el lenguaje, espontáneo y "virgen" podríamos decir, evoque las sensaciones sin explicarlas, como Pedro lo afirma (157-8).

Estas observaciones nos llevan a otro aspecto de su narrativa que debe ser puntualizado. En un muy inteligente artículo de la profesora Sandoval de Fonseca, ella considera acertadamente que "[e]l universo de las criaturas de *Las sombras que perseguimos* descansa sobre 4 códigos fundamentales": el *filosófico,* el *estético,* el *religioso-moral* y el *social* (78). Estos códigos, en mi concepto, constituyen una *constante* de toda la obra narrativa de Rima de Vallbona ya que, guiados por sus personajes, como hemos visto, la temática de esas novelas se revela como *existencial, ético-religiosa,* y *social* y, puesto que se discute el hacer la novela al mismo tiempo que se la está narrando, es asimismo *metaliteraria,* por lo que los personajes de Rima no sólo son los agentes de la acción, sino también los portavoces de las ideas con las que la autora construye su mundo ficcional. Estos patéticos personajes, en su sufrimiento existencial, están construidos con absoluta verosimilitud, lo que los acerca grandemente al lector, quien muy pronto les entrega toda su simpatía, en íntima compenetración con sus problemas. Ese lector se convierte así, de hecho, en un "lector ideal" que palpita al unísono con los desgarrados protagonistas vallbonianos.

NOTAS

[1] Hago mías las siguientes palabras de Enrique Anderson Imbert: "Llamemos 'personajes' —según es costumbre— al agente de la acción de un cuento. Sé que algunos estructuralistas prefieren otros términos. Yo prefiero el término 'personaje'" (238).

[2] *Mundo* está salpicada, casi en cada secuencia, por un sueño, al final de la misma. He contado veinte sueños (pp.8; 17; 23; 38; 78; 84; 124; 136; 149; 162; 170-1; 188; 189; 200; 201; 215; 217; 253; 267 y 319). Casi sin excepción, los sueños de Renata son negativos, claustrofóbicos, presagiantes de desdichas o de la continuación de una vida que ella encuentra vacía de significado y de satisfacciones. En ellos hay una serie de palabras claves tales como *angustia, vacío, soledad, hueco, sepultura, abismo, negro, noche, miedo, muerte, infierno, oscuridad*, reminiscentes de los sueños de Pablo Castel en *El túnel* de Ernesto Sábato.

[3] Es decir que, de acuerdo con Bourneuf-Ouellet, se trata de una "presentación mixta".

[4] Los diálogos son necesarios para introducir otros personajes en la trama pero también para ganar la confianza y simpatía del lector porque la historia surge así como dramatizada (de ahí el término "showing" usado por Henry James y los críticos anglosajones). De este modo, entre la idiosincracia del personaje tal como se revela en una conversación amistosa y el lector, se establece una simbiosis directa. Esa es la función del diálogo, el cual, además, permite al autor, que maneja los hilos de sus títeres, distribuir *sus* ideas y otras —contrarias o complementarias— entre los personajes con lo que el mundo narrado se vuelve más verídico y el ritmo narrativo más ágil.

[5] Es decir, que si bien conocemos a la protagonista directamente, también su presentación, en cierta medida, es indirecta pues, a partir de lo que oye a otros en los diálogos y a la información omnisciente, el lector tiene margen para sacar sus propias deducciones acerca del carácter del personaje y de los móviles de su conducta y/o de sus ideas. Igual trabajo de colaboración de parte del lector, se da

—en el nivel elocutivo— con los *símbolos* que las novelas presentan: el sonajero, gatito de plata, en *Mundo*; la foto —de dimensión metafísica— que abre *Sombras*, con sus vientres y fetos que se reproducen al infinito como la humanidad, pero sin que nada se perciba claramente, como sucede con el significado de la vida y en las relaciones entre los seres.

[6] *Sombras* es, básicamente, un texto existencial (un viaje por "el continente del espíritu", 70) ya que lo que Pedro busca en su vida, es el sentido mismo de la existencia: "¿Quién soy yo? ¡Preguntas! Sólo preguntas y no logro responderme ninguna. ¿Quién soy? ¿Qué hago aquí en el mundo? ¿Adónde voy?" (*Sombras:* 17). "¿Y quién puede asegurarnos que en vez de engaño, no sea realidad todo lo que llevamos en el corazón, y mentira lo que tocamos y vemos? ¿Quién sabe la verdad, toda la verdad? Todo es tan relativo y vago... Idealismos, loca juventud..." (*Sombras:* 32). Cf. también 50, 110, 140.

[7] La novela *Mundo, demonio y mujer* está dedicada "[a] todas aquellas mujeres que de niña me dieron su afecto y devoción; y a quienes después, con gran entrega y fidelidad sirvieron en mi hogar y cuidaron con amor a mis hijos" y, en general, está dedicada a todas "las mujeres que se enfrentan solas con la vida y que defienden sus derechos a la igualdad frente al hombre".

[8] "—¿Por qué te complace tanto usar esos términos y expresiones vulgares, rastreros? No se ajusta el habla tuya, a tu finura ni a tu preparación académica, Renata. Afeas así tu belleza espiritual" (*Mundo:* 271).

[9] También hay algunos atisbos de la relación de Renata con sus hijos, principalmente Gaby, una de sus hijas, y cómo ésta percibe la situación de sus padres. Renata ha inculcado a sus hijos "independencia" (29). Al varón le ha enseñado los quehaceres de la casa, cocina, costura porque "[s]aber esos oficios es una de las formas de liberación masculina [...]" (29). Las mujeres deben tener una carrera.

[10] Esto debido a que "la felicidad para Antonio en el contexto de la pareja: que la mujer satisfaga todas las necesidades y apetitos de él, se convierta en un felpudo útil para sus pies, en un robot doméstico y una vagina próspera en placeres carnales" (*Mundo:* 87).

[11] "Y este silencio íntimo abrumado por voces extrañas, profanadoras del sagrado recinto del alma al pronunciar *bread, car, house, money,* cuando el alma está saturada de rosa, de río, de nube, de estrella, de primavera" (*Mundo:* 20). "Donde más perdida me siento en esta geografía anglosajona, es en la palabra, porque la palabra es la cosa misma que va delimitando minuto a minuto nuestro diario trajinar. La palabra es poesía, creación, y yo, naufragando en los silencios de las que desconozco, experimento el vértigo de abismales vacíos, de una aridez creativa que me está aniquilando" (ib.).

[12] "Siempre fuera del corro de los otros, ajena a sus juegos del can, la ova, el matarile-rile-rón, o el salto a la cuerda. Callada en clase, inaccesible, como borrada de la realidad. Mediocre estudiante, pero algo extraño —parecía vuelta al revés, el espíritu por fuera y la carne dentro— la distinguía de sus compañeras. Muchas veces tuve que hacerla regresar de sus escapes a quién sabe qué regiones de ensueño y maravilla" (*Sombras:* 35). En esas regiones Cristina había concebido a Goyito que "ocupaba el ámbito de sus sueños niños y en toda su irrealidad, era para Cristina más real que los juegos de las canicas, la cuerda, el Antón Firulero, la pizpirigaña..." (*Sombras:* 37) porque Goyito tenía lástima de los seres humanos por las muchas cosas materiales que necesitaban para vivir.

[13] Frustración reiterada luego poéticamente en su tercera novela por su protagonista, Renata (*Mundo:* 26).

[14] Aunque ella misma reconoce su "ingenuidad" que le hizo aceptar su rol de "esposa-cenicienta" (*Mundo:* 240) y el hecho de que Antonio la hubiera convencido de que lo importante en su matrimonio era la carrera de él hasta el punto de que "sólo pude aceptar su palabra como la verdad bíblica" (220), lo que resulta muy anacrónico en este personaje tan culto e intelectualmente exquisito. Pero Renata ha aceptado hasta tal punto su sujeción matrimonial que ella misma la agrava, como lo demuestra este estallido: "quitarme el anillo de bodas, ¿cómo?, ¿cómo quitármelo si se me ha hecho carne de mi carne?, no lo llevo únicamente en el dedo, insertado en mi lengua, en cuanto comienzo a hablar, cobra vida y se mete por todos los resquicios de mi conversación, mi marido esto, mi marido aquello, mi marido acá, mi marido acullá, m-a-r-i-d-o-d-i-r-a-m..., ¡maldito sea!, no me lo sacaré nunca, aunque me arrancara miles de anillos de los dedos, porque está incrustado en mis palabras y en la médula de mi existencia" (86).

[15] El hecho de que la novela esté focalizada en Renata y en su problema con Antonio, no significa que, por boca de otros personajes femeninos, no traiga a colación los problemas que la organización social de Occidente trae a la mujer: "por siglos la mujer se ha visto obligada a 'robar' momentos de su quehacer doméstico, de sus obligaciones matrimoniales, de sus deberes de madre. Así escribimos, así esculpimos, así cantamos, así mantenemos el espíritu guardado en el recinto de la poesía, de lo bello, del arte, mientras deambulamos en los meandros de la rutina familiar" (*Mundo:* 104). (Siguen dos páginas de consideraciones sobre el estado de la mujer en la sociedad judeo-cristiana). Las tiradas que cito a continuación, a pesar de su tono zumbón, son verdaderamente significativas: "—¿Se han fijado que la palabra esposa es palabra vil, cuyo infame sinónimo es 'grillos' ?" [...] ¡y pensar que a las otras, aquellas que un día u otro fueron nuestra pesadilla, se las llama dulcemente 'queridas', 'amantes'. Las casadas sólo son 'esposas', o simplemente 'mujeres' de algún hombre!" (*Mundo:* 147). "—¿se han fijado cómo se proyecta en [la lengua] la discriminación contra la mujer, al menos en el español? —¿Qué querés decir, Sonia? ¿Te referís a lo de

que los determinantes como adjetivos, artículos, etc., y algunos sustantivos como 'padres', 'tíos', *and so on,* que abarcan individuos masculinos y femeninos y las mujeres quedan reducidas a la suma total del masculino? —Eso y mucho más. Tal vez donde mejor se ve la actitud machista es entre nosotros, los mexicanos. Observa que cuando es excelente, decimos '¡qué padre!', 'fue un espectáculo padre'. En cambio 'madre' lo evitamos por su sentido peyorativo de mujer violada; y menos lo decimos con el posesivo, 'tu madre'. Y como si eso fuera poco, ¿han advertido ustedes cómo los hombres se refieren a nosotras, las mujeres, jóvenes, de mediana edad o ancianas? [...] [N]os llaman siempre 'viejas' (*Mundo:* 178-9). Otros ejemplos en páginas 32, 104, 128, 236. También se habla de la discriminación y, particularmente, se discute a la que se ve sujeta Faustina por ser lesbiana (pp. 74-5).

[16] Y lo mismo Cristina quien "era toda ella un beso y una caricia largos, palpitantes, inocentes" (*Sombras:* 36).

[17] Por el contrario, Cristina sucumbe a una enfermedad después de una vida de humillaciones, carente de amor y sumida en la mayor soledad.

[18] Otra instancia de esa ingenuidad me parece que es decirse: "Al filo de los cuarenta, y sin saber defenderme sola, ¿vale la pena divorciarse?" (*Mundo:* 224). Asombra que una mujer culta, de carrera y que trabaja asegure que no sabe defenderse. También resulta ingenua la actitud de Renata ante la 'nueva moralidad' de nuestra era postmodernista (90, 94, 133-4), y el hecho de que se considere "una mujer inexperta", porque su marido nunca le "enseñó los secretos del amor?" (*Mundo:* 133). ¿No es la intuición de la mujer su mejor maestra?

[19] Hasta el mismo narrador omnisciente se sorprende: "Diez años llevaban ya de estar separados, pero todo había quedado como un arreglo mutuo entre los dos. Extraño arreglo que nunca se consolidaba en divorcio definitivo" (*Mundo:* 50).

[20] Pedro acusa también la preocupación religiosa cuando nos confiesa: "Ahora sé que busco a Dios. He vivido buscándolo ansioso. No por el camino de la razón, ni el de la lógica, ni siquiera el del sentimiento. Mi camino, estrechamente ciego y oscuro... entre las galerías inmundas del alma" (*Mundo:* 105-6).

[21] Rima de Vallbona ha dado pruebas de su valor como investigadora con la publicación de *Vida i sucesos de la Monja Alférez. Autobiografía atribuida a Doña Catalina de Erauso.* Edición, introducción y notas de Rima de Vallbona. Tempe (Arizona): Center for Latin American Studies. Arizona State University, 1992. Es de notar que Renata explica que "al presentar a sor María Marcela como personaje, yo pretendo insuflarle existencia de autora, la que le han negado al mantener sus papeles amontonados, envejecidos y comidos de polilla, en la Biblioteca Nacional de México, entre los textos raros. En suma, pretendo salvar de la nada su historia [...]" (*Mundo:* 175-6).

[22] Vallbona usa diferentes técnicas de relieve estilístico por medio de la tipografía. A las que acabo de citar se unen palabras todas en mayúsculas y la separación, con guiones, de palabras en algunos párrafos, recurso éste que ayuda al lector a 'sentir' más profundamente lo que se le comunica.

[23] Cf. también páginas 44, 46, 188. Luisa, como acertadamente lo apunta Lilia Ramos en la contratapa del libro, "[e]s un alma que anhela descifrar el enigma del destino [...] que ansiosamente busca el valor religioso en su sentido más legítimo y especial. Es un alma-pregunta-jamás-satisfecha que, a pesar de todo, adora la vida [...] que sabe disfrutar con plenitud ratos luminosos de continuo estropeados".

[24] "Llegó un momento en que me pesaba tanto lo que llevaba adentro, que sentí necesidad de vomitarlo. Escribía mi diario como un medio de desahogo, pero no me bastaba; el diario era mudo [...] Yo necesitaba ansiosamente algo así como un dedo acusador, tremendo, que sin misericordia se metiera en las heridas y les hiciera sangrar todo en ríos de alivio" (*Noche:* 200).

[25] Y entonces se imagina lo que va a decir al sacerdote en estos términos: "Padre, me estorba la vida. Quiero morir porque no le encuentro ningún sentido, porque no hallo la verdadera felicidad, porque no tengo fuerzas para llevar una vida así de absurda, porque... porque experimento asco y vergüenza de ser yo misma, de sentir como yo siento, de vivir como yo vivo, de pensar como yo pienso; de ser yo, sin nada que me explique por qué estoy en el mundo..." (*Noche:* 201).

[26] Resulta poco convincente, sin embargo, que el padre acepte tan fácilmente estos juicios fulminantes de su cuñada y se cierre a los explicaciones de los jóvenes.

[27] Por razones de espacio, me es imposible entrar en detalle a analizar los restantes personajes femeninos, particularmente la tía Leonor en *Noche* y Faustina en *Mundo,* y lo mismo vale para los personajes principales masculinos como Antonio y Alberto en *Mundo;* el Padre González Bonet, el Tata Blas y Benito en *Sombras,* así como el padre, Felipe y don Antonio en *Noche*. Hay otro elemento del texto que demandaría un estudio pormenorizado: me refiero a los epígrafes que son muy considerables, particularmente en las dos últimas novelas y que provienen tanto del mundo de la ficción como del periodismo.

OBRAS CITADAS

Arancibia, Juana de. "Entrevista con Rima de Vallbona". *Alba de América* 8.14-5 (jul. 1993): 353-60.

Anderson Imbert, Enrique. *Teoría y técnica del cuento*. Barcelona: Ariel, 1992 [1979].

Bourneuf, R. y Ouellet, R. *La novela*. Barcelona: Ariel, 1975.

Cuza Malé, Belkis. "Desde Texas con Rima de Vallbona". *Linden Lane Magazine*. XIV.1 (mar.-prim. 1995): 9-10.

Dowling, Lee H. "Point of View in Rima de Vallbona's Novel *Las sombras que perseguimos*". *Revista Chicano-Riqueña* XIII.1 (Spring 1985): 64-73.

Sandoval de Fonseca, Virginia. "*Las sombras que perseguimos* o práctica de relectura". En *Evaluación de la literatura femenina de Latinoamérica*. San José (Costa Rica): EDUCA, 1987: 67-79.

Vallbona, Rima de. *Noche en vela* (Novela). San José (Costa Rica): Editorial Costa Rica, 1967. [Todas las citas se hacen por esta edición. Se abrevia: *Noche*].

------. *Las sombras que perseguimos* (Novela). 2a. ed. San José (Costa Rica): Editorial Costa Rica, 1986. [Todas las citas se hacen por esta edición. Se abrevia: *Sombras*].

-----. *Mundo, demonio y mujer* (Novela). Houston (Texas): Arte Público Press, 1991. [Todas las citas se hacen por esta edición. Se abrevia: *Mundo*].

NOCHE EN VELA: DISCURSO Y TEMATICA
Cida S. Chase
Oklahoma State University

En la trayectoria de la literatura costarricense *Noche en vela* (1968) de Rima de Vallbona se sitúa en la corriente del existencialismo. En dicha corriente, cuyos primeros fulgores se perciben con la publicación de *Los perros no ladraron* (1966) de Carmen Naranjo, descuellan, como en la corriente existencialista europea, referencias: "al carácter limitante e impositivo de las relaciones interpersonales, los problemas de identidad y el erotismo" (Duncan: 93). Asimismo en Costa Rica los escritores envueltos en esta corriente dejan ver en sus obras cierto desaliento ante la corrupción en determinados sectores sociales, intuyen una crisis de valores tradicionales y se centran en problemas humanos mediante los cuales hacen sobresalir las dificultades del individuo en sus relaciones con el resto de la humanidad (Duncan: 93).

La escritora costarricense Yolanda Oreamuno, cuya angustiada novela *La ruta de su evasión* salió a luz en Guatemala en 1949, abrió el camino para las innovaciones estilísticas y conceptuales que realizaron escritoras como Carmen Naranjo y Rima de Vallbona. Así se percibe que algunos rasgos que se destacan en la obra de Oreamuno tales como el realce de elementos introspectivos, la penetración psicológica de los personajes, el lenguaje metafórico lúcido y el énfasis en la claridad y la libertad en el uso del lenguaje se hacen también aparentes tanto en Naranjo como en Vallbona.

Es curioso notar que entre los escritores que abrieron brechas en el campo de las letras de esta época sobresalen nombres de mujeres. Y es aún más notable que estas mujeres produjeran sus obras sin pretensiones innovadoras, tal vez sin atreverse a pensar que con sus escritos cambiarían la trayectoria de la literatura costarricense de aquel tiempo. Rima de Vallbona confiesa que *Noche en vela* fue sólo "el producto de [su] protesta contra la dolorosa condición de la mujer casada", a quien el matrimonio ha condenado a "la más aplastante de las condenas, al doloroso rito de la rutina doméstica". [1] Al concluir el manuscrito en 1960 [2] y con su sed intelectual satisfecha por el momento, Vallbona ocultó con sigilo la novela en una gaveta. Pasados unos años su esposo la encontró y animó a la escritora a enviarla al concurso Eugenio Nadal de 1964. La obra participó en el Nadal con el título de *Prometeo* y con la firma de soltera de la escritora, Rima Gretel Rothe.

Los valores de *Noche en vela* quedaron afirmados durante ese certamen en el que no sólo obtuvo el quinto lugar, sino que suscitó comentarios laudatorios. Rafael Vázquez Zamora, por ejemplo, declaró en público que era una novela preciosa y "de grandes méritos, muy femenina" y que figuraba entre aquellas obras que "en circunstancias normales (o sea, en años de inferior cosecha)", bien "podrían haber sido [...] un excelente Premio Nadal" (Vázquez Zamora: 1379).

El discurso de *Noche en vela* se sostiene mediante una voz femenina que oscila entre la narración autodiegética y la homodiegética. Luisa, la narradora, cuyo nombre se conoce a partir del quinto capítulo, es el sujeto mediante el cual se gesta la obra. A través de su discurrir autodiegético el receptor penetra en la problemática psicológica de Luisa, problemática que gradualmente emerge como el referente primario, intangible de la novela. Dicho referente se conjuga en la crisis interior que se desencadena en la narradora al acercarse al paso de la adolescencia a la edad adulta. Esta crisis se vuelve aún más aguda con el sufrimiento intencional y extremo que le causa la tía Leo a la narradora. [3] En su papel de narradora homodiegética, Luisa le permite al receptor asomarse al mundo "del otro", el mundo de los personajes con quienes ella comparte su universo. En consecuencia, el conocimiento de estos personajes depende de su interacción con Luisa o sea que se conocen a través del matiz que les adjudica la perspectiva de Luisa. Dado que Luisa reproduce numerosos parlamentos de estos personajes, podría decirse que la obra tiene rasgos polifónicos. Sin embargo, las voces de los otros, salvo las de unos pocos que le dirigen la palabra durante la vela, se materializan ante el lector únicamente a través de los monólogos interiores del personaje central.

El fluir psíquico es el rasgo estilístico general que prevalece, ya que el referente básico de la narrativa es el estado anímico de Luisa ante la perspectiva de pasar de niña a mujer. En consecuencia la cronología aparece dislocada, marcada especialmente por diversos planos temporales relacionados con el pasado reciente así como por algunas vistas fugaces de la niñez feliz de una niña burguesa. Empero gracias a parte de la estrategia estructural externa de *Noche en vela*, el lector no pierde de vista la situación presente de la novela, la vela del cadáver de tía Leo. De hecho cada capítulo se inicia en el tiempo y el sitio donde Luisa se encuentra físicamente situada, dándole rienda suelta a sus pensamientos y hurgando dentro de sí en busca del origen de su angustia. Estas vueltas al momento preciso del discurso constituyen marcas textuales que le dan a la obra un ritmo seguro y tranquilo, mientras la narrativa se adentra en el estado anímico de Luisa.

La génesis del monólogo mental del personaje central parece encontrarse en el hecho de que la joven no puede encontrar paz, ni satisfacción, y ni siquiera liberación ante la muerte de su cruel opresora, la tía Leo. Mediante una simple deducción lógica, ella siempre había pensado que una vez eliminada la causa de sus sufrimientos, la tía Leo, desaparecerían sus sentimientos de disensión, otredad y la sensación de estar encerrada en "una esfera sólida" (Vallbona: 44). Es así que el personaje se sume en un intrincado análisis propio, cuyo verdadero propósito se convierte en el principal enigma hermenéutico de la obra. No es hasta el final de la novela que el lector se da cuenta de que la tarea de Luisa es realmente la búsqueda de una reconciliación consigo misma, y no solamente el deseo de encontrar la razón por la cual ella no puede perdonar a la tía Leo y no se siente libre con su muerte.

A principios de la obra el receptor recibe la impresión de que la problemática existencial de la narradora se centra en la conducta perversa de la tía Leo, mujer que constituye el arquetipo de toda identidad femenina adulta que ha abusado de los niños a través de la historia de la humanidad. En el personaje de esta tía convergen figuras folclóricas y de cuentos de hadas como la madrastra de Cenicienta o la bruja de Hansel y Gretel, así como figuras más recientes tales como la abuela desalmada de la Eréndira de García Márquez.

Después de abordar la lectura, el lector rápidamente se convence de que en esta mujer cruel se conjuga todo el problema, dado el odio descomunal que se desprende de las palabras de la narradora. En efecto, el odio es uno de los primeros sentimientos que percibe el lector. Luisa inicia su función de narradora autodiegética comparándose con Prometeo, manifestando que siente sus entrañas injustamente carcomidas por el odio. El odio cumple en ella la misión horrible del buitre, de los "buitres indeseables" (Vallbona: 19) en el mito de Prometeo. Este odio aparece eficazmente magnificado en algunos sememas, cuyo léxico descriptivo connota una violencia física sin límites hacia la tía Leo. En uno de estos segmentos, Luisa confiesa que en sueños ella ahorcaba a esta mujer y luego la golpeaba sin piedad en el suelo, como si estuviera tratando de abrir "un agujero en las baldosas por donde [asomaran] los infiernos" (Vallbona: 20). En otras ocasiones se veía golpeándola contra las paredes hasta dejarlas "moteadas de sangre" (Vallbona: 20). Estos enunciados aparecen fortalecidos por el uso de imágenes decadentes que inspiran aversión y disgusto, como cuando la narradora indica que las manchas de sangre que pringaban las paredes de sus sueños adquirían formas espeluznantes "de arañas y pulpos pestilentes" (Vallbona: 20).

El odio tan arraigado que perturba la existencia de la narradora trasciende magnificado hasta saturar de horror la figura de la tía Leo, vista a través del discurso homodiegético de la hablante. En estos casos el "yo" de la narradora se mantiene como la voz que atestigua lo que se dice en la diégesis de la obra, aunque el tópico del discurso no es la narradora, sino la tía Leo. En estas secuencias narrativas la imagen de esta mala mujer y el lenguaje se compenetran de tal manera que producen efectos verdaderamente infernales.

Un caso concreto de esta situación se da en la ocasión en que Luisa contempla a hurtadillas a la tía Leo en su cuarto contando dinero. La cara de la tía despliega facciones endurecidas aunque su rostro refleja una "expresión radiante" de gozo que apunta a su desmedida avaricia. Además, parece un ser "diabólico" o "malvado", cuyos ojos chisporrotean en medio de reflejos rojizos provenientes del parpadeo de una lámpara sobre las paredes de la habitación tapizadas "de un rojo mustio" (Vallbona: 26-27). Es evidente que aquí el tejido lingüístico se ha creado con el propósito de producir la imagen y el ambiente de un demonio en el infierno.

Vallbona logra efectos semejantes a los susodichos en otra ocasión cuando la voz que narra sueña que está sentada con sus hermanas a la mesa, la cual aparece encabezada por la tía Leo. Esta manifiesta una cara de color gris que de súbito se torna grana. Asimismo luce dos enormes colmillos dorados destellantes que la hacen "despedir rayos de fuego por la boca" (Vallbona: 91). La mujer es así una bestia demoníaca con dientes feroces, los cuales funcionan como correlato objetivo de la avaricia. El odio enorme que comunica la narradora en estos segmentos se equipara a la avaricia monstruosa de la que padece la tía Leo. Sin embargo, hay evidencia en el texto de que el afán desmesurado de la tía por adquirir dinero sobrepasa en intensidad todas las emociones que se registran en el discurso. Este hecho se hace aparente en la página inicial del capítulo cuarto donde la vieja se contempla obsesionada con la idea de que alguien le está robando el dinero. Desde la perspectiva de la narradora se observa a la tía apretando "con avidez contra el pecho [una] llave que tenía colgada en una cadena" (Vallbona: 65). La llave en cuestión es la que ella utiliza para proteger la riqueza que ha acumulado escatimando el alimento y los cuidados de su sobrinos. En este pasaje el discurso orienta el texto hacia lo simbólico, cuando hace evidente que la mujer luce la llave junto al corazón del mismo modo que muchas personas llevan medallas con efigies de Jesús y otras figuras religiosas, pendiendo del cuello. Mediante un símil implícito, se intuye que la tía Leo cultiva la avaricia como la gente normal cultiva su devoción a Jesús, a Dios. Guiándose por la polisemia de esta secuencia narrativa, el lector puede concluir que la tía Leo ha hecho de la avaricia, un dios por el cual y para el cual vive.

A pesar de la multitud de segmentos que se centran en el personaje de la tía Leo, demostrando su bajeza y crueldad sin medida, ella en verdad no es la causa total del desgarre existencial de la narradora. Si se vuelve al postulado de que el referente primario de la obra es intangible porque se trata de una crisis anímica, existencial, se hace necesario buscar la causa de la problemática de Luisa en sus elaboraciones elocutivas autodiegéticas, es decir, en los casos en que ella misma es el tópico de su discurso.

En *Noche en vela* Luisa aparece como una heroína problematizada atípica, que está a punto de sufrir un naufragio espiritual. Este personaje no se identifica como típico porque se trata de una adolescente criada en un ambiente burgués, que está atormentada por problemas filosóficos de importancia trascendental, tales como el concepto de la nada. Parte de su conducta poco típica también se basa en que ella mitiga su soledad mediante amigos cultivados, conspícuamente mucho mayores que ella, como lo son Felipe y Oscar. Sin embargo, este aspecto le presta verosimilitud a la idea de que el lector está frente a una joven de marcadas aspiraciones intelectuales, la cual presiente que dichos adultos pueden ayudarla a resolver su condición anímica.

Luisa es un espíritu más afín a San Manuel Bueno, el cura torturado por la duda de Unamuno, que a Angela Carballino, la joven que se pregunta si hay o no hay infierno y que acude al cura en busca de respuestas. [4] Como Angela, Luisa también recurre a su profesor cura, escribiéndole una nota al final de un examen. Le dice que el miedo "de caer en el nihilismo" es lo único que la "sostiene a flote" (Vallbona: 56) y que tiene necesidad de la Gracia para poder creer en lo que existe más allá de la idea de Dios. El cura, que también le responde por escrito, le aconseja que no se preocupe, que ésas son cosas de la edad y que por lo tanto ya se le pasarán. Del mismo modo, San Manuel Bueno le dice a Ángela que no se cuide de si hay o no hay infierno porque para seres como ella no lo hay. Cuando la joven insiste en que su preocupación yace en saber si el infierno existe para los demás, don Manuel le responde bruscamente así: —"¿Y a ti qué te importa, si no has de ir a él?" (Unamuno, 1987: 37).

Esa respuesta no satisfaría al personaje de *Noche en vela*. Ella seguiría buscando la manera de poder creer en lo que considera que se debe creer. En efecto, Luisa trata de encontrar la solución de sus problemas existenciales en el seno del catolicismo y busca la opinión de su amigo Felipe con respecto a esto. Felipe, quien parece ser nihilista de vocación, reacciona con sarcasmo, diciéndole que produzca una filosofía propia comensurable con el "tamaño de [sus] necesidades" (Vallbona: 48). La narradora, aunque carece de la experiencia que los años le han otorgado a Felipe, genera una respuesta más profunda. Ella declara que lo que la atrae del cristianismo es el calor humano y la empatía con el ser humano que se desprende de su filosofía; la conmueve la dimensión humana de Cristo y su supremo sacrificio por amor al hombre. También percibe a la Virgen María y a toda la corte celestial católica muy cercana a la lucha cotidiana que sobrellevan los hombres.

Aunque Luisa encuentra algún consuelo en sus lecturas de la Biblia y su búsqueda de un Dios concreto se intensifica a través de las lecturas de Kempis, continúa convencida de que ella, su dulce hermana Ofelia y los seres humanos en general sufren una suerte de cadena perpetua en la soledad y el dolor. De ahí que todos sean Prometeos encadenados, sangrantes e indefensos ante la siniestra misión de los "buitres" de la vida (Vallbona: 86).

El texto entero de *Noche en vela* aparece permeado de una metáfora extendida que identifica el dolor humano del vivir diario con el eterno e inmerecido dolor de Prometeo, por su capacidad de haber sentido piedad del hombre. La voz que narra "intertexta" estratégicamente numerosas alusiones a Prometeo, manteniendo esta concepción metafórica presente ante el lector. En consecuencia, no causa extrañeza alguna que el título original de *Noche en vela* haya sido *Prometeo*.

Ante la perspectiva de la nada después de la muerte, la vida se le presenta absurda a la narradora. "¿Para eso sufrir tanto, luchar, desesperarse, pasar hambres, miedos, congojas, fríos, humillaciones... para eso se ama y se odia?" (Vallbona: 47), se pregunta atormentada Luisa. La nada se le hace tangible en la mirada vacía de María, su hermana loca. Después de observarla concluye que "María tiene la nada perfectamente delineada, con todas sus angustias, en sus facciones" (Vallbona: 48).

El personaje de María es de naturaleza memorable porque cumple una misión binaria en la temática de la obra. Mediante María la narradora, en su papel homodiegético, hace surgir ante el lector los días felices de la niñez, la época en que la demencia no había invadido el ámbito inocente de María. Asimismo es a través de la locura de María que la narradora observa los aspectos más absurdos de la vida.

Los segmentos relacionados con el pasado venturoso de la primera infancia cobran gran significado en la narrativa porque en ellos el lector percibe oculto, pero entretejido en la textura de la novela el mito del paraíso perdido. Aun más, la idea de dicho mito se resemantiza incluyendo la noción de la culpa, cuando el lector intuye que tal vez parte del malestar psíquico de Luisa se deba a que esta adolescente, que pronto será mujer, se siente como si la hubiesen arrojado del mundo de la niñez a manera de castigo.

Las secuencias narrativas que se remontan a esa época de inocencia incluyen articulaciones lingüísticas cargadas de léxico connotativo de experiencias agradables. Hacen presentir un mundo mágico donde los personajes de los cuentos de hadas eran los pobladores más conocidos. La voz que narra articula, por ejemplo, que en ese tiempo los pequeñísimos labios de María "eran aguja encantada que iba bordando todo con hilos de fantasía" (Vallbona: 110). Sin embargo, en el tiempo presente de la narración ya este mundo ha desaparecido para dar lugar a una existencia llena de amargura de la cual alguien tiene la culpa. Si la culpable es Luisa, es necesario preguntarse dónde yace la culpabilidad de esta adolescente para quien el proceso de alcanzar la madurez ha adquirido matices tan críticos.

La respuesta a la pregunta formulada arriba se halla explícitamente indicada en el texto. La búsqueda más intensa de Luisa se centra en un Dios definido y eterno, lleno de humanidad pero cuya figura no se halle limitada "a una forma humana" (Vallbona: 84), que le robe sus dimensiones espirituales. Mientras ella busca a ese Dios, el miedo a la nada la tortura; ella no puede ni siquiera asirse del Dios de la niñez, porque los conceptos religiosos aprendidos durante la época de su Primera Comunión llegan a ella enredados en la pompa y circunstancia de ese evento. Sólo recuerda haber admirado los cirios en la iglesia y el hermoso vestido que llevaba. En esa época Luisa quedó y aún permanece vacía de fe. He aquí lo que la hace sentirse culpable y considerarse víctima de un serio "desorden espiritual" (Vallbona: 85). En ocasiones, cuando contempla las posibilidades de escaparse de la tía Leo, ella termina por admitir que "Sin una completa y entera fe" (Vallbona: 85) nunca podrá huir de las garras de su tía, la persona que juzga responsable de su miseria.

Es su falta de fe de lo que se culpa Luisa. He ahí el pecado que la ha empujado del paraíso de la niñez hacia los temores de la edad adulta y de la nada. Estos pavores se conjugan también en el personaje de María, cuando la infeliz ya ha perdido el candor de la infancia y se ha sumido en el reino de la locura. Los accesos de violencia de María se convierten en correlato objetivo de la desesperación espiritual de Luisa. En las escenas donde se nota esta asociación, Vallbona logra producir un lenguaje mimético que armoniza con la horrible realidad de la enajenación mental. Un ejemplo concreto de este aspecto se hace evidente en el capítulo noveno, cuyo principio, siguiendo una de las características estructurales más marcadas de la obra, transporta al lector al tiempo y lugar donde se vela a la tía Leo. Luisa oye el chirrido de un grillo proveniente de la oscuridad de la noche y, de súbito, asocia ese sonido con los chillidos que acompañan los desvaríos de María; transportándose de nuevo al pasado mediante el fluir psíquico, ella comenta:

> Chillaba de pronto, cantaba, lloraba, se quejaba, exclamaba, reía, murmuraba, amenazaba, acusaba, se lamentaba, gruñía. Sus palabras enigmáticas eran en mi oído golpes de mazo que me iban dejando anonadada (Vallbona: 158).

A través de esta enumeración verbal, paratáctica, el receptor percibe simultáneamente la conducta irracional de un ser demente y los efectos abrumadores de estos accesos de locura en los seres que lo rodean. Ante tales excesos de demencia se acentúa la desolación de la voz que narra, haciéndola sufrir aún más en las noches por temor de morir estrangulada en manos de su hermana loca (Vallbona: 158).

La culpa de la caída de Luisa no sólo constituye la falta de fe, sino también el cobrar en ocasiones una actitud desafiante paralela a la del don Juan de *El burlador de Sevilla*. Este aspecto se identifica fácilmente en el capítulo trece, en el cual la narradora decide desalojar de su alma las culpas que siente mediante la confesión. Aunque sabe que su espíritu está en crisis, teme humillarse o parecer insincera ante el sacerdote, se da a la meditación en la iglesia y deja pasar el tiempo hasta que todos, aun el sacerdote, se marchen. Sin embargo, se disculpa ella misma diciéndose que "al fin y al cabo... [tiene] muchos días por delante... y la verdad... mejor así" (Vallbona: 203). Estas palabras constituyen una perífrasis del "Tan largo me lo fiáis" del burlador y por lo tanto apuntan a la presencia de elementos intertextuales con respecto a la obra de Tirso de Molina (Genette: 8). Asimismo ellas denotan que tal vez la narradora ya vaya en camino de la tranquilidad y la reconciliación consigo misma puesto que considera que la solución de su crisis individual no necesita atención inmediata.

Como Luisa no puede rescatar su época de la niñez, su paraíso perdido, de las garras del tiempo, concluye que tiene que encontrar por lo menos la paz espiritual necesaria para poder sobrellevar ese infierno que es la vida. Ella teme morir teniendo "el alma ahogada en deseos..." (Vallbona: 61) y anuncia que la vida también es amor. Se dice que el amor es "hermoso y tibio" y que es bueno "sentir la primavera penetrar y recorrer la sangre con dulce cosquilleo" (Vallbona: 68). Es por eso que ella permite que Oscar, el cuarentón con alma de poeta, se le acerque y la inicie en los ritos del amor. Desea y logra por un tiempo mirar la vida a través del filtro de la pasión amorosa. Sin embargo, esta táctica fracasa porque ella trata de sanar su alma asiéndose del otro en lugar de asirse a sus propios convencimientos y buscar fortaleza dentro de sí misma.

Luisa tiene que deshacerse de Oscar cuando descubre que tiene un lado oscuro, "una mitad intangible" (Vallbona: 212) que lo hace indeseable. Oscar tiene el hábito censurable de enamorar adolescentes y luego abandonarlas. A través de los comentarios de María, Luisa se convence de la imposibilidad de depender de Oscar para llegar al camino de la paz y la reconciliación. María le sugiere una imagen de Oscar luciendo "un par de cuernecitos de oro, mochos" (Vallbona: 220), ocultos entre sus rizos negros a la manera del mítico Pan. Además, Luisa percibe en la negra mirada de Oscar rasgos afines a los de la tía Leo, perversidad y avaricia.

Con la llegada de los primeros rayos del sol la narradora descubre que ayudada del análisis retrospectivo que ha realizado, ella va acercándose al entendimiento de su extraña reacción ante la muerte de la tía Leo, sus continuos sentimientos de opresión y disgusto. Después de un sueño profético en el cual la voz de Dios le indica que debe limpiar su campo espiritual de cizaña y meditar sobre sus momentos de incredulidad, concluye el relato de su angustia. Las dos lágrimas que asoman a las mejillas de Luisa junto a las expresiones de júbilo de María y el tañido de campanas al vuelo, son signos de buen augurio que apuntan a la reconciliación total de Luisa.

Noche en vela constituye una obra notable del período existencialista en la literatura costarricense. El discurso de la voz que narra se caracteriza por exhibir dos grados de la narrativa en primera persona del singular, un matiz autodiégetico mediante el cual la hablante y el motivo de su discurso son idénticos, y un matiz homodiegético a través del cual la voz del "yo" se extiende hacia la imagen de los otros personajes.

El receptor no tiene manera de constatar si la evaluación que hace la narradora de los demás es fidedigna. Aunque su discurso irradia sinceridad, la crisis psíquica en que se encuentra Luisa la hace dudar a veces de su propia realidad (Vallbona: 101) y su perspectiva es la única guía del lector.

El discurso de *Noche en vela* es de naturaleza introspectiva y retrospectiva. Su referente se identifica como el estado anímico angustioso de la narradora ante la inminente realidad de que pronto pasará de adolescente a mujer. Por medio de su propio discurrir mental, Luisa realiza un análisis íntimo de su propio ser en relación al sufrimiento que le ha impuesto su tía Leo, a lo absurda que se le presenta la vida, a su búsqueda de un Dios todo humanidad y espíritu y al horror de la nada. Al final de la obra se intuye que el personaje ha llegado a una síntesis, a una reconciliación consigo misma y con su busca de la existencia de Dios. Sin embargo, la macroestructura de la obra permanece abierta, el lector sólo espera que el personaje recuerde que lo importante no es verdaderamente creer, sino querer creer y conducirse a lo largo de la vida como si al final del camino estuviera Dios, esperándola (Unamuno, 1966: 159).

NOTAS

[1] Este comentario proviene de un ensayo autobiográfico escrito en 1989, del cual la escritora me facilitó una copia.

[2] Este dato se basa en una conversación telefónica con la escritora que tuvo lugar el 12 de noviembre de 1995.

[3] En un ensayo autobiográfico de 1989, que la escritora se sirvió facilitarme, ella dice lo siguiente en relación con la concepción del personaje de la tía Leo: "de mi madre no recuerdo haber recibido nunca un beso. Sin embargo, hay en la bruma de mis recuerdos de la primera infancia la imagen pródiga y buena de una madre, quizás inventada por mi deseo. Con el tiempo, ésta se borró del todo para concretarse en una mujer amarga, áspera, sarcástica, a veces cruel. De aquí procede la doble imagen captada en mis textos de una progenitora ideal, toda amor y ternezas y buena cristiana; y la otra, la tía Leo, avara, taimada, virulenta y poseída por la pasión del lucro".

[4] En este sentido se nota que *San Manuel Bueno, Mártir* de Unamuno es uno de los palimpsestos de *Noche en vela*.

OBRAS CONSULTADAS

Duncan, Quince. "Visión panorámica de la narrativa costarricense". *Revista Iberoamericana* 53.138-139 (1987): 79-94

Genette, Gérard. *Palimpsestes*. Paris: Éditions du Seuil, 1982. En esta obra Genette identifica el concepto de intertextualidad en la presencia efectiva de un texto en otro texto aun "sous forme encore moins explicite et moins littérale, celle de l'allusion".

Unamuno, Miguel de. *Del sentimiento trágico de la vida en los hombres y en los pueblos*. New York: Las Américas Publishing Co., 1966.

-----. *San Manuel Bueno, Mártir*. Madrid: Espasa Calpe, 1987.

Vallbona, Rima de. *Noche en vela*. San José: Editorial Universitaria Estatal a Distancia, 3a. edición, 1982.

Vázquez Zamora, Rafael. "Los veinte años del Premio Nadal". *Destino*. 11 de enero de 1964: 1379.

LA ESCRITURA FEMENINA EN "BALADA DE UN SUEÑO" DE RIMA DE VALLBONA

Nory Molina
Universidad Nacional Autónoma
Julia E. Patiño
Tulane University

Este ensayo pretende ser un acercamiento al cuento "Balada de un sueño" de la escritora costarricense Rima de Vallbona, incluido en la colección de cuentos *Polvo del camino* (1971), a la luz de la crítica feminista francesa, cuyas mayores representantes son Hélène Cixous, Julia Kristeva, Luce Irigaray y Monique Wittig.

Ellas han tomado la teoría sobre la feminidad de Derrida (deconstructivismo) y la de Lacan (psicoanálisis) como blanco de su propio criticismo. Derrida y Lacan sostienen que el lenguaje es el medio por el cual el hombre ha fijado su derecho a una identidad unificada y ha relegado a la mujer, dentro de oposiciones binarias, al polo negativo, lo que justifica la supremacía masculina: sujeto/objeto, cultura/naturaleza, ley/caos, hombre/mujer. De ahí entonces, la importancia del término falologocentrismo [1] acuñado por las feministas francesas que coloca al "macho" como centro del pensamiento occidental y el falo como símbolo de una autoridad sociocultural. Para Derrida la palabra dada, la presencia, es sinónimo del elemento masculino y la palabra escrita, como expresión del inconsciente, es el típicamente femenino. [2] Para Lacan, la filosofía occidental se basa en la ley del Padre cuyo fundamento está en el lenguaje como medio de afianzamiento en la cultura; así, el ámbito simbólico es exclusivamente masculino. En este mundo psicolingüístico de padre e hijo, y la supremacía de la lógica masculina "woman is a gap or a silence, the invisible and unheard sex". [3]

Las pensadoras feministas francesas, como reacción frente a las mencionadas teorías, se han abocado a la búsqueda de una expresión específicamente femenina que devengue palabra de mujer.

Hélène Cixous señala en su texto "Decapitation or Castration?" [4] que la oposición hombre/mujer implícita y explícitamente dualista y jerárquica; además, condiciona el comportamiento tanto individual como social, y todo discurso, todo texto es:

> Man/Woman automatically means great/small, superior/inferior...means high or low, means Nature/History, means transformation/inertia (Cixous: 44).

Además Cixous ha observado que la mujer ha sido excluida del mundo simbólico, cultural, y por lo tanto, del lenguaje, puesto que carece del complejo de castración, *"she lacks The Lack"*, que empuja al hombre a escribir. Por eso, sin el hombre la mujer es indefinida, indefinible, asexuada e incapaz de reconocerse a sí misma.

Cixous hace entonces un llamado a la mujer para que mediante "l'écriture fémenine" adquiera un lugar en el mundo y en la historia. Creemos importante traducir aquí una cita condensada del pensamiento de Cixous, hecha por Ann Rosalind Jones:

> Hablaré acerca de la escritura de la mujer: acerca de cómo lo hará. La mujer debe escribirse ella misma a través de todo su cuerpo: debe escribir acerca de la mujer y traer la mujer a la escritura, de la cual ellas han sido desplazadas tan violentamente como lo han sido de sus cuerpos... La mujer debe ponerse ella misma dentro del texto —como dentro del mundo y dentro de la historia— por su propia iniciativa... Su libido es cósmica tanto como su inconsciente global. Su escritura debe sólo dejarse ir sin límites... Ella deja al otro lenguaje hablar —el lenguaje de las mil lenguas que no conoce cadenas ni muerte (Cixous: 44).

Así, la escritura femenina se opondría al discurso dominante masculino, puesto que al carecer de complejo de castración, la mujer y su discurso son más inconscientes, más "literatura". La mujer ha sido "decapitada" en nuestra cultura y sólo la escritura le dará su lugar.

El placer femenino está en todo el cuerpo, y con él debemos escribir, sigue diciendo Cixous; al contrario de los hombres que concentran su sexualidad en el pene, y por lo tanto el acto de la escritura es un acto de castración inconsciente, la mujer sólo necesita dejarse llevar por la escritura.

Por su parte, dentro de esta misma corriente, Luce Irigaray plantea lo que ella llama *"parler femme"*, hace una crítica al pensamiento filosófico occidental —masculino— y propone una sistematización que abarque la alternativa femenina. Esto es, crear un nuevo sistema de pensamiento desligado del rígido, jerarquizado y cargado de poder, pensamiento falo-logo-centrista. Dice:

> En otras palabras, el asunto no es elaborar una nueva teoría por la cual la mujer sería el sujeto o el objeto, porque esto entrabaría la maquinaria teórica misma [...] la mujer aspira no sólo a ser igual al hombre en conocimiento, sin rivalizar con éste en construir una lógica de lo femenino [...] pretende arrebatar su cuestionamiento de la economía de la lógica. [5]

El estilo femenino debe ser "táctil", simultáneo (carente de fijación, no ligado con propiedades específicas), fluído, es decir, sin negarle la posibilidad de manar constantemente. Esto no significa que se carezca de estilo, sino más bien que se evite toda posibilidad de establecer leyes, tesis.

Julia Kristeva en "Women's Time" afirma con respecto a la temporalidad que la subjetividad femenina es proclive a una medida del tiempo que encierra una noción de repetición y de eternidad.

Este tiempo circular y mítico se asocia a los procesos cíclicos de la naturaleza y la vida humana: el eterno retorno de las estaciones, el ritmo biológico de la gestación, la muerte y la resurrección. Así, toda acción sucede como etapa en la evolución de un proceso de transformaciones que resulta siempre circular. Este tipo de pensamiento se da en muchas religiones, filosofías, y además, es estructurante del pensamiento mítico. Según Michel Palencia,[6] la imagen que representa la idea de la circularidad universal es el UROBOROS, símbolo egipcio de la perfección, serpiente circular, dragón primordial, autoprocreador, comienzo de las cosas, dragón que se muerde la cola. En la tradición griega, este tiempo circular se conoce como el mito del eterno retorno.

Además Kristeva plantea una "semiótica" elaborada como una energía pre-lingüística erótica, derivada de la pre-edípica fusión del niño con la madre, y que consiste en la psicosomática *"jouissance"*, que aunque es accesible a hombres y mujeres, refuerza en ellas su condición marginal:

Si la unidad lógica es paranoide y homosexual (dirigida por el hombre), la demanda femenina nunca encontrará un símbolo propio; lo mejor será establecido como un momento inherente en el rechazo, en el proceso de ruptura o de fisuras rítmicas [...] Desde el momento que ella tiene una especifidad en sí misma, encuentra en la asociabilidad, en la violación de las convenciones comunales, una suerte de singularidad simbólica (Jones: 86).

"Balada de un Sueño" [7] cuenta la historia de Silvia, cuyo esposo Víctor, tiene una amante con quien parece estar ligado afectivamente. "La otra" es joven, hermosa, "con su cara de medallón antiguo" y "aquel nombre poético de Lili". Silvia se ve relegada a un lugar secundario y aunque Víctor sigue viviendo con ella, "acompañándola al cine o a la fiesta", en realidad se va alejando cada vez más de Silvia, quien entonces empieza a soñar con un hombre, un poeta, cuya ternura y castidad representan todo lo que no es el esposo. En sueños Silvia y su poeta se unen y renuncian ambos a la vida, para encontrarse en el después... en la muerte.

"Balada de un sueño" parece estar estructurado a partir de la oposición binaria sueño/vigilia, Eros/Thanatos, para instaurar un mundo diferente en el que lo femenino tenga cabida.

En un mundo concreto, jerarquizado, en que la ideología patriarcal impone sus reglas, el esposo tiene el "derecho" de una vida autónoma, fuera de la casa, en lo que se ha llamado "doble moralidad". Así, ambos personajes, pero sobre todo él, como veremos más adelante, calzan en lo que podríamos llamar esterotipos femenino y masculino del modelo patriarcal. Así:

> En la cultura patriarcal se expresan normas, creencias y valores diferentes para el sexo femenino y para el masculino; esta cultura refuerza y produce valores esenciales; por otra parte, la supremacía del individuo del sexo masculino y por otra, la inferioridad del sexo femenino. Asimismo, se crean una serie de mitos sobre la mujer y el hombre en relación con su personalidad. La mujer suave, dulce, sentimental, superficial, frágil, dependiente, maternal, coqueta, voluble, sacrificada, envidiosa; el hombre dominante, autoritario, valiente, agresivo, audaz, sobrio, conquistador, seguro, activo, intelectual, racional, fuerte. En cuanto a la moral sexual, la mujer monógama, virgen, fiel; el hombre polígamo, experto,

infiel; en cuanto a la existencia social, para las mujeres la casa, para los hombres el mundo. [8]

Aunque al principio la protagonista parece sumergirse en el mundo de lo cotidiano, esto es, la casa, los niños, mientras su esposo está en la calle, poco a poco la protagonista va abandonando su rol tradicional, puesto que ni la maternidad ni los quehaceres cotidianos la hacen partícipe de una vida concreta. Ella parece refugiarse en un mundo onírico, creado a su medida, pero no como evasión, como lo ha señalado Cida S. Chase en "El mundo femenino en Rima de Vallbona", [9] sino como una alternativa vital, porque en un mundo estructurado desde la ideología masculina en el que lo femenino no tiene cabida, es necesario crear un mundo nuevo en el después.

Es más, el cuento parece invertir los términos de realidad/no realidad, puesto que la realidad de Silvia es su encuentro con el poeta y lo demás deja de existir:

> Pero los pasos fuera del tiempo y del cuerpo no se pierden nunca y un día hasta cobran significado total... las calles... ¿fue allí donde lo encontró Silvia? Quizás... en algún sueño lejano hubo una calle que los juntó a los dos... (107).

Silvia sabe muy bien, y esto parece ser un acierto desmitificador del texto, que el "victoriano", el que se ha entendido como amor romántico no existe, puesto que en posiciones jerárquicas de superior/inferior no puede existir:

> Silvia se ha convencido de que su ansia de completarse en el amor es un absurdo que sólo pudo concebir en el delirio de su adolescencia [...] La verdad es que ella no se había dado cuenta de que Víctor nunca completó su ser... la ha acompañado, le ha dicho que la ama, la ha hecho suya, le ha dado hijos, pero él nunca la ha completado. Sólo ahora ve claro (105).

Aunque parece persistir la idea patriarcal de la mujer como mitad si no está al lado del hombre, la creación de un mundo alternativo es lo que sale victorioso, aunque Víctor se llame él y no ella, Victoria.

La concepción amorosa de Silvia es totalmente diferente y esto es lo que le duele profundamente. Sabe muy bien que tal amor no puede estar fundamentado en un mundo masculinizado. Ella suplica a Víctor que no la deje "en esta inmensa soledad entre los hombres duros. ¡Tu ternura, Víctor! ¡Sólo tu ternura!" (104). Esto nos hace pensar en la definición que Luce Irigaray ha dado de lo amoroso:

> Cuando tú dices te quiero —aquí, cerca de mí, cerca de ti— tú también dices me quiero a mí mismo. Ni te debo ni me debes. Este "te quiero" no es ni un regalo ni una deuda. Tú no me das nada cuanto te tocas a ti mismo, cuando me tocas a mí, te tocas a ti a través de mí (Irigaray: 70).

El cuento plantea además, la lógica económica del mundo falocentrista: el poder que el dinero confiere al hombre, y por el cual se asocia la masculinidad con deuda. El niño por haber recibido la vida de sus padres, dice Freud, no sólo se siente sometido a ellos sino también con una deuda por pagar. En la economía familiar se establece una conexión entre el amor y ese precio por pagar, de manera que si falta el amor, el sistema se tambalea (Cixous, "Castration"). Dice Víctor:

> —No puedes quejarte, Silvia. Con mis riquezas puedes tenerlo todo. Muchas mujeres quisieran estar en tu lugar. El traje de última moda, la clase de ballet para nuestra niña, el colegio más caro, un Picasso para colgarlo sobre la chimenea...¡Lo que quieras, cuando quieras, es tuyo! Pídelo, lo tendrás (104).

Sin embargo, Silvia no está interesada en los bienes simbólicos que Víctor le ofrece, y como ya hemos señalado, sólo aspira a la ternura de su esposo. De ahí que el texto proponga otra desmitificación, la de dinero. Ella sabe que con él no puede tener un mundo de "relaciones", un mundo en el que ella encuentre cabida; por lo tanto, en su mundo alternativo, en el creado en el sueño, ella lo manifiesta:

> Esa noche Silvia recorrió sus sueños acarreando montones de billetes que apretaba estrujados contra el pecho, bajo la barbilla. Sin decir nada, iba entrando a las casas donde siempre había una mujer ante el cancel que denegaba con la cabeza, comentando:
> —Aquí no. Quizás en la casa vecina. La verdad es que en estos días ¿de qué sirve el dinero? ¿Acaba las guerras? ¿Le quita al negro el betún de su piel? (105).

Para Silvia, el dinero representa toda la opresión masculina, todo el mundo que ella no desea. De esta manera, su casa también es un símbolo de esclavitud.

Ahora bien, en otros trabajos se ha señalado que la conformación de un mundo diferente por parte de Silvia es una búsqueda de evasión, pero creemos que la agresión emocional que ella sufre de parte de su esposo al contarle éste de su nuevo "amor", es fundamental para ella y le confiere una visión de su realidad:

> Te he querido siempre, Silvia, y te quiero todavía, pero ahora... tienes que comprender...
> ¿Por qué crece el sillón de Silvia en esos momentos? Desproporcionado aumenta y la abarca a ella en sus muelles, armazón, tapizado, como un gigantesco pulpo... la envuelve toda, la comprende en su ser de sillón. Allí en el fondo sin fondo del sillón queda Silvia sin asidero en la realidad, buscándose a sí misma en un aire raro sin esencia (103).

Así, esa nueva realidad le confiere a Silvia la conciencia de que siempre vivió en un mundo también fabricado por ella, el de su matrimonio, pero sin verdadera relación de pareja. Es importante recordar aquí lo que Tania Madleski ha señalado con respecto a los "textos" femeninos:

> en la literatura o el cine el insistir en el significado diferente que un texto pueda tener para la mujer es de hecho un acto de supervivencia de la clase que Adriane Rich ha planteado siempre en la re-visión feminista. [10]

La construcción de un mundo en el que lo femenino tenga su lugar, conduce a Silvia a un estado de postración, a los ojos del mundo, a un estado patológico de histeria. Dos cosas son relevantes en este punto: por un lado, lo que Cixous ha mencionado en sus análisis de los estudios del filósofo y teólogo danés Kierkegaard, sobre la existencia de la mujer, en los cuales éste la ve no sólo como dormidora, sino también como soñadora de sueños de diferentes tipos, entre los que se cuentan los sueños de amor. De ahí, sigue diciendo Cixous, (inmovilidad, horizontalidad femenina/actividad, verticalidad masculina), de esta clásica posición jerárquica que es precisamente la que se da entre las parejas en conflicto, en las que se establece una lucha en un espacio cultural, es la supervivencia la que está en juego, en términos que uno se destruya física o moralmente en favor de otro. En el cuento podemos ver que aunque la opción de Silvia aparentemente es lo onírico y la muerte, son para ella opciones vitales, pues son construcciones para su propia vida.

El segundo punto que se deriva del estado histérico de Silvia, siguiendo siempre a Cixous, es que la histérica es la que mejor representa la feminidad dentro del mundo patriarcal, puesto que es la que más fácilmente se convierte en presa del hombre. Y añade:

> La mujer empujada hacia la histeria pierde no sólo su capacidad de hablar, de comunicarse, sino que toda ella es un conjunto de ansiedades y alteraciones mentales que no son otra cosa que una resistencia hacia el hombre y no quiere ser más parte del retorno hacia el sexo masculino. La mujer entonces desarrolla en sí esa diferencia que no puede ser destruida, y en su deseo de preservarse, pone de lado la negatividad y da paso a la positividad que la va a rescatar y a devolverle una identidad revitalizada (Cixous, "Decapitation": 43).

De esta manera, la inmersión de la protagonista en un mundo onírico se plantea como una alternativa; ella, demasiado tradicional para escapar hacia otra vida (el divorcio o la realización física de su amor con su amante, ni siquiera se sugiere en el texto). En su conciencia sólo

> Sueño. Sueño. Sueño. Noche a noche... por semanas, meses y años, su ser profundo ha deambulado por todas las pesadillas. Ha sido un largo, interminable camino por el sueño. Ha sido una noche sin día por todas las calles de la pesadilla, entre multitudes apretadas sin cara. Silvia va buscando y las gentes, todas las gentes sin cara, huyen espantadas de ella. Silvia abre las puertas de las casas y todas están vacías (106).

Podemos ver en este texto, y que la narración en su totalidad hace significativo, a las gentes "sin caras". Se debe pensar en la búsqueda de identidad de la protagonista, a quien ni su matrimonio impersonal o unipersonal, mejor dicho, ni las muchedumbres, podían conferirle. Sin embargo, el momento del "reconocimiento" llega —tanto en la realidad como en el sueño— para ella y para su poeta, en una suerte de anagnórisis:

> Al mirarlo a los ojos, Silvia quedó petrificada, lívida. Un silencio cargado de palabras antiguas como los orígenes del mundo se entabló entre los dos... los minutos fueron siglos gloriosos en sus corazones. Se miraron a los ojos... se miraron al alma... y en ese instante se descubrieron como una sola vida (110-111).

Poco a poco, el mundo de la vigilia, de lo que para el mundo masculino es la realidad, se va evanesciendo y toma fuerza y realidad para la protagonista, el mundo del sueño, el mundo creado por ella.

Es en el sueño donde aparece el amor de su vida, creado por ella (¿y por la narradora? como veremos más adelante), un poeta, con todos los atributos que Silvia espera del sexo opuesto:

> Quizás... en algún sueño lejano hubo una calle que los juntó a los dos... Silvia lo vio y supo que era él, lo conocía desde niña, ¿cómo iba a equivocarse? (107).

A medida que la protagonista va sintiendo más lejano a su marido, quien vive preocupado por el mundo de las apariencias, el mundo de las grandes experiencias y no del mundo de su esposa, el desconocido, el poeta, se acerca más y más a Silvia. Así, el texto hace significativo el hecho de que que conforme adquiere realidad el sueño y el poeta se reviste de concreción, así Víctor se va diluyendo en la percepción de Silvia y en el texto también, hasta prácticamente desaparecer:

> Fue ésa la primera noche que su poeta entró a la recámara... Silvia lo vio tanteando las paredes, reconociendo el lugar, buscándola en la oscuridad. Se acercó a la cama por el único lado donde podía acercarse a ella porque en el otro dormía Víctor Palacios (111).

El mundo de Silvia, el del sueño, poco a poco va invadiendo toda su vida, hasta que la "realidad" (la falo-céntrica), se va disolviendo en aquél y ya no se establece separación entre la vigilia y el sueño:

Silvia vive una rara enajenación estos días. Se siente exhausta, casi aniquilada; hay algo ciego e indeciso que define su existencia onírica. Ella va por el mundo confuso donde nada se concreta, todo viene de lejos, de una lejanía inalcanzable que se realiza en su propio corazón (113).

Sin embargo, en sus sueños ella da rienda suelta a su percepción sensorial, en una liberación del inconsciente, que su condición de mujer "a la victoriana", no le permite hacer de otra manera. Así, la escritura se puebla de metáforas, de colores, de sensaciones, de un dejarse llevar por la escritura, y que posibilita una *"parler femme":*

> Estallar de estrellas verdes, azules y rojas en el cielo, en racimos gigantes, que se desmayan antes de rozar los techos... estallar de ilusiones y ensueños en los fuegos artificiales de la feria, alegre, inocente, despreocupada... (106).

Además, en algunos momentos de la narración, la protagonista parece acercarse a lo que Julia Kristeva ha denominado "tiempo femenino". Hay algunas referencias a la repetición, al mismo volver sobre lo mismo, sobre todo, cuando Silvia piensa en su cotidianeidad: las tareas domésticas, el cuidado de los niños, el esperar a Víctor. Refuerzan esta idea de lo repetitivo, los elementos de la feria en la que la protagonista se sumerge, con su poeta, en los sueños: el tiovivo ("en vértigo de vivos colores"), pero sobre todo, en el tejido que realiza "con precisión y destreza" (la Penélope de la eterna espera): es un mantel eucarístico que parece tener una múltiple significación. Por un lado, el mantel es para su hermano, sacerdote católico: castrado voluntariamente al jurar castidad eterna; de ahí que pensemos que junto con el poeta, que como tal, también es castrado, que las figuras masculinas positivas de la narración se acercan más a lo femenino, y tal vez en eso consista la ternura a la que aspira Silvia. Por otra parte, el que el mantel sea precisamente eucarístico, prefigura la comunicación que Silvia no ha podido establecer con Víctor en su matrimonio y que desea paulatinamente, puntada a puntada, lograr con otra persona en algún lugar. Su búsqueda de comunicación se hace de manera silenciosa y pausada, puesto que a ella como mujer le está vedado el poder del lenguaje.

Es como si Silvia a medida que borda, dejara impreso en ese mantel, como en una escritura, no sólo su angustia, sino el proceso anhelante de su búsqueda. De allí que la última puntada dada en ese mantel tenga una significación tan importante al final del relato, por tratarse del momento en que verdaderamente se sella su encuentro con el poeta, y por lo tanto, su muerte en el mundo de Víctor y su renacer en el mundo creado por ella, en la que la comunicación es absoluta y total. Además, el mantel parece ser el enlace sueño/vigilia y así lo percibe Silvia:

> Hay algo extraño en ese bordado que se parece a los sueños de la noche, que tiene relación con el desconocido: cuando ella toma la labor entre sus manos vuelve a aspirar el aroma palpitante de gardenia, vuelve a sentirse acariciada por las emanaciones misteriosas de él (110).

Sin embargo, el texto como globalidad, parece más inclinarse a captar una situación en su complejidad. Más que insistir en lo repetitivo, o en la unión con la naturaleza, en este caso, en la maternidad, se enfatiza la construcción de un mundo no ligado a los conceptos tradicionales sobre la mujer. Como ya hemos dicho, la "conciencia" de Silvia llega cuando su matrimonio, o lo que ella creía como tal, se va a pique; su maternidad, además, le ha sido impuesta por el mundo masculino y por eso no representa nada para ella; esto es, la omisión que el texto hace significativa del cuidado de los niños, o lo que el modelo patriarcal ha llamado "instinto maternal" —por el cual la mujer debe "sobrevivir" a toda costa— no se da en Silvia. Creemos que esto representa también un hallazgo desde el punto de vista de la escritura femenina. La protagonista no se "refugia" en los hijos —como sí hicieron infinidad de mujeres a través de la historia— porque eso era lo que los hombres esperaban de las mujeres, como Lacan ha puesto en evidencia, sino que, por el contrario, busca una salida para su propia "realidad". Los niños apenas se mencionan, y cuando ocurre, sujeta siempre a la percepción, o mejor, desde la interioridad del "color" de la protagonista; son apenas sombras en su vida, y el texto no les confiere materialidad, lo que deja entrever lo que representan para la protagonista. Por cierto, el texto no posibilita una visión tradicional sobre la maternidad; al contrario, en este sentido, es sumamente subversivo, y casi, agresivo. Aquí debemos recordar lo que sobre la escritura de Rima de Vallbona ha dicho Lee Dowling:

> En suma: la puesta en cuestión, la protesta, se refiere a diversos papeles sociales y prácticas tradicionales que producen víctimas, personajes que sufren en medio de la indiferencia general. No cabe duda de los temas mencionados, así como los otros temas que trata Vallbona (temas audaces, tales como transvestismo, homosexualidad, masturbación, la opresión social de las mujeres), son importantes y deben ser explotados. [11]

Hay además, en el texto, una serie de elementos que nos hacen pensar en una búsqueda de una realización amorosa con premisas no falo-céntricas. Así su poeta siente lo amoroso como ella misma:

> ...tremendamente bella e inefable la convicción de haber nacido de nuevo por virtud del amor... Eres vaga sombra de mí mismo, pero yo mismo entero; eres mi deseo de lo que no puede ser ni será nunca porque eres el Ser Total... Dentro de mí tus raíces humanas crecerán hacia arriba en extasiado gesto de plegaria... (112).

Además, el acercamiento de ella con su poeta adquiere matices muy particulares. Por un lado, la ternura, el acercamiento casto. Por otro, hay una tímida alusión al goce sensorial (no debemos olvidar que el texto se publicó en 1971); por esa razón creemos que el poeta no come nada, no bebe, en los sueños de Silvia; también en lo sensorial, empieza Silvia a percibir el desprecio y la lejanía de Víctor, su olor a "perfume y a licor".

Otro elemento que podría reforzar nuestra posición al respecto, es la negación a la temporalidad establecida. No podemos señalar con precisión el tiempo del enunciado, porque la narración se asume como un proceso que vive la protagonista y que corresponde precisamente a lo que Ann Wilson Shaef ha llamado "tiempo femenino": "Silvia ha comenzado a intuir el misterio inagotable de lo infinito" (111).

Sin embargo, creemos que el hallazgo más importante desde una perspectiva femenina, se halla en las técnicas de la enunciación; esto es, el narrador que enmarca el cuento, vamos a decir narradora que enmarca el cuento, es omnisciente, pero esta omnisciencia es relativa en la medida que no sólo cede la palabra a sus personajes, sino que además permite "la corriente de la conciencia". Si en ello vemos más que una sumisión, una búsqueda y una búsqueda femenina de recursos técnicos, para expresar la escritura, entonces esto nos proporcionaría un elemento más a nuestra posición.

Veamos esto más en detalle. Ya hemos señalado que el texto se estructura a partir de una oposición fundamental: sueño/vigilia. Pero también tenemos que decir que esta oposición ha ido variando, al extremo que a estas alturas de análisis, podríamos decir que se han invertido, o mejor dicho, se han fundido. Total ¿es el sueño la realidad o la realidad es el sueño? ¿Sueño/vigilia, vigilia/sueño, ¿cuál es la realidad para la mujer?

El texto da una apreciación "desde" Silvia, es decir, una apreciación muy femenina, en la que se pretende subvertir el concepto tradicional de "realidad" en el sistema falo-logocentrista. Esto es, lo que aparenta ser un sueño (un mundo irreal, según los parámetros masculinos) se convierte en una realidad, al asumir la enunciación de nuevo la narradora omnisciente, quien es la dueña de la verosimilitud del relato:

> Con familiares palabras de condolencia los periódicos de la mañana anunciaban en la página necrológica la muerte de la señora Silvia Alcor de Palacios, esposa del eminente cafetalero don Víctor Palacios Dávila. Una esquela en la misma página hablaba brevemente del poeta Miguel Ángel Gómez Lesak, muerto en la sala de operaciones, después de una larga dolencia. Dos cortejos fúnebres en la tarde de la pequeña ciudad bulliciosa y salpicada de lluvia... dos cortejos fúnebres rumbo al ocaso ... al después... (116).

De esta manera, el texto posibilita una nueva visión, o por qué no, una "re-visión" de lo que se ha aceptado como "real". es, en realidad, una inmensa metáfora para la conformación de un mundo diferente, con sensibilidad femenina.

Visto de esta manera, y para concluir, la oposición binaria sueño/vigilia, Eros/Thanatos, termina invirtiéndose, y lo que era impulso vital se vuelve impulso de muerte, y lo que era impulso de muerte, se convierte en impulso vital; y el texto va aún más allá, pues no sólo invierte, sino que funde los elementos en una suerte de anagnórisis que no deja lugar a los conceptos tradicionales de lo femenino y lo masculino jerarquizados, y permite entrever una posibilidad vital diferente, en una unión y comunión total de la pareja.

NOTAS

[1] Hélène Cixous, "The laugh of the Medusa", Trans. Keith Cohen and Paula Cohen. *Signs 4* (1976): 875. (La traducción al español es nuestra. Futuras citas se darán en el texto).

[2] Mary Poovey, "Feminism and Deconstruction". *Feminists Studies 14* (1988): 52 (La traducción es nuestra).

[3] Ann Rosalind Jones, "Inscribing feminity: French Theories of the femenine". *Making a Difference* (London: Gayle Greene and Coppelia Kahn, 1985): 83 (La traducción es nuestra. Futuras citas se darán dentro del texto).

[4] Hélène Cixous, "Castration or Decapitation?" Trad. Annette Kuhn, *Sings 7* (1981): 44 (La traducción es nuestra. Futuras citas se darán dentro del texto).

[5] Luce Irigaray (interview), "The Power of Discourse and the Subordination of the Femenine". *This Sex Which Is Not One,* 78.

[6] Michel Palencia-Toth. *Gabriel García Márquez, La línea del círculo y la metamorfosis* (Madrid: Gredos, 1985).

[7] Rima de Vallbona, "Balada de un sueño", *Polvo del camino* (San José, Costa Rica: Autores Unidos, 1971): 103-116 (Futuras citas se darán dentro del texto).

[8] O. A. Sánchez, "Anotaciones acerca del modelo de socialización patriacal" *Voces insurgentes* (Bogotá: D.E., 1986): 210.

[9] Cida S. Chase, "El mundo femenino en Rima de Vallbona", *Revista Iberoamericana* 53 (1987): 403-418.

[10] Tania Madleski, "Rape versu Mans/Laugther: Hitchcock's Blackmail and Feminist Interpretation". *PMLA* 102 (1987): 304.

[11] Lee Dowling, "Rima de Vallbona: desafíos ideológicos y perspectiva de la narración en su obra literaria". *Letras* 11-12 (1986): 196.

LAS SOMBRAS QUE PERSEGUIMOS O UNA PRÁCTICA DE RELECTURA [1]

Virginia Sandoval de Fonseca
Universidad de Costa Rica

El consumidor moderno de la novela ya no es el lector ingenuo que se conforma con las peripecias de una historia hasta desanudar los conflictos. Sin que signifique creencia en la dicotomía fondo-forma, dos son las vertientes que constituyen fuente de disfrute para el lector de hoy: por un lado, los temas que se insuflan en la fábula para plantear los grandes problemas del hombre, del cosmos, de Dios y el destino; por otra parte, el montaje de la novela, pues no basta contar los hechos, sino que apasiona la composición artística con la que son presentados. Así, un mismo acontecimiento puede ser contado de muchas maneras, según el punto de vista de los respectivos narradores. Tal fue la lección aprendida y puesta en práctica por los conocedores de maestros como Faulkner, entre otros.

Los juegos con la temporalidad o con el espacio permiten diversos montajes, hechos a los que se unen diferentes categorías de narradores. Si pasamos ahora a *Las sombras que perseguimos,* novela de Rima de Vallbona, al tenor con lo expuesto, nos asaltan estas inquietudes:

1. ¿Cuál es el protocolo que rige el consumo del relato?
2. ¿Qué se dilucida del nivel de la historia como sentido de la obra?
3. ¿Por qué su montaje queda inserto dentro del concepto de contemporaneidad narrativa?

Comencemos por el principio: dos personajes conversan. Sólo uno de ellos habla y da los antecedentes de la situación: un hombre tuvo un accidente, por lo cual se encuentra en estado de inconciencia. Al sacarlo de donde estaba prensado había una heterogénea muestra de "telas, hilos, encajes, botones, medias; aceite y sangre; tornillos, tuercas y latas machacadas". [2]

El sujeto no portaba ninguna identificación, sólo una misteriosa foto de un desconocido, Ted Serios, y una libreta. A pesar de muchas investigaciones no se pudo establecer la identidad definitiva de la víctima.

La foto, examinada cuidadosamente, aparece dividida en partículas, cada una de las cuales muestra un vientre con un feto; éste, a su vez, engendra otro vientre y su feto, proliferación que continúa en subdivisiones sucesivas *ad infinitum*. La libreta es una especie de diario, novela, autobiografía o algo semejante. El misterio de la foto pareciera coincidir con el modo del relato, pues una historia engendra otra, y ésta la siguiente, hasta concluir. En efecto, la de Pedro Almirante trae consigo los episodios de los alemanes, los del padre González Bonet, los de Cristina; ésta produce los de Goyito, Rodolfo y Benito; la historia de Tata Blas y doña Fina genera los hechos de Marcos y la guerra de Vietnam. La libreta plantea el problema de la identidad desde el orden policial y civil primero, humano y metafísico después.

¿El agonizante es el mismo Pedro Almirante que aparece en los escritos de la libreta? Tal vez. ¿Pero quién es ese Pedro Almirante que murió hace muchos años según datos del Registro? Puede presumirse que haya sido el Pedro Almirante padre del agonizante actual, el mismo que no quiso devolver los inmuebles que le había traspasado Herr Rudolf Schultz a causa de la guerra contra Alemania. ¿Y Escorpión? Poco autoriza a afirmar que Almirante y Escorpión fuesen la misma persona, a pesar de que el agonizante fue sindicado como este último por quienes se apersonaron al hospital.

¿Y cómo siguen proliferando las amenazas de Escorpión contra los ciudadanos injustos si ya está muerto? ¿Se repite el fenómeno de vientres y fetos?

Tales antecedentes —dominados por expresiones constativas— los da una persona que ya conoce el escrito de la libreta. Este primer lector no es otro que Benito, el esposo de Cristina. Por eso afirma: "Pedro Almirante, el de la libreta, de alguna manera está conectado conmigo, con mi propia vida, y ya ve usted qué ironía, yo no sé quién es" (15). Y Prosigue: "Pedro Almirante conoció a Cristina, mi esposa —Dios la haya perdonado— porque esta Cristina de la libreta es ella misma y no otra" (15). Pero el embrión de la novela arranca de unos cuantos enunciados performativos:

a). "Lea usted la libreta, léala, se lo ruego" (14).
b). "Bueno, lea esa libreta que pongo en sus manos y dígame qué piensa" (16).
c). "Lea, lea (que entre tanto yo estaré atareado en otros asuntos). Siéntese cómodo y lea..." (16).

En efecto, del cumplimiento del acto de leer, depende la novela. Cabe afirmar entonces que la sustancia del discurso narrativo de *Las sombras que perseguimos* se constituye por la relectura de este amigo de Benito. Y se trata de alguien que tiene cultura literaria, porque el lector primero le dice: "Usted que se dedica a la literatura, podría juzgar mejor" (13). Ahora sí, con la lectura de esta especie de destinatario ficcionalizado y al mismo tiempo recreador de la novela, se levanta ésta.

El relato se hace y se consume mientras el amigo de Benito relee el contenido de la famosa libreta. Se parece un tanto al esfuerzo de *Cien años de soledad* en que la novela dura mientras se descifran los pergaminos de Melquíades. En *Las sombras que perseguimos,* fuera de esa accidental coincidencia técnica, la meta es muy diferente: García Márquez aspira a la presentación de un mundo en el que predomina el interés colectivo para hallar el espíritu de Colombia y de América; en Rima de Vallbona, sin que haya carencia de una visión del mundo, predomina el objeto metafísico desde el disparadero individual.

El protocolo de consumo del relato está constituido por una suma de relecturas:

Lectura 1	Lectura 2 o Relectura 1	Lectura 3
Benito	Amigo de Benito (diario de Pedro Almirante y papeles de Cristina)	Cartas Noticias de prensa

Los destinatarios de los discursos epistolares y de los discursos informativos de los periódicos se desglosan así:

	D. 1	D. 2	D. 3
Cartas de Herr Rudolf Schultz →		P. Almirante (padre) →	Benito →Amigo de Benito
Cartas de Marcos →		Tata Blas →	Benito →Amigo de Benito
Carta de Rosaura →		P. Almirante (hijo) →	Benito →Amigo de Benito
Carta de Josefa Osorio →		Lic. Mesa →	Benito →Amigo de Benito
Carta de los jueces del Concurso →		Jueces del concurso →	Benito →Amigo de Benito
Recortes de prensa →		Público lector →	Benito →Amigo de Benito

Del cuadro anterior se desprende que todos los hechos afectaron a Benito, pero ello se sabe sólo por la relectura de su amigo.

Más evidencias de que la novela adquiere su carácter proyectivo en virtud de la relectura del tercer destinatario (amigo de Benito), son las interrupciones de Benito: "Perdone que interrumpa su lectura, pero han llegado noticias muy importantes en relación con el asunto que nos ocupa" (67). Se refiere al hecho de que el accidentado ha sido reconocido como el neurótico asesino llamado Escorpión. Y cierra sus reflexiones con un nuevo salto al modo performativo: "¡Siga leyendo la libreta de Pedro Almirante, que me interesa su opinión" (68).

Más adelante el lector primero vuelve a intervenir cuando el segundo ha concluido de leer la libreta: "¿Terminó? ¿Qué piensa de todo esto? ¿Literatura, verdad? Pura literatura, ganas de perder el tiempo quejándose de todo" (163). Por supuesto, es incapaz de comprender los valores del mundo de la fantasía. Y añade luego: "Ah, olvidaba contarle: hoy comienza el juicio contra mí" (164). Lo ha promovido la cuñada, Josefa Osorio Rivas.

Luego de esa transición constativa, retorna a lo performativo: "Por si quiere enterarse, ahí tiene la carta y los papeles de mi cuñada" (164). En efecto, la novela continúa con más relectura, la de la carta al Lic. Mesa y el relato que de su vida matrimonial hace la propia Cristina.

Las interrupciones del lenguaje performativo (aquél que predispone al sujeto para el cumplimiento de una determinada acción) corroboran que el lector segundo permanece en un mismo sitio. De esta suerte el relato queda anclado en el espacio para producir un montaje temporal. La relectura se organiza entonces en grandes núcleos de acción:

* La historia de Pedro Almirante.
* La historia de Cristina.
* La historia de Tata Blas.
* La historia de los alemanes.

Todas éstas poseen diferentes espesores pretéritos, próximos y lejanos, y abarcan la mayor parte de la novela.

En el presente sólo hay un núcleo de acción:

* Informaciones del lector primero (referidas a la busca de la identidad del accidentado).

Desde el punto de vista semántico, lo fundamental se halla en el vaivén de pasados próximos y lejanos que se conjugan de acuerdo con la subjetividad de los personajes y no según la cronología de los hechos.

Además de los núcleos de acción conviene indicar cómo están dispuestos los elementos de cada uno de ellos y sus respectivas interrelaciones.

Si empleamos A para el núcleo de Pedro Almirante; B para el de Cristina Osorio; C para el de Tata Blas; D para el núcleo de los alemanes; L para designar al lector primero; M al discurso dirigido al Lic. Mesa y N al que contiene la relación de hechos presentados por Cristina, obtendremos el esquema siguiente:

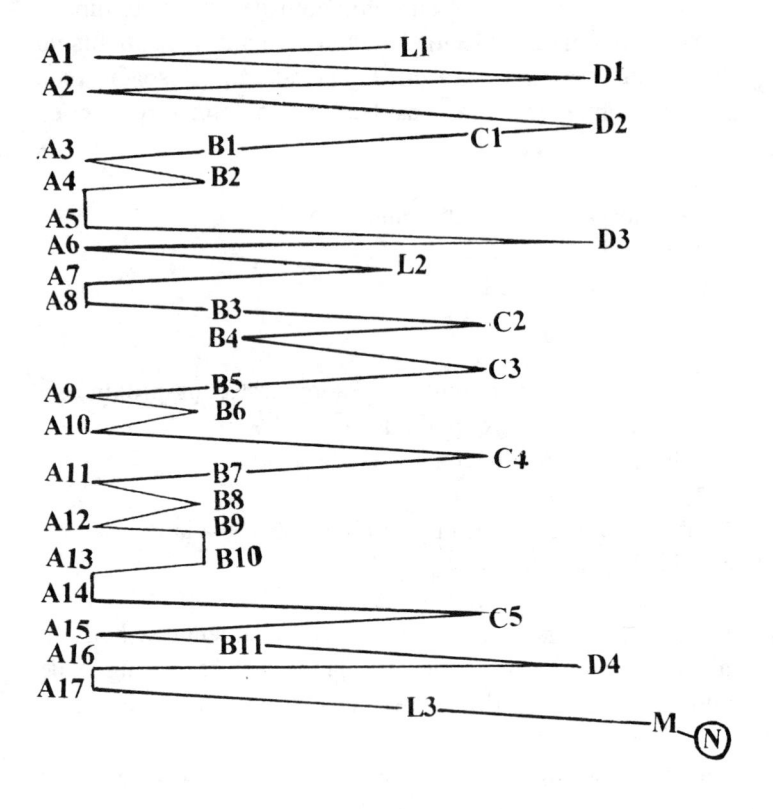

En las relaciones entre los núcleos, A (la historia de Pedro Almirante) es el generador, partiendo del supuesto que los enunciados performativos se han cumplido. Veamos cómo estructuralmente todas las líneas de acción convergen hacia Pedro Almirante o brotan de él. Este personaje fue maestro en Guadalupe. Allí tuvo por discípula a Cristina a la cual inició en el arte de soñar. La pupila resultó aventajada: creó a Goyito, su *alter ego;* también a Rodrigo Monteoro, ficticio novio, producto de su voluntad imaginativa. Con aquél comenta desde los sucesos triviales hasta los grandes temas: dolor, amor, destino; pero también la hace sentir más fuertemente el contraste entre los que se apoyan en la mísera realidad contidiana con los que poseen las alas de la fantasía. La influencia de Almirante fue decisiva en su manera de contemplar el mundo, perceptible en la memoria que deja escrita sobre sus relaciones con Benito.

Pedro Almirante tiene vieja amistad con Tata Blas, y por supuesto con Doña Fina. Ambos hombres son incorregibles soñadores. El viejo zapatero, a modo de sarcedote de un culto laico, prodigaba sus ritos para poner lo maravilloso al alcance del hombre.

En la historia de los alemanes el puente de paso es la amistad de Pedro Almirante con Walter. Además, aquél fue testigo ocular de la escena en que la policía irrumpió en la casa de Rudolf Schultz para apresarlo.

Relaciones de menor cuantía, aunque indispensables, son las de Pedro Almirante con el padre González Bonet, con Heráclito y con Escorpión. La primera de éstas tiene alto nivel intelectual. El padre González es un hombre culto y con él puede discutir asuntos literarios y filosóficos. Hacia Heráclito lo mueve el deseo de espantar la soledad; pero el cantinero es bastante esquivo para la charla. La más inverosímil de todas las relaciones corresponde a la de Escorpión. Sin embargo, aunque no insinúa parecidos físicos entre ambos personajes, tienen en común la oposición a su manera, a los convencionalismos y a la cárcel de la razón.

En general, las criaturas de este universo se pueden dividir en dos bandos: el de soñadores (Pedro Almirante, Tata Blas, Gustavo Schultz, Cristina y en cierto modo, el padre González); el de los hombres prácticos y razonables (Benito, Purita, Rodolfo, Elenita, Heráclito).

Habíamos dicho que la narrativa contemporánea nos conduce a través de sus encrucijadas hasta los temas que inquietan al hombre. En *Las sombras que perseguimos* los enunciados con que Pedro Almirante inicia su diario —"¿Quién soy?, ¿Qué hago en el mundo?, ¿Adónde voy?"— introducen el tema de la identidad. Preocupa cuál es la realidad del ser. Y aunque no da con ella, la relectura condiciona al consumidor virtual del relato a buscarla y a palpar la dificultad de conocerse a sí mismo. Pedro Almirante es para sí un fracaso, un escritor frustrado, que ni siquiera sabe qué matiz afectivo lo une a Cristina. Para ella fue primero el maestro, y hacia el final de su vida, el confidente. Tras el choque automovilístico, se constituyó en Pedro Almirante para unos y en Escorpión para otros.

La angustia existencial y la soledad lo arroparon siempre. Tan pronto aparece solo en su cuartucho escribe que te escribe, como tratando de conversar con Heráclito, o como agente viajero cuyas relaciones sólo tienen carácter ocasional. Escéptico en materia de fe —como casi todas las criaturas relevantes de Rima de Vallbona— sin embargo quiere creer y hablar con Dios para hallarlo en el fondo de su alma.

Vive intensamente la pugna entre la realidad y la fantasía. En apoyo de ésta discurre sobre el arte de novelar con el padre González Bonet. Siente la necesidad de escribir pues halla en esto un modo de salvación: una manera de sobrevivir, de evadirse del infierno de la nada, es decir, del olvido. Aunque González Bonet sostenga que debe tomarse la maravilla del mundo real porque la novela tiene que ser "el último descubrimiento de la única realidad posible o la captación de ese engaño continuo de nuestro ser" (43), a Pedro le angustia pensar si sobrevivirá o no. Cree que cuando su obra sea leída, él vivirá en la posteridad.

Esta novela amalgama los dos puntos de vista estéticos, el de Almirante y el de González Bonet. Obran en ella la realidad como la propone Pedro Almirante —quien la ficcionaliza de inmediato con toda su fuerza imaginativa— y como la promueve González Bonet, de modo que ser y parecer se complementan y amplían la auscultación de los demás personajes. Dígalo si no la existencia de criaturas de tanta vitalidad como Goyito o Monteoro aún cuando no pasan de engendros de la imaginación junto a una Cristina que se asoma al mundo según el enfoque de González Bonet (Benito cree haberla hecho feliz por cuanto le brindó apoyo material; las cuñadas juzgan frágil el comportamiento religioso de la joven esposa porque no es como el de ellas) o de acuerdo con el predominio de la fantasía a lo Almirante (como se ve ella misma en diversas edades de su vida, o como la concibe el maestro y confidente Pedro Almirante). Como a éste, la embargan la angustia y la soledad. Tanto ella como él soportan el peso de la culpa heredada: la muchacha probó el repudio social por los errores de la madre; él tiene que sacrificar su amistad con Walter por el delito del padre que no devolvió las propiedades de los Schultz.

En cuanto a los otros personajes, Tata Blas parece conocer su identidad, pero las gentes sí especulan en torno a ella: posiblemente sea hijo de un millonario de Barva; fue rico y dilapidó su fortuna. Contemplador del mundo, le agrega el misterio por obra de la fantasía y a poco descubre que la condición humana consiste en esperar. Sin embargo, conoció la maldad y la violencia. Esta le arrebató a su hijo Marcos. Aún la historia de los alemanes mezcla fantasía y realidad en la leyenda en torno a Gustav Schultz.

Otros temas grandes de la obra se manifiestan también en este núcleo de acción: Her Rudolf Schultz conoce la soledad cuando cae prisionero pues sus amistades le vuelven la espalda; las gentes lo insultan por el simple hecho de ser alemán.

Esta familia tropieza con la violencia desde la irrupción de las autoridades en su casa y el internamiento en diversos campos de concentración, hasta el despojo de las propiedades. De paso se denuncia también la violencia de los extranjeros que amplían sus latifundios estrujando al pequeño propietario.

Aún en el núcleo de las informaciones del lector primero brota el problema de la identidad. ¿La Cristina y el Pedro Almirante de la libreta son los mismos relacionados con la vida de Benito? Esta ficcionalización de los hechos y la presencia de varios niveles de realidad, ficcionalizados también, ponen el velo de misterio que la relectura tendrá que dilucidar. El contacto con Escorpión también está envuelto por la incertidumbre. Al ratificar la estiptiquez imaginativa de Benito, éste queda inhibido para conocerse a sí mismo y para comprender a su mujer.

El lector segundo no tiene ocasión de pronunciarse sobre el efecto que le produjo la lectura en lo que se refiere a lo estético, a la condición humana en que vivieron los personajes, a su pugna entre fe y razón, entre imaginación y realidad, a la soledad, a la angustia existencial que los agita, al pecado y la culpa, a la violencia que los aniquila, al anhelo de pervivencia que esperan ver realizado. Sólo ha hablado Benito diciendo que todo es pura literatura —con sentido peyorativo— porque este hombre no sabe sentir más allá de la epidermis. Sin embargo, es un acierto que el lector segundo no tome partido. Así no le usurpa la oportunidad de pensamiento y de goce estético al lector virtual de la novela.

¡Y cómo no reflexionar en torno a esa larga pausa que media entre la espera y el fracaso! Las criaturas de este universo parecieran inquietarse tras deleznables sombras para hallar al final la frustración de los anhelos en el más doloroso proceso de degradación. Pedro Almirante no pudo superar su soledad; tampoco triunfó como escritor. Ni siquiera dilucidó bien su identidad. Cristina muere de cáncer en medio de horribles pesadillas. Ni parcialmente halló en Benito algo de la ilusión amorosa que había forjado con Monteoro: el marido sólo encarnó el sexo como apetito físico. A Rodolfo, especie de quimera durante muchos años, lo destrozan el tiempo y la realidad, para dejar al desnudo los defectos físicos y morales que Cristina repudiaba. Tata Blas, campeón fabricante de sueños, confiaba en el regreso de su hijo; pero el nuevo taquillero del tren desahucia su esperanza. Los alemanes sufren degradaciones desde que se declara la guerra contra su país de origen y son encerrados en campos de concentración improvisados e incómodos. Rudolf muere después de tantas peripecias adversas; Rosaura, viuda ya, tropieza con la usurpación de las propiedades; Walter y Pedro interrumpen su amistad. El mismo Benito, primer lector, se priva a sí mismo de oír el juicio de su amigo en lo que respecta al contenido de la libreta, porque no da oportunidad de hablar a éste.

Volviendo al punto de partida, los enunciados performativos echan a andar la novela, mientras los constativos conforman su mundo, los personajes con los núcleos de acción ya señalados y su gran riqueza temática (identidad del ser, soledad, angustia, violencia, relación pecado/culpa, fantasía/realidad, fe/razón, la condición humana, preocupación estética). Pero admira cómo hay unidad en lo vario, pues toda esa mostración constativa es susceptible de reducirse a unos pocos códigos:

A). De raíz filosófica es el problema de la identidad cuando se aspira a precisar la esencia de los sujetos en relación consigo mismos o con el universo. Otro tanto ocurre cuando los personajes se abocan al planteamiento de su angustia y su soledad, y encuentran que la condición humana radica en esperar, en la frustración, en la pugna entre la realidad y la fantasía; en el hambre de absolutos, en afirmar la propia autenticidad.

B). Todo lo referente a la creación de la novela obedece al código estético. Pedro Almirante desea novelar la vida de

Cristina. Cree que le bastará con volcar lo que siente su corazón, desentendiéndose de las recomendaciones del padre González Bonet, quien predica mucha disciplina y contención emotiva.

También caen en este apartado la Carta de Pedro Almirante a los jueces del Concurso Internacional y hasta los despectivos juicios de Benito sobre la literatura.

Pueden ser cobijados por el mismo código los juicios de Tata Blas y de Cristina que exaltan la imaginación sobre la dura realidad. Y si creación artística son la novela de Almirante y los escritos de Cristina en cierto modo lo es el reloj con duende (hasta recuerda el cuento de "Los burladores de paño" del Infante Juan Manuel).

C). Ceñido al código religioso-moral gravita el problema del pecado y de la culpa. De la culpa colectiva, por su carácter hereditario. Aún los alemanes, a pesar de ser víctimas ellos también, declaran sentirse culpables por el exterminio de judíos.

Cristina lo expresa así: "Un delito sin fin arranca del fondo de mi ser y se inserta en el último ay del soldado muerto en la guerra, en el llanto del niño con hambre, en el pobre solitario sin amor...".

Los personajes de Rima de Vallbona a menudo tienen serias crisis religiosas. Buscan a Dios fuera de capillas y confesiones determinadas. Sin embargo, quieren creer. Son agónicos a la unamunesca. Tal ocurre con Pedro Almirante, Cristina, Tata Blas y el mismo González Bonet.

D). El código social subyace en las diversas denuncias contra la injusticia, la inmoralidad y la hipocresía.

CONCLUSIONES

Ahora sí se pueden contestar las tres preguntas que inciaron el planteamiento de este ensayo.

1. ¿Cuál es el protocolo que rige el consumo de este relato?

a). El relato se organiza mediante la relectura y se consume como tal, en virtud de la predeterminación de los enunciados performativos que incitan al cumplimiento de tal acto.

b). El montaje temporal, constativo, es resultado del cumplimiento inmediato de los enunciados performativos. (Esta novela supera en complejidad artística a *Noche en vela*).

c). La relectura origina cuatro núcleos de acción referidos al pasado y uno al presente por medio de enunciados constativos.

* Historia de Pedro Almirante.
* Historia de Cristina
* Historia de Tata Blas.
* Historia de los alemanes.
* Información del lector primero.

d). El universo de las criaturas de *Las sombras que perseguimos* descansa sobre cuatro códigos fundamentales:

* Filosófico en cuanto trata de la identidad que es lo mismo que correr tras lo auténtico. También cuando se alude a la angustia, la soledad, la frustración, el hambre de absolutos.

* Estético en cuanto se refiere a la creación de la novela, a la pervivencia por la literatura y a toda gestación de la fantasía.

* Religioso-moral. Plantea la busca de Dios y la relación pecado-culpa con carácter colectivo.

* Social en la medida en que denuncia egoísmo, hipocresía y vicios sociales.

2. ¿Qué se dilucida del nivel de la historia como sentido de la obra?

a). La presencia de frustrados personajes agónicos, porque es difícil, si no imposible, conocerse a sí mismo y al mundo; porque éste se vuelve hostil en la medida en que quiere esclavizar al hombre mediante sus convencionalismos e intereses materiales.

b). Se descubre que la condición humana es esperar. Así, desde la angustia personal se produce el encuentro con las ideas absolutas o trascendentes.

3. ¿Por qué su montaje queda inserto dentro del concepto de contemporaneidad narrativa?

* Porque el montaje temporal permite presentar diversos espesores de la realidad en lugar de la antigua visión plana.

* Por el artificio de escamotear al narrador convirtiendo el arte de contar en el acto de relectura.

* Por introducir en el relato problemas que agitan al hombre contemporáneo sin lesionar las fronteras del género.

* Porque aglutina inteligentemente vivencias de otras especies novelescas que enriquecen los matices de éstas:

 * Novela de misterio (quiere identificar al accidentado; influjo de la foto; relación Almirante-Escorpión).

* Novela de la formación del joven (historia de Cristina).

* Novela amorosa (historia de Cristina).

* Novela fantástica (relaciones con Goyito, con Rodrigo Monteoro, reloj con duende).

* Novela histórica (sucesos de los alemanes; guerra de Vietnam).

*Novela existencialista (la condición humana, soledad, angustia, identidad, autencidad).

* Novela de denuncia social (denuncia de abusos sociales, vicios e hipocresías).

Por las razones expuestas, *Las sombras que perseguimos* constituye una evidencia de progreso en la narrativa costarricense.

NOTAS

[1] Publicado en *Evaluación de la Literatura Femenina de Latinoamérica,* Siglo XX. Juana Alcira Arancibia (San José, Costa Rica: Editorial Universitaria Centroamericana [EDUCA], 1978): 67-79.

[2] Rima de Vallbona. *Las sombras que perseguimos* (San José: Editorial Costa Rica: 1983): 12. Todas las citas procederán de esta edición.

BÚSQUEDA AGÓNICA DE LA FE
EN LOS PROTAGONISTAS DE *NOCHE EN VELA*
Y *LAS SOMBRAS QUE PERSEGUIMOS* [1]

Juliette Decreus
Poeta belga laureada

—"¡Ah, usted es escritor! ¡Haber comenzado por ahí! ¿Cuántos libros tiene publicados?
—¿Libros publicados?
"¿Cómo explicarle que no he publicado ninguno, que siempre escribí por una necesidad íntima, porque los personajes y los temas me asedian, que para ser escritor no hace falta publicar, basta con volcar entera el alma en lo que se dice?
—La verdad es que yo escribo para garantizarme una forma de salvación" (25). [2]

He aquí cómo en un compartimiento de un tren se entabla la conversación entre el Padre Bonet, racionalista intelectual, y Pedro Almirante, viajante de mercería y narrador principal de *Las sombras que perseguimos*. Almirante escribe para justificar su existencia como el Roquentin de *La náusea;* como otros, menos vulnerables frente al drama de su prójimo, a las catástrofes de su época, al fracaso de los ideales que justifican la suya barriendo las inmundicias, pelando cebollas o llorando sus propias penas. El escribe para escapar a la destrucción definitiva y total; para descubrir su propia identidad; para encontrarse a sí mismo y encontrar a Dios: "Cuando me paro en medio del misterio de la vida y no le siento el pulso al alma, escribo con fruición, desesperadamente" (106), explica Pedro Almirante.

Pedro no es creyente, como lo son todos los personajes de su novela, a excepción del horrible santurrón, esposo de su protagonista, Cristina, el cual mata a su mujer a fuerza de concupiscencia y de maternidades consecutivas; y el Padre Bonet, el cual se excusa de un cierto escepticismo al declarar que la duda es la sombra proyectada por la fe. Por otra parte, Pedro está plenamente consciente del misterio de la vida y de la muerte, de la necesidad que tienen los seres humanos de vivir de la ilusión; de su sed de maravillas; de su nostalgia de un Dios que no sea una fuerza ciega y caprichosa, que lo aísle en la negación. En efecto, él escribe menos para justificarse que para protestar contra la soledad del hombre y la mutilación de sus sueños en contacto con la realidad: para él

> La inspiración no es la tan decantada embriaguez divina. Es la sacudida rebelde del alma ante la limitación temporal del ser. Ahora sé que busco a Dios. He vivido buscándolo ansioso. No por el camino de la razón, ni el de la lógica, ni siquiera el del sentimiento. Mi camino, estrechamente ciego y oscuro... entre las galerías inmundas del alma (106).

¿Las galerías del alma donde se esfuma el recuerdo y donde se esboza la ilusión?, ¿donde la interiorización de lo que se aspire saber y vivir, no podría servir de itinerario para alcanzar la verdad? Nuestros pensamientos, nuestros cálculos, nuestros sueños, nuestros sentimientos, ¿no existen porque no se les puede tocar con las manos? ¿La noosografía no llega a fotografiar también la retina del soñador, como las formas de su imaginación y de su pensamiento? Este es un fenómeno al que —sin preconizar la técnica— Etienne Souriau había consagrado su Meta-estética *(Meta-esthétique)* hace una treintena de años. ¿Cómo separar lo verdadero y lo falso, la ficción y la realidad? Vivimos en lo indefinido y lo relativo. "¿Y quién puede asegurarnos que en vez de engaño, no sea realidad todo lo que llevamos en el corazón, y mentira lo que tocamos y vemos? ¿Quién sabe la verdad, toda la verdad?" (32), se pregunta Almirante.

¿Este hombre que no pidió nacer y rehusa morir; que no puede fiarse más de los testimonios de sus sentidos ni de las aproximaciones de la ciencia; quien como cada uno atraviesa solo, envuelto en un capullo de quimeras, por un mundo donde nada cesa de deshacerse y rehacerse; ¿dónde encontrará este hombre alguna estabilidad, sino en la permanencia de esta misma quimera, en la constancia de sus aspiraciones, en la perennidad de su deseo? ¿Dónde este esclavo de su riqueza, o de su miseria, de su trabajo, de su familia, de su civilización, disfrutaría de alguna libertad si no es en el juego de su fantasía y los andamiajes de su imaginación? ¿Cómo se acercaría él cada día más al comprobar con decepción que unas órbitas vacías lo miran fijamente desde el fondo de los siglos, si él no opusiera la más loca ilusión de sobrevivir a la evidente disolución de la carne? "Sólo los ojos del alma poseen la verdad. El universo no es más que espacio y tiempo vacíos que el hombre debe llenar con su propio ser. Así es como el hombre participa con Dios en la creación", le dice Pedro Almirante a Cristina (34).

Es con sus sueños y su esperanza que el hombre combate su angustia y su nada. ¡Y qué sueños más persistentes y más inefables que los de la infancia, donde sin cálculos interplanetarios ni entrenamiento de astronautas, basta con aferrarse a la cola de las cometas para viajar entre las estrellas, donde la imaginación robusta e intacta no separa lo posible de lo imposible, donde ella trasciende y transfigura un mundo en el cual el adulto acarrea hasta su muerte los escombros apagados o todavía en ascuas! ¿No nos asegura Baudelaire acaso que el genio no es otra cosa que el encuentro voluntario con la infancia? ¿Acaso no predica él la eterna ingenuidad, como la piedra de toque del artista verdadero? Sin hablar del Evangelio: "En verdad os digo: quien no reciba el reino de Dios como un niño, no entrará en él" (San Marcos, 10:15).

Pedro Almirante, quien no cree en Dios porque le es imposible creer verdaderamente sea en lo que sea, quien además tiene la impresión de no creer, escribe él también su novela, para poblar esta larga espera entre la vida y la muerte y porque, tal como se lo confiesa al Padre Bonet, es su propia manera, la de Pedro, de tratar de creer en Dios.

Pero para ese solterón de poca fe, gran admirador de Nietzsche en su adolescencia, esta novela es igualmente una manera de sobrevivir.

El no puede hacerse a la idea de que su cuerpo se descompondrá molécula a molécula en la tierra, que su recuerdo se borrará con el tiempo, que sin remedio vendrá un día en el que nadie, absolutamente nadie pronunciará más su nombre:

> Si logro escribir mi íntima historia, al menos alguien, cuando me lea, pensará en mí, aunque sea como personaje ficticio. Yo volvería entonces a alentar en su pensamiento... tal vez por un solo instante, pero ese instante sería grande como la eternidad, porque no me habré muerto para siempre total y definitivamente (140).

Hacer una novela que sea la suma de sus sueños y de sus esperanzas; de la libertad de su infancia y de la estabilidad de su madurez; de su escepticismo y de su sed de Dios; una novela que sea para todos los seres en lo que ellos tienen de más fuerte y más vulnerable, de más secreto, de más profundo. Una novela que sea inmortal, que sea única. ¿Pero qué tiene él de único en este mundo donde todo es, hasta lo infinito, repetición y vuelta a empezar?, se pregunta Pedro Almirante. Así, ¿de qué sirve sacrificar su carrera, su salud, su vida —"Hay muchas formas de suicidarse", declara él— luchar con sus personajes, luchar con las palabras? Si al menos él fuera realmente un escritor; si viviera en un medio intelectual; si estuviera al tanto de las corrientes literarias nuevas, del relato experimental en el que la novela se aventura; pero no son los círculos literarios de la pequeña república de Costa Rica, que lo aguijonearán para la experimentación verbal y estructural de la ficción. El Padre Bonet le dispensa varios consejos y advertencias, pero él no llega a conformarse mucho con eso.

Sin embargo, entre períodos de aridez y descorazonamiento, Pedro Almirante continúa llenando sus cuadernos, encarnándose en sus personajes, cerrándoles su ser, forzándose —¡al precio de cuántas lamentaciones!— a dejarlos morir, él que los lleva metidos en el corazón. Todo porque los hombres viven con la esperanza de un milagro en el que no se permite creer, que cada uno exige lo imposible, y que lo imposible llega alguna vez. Vivimos en un mundo extraño, lleno de horrores y de maravillas. Entre los cataclismos y las atrocidades colectivas o particulares que se nos cuentan de día en día, se ofrece a veces una conjunción tan extraordinaria, una coincidencia tan increíble, que desafía todas las leyes de la lógica. Toda la existencia de Pedro Almirante está suspendida por la eventualidad de tal prodigio. El cree en su realización mientras que se insinúa en todos los recodos del alma de sus personajes para desentrañar ahí el misterio de la vida y transcribirlo en su singular novela, esa obra de arte que permitirá a su autor morir en su cama, sin muecas de suicidio, tanquilo y justificado, como Cervantes.

Pedro Almirante, ese sentimental fracasado, ese demiurgo enano, no morirá en su cama, sino en un accidente de automóvil, entre los muestrarios de encajes y de cintas de su irrisorio trofeo de viajante. El, que deseaba penetrar el misterio de la vida, no sabrá acomodarse a una vida sin misterio. El informa a su protagonista en su último encuentro, que esta alma, cuyos abismos él escrutaba, según los descubrimientos científicos no es más que materia química, el D.N.A. de compuestos todavía desconocidos. El se aterra de un porvenir en el que el mundo no sería poblado más que de superhombres engendrados en un caldo de cultivo o en un laboratorio, perfectamente sanos y equilibrados, libres de angustia y de amor.

Es obvio que Pedro Almirante no encuentra editor para su novela, como no encuentra a ese Dios en el que trataba de creer y que no lo captaría más que como un vasto depósito de productos químicos. Pero su heroína y su doble, Cristina, encuentra a Dios. Ahí, donde según Bernanos, El nos espera, al penetrar dentro de nosotros mismos para morir. El escritor —como tal— permanece muy cerca de la superficie de su alma. No puede perderse en la abstracción de la esencia ya que su meta es la de encontrarse con lo concreto. La novela se construye con palabras como la catedral se construye con piedras. Tanto una como la otra son monumentos cuyo tiempo acabará por tener la razón. Por otra parte, el templo de Dios no está más que en el corazón del hombre:

> ¡Pobre Pedro!, se ha olvidado que sólo el que lleva dentro llama propia y se consume en ella logra la inmortalidad. Depender de un cuadernucho anodino y escribir en él de espaldas a Dios buscándole equivocadamente el rostro mientras se le niega, es un suicidio metafísico (147).

Sin embargo, la tentativa de Pedro Almirante no es totalmente infructuosa. La inquietud que él pretendía arrancarse al escribir su novela para abrumar a sus lectores, se difunde en libelos acusatorios y en denuncias anónimas entre los creyentes y los notables de Nasilla del Valle a partir del accidente suicida del narrador. Delincuencia, delitos, crímenes furtivos que germinan en el inconsciente, consentidos o rechazados, cada uno se confronta con sus pensamientos menos confesables reducido a endosar su culpabilidad virtual o efectiva. El mismo marido de la difunta Cristina desempeña de manera ejemplar sus obligaciones religiosas, profesionales y familiares, inaccesible a los sueños, como a las angustias; pero simbólicamente se ha transformado de agente de seguros en comisario de policía y hasta acaba por recibir una orden de detención que lo culpa de haber provocado la muerte de su esposa.

En cuanto a Pedro Almirante, tanto por su constitución moral como por la física, es elevado a proporciones de redentor oculto y ubicuo. Al neurótico tímido y ambicioso lo identifican varios —más bien todos— como Escorpión, el estrangulador maniático, el justiciero fanático. El hombrecillo sacado de los escombros de su automóvil, las piernas trituradas, la cara sonriente y serena, se ha trasmutado en un gran cadáver, enjuto y feo, de nariz porosa que lleva anteojos con montura de oro en medio de una tez comida de viruelas y que para colmo cuenta con seis dedos en cada mano. Un monstruo, en suma, un monstruo que prolifera en cada conciencia lúcida y escrupulosa que lo abriga a uno.

***

Los cuadernos de Pedro Almirante, seudónimo del desconocido sacado de la chatarra de su vehículo, privado del conocimiento y de documentos de identificación, son presentados en la primera de las cuatro cartas del comisario de policía, a quien le incumbe identificar a la víctima e investigar el accidente. Las otras tres, interpuestas al principio y al fin del manuscrito, al hacer el recuento de las investigaciones de ese funcionario, señalan los sucesos nuevos que le parecen ser el resultado y exponen sus opiniones personales así como su perplejidad acerca del asunto y principalmente acerca del contenido de los cuadernos. Ahí reside el propósito inicial de esta correspondencia, dirigida a un destinatario anónimo —amigo particular o colectivo de los lectores. De éste se espera colaboración y conocimientos literarios eventuales con el fin de aclarar el enigma del agonizante y de su manuscrito. El comisario afirma, no sin un algo de desprecio, su incompetencia total en los dominios de la literatura.

Amalgama de diario íntimo y de ficción, donde se consignan menudos detalles de la vida cotidiana del narrador, sus reflexiones, algunas referencias muy breves a su pasado y al de sus personajes, sus conversaciones con éstos: sobre la estética y la literatura con el Padre Bonet; sobre la fantasía y la esperanza con Tata Blas; sobre la soledad y la hipocresía de los hombres con su *alter ego,* Cristina, tan fatalmente asesinada por la corrupción de todos los valores que rigen en la civilización; tal es el documento que viene desconcertando al comisario de policía, hombre sin capacidad imaginativa y atrincherado con la mejor fe del mundo, en el fariseísmo y el materialismo. El último capítulo, bajo la apariencia de un manuscrito de Cristina, completa y corrobora los cuadernos de Pedro Almirante y desconcierta aún más al policía. La lascivia y el conformismo del marido se denuncian ahí como la causa de la muerte de la esposa, la cual fue deseada y precipitada por él, mientras alardeaba de haber sido el más paciente y bueno de los esposos y hasta el más adorado.

    Nietzsche y Kafka con —y posiblemente a través de— Camus son las influencias predominantes de *Las sombras que perseguimos,* con ecos de Novalis, del Abate Brémond y de Sartre. Algunos pasajes bordean muy de cerca las tonificantes y cáusticas paradojas de Cioran, tanto que parecen la trasposición devota y trágica, o mejor dicho, el reverso de dichas paradojas. Encuentro puramente fortuito en una meditación paralela sobre el sentido y el no-sentido de la existencia; es probable que Montaigne y los Antiguos no le sean ajenos a Rima de Vallbona, pues ella, tan versada en la literatura francesa como en la castellana, alemana o inglesa, se atreve a citar en sus obras a autores cuyo pensamiento completa o se opone al suyo propio.

    Por su aspecto general la novela recuerda *Les journal des Faux-Monnayeurs* de Gide, puesto que en uno como en el otro se acumulan notas, cartas y materiales diversos para hacer una novela y que los asuntos estéticos tienen ahí lugar sin duda alguna.

***

    Al distribuirse entre cuatro personajes de diferente edad, medio ambiente, temperamento, su búsqueda de un valor o de una obra capaz de colmar o de encubrir la vaciedad de la existencia, la novelista obtiene un efecto de discontinuidad, de mutación, de plan entrecortado. Esto se resuelve en la coherencia de un tema mayor a las múltiples florescencias. El abanico de esos cuatro destinos despliega un sector de su pantalla, lo hace deslizarse debajo de otro; éste se despliega a su vez, se oculta, se repliega de nuevo con retrospectivas más precisas y perspectivas cada vez más amplias.

Los cuatro destinos ligados por la resignación o el fracaso, reproducen los tanteos de la misma novelista para alcanzar una justificación, sea por medio de la fe, sea por medio de una obra.

El Padre Bonet, autor de un libro sobre *La poesía y el sacerdote*, publicado en Francia, donde él ha hecho sus estudios y ha crecido, se ha retirado a una parroquia montañesa con su vasta biblioteca. En ella la lectura de los poetas cristianos colma la soledad y las fisuras de una vida que ni Dios, ni el sacerdocio llenan exclusivamente. Una gran erudición y una sólida lógica apuntalan sus convicciones religiosas y le asignan el papel de "razonador" y de mentor literario de Pedro Almirante.

Para este último es más decoroso ser la personificación de la angustia, de la dificultad para creer, de la necesidad de escribir y de justificarse la misma Rima de Vallbona que figurar como antihéroe, fracasado, agrio, de un pesimismo fastidioso. Desprovisto de humor, tierno, amargo, frustrado, negativo, sin amor ni pasión auténtica, si no es la de sobrevivir, le falta la madurez y sobre todo la humanidad que se le desborda a Cristina.

Con Cristina nos reintegramos al universo encantado de la huérfana Luisa de *Noche en vela,* primera novela de Rima de Vallbona. [3] Ahí volvemos a encontrar la misma niña agobiada por la tiranía de una parienta áspera, amojamada, cruel y esencialmente deshonesta. Luisa huye de las vejaciones de un hogar sin ternura encaramándose en un árbol o disimulándose entre las flores tropicales de su jardín para conversar ahí con los duendes y las hadas o con uno de sus animales devotos. A ellos les pregunta sobre las prohibiciones que le imponen y las afirmaciones de sus mayores que aparentemente son falsas para su joven experiencia. Ella les cuenta sus penas precoces, su desconcierto ante la lujuria, las injusticias, el sufrimiento y la muerte.

La niña protagonista en cada una de los dos libros de la narradora, ha nacido como la misma Rima de Vallbona, en una familia de tradiciones anticlericales y liberales y fue educada en una escuela laica. Además, no puede enfrentarse a las violencias cotidianas, sino gracias a la presencia de seres etéreos que pueblan su mitología íntima. Ellos le prodigan la ayuda y la protección que los niños del catecismo piden a los ángeles y a los santos. Pero un día, estas criaturas insubstanciales y vivaces abandonan a la colegiala curiosa de saber y ávida de amor.

Una vez adultas y atraídas por la religión, ellas la rechazan sospechando que se trate de una versión sublime y generalizada del antropomorfismo pintoresco de su infancia. Ambas recelan de su imaginación. Anhelan alcanzar la certidumbre de *creer* y no la de *soñar*. También desean la evidencia de no entregarse a *la ilusión* de creer, dejándose llevar por el catolicismo convencional de la pequeña burguesía costarricense. Porque ellas entienden que la religión hay que vivirla y no simularla; en otras palabras, no es para ellas un traje cómodo que las proteja y recubra sus imperfecciones, sino un cilicio acerado que se les mete en la carne viva y las encierra para siempre en la solidaridad y en el crimen universales. Así, la fe no es para ambas una evasión, sino una dolorosa toma de conciencia. Ellas no la adquieren sino después de años de lucha, por un impulso de rebelión contra el materialismo y el convencionalismo de su entorno familiar y contra un mundo dedicado al culto de la ciencia, la técnica y el interés. En una como en otra novela, ambas protagonistas no encuentran a Dios sino por un supremo esfuerzo de caridad que les permite perdonar al verdugo doméstico que las ha inmolado a sus vicios.

Hasta después de haber rehusado los auxilios espirituales de un confesor en su lecho de muerte y de haber abrigado la sospecha de que su marido la mata por eutanasia, Cristina acepta la salvación y su reencuentro con la pureza.

Igualmente, no es sino durante el velorio de la abominable tía Leo, injusta, usurera, alcahueta, intrigante, quien ha sacrificado la salud y el porvenir de sus sobrinos a su insaciable codicia, cuando en *Noche en vela* Luisa logra musitar una breve oración. La sombra del crimen hace resaltar la luz en la conciencia de la víctima y su perdón no es el producto de un precepto evangélico, sino de la lucidez que revela un monstruo larvado en cada uno de los seres humanos.

El Tata Blas, remendón de juguetes y de esperanzas, narrador de cuentos fabulosos, especie de duende ingenuo y calvo no es una simple encarnación de la fantasía de la novelista, sino un rústico prudente e intuitivo, un ser original con dimensiones eminentemente humanas, un tipo de cuentista de pueblo, los cuales abundan en la América Latina.

***

Rima de Vallbona, en la que se cruzan dos sangres, debe a su ascendencia nórdica la facultad de poblar el mundo de seres incorpóreos. Sus duendes, gnomos, ogros y hechiceros —o sus equivalentes— tienen una dignidad y una frescura que sólo se encuentran en los cuentos de Anderson.

De sus orígenes ibéricos, ha heredado esa obsesión por la muerte, el cuestionamiento metafísico y religioso, el realismo amargo y su pesimismo ansioso.

Ella se destaca en la captación de seres y hechos en la red de una sensibilidad y un onirismo subjetivos para restituirlos en seguida a la objetividad de testimonios indiferentes. Las observaciones de los protagonistas y las deducciones que ellos sacan, no son jamás formales: breves diálogos, sorpresas al paso, cargadas de una significación insólita: acciones y temas entrevistos al azar y con una motivación vedada; palabras y comportamiento deformados por la distancia, oscuridad, duermevela, fiebre, enfermedad, delirio. Todo se impregna de equívoco y de incertidumbre pero retoma pronto la neutralidad cotidiana de la existencia normal, libre para volver a caer en lo arbitrario.

¿El marido de Cristina ha matado a su mujer o sólo ha deseado su muerte? ¿No es más bien la esposa, quien exasperada por la sensualidad y la falta de ternura de su cónyuge, le transmite el deseo de liberación que ella ha tenido a partir de su boda? La tía Leo de *Noche en vela*, ¿fue en realidad esa Celestina burguesa que Luisa ve en ella, o una solterona enlutada y tiránica que de manera equívoca amó a sus sobrinos y les amontonó una fortuna? Rima de Vallbona no concluye en un sentido ni en otro. Las contradicciones del ser humano y su incomunicación autorizan las dos interpretaciones y constituyen los fundamentos del problema de la unidad que Pedro Almirante se propone resolver en su novela.

Más modesta, Rima de Vallbona no ambiciona más que volver a formular a la luz de su propia experiencia y en el ambiente de su Costa Rica natal, el conflicto del hombre interior avasallado por exigencias concretas.

NOTAS

[1] Este ensayo fue publicado en francés con el título de "Rima de Vallbona, Romancier du Costa Rica", en *Fer de Lance - Rithmes et Couleurs* 83 (Julio, Agosto y Septiembre de 1973): 14-20.

[2] Rima de Vallbona. *Las sombras que perseguimos* (San José, Editorial Costa Rica, 1983). Todas las citas de este ensayo provienen de esta edición.

[3] Rima de Vallbona, *Noche en vela* (San José: Editorial Costa Rica, 1968).

RIMA DE VALLBONA: DOS NOVELAS Y MUCHOS ENIGMAS
Bertie Acker
University of Texas at Arlington

Rima de Vallbona empezó su carrera de escritora con la novela *Noche en vela*.[1] A partir de entonces publicó varios libros de cuentos, pero su segunda novela, *Las sombras que perseguimos*,[2] no aparece hasta 1983.

La crítica, en el futuro, va a comparar y analizar toda la producción de Rima de Vallbona, porque con el tiempo crece el reconocimiento del valor artístico de su obra y su voz literaria gana en autenticidad e individualidad. Al acercarme a estas dos primeras novelas de Vallbona, sin intento alguno de efectuar una comparación exhaustiva, se puede observar que ciertos paralelos en temas, situación, personajes y perspectivas saltan a la vista. El contraste más obvio y fácil de percibir es la gran complejidad de la segunda novela.

Noche en vela, publicada en 1968, es otra versión de la fábula de la Cenicienta: una familia vive feliz hasta que muere la madre. Unas pocas semanas después, el padre trae a la tía Leonor a vivir en la casa para hacer las veces de madre de Luisa, María, Ofelia y Eduardo. La tía Leo es el prototipo de la madrastra cruel. Con mucha destreza siembra disensión entre el padre y sus hijos y mientras crece el enajenamiento, la tía Leo consolida su posición de autoridad. Cuando el padre se muere, deja a los hijos indefensos a merced de una mujer maligna y sin compasión. Eduardo es el menos afectado por la situación. Después de todo, es varón, el mayor, tiene un trabajo fuera de casa y parece algo indiferente a lo que sufren sus hermanas. Las muchachas viven una situación poco menos que inaguantable. La tía Leo, como otro Torquemada de Galdós, presta dinero a intereses usurarios y hace todo lo posible para aumentar sus secretos ahorros. Los chicos sufren hambre sin tregua. Tienen que hacer todo el trabajo de la casa pues los sirvientes han sido despedidos. Leonor también vende todos los muebles y los ornamentos de la familia. Hasta se mete en asuntos de magia negra, y, como la Celestina, ayuda a las muchachas burladas a abortar —todo por enriquecerse. En las altas horas de la noche se sienta, con los ojos brillantes de avaricia, a contar su dinero, aunque de día se queja a todo el mundo de su pobreza y de los sacrificios que hace por sus sobrinos.

Noche en vela no es un mero cuento de hadas. Es también un misterio cuyas soluciones no se descubren jamás. El lector siente gran alivio cuando la tía Leo muere, pero le gustaría saber más de las circunstancias de su muerte, si la riqueza que acumuló será encontrada, si los hijos ya van a hallarse súbitamente libres y ricos y si espiritualmente podrán recuperarse de las heridas del pasado para alcanzar paz y felicidad. Pero, al parecer, la narradora tiene tan poco interés en estas cuestiones que nunca sabemos si los hijos pierden su patrimonio otra vez o no. El lector teme que al no poder llevar su dinero consigo, la tía Leo haya buscado la manera de evitar que caiga en manos de otros. El problema del equilibrio emotivo es central en esta novela. Parece que Eduardo y Ofelia, por su mayor edad, han sufrido menos la falta de amor y apoyo, y el lector recibe la impresión de que van a reponerse y tener una vida bastante normal. En cambio, María se ha vuelto loca y los médicos declaran que su caso ya no tiene remedio. La menor, Luisa, ha empezado a forjar una fuerte fe en Dios y una filosofía personal que le satisface. No se sabe si ella pueda superar su niñez de castigos, miedo, y abandono, pero se entreve esa posibilidad. Todo es narrado durante los funerales mientras Luisa medita y recuerda el pasado, y por fin le es posible perdonar a su tía. El perdón le quita la amargura y le ofrece un futuro más tranquilo. No se libra de las cicatrices de las amargas experiencias, pero ahora es capaz de luchar por la felicidad espiritual.

La estructura del argumento depende del tiempo. La acción de la novela transcurre en una sola noche, como sugiere el título, durante el velorio de la tía Leo. Luisa es la narradora, quien, observando la escena, empieza a repasar todas las derrotas psíquicas de su angustiada juventud. Las memorias que ella vive de nuevo no son, en realidad, estrictamente cronológicas. El lector reconstruye una secuencia de hechos, consciente de que el tiempo es únicamente un caos de memorias que inundan la mente de Luisa mientras se arrastran las lentas horas del velorio. Más que nada ella recrea su vida torturada de hambre, soledad, miedo y una tremenda ira que no se había atrevido a expresar nunca. Su lucha íntima por alcanzar una fe en Dios está llena de angustia y llega a ser el tema central de esta novela fragmentada, rica y poética. La autora enfoca los problemas aterradores de una adolescente que a tientas busca comprender el mundo y comprenderse a sí misma. Sobre todo quiere establecer un equilibrio emocional que le permita sobrevivir a pesar de las circunstancias adversas que la abruman. Pocos autores han pintado tan bien la noche oscura del alma adolescente. Tampoco, desde Teresa de la Parra, se han revelado tan tiernamente las congojas de una joven en una sociedad patriarcal y provinciana, huérfana de padres, y de todo contacto y apoyo social. A pesar de esto, como María Eugenia de *Ifigenia,* ella encuentra compensación en los libros, la escritura y una imaginación intensa que febrilmente construye otra realidad sustituta.

Los otros personajes, el argumento, y los demás aspectos de *Noche en vela* tienen menos importancia que el mundo interior de la introvertida Luisa. Es interesante notar, sin embargo, que lo que hace tan verosímiles a los personajes es la manera en que están delineados, principalmente por medio del diálogo. Vallbona ha creado unas obras maestras en miniatura en cuanto al lenguaje.

La segunda novela de Rima de Vallbona, *Las sombras que perseguimos,* publicada más de una década mas tarde, como *Noche en vela,* ofrece un mosaico, o sea una estructura fragmentada y llena de enigmas. La narrativa comienza con la voz de un narrador que no tendrá nombre jamás. El habla de una víctima de accidente, de un "hombrecillo" malherido que no lleva ninguna identificación. En el sitio del accidente han encontrado una libreta descuadernada y una foto rara firmada por un Ted Serios, un hombre que poseía maravillosos poderes extrasensoriales. Tratando de identificar al paciente, nuestro narrador comienza a leer el contenido de la libreta, que resulta ser una novela narrada en primera persona, o un diario escrito por un tal Pedro Almirante. En el Registro Civil el único Almirante inscrito murió hace muchísimo tiempo. Otro narrador desconocido para el lector subitamente exclama: "Le tengo que confesar la verdad como viejo amigo que es" (SP: 15). Luego explica que Pedro Almirante evidentemente conoció a Cristina, la esposa del narrador. Está claro. La única razón para dudar que fuera la misma Cristina es que él sabía que su esposa fue siempre feliz a su lado.

Más tarde se sospecha que la víctima del accidente es Escorpión, un asesino que se considera el redentor de una sociedad corrompida e inmoral. Mata a mujeres infieles a sus maridos, ahorcándolas con tiras de encajes que luego enrosca como una mortaja en los cadáveres desnudos. Con un alfiler les prende al ombligo una nota que dice "En defensa de la moral y virtudes cristianas" (SP: 67). Parece increíble que un fanático como Escorpión sea el autor de la novela, porque el Pedro Almirante que cuenta su vida es una persona tolerante, con menos interés en la moral pública que en su intensa búsqueda por una verdad personal, o de una inmersión total en el misterio de la vida. Nunca descubrimos quién es Pedro Almirante, ni quién es la víctima del accidente, ni quién es Escorpión. Es difícil creer que el primer narrador sin nombre, el que lee la libreta, sea realmente Benito, esposo de Cristina, porque ella ha dicho que se casó con un agente de seguros, mientras que este hombre, al parecer, es médico o administrador de hospital.

Hasta la propia Cristina narra, por lo menos, parte del manuscrito. Así, el punto de vista equívoco y cambiante y las fuentes de información en las que no se puede confiar, afectan fuertemente la percepción de la realidad en *Las sombras que perseguimos*. Aunque aceptamos los hechos contados en la novela como memorias de Pedro Almirante, en el capítulo XIX nos sorprenden y chocan estas palabras: "Lo dice por lo mucho que me costó darle muerte a Cristina. Si Dios existe, ¿se apegará tanto a cada uno de nosotros y le dolerá tanto como a mí dar muerte a sus criaturas?" (SP:159). De esta manera dice implícitamente que Cristina es sólo personaje de novela y no la persona de carne y hueso que le parecía al lector. Estas múltiples dudas confunden todo concepto de la identidad personal. ¿Es posible que Pedro Almirante sea el *alter ego* del loco Escorpión, y que en realidad vaya creando una persona ficticia radicalmente diferente de sí mismo? ¿Es de veras Pedro Almirante el hombre benévolo e idealista que creíamos? Una vez dijo que renunció el puesto de secretario del Ministro de Justicia porque otro fue promovido antes que él. Después nos damos cuenta de que mentía cuando sabemos que él sólo era portero del Ministerio de Justicia.

Una multitud de marcas en *Las sombras que perseguimos* subrayan el problema de la identidad individual, y hasta de la existencia. Por ejemplo, Cristina tenía un amigo imaginario en su niñez. Su "Goyito" parece muy real y es tratado como cualquier otro personaje. La existencia de Goyito es confirmada por otro testigo, Tata Blas, que sostiene que él es amigo de Goyito. Para más prueba y para desconcertar más al lector, unos niños hurgan en el zurrón de Tata Blas donde encuentran un peine, un espejo y un unicornio de plata. Ellos se fijan en el espejo, atribuyéndole poderes mágicos, pero el lector se pregunta qué hace un adulto con este juguete, el unicornio de plata, y si es, tal vez, el que Goyito usaba como instrumento mágico cuando Cristina era joven. Comenzamos a fijarnos en otros detalles más: Marcos, hijo único de Tata Blas y de doña Fina, nunca vuelve de la guerra y mientras el tiempo borra la imagen del pasado, los viejos empiezan a dudar de la realidad del hijo desaparecido. Marcos se esfuma a fuerza de tiempo y separación hasta que parece una ilusión compartida. Cristina, en una ocasión, para impresionar a sus amigos, inventó un novio. Se escribía tiernas cartas de amor a sí misma y así convenció a sus amigas de la realidad de Rodrigo Monteoro, lo que también creó en la mente de Cristina una amena ficción romántica. Pero Cristina, por un rato, tuvo un verdadero novio, Rodolfo. Ella seguía soñando con Rodolfo, creyéndolo el amante ideal, y hasta se creía infiel a su esposo porque no dejaba sus memorias nostálgicas y su añoranza del pasado. Un día Rodolfo y Cristina se encontraron inesperadamente y Cristina vió que el Rodolfo actual era repugnante, en nada parecido al hombre que ella había conocido en el pasado y que había cambiado e idealizado en su imaginación. Al leer la novela, el narrador original se pregunta: "¿y si en último término la historia de una mujer no es más que la historia de todas las mujeres?... así, la historia de mi mujer irremisiblemente tiene que ser como la de la protagonista de esta libreta, y yo... yo también quedaría disuelto en el anonimato masivo de una totalidad... ¿y mi ser individual, mi salvación, no existen?" (SP: 15). La realidad, la identidad, la ilusión, como se ve claramente en estos ejemplos, son cuestiones fundamentales que el narrador misterioso propone en esta novela.

El tiempo en *Las sombras que perseguimos* no es cronológico. Se lanza al futuro o al pasado sin dar la menor importancia a la concatenación de los sucesos. De cierta manera el tiempo no existe. Todo es subjetivo. Las impresiones grabadas en la conciencia son atemporales. Los hechos se parecen a unas fotografías y el momento en que fueron incorporados a la mente como una verdad no importa. Lo que sí es importante es que el hombre va irremisiblemente hacia la muerte. Este destino de aniquilación quita todo significado a la vida. El fallo de la muerte arrasa todos los triunfos, pensamientos, esperanzas y amores temporales.

En general la novela abarca varios pasajes de la juventud de Pedro Almirante. También cuenta la historia de Tata Blas que vivió con los indios y después estableció su zapatería y se casó con doña Fina. Incluye unos relatos fascinantes de cómo se trató a la comunidad alemana de Costa Rica durante la Segunda Guerra Mundial. El lector se interesa en las experiencias de varios personajes y se siente indignado por las injusticias que sufrieron a manos de gobiernos e individuos. La novela presenta momentos de la niñez solitaria de Cristina y sigue su vida esporádicamente por su matrimonio infeliz, su locura y su muerte. Pero el lector a menudo se da cuenta de que se le niegan muchos datos. Por ejemplo, ¿mató Benito a Cristina? La hermana de Cristina declaró en una carta que ella tenía una prueba del crimen. ¿Se basaron estas acusaciones en la paranoia de Cristina? ¿Por qué más tarde Benito expresa la esperanza de que Dios haya perdonado a Cristina?

No sé por qué *Las sombras que perseguimos* lleva a pensar en *La pérdida del reino* de José Bianco. Las dos novelas son enigmáticas. Las dos siguen una vida desde la niñez hasta la muerte y la muerte que elimina al protagonista hace que el lector ponga en tela de juicio el valor de la vida. Ambos protagonistas escriben una novela en un esfuerzo por descubrirse o por crear algo que justifique su existencia. Las dos dan al lector una sensación de que la vida fluye al azar, llena de misterio, impenetrable para la inteligencia humana.

Los personajes de *Las sombras que perseguimos* son seres solitarios y aislados que no saben relacionarse unos a otros. La soledad de Cristina es un grito de protesta en contra de la posición de la mujer en el mundo patriarcal hispano, en este caso, el de Costa Rica en particular. Ella huye del dolor del contacto humano y aprende a reprimir todas sus emociones. Su disimulo es tan diestro que su propio marido nunca se da cuenta de que ella lo aborrece. Una pasión de rebeldía hierve en Cristina porque ella es una persona inteligente, leída, que sabe percibir las fallas de la sociedad pero se siente demasiado impotente para expresarse. Su ira queda encadenada hasta el fin.

Pero la ira no es el tema de *Las sombras que perseguimos*. El tema básico es la búsqueda de Pedro Almirante y lo que busca es el modo de descifrar el misterio de la vida. Su libreta comienza con las preguntas "¿Quién soy yo? ¿Qué hago aquí en el mundo? ¿Adónde voy?" (SP: 12). Encontrar las respuestas a estas preguntas es la meta de Almirante. La foto de Ted Serios, ampliada, y observada con cuidado resulta ser un vientre materno con un feto, pero formado por partículas diminutas y cada partícula constituye otro vientre con su feto. Quizás estas imágenes se repiten infinitamente más y más pequeñas. Al revés de la foto está escrito: "Poco a poco vamos llegando a la otra realidad. Einstein descompuso en fórmulas y átomos la materia y el misterio parecía revelado. Con el poder de nuestra mente, nosotros lograremos penetrar y explorar el más íntimo e intrínseco ser de la realidad. Las noosografías ocuparán el lugar de las fórmulas matemáticas, y entonces..." (SP:13). Más tarde descubrimos que Serios es un charlatán, aunque mucha gente había creído que él podía fotografiar el pensamiento humano. Almirante menciona a Teilhard de Chardin, lo que nos lleva al concepto del filósofo en cuanto a la noosfera, modelo de biosfera y atmósfera que significa el lugar donde la mente actúa. El hombre, supuestamente, evoluciona de tal modo que la biosfera es suplantada por la noosfera, y progresa de Alfa a Omega donde la armonía y el amor humanos puedan prosperar. O el alma es DNA según teorías de Pedro Almirante. Dios, entonces, debe ser la fuente inagotable de esta sustancia química. Cristina reprocha a Almirante por decirle estas cosas que puedan socavar su fe débil. Además, Cristina siente que no habría lugar para ella en un mundo perfeccionado por el uso correcto de DNA. Los dos están de acuerdo en que sin el misterio de la vida, les sería imposible sobrevivir.

Tata Blas se jacta de haber descubierto el secreto de la vida. Pone en el escaparate de su zapatería un reloj con un letrero: "¿Puede Ud. ver el duendecillo transparente que canta las medias horas?" (SP: 96). La gente se detiene frente al aparador y la mayoría puede ver el duende invisible. Así se ve que el hombre tiene la habilidad de crear mundos imaginarios, creer en ellos y vivir en ellos. Blas está a favor de tales mundos alternativos, inefables.

La fe en cualquier cosa es difícil de alcanzar. Ninguno de los personajes en busca del centro misterioso de la vida puede definir qué es lo que espera encontrar. Almirante, como Unamuno, repite que la duda es la sombra de la fe, como para asegurarse de que existe la meta que persigue. Cristina, al enfrentarse con la muerte, por fin sabe que Dios es real. Esta seguridad, tan difícil de conseguir, en cierto modo hace de la novela un relato con desenlace feliz. Se ve un paralelo al final de *Noche en vela,* cuando el perdón otorgado a la tía Leo señala un triunfo sobre las fuerzas negativas que abrumaron a la protagonista. Aún más positivo es el último descubrimiento de *Las sombras que perseguimos* al afirmar que la muerte es renacimiento y renovación de la vida.

NOTAS

[1] Rima de Vallbona, *Noche en vela,* (San José: Editorial Universitaria Estatal a Distancia, 1968). Otras referencias a esta novela se señalarán con NV y la página citada entre paréntesis en el texto.

[2] Rima de Vallbona, *Las sombras que perseguimos,* (San José: Editorial Costa Rica, 1983): Otras referencias a eta novela se señalarán con SP y la página citada entre paréntesis en el texto.

ACERCAMIENTO PSICOCRÍTICO A CUENTOS DE RIMA DE VALLBONA
Daniel Alejandro Silvestri.
Universidad Nacional de Salta, Argentina.
Centro Polivalente de Arte

> *¡Ah, cuán pasajera, cuán vana es la vida humana!*
> Cantata 26.
> *Juan Sebastián Bach.*

***

En este estudio se intentará realizar, como ya lo dice el título, una lectura psicocrítica de algunos cuentos de Rima de Vallbona. Se ha tomado su libro *Cosecha de pecadores* y del mismo se han seleccionado los seis primeros relatos. [1] Las razones de la elección han sido, primeramente, y por supuesto, el gusto personal, individual, y con respecto a la causa de este gusto podemos decir que los textos elegidos nos han seducido por sugerir con tanta rudeza (y en tan logrado *crescendo*) al ser humano azotado interiormente en (y por) el diario "deber de vivir". [2] En segundo lugar y sin pretender entrar en ninguna valoración dogmática, creemos que el nivel escritural de los textos seleccionados está más logrado que el resto del libro. De todos modos, pensamos que aún dentro del *corpus* elegido el nivel de escritura no es parejo (algunos textos están más trabajados que otros). Una última razón (no divorciada de las anteriores y que irá aclarándose con mayor precisión durante el desarrollo del trabajo) sería que la estructura y las características del texto nos han llevado a la selección hecha. Consideramos que los seis cuentos, por los que hemos optado, plantean un "mundo" más vasto que daría para mayores posibilidades de lectura (y no sólo una lectura psicocrítica).

A partir de lo inmediatamente antedicho y centrándose en las razones del enfoque crítico elegido debemos reconocer que, en parte y aunque sea poco científico, la selección de textos responde a esta forma de leer. De todos modos creemos que no es un marco teórico forzado ni que los textos no respondan al mismo, lo cual se irá explicitando por sí solo durante el desarrollo del estudio. Se ha intentado leer a través de una mirada psicocrítica partiendo desde la segunda teoría freudiana del aparato psíquico (el ello, el yo y el super-yo):

> [...] este elevado ser es el ideal del *yo* o *super-yo* representación de la relación del sujeto son sus progenitores [...] El *super-yo,* abogado del mundo exterior, o sea, del ello, se opone al *yo,* verdadero representante del mundo exterior o de la realidad. Los conflictos entre el yo y el ideal reflejan, pues, en último término, la antítesis de lo real y lo psíquico, del mundo exterior y el interior.[3]

Durante el desarrollo del presente estudio se fundamentará qué relación encontramos entre las obsesiones planteadas por los textos y el esquema del pensamiento elegido. Aclaramos, por otra parte, que se han hecho dos lecturas, una tomando cada cuento por separado y la segunda tomando el *corpus* en su totalidad. La razón ha sido la intención de captar tanto la diversidad como la unidad, es decir, trata de dilucidar las propuestas de cada texto en forma individual pero sin desechar las del corpus en su conjunto.

***

He de reconocer que el espejo no miente.
—pensó la Reina con amargura.
Blancanieves, *Lewis Carrol.*

Nos proponemos realizar primeramente una lectura tomando cada cuento por separado. En "El hondón de las sorpresas", comprobamos que el texto nos propone inicialmente dos campos semánticos opuestos pero que, asociados, terminarán por unirse:

* "Hondón": pozo / agujero / agujero negro / vacío / muerte/.
*"Sorpresas": maravillas/ lo desconocido / lo ignorado/ descubrimiento/ lo oculto / la verdad / verdad que duele / lástima / mata /.

Unida al título como antesala del texto, la dedicatoria nos propone el lexema "penetrar" opuesto a "hondón", [4] que sugieren lo masculino (identificado con lo violento), lo que rompe, destruye, mata (en cuanto a la necesidad de saber hasta las últimas consecuencias, de llegar a lo oculto, misterioso, desconocido, a la verdad oculta e ignorada). Verdad preexistente pero insospechada, no conocida hasta un determinado momento, un momento de sorpresas. También está en relación con lo fálico (el poder). Lo masculino frente a lo femenino se identifica con lo que se somete, con lo que no se conoce o también la mentira (y en este aspecto, lo femenino se muestra como un disvalor).

Volviendo a la dedicatoria reconocemos el sintagma "penetrar la incierta esencia", del que podemos inferir:

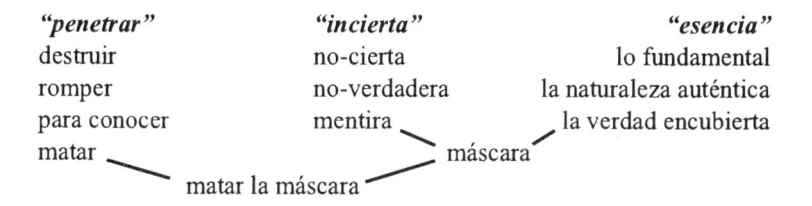

"penetrar"	*"incierta"*	*"esencia"*
destruir	no-cierta	lo fundamental
romper	no-verdadera	la naturaleza auténtica
para conocer	mentira	la verdad encubierta
matar	máscara	
	matar la máscara	

(reconocer la verdad oculta, doloroso conocimiento de lo vreal). [5] Más adelante, en "El nagual de mi amiga Irene" volverá la misma idea en "llegar al pozo de su verdad". Los dos campos semánticos marcan el deseo del yo de develar la máscara, o más bien de que el otro devele su máscara, de conocer esa verdad que es equivalente a la nada (es una "incierta esencia"). Deseo de penetración y de ser penetrado, por consiguiente, masoquismo; pero también deseo de conocer-matar al otro (sadismo). Con respecto a la escritura, la unión semántica "incierta esencia"(en "El Nagual" se hablará de "evanescente arcano") marca una contradicción. Por un lado, la

145

idea tradicional de escritura: esencia, escrito, aquello por lo que el yo puede perdurar y aquello por lo que el yo creador puede distinguirse de los demás; por otro, unido a incierta, la imposibilidad de perduración de la palabra escrita e imposibilidad de perduración del *yo*. [6] Esta oposición ya marca la dualidad, ambigüedad, contradicción, indefinición que caracteriza a todos los textos seleccionados y que escinde a todos los actores.

Dentro del marco de saber-conocer-penetrar que sugieren título y dedicatoria, el /sema/ muerte se identifica con el /saber supremo/:

> *Conocer supremo del yo hacia el otro: provocar su muerte, matar.

> *Conocer supremo del yo hacia sí mismo: morir, deseo de morir.

Dentro de este "espacio" descrito, el actor (mujer-madre de medio siglo de vida) aparece escindido en una dualidad yo-el otro, o también de dos yoes enfrentados ("encarnizado enemigo"):

Yo^1 (YO)	Yo^2 (EL OTRO)
bondad	maldad
falsedad	verdad
vida	muerte
máscara -vestido	cuerpo-desnudez
humanidad	monstruosidad-animalidad
insignificancia	hez-pestilencia

nada   desecho
           fin

de modo que nuevamente los dos campos semánticos se unen en el sema común: /muerte/, ya que la muerte es lo verdadero. A la vez el espejo donde se manifiesta, donde sale a luz es lo verdadero, ese espejo —hondón de sorpresas— verdades se presenta como el lugar donde se revela, sale a la luz ese otro yo verdadero, (lo vreal) que termina por agobiar, escindir con todo su peso, el peso de la maldad humana, el peso de la muerte, buscando a la misma como única posibilidad de liberación. Hay un deseo de muerte que es, a la vez, deseo de acelerar ese camino-a-la-muerte en que se presenta a la vida misma (el actor se encuentra en su medio siglo de vida y tradicionalmente el número cien es identificado con el sema / muerte/). Este agobiante, angustiante camino final a la muerte (descubrimiento de esa verdad-hez, de esa verdad-muerte) que propone el texto se manifiesta en tres momentos sorpresa:

* Descubrimiento por parte del yo de ese yo-otro, de ese "encarnizado enemigo". Descubrimiento y desencubrimiento de esa dualidad de yoes, de su propio escindimiento.

*Descubrimiento de la identidad yo = el otro (u hombre = monstruo) y su participación en toda la negatividad-maldad del otro espacio-mundo "de fuera" (que se revela en el espacio-espejo "de dentro").

*Angustiante comprobación final de la identidad de yoes, de la verdad-hez, de la verdad-muerte que genera la búsqueda terminal de la misma como única liberación.

Intertextualmente el mito personal del actor participa del de la madrastra, o más bien del mito de la madrastra de Blancanieves (intertextualidad que aparecerá también, aunque parcialmente, en "Infame retorno"). En ambos el espejo es receptáculo de lo vreal, de la verdad que molesta, duele, lastima. Verdad que genera la obsesión del yo por matar al otro (o al yo-otro). Deseo de muerte que termina en la autodestrucción. Si bien por un lado "El hondón de las sopresas" plantea repetición con respecto al intertexto "Blancanieves", podríamos decir que también propone inversión en el sentido de que los campos semánticos opuestos que se desprenden de la oposición yo-el otro en el intertexto "Blancanieves" estarían parcialmente cruzados:

Yo	EL OTRO
maldad-fealdad	bondad-belleza
muerte	vida
falsedad-máscara	verdad-no máscara
monstruosidad-animalidad	humanidad

Creemos, además, que "El hondón" propone también una inversión con respecto al intertexto *Alicia a través del espejo* de Carroll, ya que en Alicia el espejo ofrece, no la verdad, sino la fantasía.

***

> *Todo se despeña en su propia claridad,*
> *todo se anega en su fulgor,*
> *todo se dirige hacia esa muerte transparente:*
> *la vida no es sino una metáfora,*
> *una inversión con que la muerte -*
> *—también ella— quiere engañarse.*
> El laberinto de la soledad, Octavio Paz.

Centrándonos en "El nagual de mi amiga Irene" podemos decir que, a partir del título y del epígrafe, el texto nuevamente nos ofrece dos campos semánticos opuestos:

NAGUAL (de mi amiga)	IRENE
noche	día
espíritu	cuerpo
no humano	humano
muerto (espíritu de muerto)	vivo
poseedor	poseído

como vemos, se puede afirmar nuevamente que la oposición terminará por unirse en el sema /muerte/. Además el sentido de la frase quedará invertido, ya que sigue significando posesión, pertenencia, pero al revés de su sentido original: Irene *del* nagual.

Adentrándonos en el texto vemos que la oposición reaparece haciéndose en principio en Daniel (el otro que obsesiona al yo) —los otros:

DANIEL	LOS OTROS
unicidad-nominalidad	pluralidad-no nominalidad
misteriosa realidad	conocida realidad
(lo felino)	(lo humano)
lo transcendente	lo cotidiano
lo ritual	lo trivial
impenetrable rito	conocida (penetrable) trivialidad
rito de muerte	trivialidad de la vida
muerte	vida esperar la muerte

Por eso la, obsesión del yo por conocer al otro-Daniel va creciendo progresivamente:

Momento 1: indiferencia; "Daniel es sólo un nombre que me viene de tarde en tarde desde México". Se muestra lo incierto, lo que no pertenece ni tiene importancia; pero a la vez utiliza la designación nombre, lo cual nos retrotrae a lo mítico y bíblico, al nombrar creador. Podríamos decir que por un lado, aparece la indefinición, la incertidumbre unida a la certidumbre del espacio cerrado y también a la inversa, el nombre creador, lo que "perdura" en el espacio paradigmático de lo muerto: México. ¿O tal vez la muerte es lo único que perdura?

Momento 2: aquí el texto propone una disyunción marcada por los datos aportados por las cartas. El yo va penetrando progresivamente esa misteriosa realidad de Daniel (o el yo es penetrado progresivamente por la misma). Esto participa intratextualmente de "El hondón" ("penetrar la incierta esencia"). Este segundo momento se muestra como transición y retardador del desenlace que propondrá el texto, en el que el yo penetrará el espacio del otro. Podríamos decir que el texto propone nuevamente la identificación yo-el otro que anulaba la oposición semántica anterior:

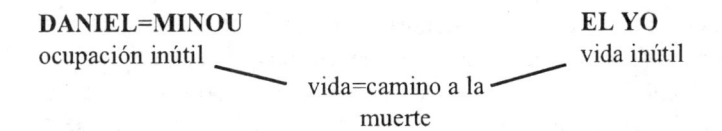

DANIEL=MINOU   EL YO
ocupación inútil   vida inútil
                vida=camino a la
                     muerte

Además, se va perfilando (o reafirmando) el otro como imagen fragmentada, escindida (en el primer momento se habían dicho "frases sueltas... me van trayendo pedazos de Daniel"). Es decir que si Daniel en una primera lectura parecía estar "más allá", ahora se presenta claramente como participante del escindimiento que padecen todos los actores. Se adscribe a Daniel el deseo de conocimiento-penetración hacia el otro (y también de ser penetrado) como deseo de comunicación. Tal vez podríamos entender este develamiento como caída de la máscara: Daniel aparece como un ser deseante (el objeto de deseo nunca llega a alcanzarse).

    A partir del conocimiento de la muerte del otro (Daniel-Minou-Misingo) el texto propone el desenlace —momento 3— marcado por la entrada del yo en el paradigmático espacio de muerte del otro, entrada que se produce inicialmente en "ausencia" del otro y que culmina con la obsesión-imperiosa-necesidad de entrar en la muerte para descubrir la presencia-ausencia del otro. Este momento 3 está marcado por el reconocimiento (por parte del yo) del otro y, a partir de allí, la identificación (en cuanto al deseo) del yo con el otro, lo deseado y amado a la vez pero también doloroso (el masoquismo). La entrada del gato de angora blanco simbolizaría, marcaría no sólo la dualidad sino también la entrada del otro en su propio ámbito de muerte. La muerte reemplaza a partir de allí a ese otro que desde ese instante se hace presente-ausente. Ese gato de angora blanco reemplaza a Daniel-Minou en su espacio cerrado-sagrado concretando la dualidad, ambigüedad y escindimiento del actor. El deseo-obsesión del yo por conocer al otro se hace un inminente deseo de alcanzar la muerte. Deseo de penetrar en el mundo del otro, en el "más allá" ("de la sensación del sentir, del razonamiento") del otro. Deseo que sólo puede concentrarse a través de la muerte-sacrificio del yo para así asumir el espacio de la otredad.

***

Toda mi vida estuve buscando, buscando...

En "Más allá de la carne" podemos decir que el título propone una conjunción con el texto anterior. A partir de aquí podemos inferir la oposición:

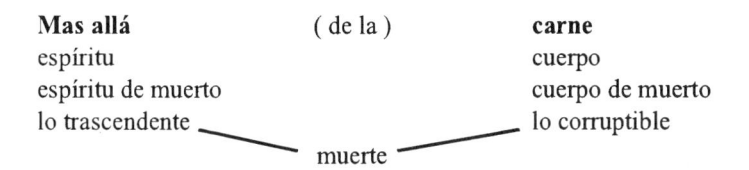

Mas allá	(de la)	**carne**
espíritu		cuerpo
espíritu de muerto		cuerpo de muerto
lo trascendente	muerte	lo corruptible

como vemos, la oposición se anula en el sema /muerte/.

Desde un primer momento, los indicios espacio-temporales contribuyen a crear un espacio cerrado-sagrado, un espacio-tiempo cíclico. Un espacio de muerte del que los actores no podrán salir (y que se repite en todos los cuentos): "cada año lo mismo de Corpus Christi". Los fenómenos naturales preanuncian el agobio que acosará al actor. Agobio y angustia que parten de un misterio, de la cíclica repetición de la visión que contempla el actor seducido por la misma. Este primer momento está descrito por un lenguaje que sugiere ruptura y violencia: "difícil de romper", "búsqueda encarnizada de mí misma". El yo manifiesta un deseo inconsciente de violencia. Ya desde este momento el actor se muestra agobiado por la violencia de este espacio al que entrará progresivamente. El agobio que escinde y divide al yo se intensificará a través de la visión, hasta dividirlo en una dualidad de yoes en que el otro yo del actor funciona del mismo modo que la naturaleza hostil:

yo cotidiano	**yo ancestral dominante**
yo	naturaleza, medio hostil

como cierre de este momento 1, el texto propone (al igual que "El hondón) al yo agobiado por, y a la vez identificado con toda la maldad humana. Esta (también al igual que en "El hondón") sería la primera verdad en el orden de lo real que descubre el yo.

El momento 2 está marcado por un cambio en el uso de los tiempos verbales. En la introducción se utilizaba el presente y, a partir del momento 2, se inicia el uso del pasado. Consideramos que esta oposición en el uso de los tiempos verbales contribuye a crear un espacio-tiempo cerrado y sagrado, ya que aquí el texto nos da a conocer el origen, el momento inicial preexistente retrotrayéndolo a un *illo tempore* de la narración. En este momento la oposición semántica se establece entre:

YO	LOS OTROS
fantasía	realidad
ver	no-ver

Esta oposición también puede invertirse según la mirada del yo:

YO	LOS OTROS
ver	no ver
verdad	mentira
transgresión	sumisión
libertad	autoridad

o también:

YO	LOS OTROS
unidad (único testigo)	pluralidad (amigos del padre)
transgresión	ley
escándalos	convencionalismos
búsqueda de verdad	búsqueda de máscara
presente	futuro

Por su lado, el momento 3 plantea como apertura la repetición del lexema "miedo" (que había aparecido en "El hondón). La derivación puede hacerse así:

miedo
miedo de lo sexual
goce-horror (ambigüedad)
miedo a la muerte

La obsesión planteada en el texto por la disociación del yo en dos yoes opuestos genera la culpa, único alivio por la transgresión cometida en contra del yo ancestral dominante. En este texto, pero también en los demás (en mayor o menor medida) lo fantasmático se presenta como ese mundo paralelo que aparece como evasión de esa realidad-culpa y también como la única verdad posible (lo vreal, "la hez de la verdad"), opuesta a la máscara que sería la otra verdad (o la realidad). Es decir que el yo en su búsqueda de sí mismo va comprobando que su ruptura con el yo ancestral dominante tampoco es salida, llegando así a la muerte o al deseo como liberación o única liberación. Hacia el final, el texto plantea la vuelta al origen a través de la muerte (los extremos terminan por unirse —como siempre— en el sema /muerte/). A la vez puede verse como una entrega: sacrificio y rito. Esta vuelta al cíclico tiempo original del espacio sagrado y cerrado está marcada por el uso de tiempos verbales en presente; también por la detallación exagerada de los tiempos relativos: "15 de abril", "3 de la tarde", opuesta a la indefinición de los tiempos absolutos: "todos los años". Todo esto sugiere un tiempo que vuelve continuamente al espacio original.

Consideramos, desde otra perspectiva, que el texto se vale de los siguientes intertextos:

*El Génesis: lo original, lo cíclico, la creación de algo nuevo a partir de la ruptura con lo anterior. En este contexto, Eric se identifica con el lexema "primer hombre" ("Mirada de Adán"), es el primero que hace sentir distinto al yo mujer.

*El nombre del actor protagonista es Alicia. Simbolizaría la eterna búsqueda de lo nuevo, al igual que el yo protagonista del intertexto "Alicia en el país de las maravillas". Centrándonos en "Más allá" la inferencia podría hacerse: Alicia en el espacio de las sorpresas (o de la muerte).

***

> *Aquello que llamamos nuestro yo*
> *se conduce en la vida*
> *pasivamente y en vez de vivir,*
> *somos "vividos" por poderes*
> *ignotos e invencibles*
> G. Groddeck

A partir del título de "El legado de la venerable María de Jesús de Agreda" podemos inferir la oposición semántica siguiente:

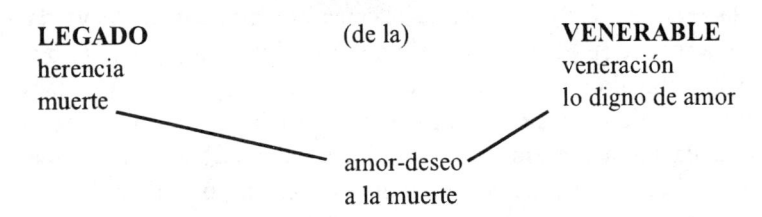

LEGADO　　　　(de la)　　　　**VENERABLE**
herencia　　　　　　　　　　　　veneración
muerte　　　　　　　　　　　　　lo digno de amor

　　　　　　　　amor-deseo
　　　　　　　　a la muerte

En relación con esto aparece el sintagma de sentido ambiguo, que podemos inferir de la dedicatoria: "...amor por el mundo hispánico le ha consumido..."

　　amor
　　amor que consume
　　amor que mata
　　muerte del yo
　　autodestrucción

o también:

"... amor... que... ha consumido... años entre... bibliotecas y archivos..."

idea de la que podemos inferir el sintagma: amor que consume años en la lectura, lo cual nos retrotrae inmediatamente al intertexto del *Quijote* y de este modo, la inferencia sería:

　　amor que consume en la lectura
　　muerte del yo
　　(asunción de un rol)
　　posesión del otro

Por otra parte, la repetición de la preposición "de" (legado *de* la... María *de* Jesús *de* Agreda) ya desde el principio sugiere pertenencia, posesión (lo ajeno).

Desde otro punto de vista podemos decir que el texto se inicia con un juego de seducción. El yo queda seducido (a través de su mirada) por un objeto-libro-mundo-cuerpo [7] que se encuentra en medio de otro "mundo" de objetos-cuerpos similares. Es seducido por la lectura o más bien por la escritura del otro. Dentro de este contexto, podemos decir que la oposición surge a partir de los dos yoes femeninos y, en un primer momento, es:

YO^1 (YO)	YO^2 (EL OTRO)
yo lector	yo de la escritura
observador	observado
sujeto deseante	objeto de deseo
activo	pasivo

a partir de esa seducción a través de la mirada la opposición se invierte:

YO^1 LECTOR	YO^2 DE LA ESCRITURA
seducido	seductor
pasivo	activo

El erotismo de ese juego de seducción aparece subyacente en el uso de las interjecciones, y, sobre todo, en el texto utilizado: "La emoción me deja paralizada", adjetivación a partir de la cual, por un lado, podemos inferir:

"paralizar → /parar/ (sema que vulgarmente designa erección).

Basándonos en esta inferencia podemos afirmar que el YO^1 lector manifiesta un deseo de penetrar-conocer al YO^2 de la escritura, de hacer propio al otro yo o de poseer su cuerpo-escritura. [8]

Por otra parte, a partir de la segunda oposición y basándonos en el uso de la voz pasiva en el sintagma aludido ("La emoción me deja paralizada") podemos inferir pasividad en tanto deseo del yo de ser penetrado por el otro.

Posteriormente el texto insiste en las ideas de deseo de penetración y deseo de ser penetrado (repitiendo lo sugerido por "El hondón" en la dedicatoria —penetrar la incierta esencia— deseo de llegar a y ser penetrado por, lo distinto, lo trascendente —el más allá, lo que está más allá— retrotrayéndonos también a "Más allá de la carne"). Este deseo de alcanzar lo distinto, lo trascendente, encuentra su canalización en la lectura, en la palabra y desde allí el yo se muestra participante de la dualidad, de la ambigüedad que escinde a los actores: "quedo enredada en una confusa telaraña... entre el ayer barroco y el hoy de la electrónica"; además esta dualidad está marcada también por la obsesión del yo por la mirada del otro. El otro se revela como imagen fragmentada (como lo penetrado) y a la vez como mirada perforadora, aunque no es penetrado por el yo hasta el final (o el yo no penetra totalmente el espacio-tiempo del otro hasta el final).

La seducción se reafirma en la obsesión por la imagen, por el cuerpo del otro. Mientras que la mirada del otro (o la obsesión del yo por la mirada del otro) participa intertextualmente de lo mítico: la mirada ubicua que todo lo penetra, que todo lo traspasa. Esta mirada participa también de lo erótico según la adjetivación utilizada "mirada ardiente", "capacidad de perforar".

A partir del momento en que el actor puede *mirar* el éxtasis de Sor María de Jesús (el otro), se inicia su progresiva penetración en ese espacio distinto del otro que culminará con la identificación del yo con el otro y a la vez con su desaparición psicológica (muerte). Los espacios-tiempos también marcan oposiciones:

EL YO	EL OTRO
espacio "real"	espacio místico
espacio-tiempo abierto	espacio-tiempo cerrado
(ruptura)	(unidad)
hoy de la electrónica	ayer barroco

este ayer y este hoy terminarán por unirse, con lo cual, al final, la oposición semántica volverá a anularse en el sema /muerte/.

Desde el momento en que el yo contempla no ya la escritura, sino el éxtasis del otro, el texto propone una alternancia entre el espacio del yo y el espacio del otro. El texto revelaría así una estructura contrapuntística. [9] Finalmente ambos espacios-tiempos terminarán por unirse. De todos modos no se encuentran separados ya que el espacio del otro va penetrando, poseyendo, invadiendo, violando el espacio del yo en forma progresiva.

La oposición también puede hacerse desdoblando el espacio del otro:

DENTRO	FUERA
espacio cerrado	espacio abierto
(convento)	(Agreda)
verdad-creencia	ironía-no creencia
prodigio	novelería
el otro-yo	los otros

Las características y adjetivación con que se presenta al otro lo identifican con lo trascendente, lo fugaz, lo que está más allá (en suma, con la muerte): "humana evanescencia", "lirio", "cuerpo en éxtasis". A pesar de esto participa también del escindimiento que agobia a los actores; "cuerpo en éxtasis" puede sugerir estar más allá y también el escindimiento, la dualidad (el alma separada del cuerpo). Además, por el deseo de dolor y de muerte como liberación-purificación que manifiesta (masoquismo), esa liberación se identifica con el conocimiento de lo trascendente y divino a partir del rito:

CONOCIMIENTO del ser de Dios	DESENGAÑO de la propia miseria
luz	polvo

"se deshacía el ser"
dolor
contrición de pecados
desfallecer

---

dolor-consuelo
fuerte-suavemente
morir-vivir

por lo que el campo semántico se une nuevamente en el sema /muerte/. La liberación se alcanza a través del dolor, del sacrificio-rito. Este rito y la sustantivación nos sugieren el intertexto bíblico y mítico: "Porque eres polvo y al polvo volverás" (*Génesis* 3: 19), lo cual nos trae la idea de repetición, de lo cíclico, del rito eterno de Sísifo (en "Infame retorno" se hablará de "eterno oprobio") aquello de lo que no se puede salir.

La oposición-dualidad del espacio del otro también puede verse así:

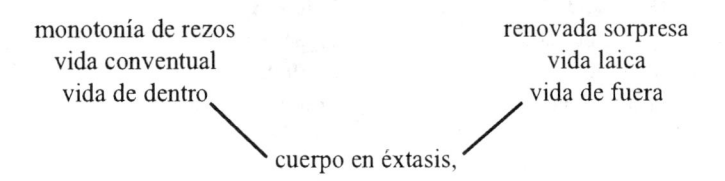

```
monotonía de rezos                    renovada sorpresa
vida conventual                          vida laica
vida de dentro                           vida de fuera
            \      cuerpo en éxtasis,    /
```

esta idea estaría asociada al sema /muerte/ (arrobamiento del alma, el alma fuera del cuerpo). A su vez este sema estaría asociado al /silencio/ adscrito al convento y a partir de allí a lo femenino:

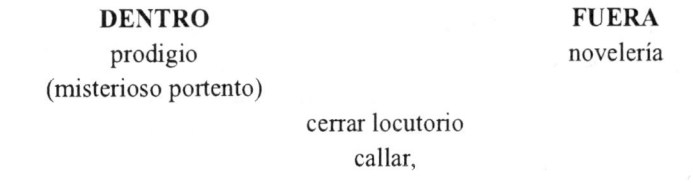

```
      DENTRO                              FUERA
      prodigio                           novelería
 (misterioso portento)
                    cerrar locutorio
                         callar,
```

Aparecería así lo femenino como lo que se somete y calla. Pero junto a esto en María de Jesús aparece ambiguamente la escritura, al igual que la culpa, como único alivio: "Amordazar su alma con la palabra escrita"; pero también es transgresión de lo establecido, ruptura con el poder y así genera no sólo culpa sino también autodestrucción: "Esta fue la que quemó sus escritos", acción que luego aparecerá como rito-sacrifico en el yo (lo cíclico).

Los espacio-tiempos de los actores se revelarían en una tríada y, en una confusión espacio-temporal a la que el yo entra movido por causas inexplicables-obsesivas (lo misterioso y también la trampa -"enredo", "confusa telaraña"):

MÉXICO COLONIAL	AGREDA	MÉXICO
	ayer barroco	hoy de la electrónica

El espacio-tiempo de María de Jesús invade a los otros mostrándose como el *illo tempore* de la narración y sobre todo, del mito personal del yo. Es así como el yo participa de (o repite) todo el campo semántico adscrito al otro-María de Jesús con respecto a la liberación-purificación. Para el yo el otro es "mosca/ubicua","luz que penetra y llega al fondo","ultraterrena presencia inoportuna", lo que sería una identificación del otro con lo monstruoso y del yo con lo corrupto y corruptible (al igual que en "El hondón") El otro yo participa de la dualidad que escinde a los actores mostrando un desdoblamiento:

CUERPO	ALMA
Convento (Agreda)	Indios (Moquí)

La identificación y penetración progresiva del yo en el espacio del otro está marcada por el uso de la primera persona en plural: "nos suspendía a todas las monjas", "nos reconvino con la mirada" y el cambio en el uso de los tiempos verbales va indicando una cercanía cada vez mayor. Hacia el final se usará la primera persona pero del singular al mostrar el destino ("El hombre propone y Dios dispone") y la unión y fin de la dualidad que escinde al yo. El yo "muere" asumiendo la identidad del otro, entrando-penetrando a su espacio-tiempo místico. Es así que el yo repite ritualmente (pone en acto, pone en presente) el pasado del otro asumido como *illo tempore* de la narración y del mito personal del actor. La frase de cierre nos retrotrae cíclicamente al principio: "Es el legado de la Venerable María de Jesús de Agreda", como una herencia de muerte.

***

> *El hombre nacido de mujer, corto de días*
> *y harto de sinsabores, que sale como una flor*
> *y es cortado, y huye como la sombra y no permanece.*
> Job.

En "Desde aquí", partiendo del título, podemos decir que el texto plantea también un espacio cerrado y sagrado, estático. El inicio de la narración, "hace mucho [...]", contribuye a crear ese espacio cerrado que sugiere un tiempo lejano, indefinible e inubicable con exactitud (pasado impenetrable, misterioso, incognoscible, el *illo tempore* de la narración). Además, como el yo aparece identificado con el estatismo se puede decir que desde el principio sugiere el sema /muerte/. Los campos semánticos opuestos se darían así:

EL YO	LOS OTROS
dentro	fuera
ojo ubicuo (lo ve todo)	no ver
sujeto que observa	objetos observados
sujeto que penetra	objetos penetrados
sujeto que mata	objetos que mueren
juego de muerte	piezas del juego

Podemos decir que también se caracterizaría al yo por su indefinición (no marcas de femenino o masculino) frente a la definición de los otros (sí marcas de femenino o masculino).

El juego de muerte que se sugiere retrotrae a "matar el tiempo", idea que aparece también en "El nagual", la vida pensada como un esperar la muerte.

La mirada perforadora retrotrae nuevamente a la mirada de los textos míticos y también a la mirada del otro en "El legado".

Por otra parte, se puede afirmar que la coincidencia se identifica con lo diabólico (coincidencia de maldades y pecados, de las maldades humanas, al igual que el "El hondón" y en "Más allá"). De modo que la oposición sería:

Coincidencia casual	**Armónico rompecabezas**
coincidencia en el tiempo y el espacio	plan divino inalterable
lo diabólico	lo divino

La oposición vuelve a generarse entre el yo y lo otro:

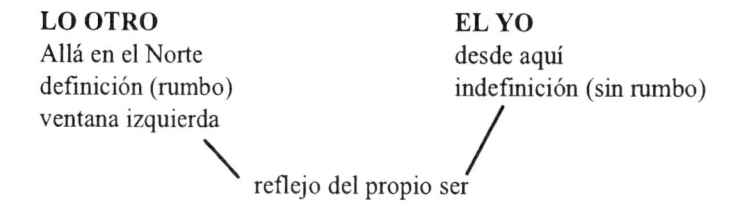

LO OTRO	**EL YO**
Allá en el Norte	desde aquí
definición (rumbo)	indefinición (sin rumbo)
ventana izquierda	

\ reflejo del propio ser /

en donde se revela la dualidad del yo, su escindimiento, pero también la imposibilidad de que llegue a conocer-penetrar lo otro y de que llegue a conocerse a sí mismo: "se resiste a que yo la penetre y llegue al hondón de su quehacer cotidiano". Así, los microespacios se reduplican en oposiciones:

ALTO EDIFICIO	**ÁRBOL**
Se resiste a mirada penetradora	se entrega a mirada
máscara (ocultamiento)	no máscara (verdad)
lo construido por el hombre	lo natural
coincidencia diabólica	plan divino

Ambos microespacios son objetos de la obsesión del yo.

Por otra parte, el yo se ubica espacialmente: "debajo de mí está el techo de la capilla"; sería una posición de "verlo todo" (de ver el mundo) y a partir de lo cual el juego de la mirada se revela como de penetración-dolor y de sadomasoquismo-muerte:"dolor agónico".

Además, el microespacio "sendero" que conduce a la capilla, se muestra como ese mundo porción de todo, el otro mundo de la maldad humana (al igual que el espejo en "El hondón"). Ese sendero no sólo aparece como una "cosecha de pecadores" sino que participa también de la dualidad: "igual lleva hacia Dios que hacia el demonio", o también podemos ver ese sendero como parte y símbolo de la vida. Por otra parte, los espacios de la universidad también marcarían una oposición:

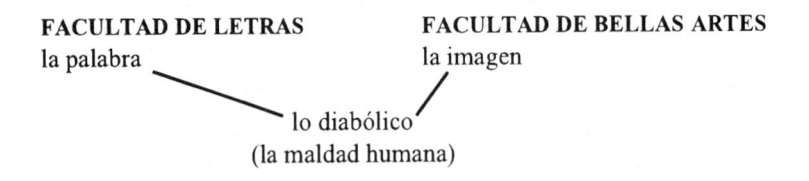

FACULTAD DE LETRAS **FACULTAD DE BELLAS ARTES**
la palabra la imagen
    \\   /
     lo diabólico
     (la maldad humana)

como vemos otra vez la oposición se anula.

En esos dos espacios, inferimos dos yoes que, en un principio, parecen enfrentados pero que se revelarán idénticos participantes de la dualidad y escindimiento que padecen los actores:

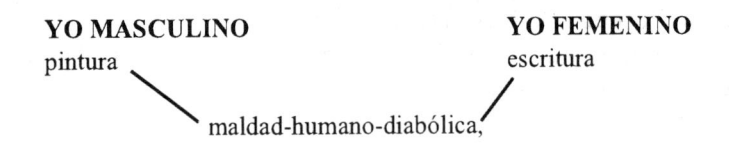

YO MASCULINO **YO FEMENINO**
pintura escritura
    \\   /
     maldad-humano-diabólica

como vemos nuevamente, los opuestos se anulan uniéndose en un sema común.

Por otra parte, ambos actores descubren el espejo como zona de lo real (el espejo funciona del mismo modo que en "El hondón" y que en "Infame retorno") y ambos recrean esa imagen en el objeto artístico: la maldad se duplica y reduplica interminablemente.

Entonces se puede afirmar que intertextualmente el texto participa de lo mítico al oponer lo diabólico y lo divino como fuerzas ordenadoras.

El yo-profesora descubre la misma verdad que los actores estudiantes en el espejo-ventana y en el espejo-escritura. El yo-narrador descubre lo vreal al verse parte integrante de esa maldad, de todo ese sumidero de maldad del que en un principio parecía sólo un observador.

Se reafirma en todos los actores la coincidencia diabólica y, por consiguiente, la isotopía del mundo y de la humanidad como cosecha-mundo de pecadores, de seres transgresores del poder, de lo establecido (con cada yo como parte complementaria).

Con la última frase, el texto nos retrotrae a lo mítico y bíblico como anuncio de la destrucción final y suprema, la muerte. De este modo, ese espacio de lo cerrado y sagrado se revela como espacio de lo muerto.

***

> —*Y si eres buena...*
> —*añadió*— *te meteré en la Casa del espejo. ¿Qué? ¿te gustaría eso?*
> Alicia a través del espejo, Lewis Carroll

En "Infame retorno" a partir del título podemos inferir una oposición con el título anterior:

DESDE AQUÍ   **INFAME RETORNO**

Los títulos opuestos nos sugieren lo cíclico, la vuelta eterna a ese mundo de escindimiento y angustia del que los actores no pueden salir. Por otra parte, la idea de "Infame retorno" sugiere el volver vencido, sin haber logrado un objetivo propuesto (volver sin fama; un antihéroe). El sentido se completa con el sintagma aportado por la dedicatoria: "Aquel abominable verano", que ubica el *illo tempore* de la narración y a la vez nos sitúa frente a lo desechable, lo digno de desprecio, en suma lo que se debe depurar o vomitar a fin de lograr la purificación.

A partir del momento 1 o instante en que el yo penetra en el espacio de la narración podemos oponer:

DENTRO	FUERA
lo hecho por el hombre	lo natural
cerrado	abierto
asfixia	aire
oscuridad	luz
calor	frescura
opresión	emoción
verde agarrotado y sucio	verde ondulante y vasto
estatismo	dinamismo
muerte	vida

La opresión en grado sumo que agobia al actor inicialmente (al penetrar al espacio) nos retrotrae al intertexto bíblico y mítico: "eterno oprobio de cuarenta días" y también a la purificación, al castigo por medio de la vergüenza, de la humillación.

El yo se revela como participante del escindimiento, ya que sugiere nuevamente la posesión del otro o también el espejo como portador del otro-destino u otro-destinador del yo.

Así, la oposiciones surgen nuevamente, esta vez del espacio cerrado-sagrado que propone el texto. La primera de estas oposiciones se ubicaría "dentro", o más bien revelaría la perspectiva del yo:

YO	OTROS
dentro	fuera
cerca-aquí	lejos-allá
poseído	poseedores
imagen reflejada	imagen verdadera
repetición, copia	ser, hacer
muerte	vida

La segunda de estas oposiciones se ubicaría "fuera" o revelaría la perspectiva de los otros:

YO	OTROS
creer	no-creer
locura	cordura
verdad	no-verdad

La culminación del momento 1 está marcada por el ambiguo deseo de fin del yo: "¿El punto final, no es para mí?", sintagma que nos sugiere:

a) deseo de fin del castigo-condena ("eterno oprobio de cuarenta días").
b) deseo de fin de la escritura.
c) deseo de fin como deseo de muerte.

El momento 2 se inicia con el conocimiento de la muerte del otro yo-Gladys. Aparece otra vez lo cíclico, la repetición, y la muerte de ese otro yo-amiga repite la muerte del otro yo-hermano; la oposición se haría:

LAURA	GLADYS
yo	otro-yo
aquí-cerca	allá-lejos
no feliz	feliz
vida por realizar	vida realizada
desesperanza	esperanza
deber de vivir	placer de vivir
vida	muerte

Aquí la muerte aparece, irónicamente, como sema triunfante. Además, habría una identificación entre el otro yo-Gladys y el otro yo-Hernán (pero a vez la disociación).

GLADYS	HERNÁN
muerte	muerte
llanto	no llanto
hoy	ayer

La muerte del presente, del hoy, hace volver la muerte del pasado: del ayer. El llanto aparece como doble purificación, preanunciando el desenlace.

El momento 3 se irá revelando poco a poco como anagnórisis y purificación. El espejismo (lo fantasmático) se muestra como lo vreal, lo verdadero, provocando la muerte del yo-mujer a la escritura y a la independencia. Esto se revela en la purificación-muerte a través del fuego que repite cíclicamente el destino del otro-yo Hernán en el destino del yo Laura. De modo que el texto propone una gradación en sus tres momentos: conocimiento, re-conocimiento 1 y re-conocimiento 2. Gradación que se adentra cada vez más en el ámbito de lo vreal; ámbito que se amplía en las dos cartas que, funcionando a modo de epílogo, vuelven cíclicamente a un *illo tempore* de la narración aún más lejano.

***

> La MUERTE es un espejo que refleja
> las vanas gesticulaciones de la vida
> Laberinto de la soledad, *Octavio Paz*

Iniciaremos una segunda lectura tomando el corpus en su totalidad. Aunque hemos elegido sólo los seis primeros cuentos (es decir que no trabajamos *Cosecha de pecadores* en su totalidad) podemos decir que el texto repite en su estructura las obsesiones por cada narración.

Primeramente el título: *Cosecha de pecadores,* que engloba todos los cuentos, se repite en el último de los relatos, o más bien a la inversa, el último relato da título a todo el texto. Sugiere de este modo, cíclicamente un "mundo", un "mundo cerrado", una cosecha de seres, de pecadores, una parte o muestra del mundo (del mundo de pecado, maldad, violencia, muerte). Por un lado, la imagen planteada claramente por "El hondón" y "Desde aquí" (aunque también en forma más velada por "El legado"; por otro lado, la presentación de un "mundo" dentro del otro, de un espacio cerrado y sagrado. Imagen planteada por "El nagual", "El legado" e "Infame retorno".

Tal vez estas características nos permitan hablar de estructura contrapuntística; pero creemos que no es suficiente ya que, en suma, la imagen planteada en a) y la planteada en b) se unen, no aparecen desasociadas.

Podemos afirmar que la estructura repite, además, el esquema:

ELLO   YO   SUPERYO

en que se encuentran inmersos los actores. Tironeados entre lo que ellos quieren y lo que la sociedad (o los demás) quieren que sean. Esto los hace escindirse, dolerse, angustiarse, sufrir, penar.

Hay seis cuentos antes de "Alma en pena" (que se encuentra en el centro) y seis relatos a partir de allí. Es significativo el título que se ha introducido a modo de bisagra: "Alma en pena"; simbolizaría el yo que sufre tironeado entre el ELLO y el SUPERYO, formando parte de ese mundo de maldad. Este yo sufre, pena, por haber transgredido ese SUPERYO, esa ley del padre, ese poder, lo establecido. Este sufrimiento se manifiesta o "alivia" por medio de la culpa (sin culpa no hay pecado). [10] Se explica así el título del texto, ese mundo-cosecha de pecadores, de yoes culpables por haber transgredido la ley de lo establecido, del poder. Por otra parte, el lexema "cosecha" comprende los semas /siega/, /muerte/, /muerte para dar alimento y vida a otra cosa/. Esa maldad y esa violencia, esa ley e imposición, y su consecuente transgresión, se eternizan, se renuevan continuamente, circularmente. Es un círculo-espacio-tiempo detenido, repetido (un rito) del que no se puede salir. Y la muerte que se revela como única liberadora (la transgresión se desenmascara a sí misma como ayudante del agobio, del escindimiento) no siempre se presenta claramente. Esa muerte-sacrificio aparece como deseo-obsesión que no se concreta.

Además, el penúltimo título podría servir de explicación: "Mientras el niño Dios duerme en almohadones de raso", del que se puede inferir la idea: Dios duerme.

La obsesión por la mirada está marcada en todos los cuentos de diferentes maneras:

a) El yo desea poder mirar, desea alcanzar con la mirada lo otro, lo que está más allá ("Mas allá de la carne"). Sería un deseo de mirar y a la vez un deseo de penetración.

b) El yo alcanza insospechada e inesperadamente a "ver" lo "vreal" (aquello que duele, lastima, mata —"El hondón"—). O es seducido a través de la propia mirada ("El legado").

c) El yo o el otro miran con una mirada-penetración, una mirada ubicua que todo lo penetra, principalmente en "El legado", "Desde aquí" y también en "El hondón" y en "Más allá". Esta mirada participa intertextualmente de lo mítico:

> [...] mucho miraron, mucho supieron, todo lo que está debajo del cielo, observaron, examinaron lo del cielo y de la tierra, no había obstáculos para ellos [...] desde un mismo lugar miraban todo... su mirada atravesaba los árboles, piedras, lagos, mares, montañas, costas [...]. [11]

La mirada como conocimiento-sorpresa (descubrimiento de la verdad) participa intertextualmente de la mirada como parte de la desedenización con respecto al intertexto bíblico: "Entonces se les abrieron a ambos los ojos, y se dieron cuenta que estaban desnudos" (*Génesis*, 6: 7, en inversión con respecto al intertexto anterior).

La mirada-penetración también tomaría como intertextos a Arguedas:

> [...] él volvió a mirarnos también nuevamente, ya a ti, ya a mí, largo rato. Con sus ojos que colmaban el cielo, no sé hasta qué honduras nos alcanzó, juntando la noche con el día, el olvido con la memoria [...] [12]

Por otra parte, el llanto (o más bien el deseo de llorar) y la náusea marcan el deseo de purificación presente en los actores. El yo escindido, culpable por haber transgredido la censura del Super-yo, la ley del padre, el poder, manifiesta este deseo de purificación-liberación que se buscará en la muerte o más bien en el deseo de muerte. De modo que esa liberación está identificada con el objeto de deseo que no se alcanza, con el objeto perdido. Los actores no pueden salir de ese círculo de angustia. La purificación-deseo de llorar se presenta en "El hondón" y en Irene, la de "El nagual". En "Más allá", se presenta la náusea (o el deseo de náusea) y no el llanto sino el agua como purificación-muerte que se concreta en el yo. El único cuento en el que se concreta el llanto-purificador es "Infame retorno" pero a la vez, se concreta el sacrificio-muerte del yo femenino a la voz de la escritura (y a la independencia).

***

> *¡Tediosa es la condición de humano*
> *Naces bajo una ley, y a otra*
> *te descubres ligado;*
> *vanamente te engendran, pero tienes*
> *prohibido el ser vano;*
> *enfermo te han creado y te ves*
> *compelido a estar sano.*
> *¿Qué propósito*
> *tendrá Natura en tan diversas leyes*
> *—la pasión, la razón—*
> *que de la propia división*
> *son la causa?*
> Fulke Greville

Hemos visto a través de las dos lecturas de los cuentos que los yoes se ven imposibilitados de romper ese círculo de angustia y escindimiento en que se descubren inmersos. Ese círculo de angustia y escidimiento sería la vida misma. La muerte es (o sería ya que también aparece como un objeto de deseo que no se alcanza) la única liberación.

A partir de aquí podemos afirmar, a modo de conclusión, que los actores conformarían al actante de la imposibilidad (o de la impotencia) y que la muerte sería la única liberación; pero ya no la muerte del yo sino la muerte del poder, de la ley, del padre, de lo establecido.

NOTAS

[1] Rima de Vallbona, *Cosecha de pecadores,* San José, Ed. Costa Rica, 1983. Todas las citas (excepto las que se detallarán a continuación) han sido tomadas de este texto. Se han seleccionado los siguientes cuentos: "El hondón de las sorpresas", "El nagual de mi amiga Irene", "Más allá de la carne", "El legado de la venerable María de Jesús de Agreda", "Desde aquí" e "Infame retorno"; los otros títulos que se mencionarán: "Alma en pena", "Mientras el niño Dios duerme en almohadones de raso", "Cosecha de pecadores" forman parte de los relatos que se han dejado de lado para este estudio.

[2] Sintagma utilizado por Rima de Vallbona en *Polvo del camino* (San José: Autores Unidos, 1971): 128.

[3] Sigmund Freud, "El yo y el ello" en *El yo y el ello, teoría sexual y otros ensayos* (Barcelona: Orbis Hispamérica, 1984), las cursivas son del texto.

[4] El entrecomillado es nuestro.

[5] En este trabajo utilizaremos "lo vreal" en el sentido kristeviano, o sea entendido como aquella realidad que molesta, lastima, duele, mata.

[6] Apelamos aquí a la concepción desconstructivista de escritura.

[7] Apelamos nuevamente a la concepción desconstructivista de escritura en una faceta a la que no se había aludido con anterioridad.

[8] Apelamos nuevamente a la concepción desconstructivista de escritura en una faceta a la que no se había aludido con anterioridad.

[9] En este estudio utilizaremos estructura contrapuntística en el sentido que se explicita en (y se organiza) la novela *Contrapunto* de Aldous Huxley.

[10] Para el psicoanálisis existe el pecado sólo porque existe la culpa (concepción inversa a la del cristianismo).

[11] En *Pop Wuj - Libro del tiempo,* traducido por Adrián Chávez (Buenos Aires: Editorial del Sol, 1987).

[12] José María Arguedas, "El sueño del pongo" en *Relatos completos* (Buenos Aires: Losada, 1979).

OBRAS CONSULTADAS

Arguedas, José María. *Relatos completos.* Buenos Aires: Losada, 1979.

Barthes, Roland. "Variaciones sobre la escritura" en Ricardo Campa. *La escritura y la etimología del mundo.* Buenos Aires: Sudamericana de Ediciones, 1989.

Campra, Rosalba, "Las técnicas del sentido en los cuentos de García Márquez" en *Revista Iberoamericana* 128-129 (1984).

Castilla del Pino, Carlos. "El psicoanálisis y el universo literario" en Aullón de Haro, *Introducción a la crítica literaria.* Madrid: Playor, 1989.

Culler, John. "Escritura y logocentrista, Injertos e injerto". *Sobre la deconstrucción.* Madrid: Cátedra, 1984.

Freud, Sigmund. *El yo y el ello, teoría sexual y otros ensayos.* Barcelona: Orbis Hispamérica, 1984.

Foucault, Michel. *La verdad y las formas jurídicas.* Barcelona: Gedisa, 1989.

Huxley, Aldous. *Contrapunto.* Barcelona: Seix Barral, 1983.

Kristeva, Julia. "Lo vreal" en *Loca verdad.* Madrid: Ediciones Fundamentos, 1989.

Latella, Graciela. *Metodología y teoría semiótica.* Buenos Aires: Hachette, 1985.

Laplanche, Jean y Jean Bertrand Pontalis. *Diccionario de psicoanálisis.* Barcelona: Labor, 1981.

Le Galliot, Jean. *Psicoanálisis y lenguajes literarios.* Buenos Aires; Hachette, 1981.

Pozuelo Yvancos, José. "La deconstrucción" en *La teoría del lenguaje literario.* Madrid: Cátedra, 1988.

Ricoeur Paul. *Finitud y culpabilidad.* Madrid: Editorial Taurus, 1969.

Sapetti, A. y M. Kaplan. "La fase del deseo", "Fase de excitación", "Fase de erección", "Fase orgásmica" en *La sexualidad.* Buenos Aires: Editorial Galerna, 1985.

Vallbona, Rima de. *Baraja de soledades.* Barcelona: Editorial Rondas, 1983.

----- *Cosecha de pecadores*. San José: Editorial Costa Rica, 1983.

----- *Las sombras que perseguimos*. San José: Editorial Costa Rica, 1986.

-----*Polvo del camino*. San José: Autores Unidos, 1971.

KAFKA Y VALLBONA:
EXILIO DEL SER O LA BUSCA DE RESPUESTA
AL ENIGMA DE LA EXISTENCIA
Ester de Izaguirre

De Rima de Vallbona, narradora costarricense, hemos seleccionado cuentos de sus obras *Mujeres y agonías* y *Cosecha de pecadores,* para demostrar en este breve ensayo que hay puntos de contacto entre su narrativa y la de Franz Kafka.

¿Cuáles son esos puntos de contacto entre las visiones de mundo de ambos escritores? Se nos ofrece el hilo de la tesis en los cuentos de Rima de Vallbona: "Oíd, Adán es sal" [1], y "El hondón de las sorpresas". [2]

El cuento en primera persona "El hondón de las sorpresas" con una dedicatoria a modo de epígrafe, a Juliette Decreus: "quien ha penetrado como nadie en la incierta esencia de mis cuentos", es, más que una narración —lo "contado en el tiempo"— un mostrar la subjetividad del ser humano en conflicto. No decimos "de una mujer en conflicto" y ésta es una de las caracterísiticas fundamentales de la narrativa de esta primerísima figura de las letras hispanoamericanas porque en su obra hay una concepción metafísica tan precisa, que los personajes y el sexo al que pertenecen, son secundarios; lo importante es la circunstancia, siempre elevada a un rango universal.

El cuento comienza familiarizándonos con un objeto símbolo: el espejo, en el que la protagonista, a través de uno de los tantos conceptos dialécticos que también es un rasgo estilístico en la obra de Rima de Vallbona, comunica no el estado de ánimo que su rostro refleja, sino una visión de mundo:

> El espejo de todos los días, el que proyecta en la mañana la imagen soñolienta de mi cara, y en la noche, la imagen cansada, con un día menos de vida y un día más de muerte. El espejo de todos los días, el que refleja gestos inútiles de esperanza, fe, dicha, desesperación, desaliento y lágrimas pasajeras; el ansia del hijo que se lleva en las entrañas; el anhelo y desengaño del

amor; la risa, el contento; el dolor; la rabia; el gozo de un instante. El espejo de todos los días, el que enmarca la cotidianidad del ademán agotado, del repetido maquillaje, del interminable desvestirse y volverse a vestir para andar por el mundo encubriendo desnudeces, fealdades, verdad de músculos, huesos, coyunturas, venas, tendones, vellos, pestilencias.
El espejo de todos los días, aquí, frente a mí, rectangular, me encuadra entera y me hunde en otra dimensión inesperada. Miro mi cara y ocurre la primera sorpresa. El corazón me da un vuelco tal, que todavía ahora lo siento palpitar: ahí está frente a mí el encarnizado enemigo. Tengo miedo porque las pupilas que me miran desde el espejo —al principio creía que eran las mías— son las de la muerte, y yo, de este lado, no conozco ningún exorcismo contra ella; sólo poseo este envejecido y decrépito cuerpo y los últimos residuos de ánimo para seguir viviendo. De cerca, al arrimar la cara a la superficie de azogue, veo los cuévanos de la muerte, ávida de mí, de precipitarse sobre mí y devorarme hasta dejar de este lado donde parece que vivo, un despojo que hay que cubrir de mortaja, de ataúd y de tierra para que en el mundo no haya desperdigadas más inmundicias (11-12).

Más adelante:

de pronto mis contornos reflejados se van haciendo el mapa extenso de un país —lleno de arrugas, me lo dijo Mariana mi hija; me dijo que viera en el espejo lo vieja y caduca que me estoy poniendo— de un continente, de un mundo, pero un mundo asolado por guerras y muertes, destrozado, triturado, como un gigantesco rompecabezas. Es entoces el odio, la maldad, la envidia, la venganza, la violencia, los que cobran cuerpo y atiborran la superficie del espejo. Observo ahí, en simultánea visión, a más de novecientas personas cometer en la Guayana un suicidio forzado en masa; y que explota una planta nuclear; que están inventando otro proyectil mortífero; y que la esposa mata al marido; y que el hijo mata a sus padres y hermanos; y que yo... yo... ¿quién soy yo en esta multitud de odios y muertes? Soy un pedacito mínimo de envidia, de mentira, de crueldad. No soy necesaria en el mundo, pero sin mí no estaría completa la maldad del mundo (13).

Ella es una sinécdoque del mundo; ella, individuo, es la proyección de la humanidad. En esta anti-narración, toda una existencia -una vida y su contorno- están detenidos en el espejo, y ella contempla "la maldad del mundo" en una suerte de espectáculo infernal, inmóvil y eterno del que no puede salir:

> En ese momento ocurre mi mayor sobresalto: descubro un extraño parecido entre el zopilote y yo. Lo examino y compruebo que ese animal despreciable, monstruoso, inmundo, relleno de carroña, soy yo misma, y tengo unas ganas tan grandes de llorar, que me parece que toda el agua contenida detro de mi piel va a chorreárseme por los ojos. Echo mano al frasco de Fenobarbital y me aferro a él como a una tabla de salvación: pienso en Nietzsche y creo que sí, que cuando ya no queda ninguna esperanza en la vida, el suicidio es la última salida.
> Este pajarraco que me mira desde el espejo soy yo, despreciable, monstruosa. Convencida de que ya no tengo salvación, me aferro más al frasco de Fenobarbital. Lo abro con ansiedad, como el único escape a mi condena de seguir viviendo. En ese mismo instante entra Mariana a buscar el espejo de mano... Antes de que ella se percate de mi horrendo estado, corro precipitadamente a ocultar mi despreciable aspecto de zopilote en lo más oculto del cuarto. Extrañada, Mariana me pregunta qué busco debajo de la cama y me llama mamá. Me llama mamá. Yo tiemblo, tirito de miedo; miedo de que Mariana se asome debajo de la cama y compruebe que sí, que su madre es un despreciable zopilote. Me mira preocupada y me pregunta, "¿qué hacés ahí metida, mamá? ¿Has perdido algo? ¿Te ayudo a buscarlo?".
> A ella, Mariana, mi hija, no le sorprende mi aspecto, ni se asusta, porque desde niña me ha visto tal cual soy, y se ha acostumbrado. Ahora es evidente por qué a veces sorprendo en ella asomos de vergüenza cuando está conmigo, y cómo trata en algunas ocasiones de ocultarme a sus amiguitos. Su gesto hacia mí siempre se me pareció al gesto mío de niña cuando encerraba algún escarabajo o alimaña en una caja y los privaba para siempre de luz. Acostubrada a mi despreciable monstruosidad —¿quién quiere tener un zopilote por madre?— ¿por qué se va a horrorizar Mariana hoy? Para ella todo sigue igual que antes y sigue preguntándome: —¿Pero qué buscás ahí debajo de la cama, mamá? ¿Te ayudo a buscarlo?— Abro con determinación inquebrantable el frasco de Fenobarbital... (14-15).

En Rima de Vallbona aparecen animales; en el cuento leído, el zopilote y en "Oíd, Adán es sal", una o varias garrapatas. En Kafka hay una rata en "Josefina la cantante" o "El Pueblo de Ratas", un mono en "Informe para una academia", un insecto en "La metamorfosis", un caballo en "El nuevo abogado"; un perro en "Investigaciones de un perro"; animales fantásticos en "La madriguera" y en "Una preocupación para el casero".

Refiriéndonos al punto de vista sabemos que, en "La metamorfosis", Gregor Samsa se convierte en un insecto porque el narrador es quien lo atestigua, y casi siempre el narrador en tercera persona merece nuestro crédito, salvo que sea cómplice del personaje cuyas vicisitudes narra, como el caso del narrador del cuento "La caída del hipogrifo"[3] de Enrique Anderson Imbert: al protagonista Perteval se le aparece un hipogrifo, aunque es una argucia del narrador la que nos hace creer en la existencia del monstruo dentro del cuento pero se no deshace al final la idea de que es un cuento fantástico para hallarnos ante una realista narración de un fenómeno sicológico.[4]

En oposición a "La metamorfosis", en el cuento de Rima de Vallbona "El hondón de la sorpresas", es el personaje en primera persona el que se ha convertido en pájaro. No es la irrupción de un factor sobrenatural, en una acción natural. Considerado el ambiente onírico del cuento, más que de un factor sicológico podemos hablar de una escena mágica y de hecho el cuento es de Realismo Mágico, si por Realismo Mágico entendemos: "realismo en el que hay una inminencia de un hecho fantástico que no llega a producirse".

El clima de Realismo Mágico está dado no por los incidentes sino por la forma en que está narrado, la textura del lenguaje y los significados plurivalentes. La diferencia entre "El hondón de las sorpresas" de Rima de Vallbona y "La metamorfosis" de Kafka está en la reacción diferente de los personajes ante la situación: Gregor Samsa "es" realmente un insecto y ante lo irreversible acepta su transmutación y el devenir. La mujer del cuento de Rima de Vallbona, mágico-sicológico, se rebela.

Decimos que "La metamorfosis", al estar escrito en tercera persona, podría ser clasificado como un cuento fantástico: "pero la visión de Kafka es fantástica sólo comparada con el realismo ingenuo que acepta un equilibrio, fundado en la religión, en la razón o en el orden de los hechos históricos". Para Ezequiel Martínez Estrada el mundo de Kafka es el mundo real. [5]

El personaje de Rima de Vallbona no acepta su propio rostro ante el espejo. Se niega a la visión del desdoblamiento en una actitud existencial. La virtud está en decir no al horror, a la deformidad, a la vida que se resume en una sola, única evidencia: la soledad, el radical exilio de uno mismo y de los demás. Ante la esperanza, dice como Antígona de Anouilh: "¡Somos de los que saltan encima, cuando la encuentran a la esperanza, a vuestra querida esperanza, a vuestra sucia esperanza!". [6] Hay una buena versión del mito sofocleano en el cuento "Bajo pena de muerte" en su libro *Mujeres y agonías.*

Repito que Gregor Samsa sigue aceptando la vida y la conmiseración de los suyos y del lector; el personaje de Vallbona es altamente trágico pero ante su soberbia no caben en los demás los sentimientos de lástima. No es pena por el personaje lo que el lector experimenta, es el extraño miedo, esa telaraña-atmósfera que se adueña del recreador ante cada una de sus narraciones, porque estamos lejos de convertirnos en un Gregor-insecto pero demasiado cerca de "sentirnos" monstruos, viles, asesinos, enfermos.

En Kafka hay fracasados. Sus personajes no pueden ni desean vivir. Son marginados, neuróticos. A veces algo innominado se les cae encima como en *El proceso:* el inocente Jose K. es arrestado por el poder de las sombras y al final, ejecutado. Otras veces los protagonistas se lanzan en busca de la llave del universo como en *El castillo.*

También en Vallbona vemos esa realidad antojadiza creada por la imaginación del personaje. No le sucede así a Caridad de "Caña hueca" [7] condenada no se sabe por qué tribunales a la degrandante soledad, buscando en cualquier compañía la llave del universo, lejano y definitivamente esquivo.

Kafka, hasta en sus narraciones más realistas, hiperboliza tanto las situaciones que lo real se resuelve en símbolo, en absurdo o en fantasía. Recordemos el cuento "El artista del hambre" y "Primera pena" más conocido como "El artista del trapecio".

En el cuento de Rima de Vallbona el narrador consigue un clima de morbosidad sicológica que, como en toda su narrativa, es una metáfora de su preocupación existencial.

El cuento "Oíd, Adán es sal" comienza con la felicidad de giros metafóricos, de relámpagos expresionistas adecuados a la infancia recordada:

> La profunda religiosidad de mi madre viuda (comunión diaria, viacrucis, padrenuestroquestasenloscielos, santosantodiosinmortal) nos impedía abrirnos y mostrar en el hondón de nuestro ser cómo Nietzsche había triturado, pulverizado, aniquilado a Dios. Ingenua y bellamente, mi madre nos había regalado a Dios en los años niños que suben confiados a la última rama del árbol; y se tiran de cabeza en la primera poza del río sin reparar en torbellinos ni vorágines; y se saltan una cerca-amenaza-de-púas en un salto vértigo de quién lo hace mejor y sale con menos rasguños; y ven el rostro calmo del creador en la nube del atardecer; y saben que Dios, la palma de la mano tendida, los va a recoger.
> Vivíamos entonces a Nietzsche con tal intensidad, que buscamos todas las formas posibles para que la muerte de Dios no fuera sólo una filosofía apergaminada en los libros, sino algo palpable en nuestra vida cotidiana. Primero castigamos sin tosteles ni chocolates al que nombrara siquiera a Dios. En nuestra ignorancia de entonces medio adivinábamos que lo que no dominan las palabras, no existe. Después descubrimos que el lenguaje es la más valiosa posesión del ser humano, porque es libertad: podrá no haber libertad de expresión como en nuestro caso —¡no digás herejías, Belita, Dios te va a castigar! Ricardo, ¡qué horrores decís, es una blasfemia!— pero siempre el lenguaje será libertad. ¿No me explico bien, verdad? Bueno, no importa, porque no es el lenguaje el motivo de lo que estoy contando, sino Dog: pequeño, inquieto, blanco, de una blancura luminosa, lo trajo un día mi madre de la perrera pública, porque cuando crezca, nos cuidará la casa; con tanto ladrón y asesino suelto, hay que andarse con cuidado" (57-58).

La narradora en primera persona expresa una teoría del lenguaje que no es un amago de incursión en el cuento ensayo porque sí, ya que si tuviéramos que responder a la pregunta ¿quién o qué es la o el protagonista de este cuento?, nos aventuraríamos a responder que es la palabra y su infinito riesgo.

Y comienzan los niños a jugar con fuego, a jugar con las palabras; el perro se llama Dog que es un anagrama de Dios y pronuncian la palabra Adán que es un anagrama de nada: "ADAN, [...] suscitaba el enfado de mi madre: parecen tontos con su ADANADAADANADADANADANADA ¿y quién es ese bendito Adán? Porque ustedes no tienen ninguna afición a la Biblia, ni siquiera a la lectura" (58).

Adán-nada; Dog-god-Dios. Una vez más la dialéctica. Y leímos en "El juego de los grandes" [8] el oximorón "dramática realidad adulta-ilusión infantil" y en "El árbol del Chumico" [9] valor y desvalor y en casi todos la dialéctica paraíso-infierno:

> Descubrir el anagrama inglés de DOG nos dio un placer que duró varios días. Y al perro debía gustarle también su nombre ubicuo, pues cuando lo llamábamos agitaba el blanco parabrisas plumoso de su cola. Estar con Dog, jugar con él, era recuperar un pedazo de algo, de realidad, de nosotros mismos... era mantenernos a flote unos instantes y salvarnos de la asfixia de la nada en la que pasábamos inmersos el día entero, ¿Ustedes nunca han vivido el horror de la nada? Nos abrazábamos a Dog como náufragos desesperados y él, como si comprendiera su papel de salvador, se nos entregaba en un abandono total. Patas arriba en el suelo, revolcándose, jugueteaba con nosotros. Gozaba además de nuestras caricias, pero un día, al pasarle la mano por el lomo, dio un aullido largo, desgarrador, y los ojos se le llenaron de lágrimas. Dog, mi Dog, ¿qué tenés? ¿Te duelen las costillas?
> Dog se levantó, sacudió el pelaje con gesto de quitarse algo pesado y molesto y se fue a roer su hueso bajo el roble-de-sábana. Desde ahí nos miraba arisco y rencoroso [...].
> Fueron tales sus alaridos que decidimos un día no explorar las regiones turbias de la metafísica y aniquilar un rato a la nada con la fútil tarea de explorar en el espeso pelaje de Dog: una garrapata menuda como un frijol, rellenita como un frijol, estaba tan incrustada en su piel que tardamos una eternidad para arrancarla. Tuvimos la impresión de que le habíamos quitado un pedazo de él mismo, porque al destriparla con el pie, saltó un chorro oscuro de su propia sangre. Entonces comenzó a perseguirnos la culpa...¿de qué? DOG-DOGDOGODGOD...¡pifia!
> Otro día, tiempo después, nuevos alaridos, nuevo dolor al pasarle la mano, y entre el pelaje blanco, otra negra garrapata tan grande

> como una bellota. [...] aquella sangre negra que brotó en aluvión al pisarla, era la sangre de Dog, era como si lo estuviéramos matando.
> Después lo mismo, pero la garrapata estaba tan grande que entre el pelaje era un higo maduro ornado de patitas. Fue cuando con los aullidos desgarradores de Dog el terror-pánico se apoderó de nosotros, y la culpa, y el deseo de no volver a decir más ADANADAGODOG, ni de pensarlo siquiera, porque el higo-garrapata, ahora lo sabíamos, era otro pedazo enorme de Dog que aniquilábamos con el zapato extrayéndole un chorro negro de su propia sangre... y Dog —para nuestro horror— disminuía, sí, disminuía, ni dudarlo que disminuía, se iba reduciendo poco a poco con los pedazos-garrapatas que le arrancábamos. Comprendimos entonces, agonizando de angustia, que lo que había comenzado en un juego de palabras era un acto criminal que en rito cotidiano perpetrábamos en Dios —¡pifia, pifia!— pero éramos nosotros, sólo nosotros, los sacerdotes de ese sacrificio y lo teníamos todo bajo nuestro control... todo menos la nada... la garrapata era lo inquietante, estaba ahí, la tocábamos, la arrancábamos una y otra vez, y volvía más grande, más negra, más hinchada de su sangre. DOG, DOG, DOG, sólo me quedás vos. Cuando te acabe de devorar la garrapata, sólo la nada...Adán... y en el fondo, la voz de mi madre con su retornelo de herejes, más que herejes y ateos, se van a condenar y el infierno es eterno. ¡El infierno!, el que vivo desde aquella mañana...quisiera pensar que fue una pesadilla, porque esas cosas, bueno, sólo en sueños, o en la locura se conciben, pero lo juro, lo juro...¿y por quién o por qué voy a jurar si no me queda ni Dios, ni Dog, ni nada?... Sólo me queda el espanto de aquella mañana, de aquella garrapata —¿sería de veras una garrapata?— gigantesca, tan grande como Dog, que luminosamente negra ocupaba la perrera de Dog y me miraba arisca y rencorosa" (59-61).

Este cuento —que nos recuerda más que por la intertextualidad, por la atmósfera, a "El almohadón de plumas" de Horacio Quiroga— es uno de los cuentos magistrales y más ambiguos de Rima de Vallbona. El texto no significa lo que dice sino su opuesto o lo absurdo; como en Kafka que comprendió la índole y la precariedad de su conocimiento, pudo ver —como Rima de Vallbona— en su conciencia, faltas de coincidencia entre el yo y el no-yo y todo su discurrir fue un muestrario de dudas. Ambos saben que no conviene el pensamiento sistemático y adoptan el escepticismo. Ejemplos en Kafka son: "Josefina la cantante" o "El pueblo de ratas" y "Un artista del hambre".

Al margen de estas coincidencias que no han sido más que un motivo para referirnos a la obra narrativa de excepción de Rima de Vallbona, cabe afirmar y ampliar nuestro juicio acerca de su obra.

Las técnicas narrativas no sólo variadas sino originales, la riqueza léxica, los temas certeros y el tratamiento obsesionante, hacen de Rima de Vallbona una de las más relevantes figuras en el panorama de la literatura hispanoamericana actual. Y nos afirmamos en la idea de que la literatura, a través de estos hitos estelares, patentiza más que la filosofía, el misterio del Ser. Ser que en el caso de esta obra, se exilia desde sí mismo y de la realidad, en busca de la nada o de una verdadera respuesta al enigma del existir.

NOTAS

[1] Rima de Vallbona, *Mujeres y agonías* (Houston: Arte Público Press, 1982): 57-61.

[2] Rima de Vallbona, "El hondón de las sorpresas" en *Cosecha de pecadores* (San José: Editorial Costa Rica): 11-15. Publicado también en Revista *Chicano-Riqueña* (Houston, Texas) 4 (Otoño 1980): 35-37 y en francés, "Le Tréfond de la surprise, *Fer de Lance* (Francia) 111-112(Julio-Diciembre de 1980): 12-14.

[3] Enrique Anderson Imbert, *En el telar del tiempo* (Buenos Aires: Corregidor): 157.

[4] Ester de Izaguirre, *La ascensión y la caída en los cuentos de Enrique Anderson Imbert*. Publicación del Congreso de Literatura. Argentina (Orcomolle, Tucumán: 17 de Agosto de 1980).

[5] Ezequiel Martínez Estrada, *Acepción literal del mito en Kafka* (Babel, Santiago de Chile; mim. 53, Primer Semestre 1950) recogido *En Torno a Kafka*.

⁶ Jean Anouilh, *Teatro* (Buenos Aires: Editorial Losada, 1960).

⁷ Rima de Vallbona, "Caña Hueca" en *Baraja de soledades* (Barcelona: Ediciones Ronda, 1983): 19-28.

⁸ Rima de Vallbona, "El juego de los grandes" en *Mujeres y agonías:* 51-56.

⁹ "El árbol del chumico" en *Mujeres y agonías:* 71-74. Publicado en *Letras Femeninas* 1. 1 (Primavera de 1975). En inglés se publicó con el título de "The Chumico Tree: A Modern Fable" en *Nimrod* (Fall-Winter 1973), ejemplar dedicado a escritores hispanoamericanos.

EKPHRASIS EN "EL IMPOSTOR" DE RIMA DE VALLBONA
Lee A. Daniel
Texas Christian University

La decisión de leer "El impostor", y luego estudiar la *ekphrasis* del cuento, fue motivada por los comentarios breves sobre el relato en la introducción de la colección prologada por Luis Leal. Lo que escribe Leal en relación al tema: "... la identificación del personaje con un retrato, recurrente en la literatura universal (el cuento "La cena" de Alfonso Reyes viene al caso) lo capta Rima de Vallbona con originalidad y verosimilitud", me intriga y el resultado del interés así creado es el presente estudio. "El impostor" es una joya narrativa, o mejor, toda una mina de alhajas para el lector de mente alerta y aficionado al análisis y a un juego refinado. Se puede resumir la trama del cuento al estilo de un recorte periodístico o un anuncio del noticiero: "Profesor universitario trastornado por demasiado trabajo asesina al decano de la facultad. Los celos parecen ser el motivo del homicidio". La trama básica de "El impostor" es muy sencilla pero la vida de los dos protagonistas con sus dobles y sus motivos reales y alegados producen tanta tela para la especulación que se puede descubrir algo nuevo con cada lectura. El narrador, un profesor no identificado, mata a su colega Pedro Romero, quien ha sido su amigo desde la niñez. Además, el colega es decano de la Facultad de Artes y Ciencias en una universidad en el norte de la República Mexicana donde el narrador dicta cursos de cultura y civilización hispanoamericanas. Ya que el decano es un pariente lejano del conde y el narrador tiene interés en la historia, a los dos les atrae mucho esta persona histórica, el Conde de Regla. También, los dos tienen acceso a objetos del pasado que tienen resonancia en el presente, como por ejemplo el retrato del conde, un mandato escrito por él y algunos documentos olvidados que la bisabuela le mandó al decano.

Las características de "El impostor" son tales que es provechoso hacer una consideración del realismo mágico y luego la *ekphrasis* para sacar más de la fruta que el cuento le ofrece al lector. En "El impostor" se ve la intrusión de sueños en la realidad y la contaminación de la realidad por sueños: el doble (en forma de transmigración del alma); y, en un sentido, la inversión de acontecimientos que son técnicas del realismo mágico. Pero antes de continuar, creo que vale la pena aclarar este término que se usa a menudo pero que cada quien define a su manera hasta casi perder sentido. A mi ver, entonces, la noción general del realismo mágico es demasiado amplia y englobadora para ser útil. Para mí, y como he escrito en *"Realismo Mágico:* True Realism With a Pinch of Magic", el realismo mágico no es más que lo que implican las dos palabras. La obra magicorrealista es principalmente realista. Pero, con la ayuda de la magia otros niveles de realidad son posibles. Sin embargo, hay que poner énfasis en el hecho de que con la excepción de la vía mágica que permite otro nivel de la realidad, todo es realista. Aunque el profesor-narrador viaja mágicamente entre siglos, es aceptable porque lo hace mientras duerme, pero dentro de cada época todo transpira normalmente. El realismo mágico tampoco es fantástico en el sentido de la fantasía que es común en la ciencia ficción. Se ve esta diferencia importante en las hazañas fantásticas de Superman y otros personajes ficticios en la literatura de ciencia ficción. Superman vuela y es dotado de potencia no humanas que no puede esperar poseer ningún hombre real. Sus actividades fantásticas no son las que esperamos en la vida cotidiana de la realidad. Otra literatura más seria en el campo de la fantasía es la de Jorge Luis Borges. Borges nos recuerda en *Nueva antología personal* que Samuel Taylor Coleridge captó la esencia de la literatura fantástica así: "Si un hombre atravesara el Paraíso en un sueño, y le dieran una flor como prueba de que había estado allí, y si al despertarse encontrara esa flor en su mano..." (216). En "El milagro secreto" de Borges el tiempo es congelado por un año para que Jaromir Hladík tenga el tiempo que necesita para terminar mentalmente el drama que éste compone. El instante en que él describe la última oración de la obra, se resume el fluir del tiempo y es fusilado (25). Con la excepción del retrato o la foto, no se puede congelar el tiempo en la realidad que vivimos como se hace en el cuento de Borges, y por eso la acción es increíble o fantástica. Otro ejemplo de la fantasía que no es realismo mágico, a pesar de lo que opinan algunos, es la escena de *Cien años de soledad* en la que un hilo de sangre sale de una casa, cruza la calle y entra en otro domicilio.

> Un hilo de sangre salió por debajo de la puerta, atravesó la sala, salió a la calle, siguió en un curso directo por los andenes disparejos, descendió escalinatas y subió pretiles, pasó de largo por la calle de los Turcos, dobló una esquina a la derecha y otra a la izquierda, volteó en ángulo recto frente a la casa de los Buendía... (182).

Bien interesante todo esto pero, a lo menos en mi realidad, esto no pasa nunca con la sangre. En contraste, en "El impostor" todo lo que hacen los personajes en las dos épocas es realista. Sin embargo, lo que ocurre no pasaría si no fuera por la magia que permite que el narrador viva en dos siglos simultáneamente. En este cuento el aspecto mágico es el viaje en el tiempo y la transmigración del alma pero lo demás es realista. Por ejemplo, el Conde de Regla, aunque en el cuerpo del decano en la versión del profesor-narrador, sigue el plan original de su vida.

El enfoque central del cuento es el viejo retrato al óleo cubierto de pátina del Conde de Regla que ha permanecido en la pared a espaldas del decano desde que éste adquirió su puesto. El retrato es el eje estructural y el emblema visual de "El impostor" y se manifiesta su importancia en dos maneras. Primero, y un aspecto más del realismo mágico, es la transmigración de almas y segundo, el retrato figura en nuestros comentarios sobre la *ekphrasis*. La transmigración de almas, como ocurre en "El impostor", no es única en la ficción narrativa contemporánea hispanoamericana. Este fenómeno funciona, por ejemplo, "mujer a mujer" en "La casa de azúcar" de Silvina Ocampo y "hombre a axolotl" en "Axolotl" de Julio Cortázar. En "El impostor", sin embargo, es diferente. Mientras la transferencia es "hombre a hombre", una de las dos personas murió hace más de 200 años y lo que existe de él es su retrato. Se puede ver esta transmigración de almas entre un ser viviente y una imagen pintada hace dos siglos como reencarnación al revés, es decir, el conde no renace en una persona que vive en el siglo XX como se espera sino el decano del siglo XX se reencarna mientras vive como el conde del siglo XVIII. Es el nivel onírico, en el sueño recurrente del narrador-profesor, donde se realiza esta transferencia de almas. El narrador es profesor de cultura y civilización hispanoamericanas y es especialista en el Conde de Regla y su época. Éste nos relata su erudición en el tema y se jacta de que "no había detalle de su vida ni de su época, ajeno a mí" (32). Hay que saber que el narrador-profesor está obsesionado con el conde desde la niñez. Nos dice que "comenzamos [él y el decano] a interesarnos cuando descubrimos, entre papeles amarillentos, un mandato suyo", es decir, del conde (27-28). El narrador agrega que él fue el que soñó antes que el decano, en la adolescencia, la impostura del Conde de Regla (34). Es notable lo que dice el narrador en su locura a continuación: "Sin embargo él fue quien llegó hasta el extremo mimetismo de parecerse al Conde, de ser él y vivir la vida del Conde en *mis* sueños, de vivir *mi* propia y única vida en *mis* sueños" (34, las cursivas son mías). Es decir, el narrador considera que él debe vivir la vida del conde pero el decano Pedro Romero le roba esto como le había robado también el decanato que él cree que merece por jerarquía y antigüedad y, el colmo, el robo de su dulce María Antonia. Luego, el narrador-profesor confiesa que había matado al decano Pedro Romero porque lo detestaba y era necesario y nos dice que "Era preciso matarlo o morir yo" (35). Es interesante notar que el decano mismo había dicho antes, en una conversación con el narrador, que daría su vida por ser el conde y vivir lo que él vivió (30). Se supone que el decano no sabía nada de lo que pasó en los sueños del narrador pero definitivamente pierde su vida por ser el conde en la mente del narrador.

    Ahora bien, a mi juicio, la *ekphrasis* es clave para entender "El impostor". Un retratista desconocido pintó el retrato del Conde de Regla que sirve de punto de unión entre el siglo XVIII y el siglo XX. El pintor captó, con el retrato, un objeto del pasado que existe y vive en el presente. El narrador-profesor, también sin nombre y especialista en el conde y su época, es el "pintor verbal" ideal para la reelaboración del retrato, y por eso aquí entra el papel de la *ekphrasis*. La *ekphrasis* en términos sencillos, y en palabras de James A. W. Heffernan, es la representación verbal de una representación visual (3). El origen de la *ekprasis* se encuentra en la descripción del escudo de Aquiles en la Iliada de Homero. Dado lo inabarcable de los límites espacio-temporales del escudo, no se puede representar plásticamente toda la acción de la escena, lo que exige su descripción por vía verbal. Entonces, el origen es la imagen pero la imagen no puede existir independientemente de su descripción. Esto es precisamente lo que ocurre en "El impostor". La imagen del conde, muerto por doscientos años, cobra vida en la reelaboración por el tratamiento de la *ekphrasis*. Con los documentos ya mencionados que dan ímpetu a su obsesión con el conde, el narrador puede interpretar el retrato, lo que permite al narrador incorporar en su *ekphrasis* elementos de carácter subjetivo que transfiere, a la representación plástica, la intensidad y el dramatismo que se encuentra en el nivel onírico. El retrato así dotado de voz y movimiento por el doble marco onírico-ekphrástico, toma vida en los sueños del narrador-profesor, lo que a su vez revitaliza la leyenda del Conde de Regla y hace explícito el paralelismo que existe entre los dos siglos y los dos parientes a pesar del gran espacio que existe entre ellos. De los cuatro personajes el narrador-profesor y el decano pertenecen al siglo XX y cada quien es el doble del conde y el pintor original del relato del siglo XVIII (véase el apéndice). El narrador, quien es implícitamente el nuevo pintor, cambia el retrato y por *ekphrasis* permite que el decano viva la impostura del conde en sus sueños. Entonces, dentro del contexto de la *ekphrasis*, el narrador viene a ser pintor y lo que escribe se basa principalmente en el retrato del Conde de Regla.

Para concluir, este cuento tan bien estructurado y fascinante es un ejemplo más de una obra mágicorrealista pero es la *ekphrasis* lo que predomina y cuya exploración revela aun más la riqueza del cuento. Se ve así más clara la mentalidad del narrador-profesor quien padece su angustia (como todos los personajes del universo vallboniano) y no puede evadir su destino ni en el sueño ni en la locura. "El impostor", una joya narrativa brillante en el estuche de la cuentística centroamericana, es el producto de una de las escritoras más logradas y admirables de la narrativa hispanoamericana.

OBRAS CITADAS

Borges, Jorge Luis. *Nueva antología personal.* Buenos Aires: Emecé Ediciones, 1965.

-----"El milagro secreto". *Cinco Maestros: Cuentos modernos de Hispanoamérica.* Ed. Alexander Coleman. New York: Harcourt, Brace & World, Inc., 1969.

Daniel, Lee A. *"Realismo Mágico:* True Realism With a Pinch of Magic". *South Central Bulletin* (Winter 1982): 129-130.

García Márquez, Gabriel. *Cien años de soledad.* Madrid: Espasa-Calpe, S. A., 1983.

Heffernan, James A. W. *Museum of Words: The Poetics of Ekphrasis from Homer to Ashbery.* Chicago: The University of Chicago Press, 1993.

Vallbona, Rima de. "El impostor". *Mujeres y agonías,* Houston: Arte Público, 1982.

APENDICE

Siglo XX

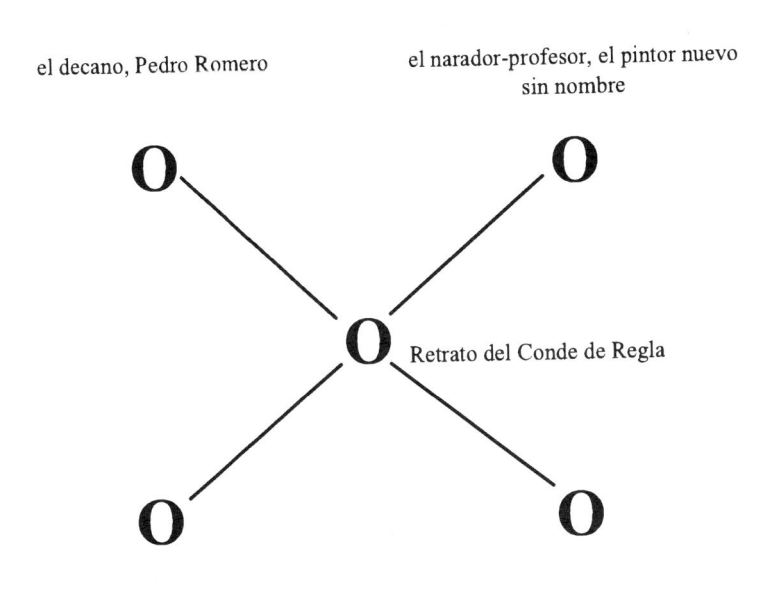

el decano, Pedro Romero   el narador-profesor, el pintor nuevo
sin nombre

O   **O**

O Retrato del Conde de Regla

O   **O**

el pintor original   el Conde de Regla
sin nombre

Siglo XVIII

MEDIOS DE DISTANCIAMIENTO DE LA REALIDAD EN *COSECHA DE PECADORES* [1]

Delia V. Galván
Cleveland State University

La escritora costarricense Rima de Vallbona publicó en 1988 el libro de cuentos titulado *Cosecha de pecadores*. De los trece relatos de este volumen, seis de ellos están relacionados con diversos modos de distanciamiento de la realidad. Notoriamente, los umbrales que hacen posible el paso de una realidad a otra son la lectura, la imaginación, el espejo, el sueño, el misticismo, las drogas, la locura y la muerte. El efecto que el cambio produce está relacionado con la otredad, el doble, la bipolaridad, la fragmentación y la inversión simétrica. Es evidente también que las experiencias narradas suceden a personajes femeninos.

Anecdóticamente, los cuentos incluyen el enajenamiento de una madre que envejece y que por un fenómeno de percepción dislocada deforma la relación con su hija y siente que ésta la rechaza en "El hondón de las sorpresas"; el amor de otra madre por su hijo que muere y ella cree recuperar por medio del mítico Nagual; el recuerdo del futuro de una joven que presencia su propia muerte en "Más allá de la carne"; la experiencia de una investigadora que encuentra su doble en un libro de tiempo y espacio diferentes en "El legado de la venerable María Jesús de Agreda"; el descubrimiento del mal por medio de un rompecabezas que se completa cuando un personaje pinta su autorretrato en base a la imagen que refleja un espejo en "Desde aquí". Otros cuentos elaboran la repetición de eventos y su efecto iterativo, los resultados de la locura y destrucción producidos por tensiones y condiciones de aislamiento y encierro, los procesos de enajenación y transmutación en condiciones domésticas afectadas por los sucesos del mundo y la culpa colectiva.

En este trabajo se señalarán algunos de los medios y técnicas observados para lograr el desprendimiento de la realidad, así como los resultados de los cambios.

En "El hondón de las sorpresas" el espejo hace que la protagonista tome conciencia de su edad, estimule en ella una percepción negativa, no necesariamente real, y atribuya a su hija actitudes de rechazo hacia la madre. El espejo también refleja la apariencia que oculta parte de la verdad. La posibilidad de rechazo por vejez causa que esta mujer se reduzca y se animalice transformándose en zopilote y quede atrapada en la imagen que ve: "Inmersa y aprisionada en el espejo, experimento de golpe la angustia del infierno" (13). [2] Inmovilizada, se la percibe como víctima: "¿Pero cómo salvarnos si somos ostras arraigadas en los fingimientos, en todos los reflejos y engaños de la realidad? no podemos salvarnos porque sería trasgredir la superficie del espejo...(que es) la vida misma" (12).

Paul Coates explica situaciones similares diciendo que la frustración evoca ataque y que "la única agresión [...] está dirigida hacia adentro, hacia la división del yo" (6). [3] El final del cuento sugiere el suicidio como forma extrema de autoagresión, la cual queda explicada por el aserto de Coates arriba expuesto.

El aspecto de las apariencias, sugerido por el espejo, produce un efecto de ambigüedad en el que la narradora protagonista parece no ser confiable por su estado de confusión, pero sí lo es porque comunica fielmente el proceso por el que está pasando. No puede controlar lo abrumada que está, pero el lector sí puede entender su estado. El espejo, en este caso, es el vehículo hacia otra realidad por medio del reflejo, tal como lo define Rodolphe Gasche: el proceso "se efectúa entre una figura u objeto y su imagen en una superficie pulida [...] ópticamente como autoconciencia de cómo se ve a sí misma" (15).

El nagual existe en la cultura popular y en el folclore de Centroamérica y México. Según Irene Nicholson

> Los naguales son espíritus que bajo la forma de animal o pájaro presiden el destino de los hombres. Estos reciben su propio nagual cuando entran en el bosque y duermen entre las aves y las bestias. Ahí soñarán con su espíritu guardian. [...] Los naguales se vuelven invisibles y viajan velozmente de un lugar a otro (41-42).

"El nagual de mi amiga Irene" trata de un gato blanco que aparece cuando muere el hijo al que ella amaba tanto. El fenómeno, por un lado, es la fuerza de espíritus de gran sensibilidad, tanto del hijo, como de la madre que es poeta, y por el otro, la posibilidad de llenar el vacío dejado. Al estudiar eventos similares, Coates sugiere que "la imaginación llena el vacío del espacio desocupado [...] y mitiga la culpa de quedar como sobreviviente" (30). El amor de la madre y el espíritu del hijo que lucha por hacerse carne parecen desencadenar la metamorfosis del alma de Daniel, que cruza las fronteras entre dos formas de vida para estar cerca de Irene y protegerla por medio de un acto que sugiere la inmoralidad de sus sentimientos. En vida, Daniel había tenido una "necesidad de comunicarse intensa y profundamente [...] para establecer un contacto más allá de la sensación, el sentir y el razonamiento" (19). Los indicios del cuento tienen sentido al final. En vida, Irene llamaba a Daniel, Minou, la voz que usan los niños en francés para nombrar al gato. La narradora también dice que la palabra Minou "despertó en mí la extraña inquietud de que Daniel era un ser mítico emparentado con los felinos sagrados del Nilo" (22). El umbral que hace posible el fenómeno perceptivo en Irene es el sueño que tiene la noche que muere Daniel, en el "que un gato de angora blanco de grandes ojos de miel había entrado al jardín y le decía que venía a instalarse en su casa" (23). La presencia real del gato y los rosales que a Daniel le gustaban tanto, facilitan la comunicación de Irene con él por medio de canales sensoriales: "El aroma intenso de las rosas y el trinar lujurioso de los pájaros afuera, se vuelven hilos invisibles que me ponen en contacto con un más allá insospechado" (25).

El cuento "Más allá de la carne" se destaca por su ubicación espacio-temporal en relación con el recuerdo del futuro, que niega la noción de tiempo sucesivo. Las analepsis y prolepsis se mezclan en el juego en el que uno de sus ejes afecta las escenas retrospectivas y el otro anticipa el desenlace. En este cuento, las drogas facilitan el paso a otra realidad; el LSD específicamente coloca a Alicia en el umbral del tiempo. Este fenómeno del cuento tiene una base sicológica; Ofelia Kovacci dice, respecto a un caso similar, que "La confusión o confluencia de tiempos da lugar a la recuperación de una experiencia a la vez que a la búsqueda de un destino"(25). Las reflexiones de Alicia sugieren la búsqueda de sí misma a pesar de las objeciones de su padre. Los amigos de él, instalados en lo convencional masculino, le dicen "que haría feliz a [...] [su] padre"

(29). En estado de depresión, su otro yo la empuja al acto repetitivo de ir al malecón cada quince de abril a las tres de la tarde. Con su yo dividido, ella es testigo del hundimiento en el mar de un Volkswagen rojo y la angustia que siente es la de no poder saber si hay alguien adentro. A nivel de otra realidad, la policía no toma en serio a Alicia cada vez que denuncia el hecho. Su angustia crece cuando se da cuenta de que no hay nada que pueda hacer porque los hechos todavía no suceden, por eso no puede evitar su propia muerte trágica. Así, la protagonista declara: "Entonces me resigné a ser el único testigo presencial de un hecho inexistente" (29). El impacto emocional es tal que su otredad se activa y anhela salirse de sí misma para observarse desde afuera y explicarse los hechos; la narradora comenta: "tuve deseos de vomitar larga e interminablemente, vomitar mis entrañas, mis músculos, mis huesos; vomitarme yo misma hasta salirme de mi propia piel y desde afuera poder mirarme y explicarme el misterio" (28). El sentimiento es el anhelo del doble por darle sentido a su experiencia. Según Gasche, el doble involucra la "restauración de una cosa a su condición original, una transición a un estado opuesto, o la repetición de una acción" (225). Alicia anhela la integración de sí misma por medio de la búsqueda y la repetición el acto de su propia muerte que sugiere un estado regresivo comprobado por las circunstancias en las que finalmente encuentra a su doble: "dentro del portaequipaje, en posición fetal hallaron a una mujer semi-desnuda, muerta a cuchillazos" (29). La regresión se confirma con el portaequipaje como vientre materno y la vuelta al origen. La paz la encuentra en la purificación que le da el agua en que se hunde.

La dispersión polisémica y la estructura en "El legado de la venerable María de Jesús de Agreda", hacen compatible este cuento con su multiplicidad de tiempos, espacios y narradoras. Los personajes centrales son una monja del Siglo XVII y una investigadora del presente quien al leer *La Mystica Ciudad de Dios* se funde con la experiencia de la narradora testigo. La investigadora declara: "me enredé en su historia [...] Tanto, que ni por un sólo momento la sospeché ajena" (38). En el cuento coexisten hechos históricos y ficticios. Lo que deja pendiente el personaje histórico va a ser cumplido por el del presente. El fenómeno que ocurre es a la vez la unión de los tiempos y la separación en la otredad del personaje contemporáneo para comunicarse con sor María de Jesús y poder continuar la misión de proteger a los indios que quedó truncada con su muerte. La transición entre los dos mundos causa confusión en la investigadora; el narrador explica: "quedó enredada en una confusa telaraña tendida entre el ayer barroco y el hoy de la electrónica" (34).

El paso de una realidad a la otra se inicia con la lectura de *La Mystica Ciudad de Dios* de Sor María Jesús de Agreda con la imaginación y el sueño de la investigadora y con las prácticas ascéticas y místicas de sor María de Jesús, quien se transforma después de comulgar. En su libro, la monja del Siglo XVII escribe: "sentí en mi interior una mudanza eficaz con abundantísima luz que me compelía fuerte y suavemente al conocimiento del ser de Dios y al desengaño de mi propia miseria" (35). La transubstanciación queda sumergida por el sacramento que transforma al verbo en carne. Mas adelante el misticismo se establece como eslabón de cambio por medio del cual la investigadora tiene conciencia de que va a "quedar atrapada en La Mystica Ciudad de Dios" (38). La enajenación es otro elemento que funciona como umbral; la mujer barroca opina sobre cuestiones de la Iglesia y eso no es aceptable, por lo mismo se disminuye a sí misma ante los "maestros y varones doctísimos" (33), mientras que la mujer del presente se enajena por las presiones de la vida contemporánea y absorbe el deseo de cumplir una misión altruista que valga la pena. Después, ambos personajes se desprenden de su yo. Según las otras monjas "hacía mucho que sor María de Jesús no habitaba más en su cuerpo" (39). La narradora investigadora, por su parte, se ve desde afuera como otra persona (43).

El aspecto lúdico es notable en el cuento "Desde aquí". Los juegos de rompecabezas, de simetrías, de inversión, del doble, de transformaciones, de superposición, de imágenes y diversidad de tiempos vuelven a verse. Estos elementos van dejando pistas que al integrarse completan la estructura de rompecabezas que da sentido a lo fantástico. El narrador es un ojo ubicuo con capacidad de observación múltiple. Esta mirada es tan intensa que penetra lo que ve, transformándolo desde adentro, a medida que el observador también se transforma. El narrador explica: "procedo de adentro para afuera: meto mi ojo avizor en la misma médula de su ser y como un tirabuzón, voy sacándolo hasta la superficie exterior" (45). Su aptitud bipolar de observación capta lo que está aquí y lo que está allá, las simetrías y los puntos cardinales, lo bueno y lo malo, con referencias a Dios y al demonio. Al principio del cuento se acerca al bien y a Dios por la belleza de la naturaleza y la observación de un árbol mágico. Los que pasan bajo su sombra experimentan transformaciones milagrosas. Después, por la coincidencia de un instante y de un lugar, se establece contacto con el mal y con el demonio.

El objeto que facilita el contacto es la composición de una estudiante que corrige su profesora y que la hace pasar a un estado de conciencia en el que confirma la presencia del demonio en un cuadro que otro estudiante pinta simultáneamente. La estudiante escribe que "el mundo es un sumidero de maldad y que ella misma, al mirar un día su propia cara descubrió proyectada en la luna del espejo la imagen del demonio" (50). Como el espejo confirma y cuestiona al mismo tiempo la identidad, en ese instante de duda la profesora descubre que otro estudiante pinta al demonio a manera de autorretrato con la ayuda de un espejo en el edificio de enfrente. El asombro del narrador hace eco con el de la profesora y crece cuando se da cuenta de que el mal le habita: "era en mi propia pupila donde convergían simultáneamente la página de la composición [...] y la imagen de la tela" (51) El gesto domoníaco es también el del narrador. La observación de la profesora entra en juego con las de los estudiantes para revelar una verdad profunda y un aspecto del mundo interno que no se conocía. Los estudiantes, quienes actúan como dobles, son los embajadores de su yo ausente y son más su sombra que su sustancia. Beverly Lyon Clark dice que los efectos como los del espejo "inicialmente parecen reflejar sólo nuestra propia imagen; pero detrás de ella pronto descubrimos los disturbios de nuestra alma —su profundidad" (2). La similitud entre el yo y el otro sugiere misterio y miedo, el miedo del auto-conocimiento.

Por su parte, "Infame retorno" aborda la problemática del aislamiento en la mujer intelectual. Para terminar su tesis doctoral, Laura tiene que estar en cuarentena en la habitación de una residencia estudiantil que le produce opresión y asfixia. Su trabajo lo desempeña bajo la presión del plazo que se acerca y durante este tiempo la asaltan experiencias y recuerdos también críticos de su vida pasada, que la memoria activa como reacción al aislamiento, a la falta de alimentación y al ambiente que penetra en su ánimo. Los indicios del principio del cuento previenen con una advertencia escrita a los que ocupan el cuarto 214. Esto indica que lo que sucederá a Laura será una repetición de lo que ya ha sucedido a otros.

La repetición en este cuento es estructural y presenta los acontecimientos como procesos. La iteración se inicia con la rutina de Laura; ésta "se fue hundiendo en una espesa rutina que le quitaba el sueño [y el] hambre" (54). Continúa la iteración a modo de un espejo tridimensional capaz de reflejar distancia y tiempo, de manera que "todo lo que hacía era la repetición y copia de otro hacer y ser invisibles" (55). Los pensamientos de Laura son el fondo en que se ve la iteración: la historia de su matrimonio y de su divorcio como la repetición de la historia de otras mujeres. Después la muerte figurada de su hermano se repite cuando sucede su muerte verdadera, y Laura misma termina por repetir las acciones enajenadas de él: quemar la tesis terminada antes de entregarla e incendiar el edificio. En este momento se aclara la imagen del supuesto espejo que Laura buscaba porque sentía que "todos sus actos eran la refracción de una nítida imagen incierta y recóndita que de un momento a otro iba a precisarse" (59). Laura se angustia porque en charlas con su hermano él decía: "Sólo nos queda [...] la repetición con variantes de nosotros mismos" (60). Laura aparentemente huye, pero no sabe si escapa de la prisión de la mente, ya que no se sale de lo establecido porque su acto final es repetitivo. Lo positivo es que no se somete a las reglas que la oprimen y toma el riesgo de la búsqueda. Como Eric S. Rabkin sugiere, "el escape es el modo de explorar tierra desconocida que es la profundidad de la mente" (45). Cada repetición presenta la posibilidad de encontrar significados diferentes.

La estructura del cuento de misterio "Alma-en-pena" es la de un rompecabezas. Su contenido evoca el misterio que son las mujeres para algunos hombres que no se han acercado a ellas, y también evoca el desastre apocalíptico de la vida moderna. Esta vez hay un narrador masculino que sostiene diálogos imaginarios con su esposa Nina y con un comisario. Los diálogos y la locura supuesta de la esposa facilitan el paso a una realidad dislocada a los bordes de la fantasía. Otros facilitadores son las presiones del mundo masculino moderno, la percepción de la violencia mundial transmitida por los medios masivos de difusión y la soledad de Isidoro después de dejar las armas. Isidoro actúa como carcelero de su esposa. La vigila y la mantiene encerrada porque piensa que se está volviendo loca por la obsesión que le causa la muerte de Paquita Lozano: "La amenacé con que la encerraría con llave en la despensa si se atrevía a dar un solo paso" (71). El misterio es "la súplica repetida que el ánima-en-pena de Paquita Lozano le hace a ella, a Nina, de que revele a la poli la identidad de quien le dio muerte" (69). La narración presenta el proceso del paso a la locura de Nina, pero el lector se da cuenta del efecto de inversión y capta que la locura no es la de ella sino la de él. De lo que se trata es de la proyección sicológica de él que atribuye a otra persona lo que le pasa a sí mismo. Isidoro, el marido, declara: "Por eso he vivido últimamente sin salir ni trabajar, para retenerla, no se me fuera a escapar y entonces, claro, sólo le puede quedar el manicomio" (70). Isidoro, con su doble estándar, no se siente cómodo por la noción de responsabilidad moral y justicia pendiente, por eso necesita del castigo de alguien para lograr su propia paz. Lo que no puede alcanzar por la vía legal trata de hacerlo por la fantástica. Por eso Isidoro habla de la transformación de Nina, porque según él, se ha instalado en ella el alma de Paquita: "Ha cambiado el timbre de voz [y] suena como si otra persona hablara desde el fondo de su cuerpo" (73). El cuento va revelando el engaño al descubrirse el interés de Isidoro por "las persecuciones, torturas y control represivo de los atroces gobiernos totalitarios de Latinoamérica" (74).

Rima de Vallbona maneja diversos medios de distanciamiento de la realidad en estos seis cuentos. Además de dominar aspectos técnicos de lo fantástico, de lo maravilloso y de lo extraño, también es hábil en el manejo de las estructuras narrativas que revelan aspectos culturales diversos al lector. La autora posee la experiencia y conoce el valor que tiene la técnica narrativa para expresar la enajenación humana, la necesidad de justicia, la lucha por lograr sentimientos como el amor, la búsqueda de un modo de vida que valga la pena, la inutilidad de la rigidez de algunas normas, el descubrimiento del yo a nivel profundo y el anhelo de un mundo justo y moral. Su cosmovisión de un mundo dividido entre el yo y el otro, con apariciones frecuentes de la imagen del doble, puede ser atribuida a lo que sucede a escritores biculturales y bilingües, en los que el doble es como el yo bajo la influencia de otro cultura. [4]

En estos cuentos es notoria la diversidad de umbrales que facilitan el paso a diferentes realidades y que las sugieren. Laurence Porter dice que

> Si el autor evoca un umbral literal o metafórico, el paso entre dos estados del ser se hace más verosímil, ya que simultáneamente sugiere una frontera y la posibilidad de cruzarla [...] cambiando el modo de percepción del protagonista, de conciencia racional en la vigilia, a un segundo estado tal como el sueño, la alucinación o la locura [...] (6).

NOTAS

[1] Este ensayo fue publicado en *Encuentro de la literatura con la ciencia y el arte*. Ed. Juana A. Arancibia. Buenos Aires: Ediciones Ocruxaves, 1990: 451-62.

[2] Esta y las siguientes citas del texto de Rima de Vallbona fueron sacadas de *Cosecha de pecadores* (San José: Editorial Costa Rica, 1988).

[3] La traducción es mía y siguientes también. Además se pondrán sólo las páginas entre paréntesis después de cada cita procedente de otros autores y se remite al lector a las "Obras citadas" al final de este ensayo.

[4] Rima de Vallbona nació en San José, Costa Rica, pero desde hace más de cuarenta años vive en los Estados Unidos. Después de analizar cuidadosamente la narrativa de esta escritora, María Amoretti concluye: "Entre la permanencia y el exilio, Rima de Vallbona decide permanecer literalmente en su país de origen: la totalidad de su obra, si bien escrita en el extranjero, está completamente anclada en Costa Rica". (Ponencia presentada en el "Simposio Internacional de Literatura" del Instituto Literario y Cultural y Hispánico que se celebró en San Juan, Puerto Rico, en 1989).

OBRAS CITADAS

Clark, Beverly Lyn. *Reflections of Fantasy.* New York: Peter Lang, 1986.

Coastes, Paul. *The Double and Other: Identy as Ideology in Post-Romantic Fiction.* New York: St. Martin's Press, 1988.

Gasche, Rodolphe. *The Tain of the Mirror: Derrida and the Philosophy of Reflection.* Cambridge: Harvard University Press, 1986.

Kovacci, Ofelia. *Adolfo Bioy Casares.* Buenos Aires. Ediciones Culturales Argentinas, 1963.

Porter, Laurence. "Redefining the Fantastic". *Cincinati Romance Review* 8 (1989): 1-12.

Rabkin, Eric S. *The Fantastic in Literature.* Princenton, New Jersey: Princeton University Press, 1976.

Winick, Charles. *Dictionary of Anthropology.* Totowa, New Jersey: Littefield, Adams, 1968.

COSECHA DE PECADORES:
UNA CARCAJADA SOLAPADA
Amalia C. Lasarte Dishman
Haverford College, Pennsylvania

El propósito que anima este trabajo es doble: comentar a grandes rasgos las constantes de la cuentística de Rima de Vallbona y señalar algunos de sus enfoques.

Es frecuente, casi diríamos que es un denominador común en los temas de los cuentos de esta escritora costarricense, observar la descripción de una vida o un mundo repetitivo, rutinario, regido por un "patrón de costumbres difícil de romper" [1], donde "guerras, hambres, discriminaciones, cataclismos" (27), contribuyen a la asfixia de cada una de las agónicas protagonistas de sus relatos.

Es necesario puntualizar que estas protagonistas, aunque descritas dentro de un marco centroamericano —Puntarenas, San José, Corpus Christi, México— son así debido al lenguaje empleado, (voces chilches o nahuales, el empleo del voceo) de indiscutible idiosincrasia de la región ístmica y central de América. Sin embargo, por el contenido de los temas, no carecen de un matiz universalizador.

En ellos se puede observar la problemática de la mujer en su capacidad de escritora, catedrática o universitaria, especialmente en su último libro; o de la mujer que ejerce su papel de hija, madre, hermana o esposa de la sociedad actual en sus anteriores narraciones. Se observa que cada una, en su pequeño o gran mundo interno, se identifica con la voz universal de las mujeres de este siglo.

Es oportuno observar que en ese caótico mundo creado por esta escritora, así como no hay goce o aceptación resignada por la rutina, no hay tampoco garantías para la preservación del "Yo". Por lo tanto, la confrontación del individuo con su *doppelgänger,* la pérdida de identidad por desdoblamiento, el salto entre lo real y lo onírico, la negación del tiempo absoluto o rectilíneo, el uso de lo animalesco como símbolo de lo humano, son juegos frecuentes en su arte narrativo y se observan en casi todos los cuentos de *Cosecha de pecadores.*

Se debe añadir que la presencia de elementos fantásticos en la trama no impide que lo verosímil, lo que escapa a lo convencional y lo establecido, cobre —a veces— una intransferible realidad. Realidad que se deja palpar por la posición de un narrador atento a los cambios sociales de su época; donde el rechazo a algunos convencionalismos sociales o ideológicos de Hispanoamérica son, a veces, motivos de inspiración o protesta. Tal es la gama de este libro de cuentos de la escritora costarricense Rima de Vallbona.

De los trece textos que componen esta selección, [2] comentaré el que abre la serie y el último, porque me parecen denotadores de las características antes mencionadas y porque creo que sirven para mostrar abiertamente la nueva veta de esta escritora.

El primer cuento de esta serie, titulado "El hondón de las sorpresas," es de corte filosófico-fantástico. Nos recuerda a "Axolotl" de Cortázar y nos da la clave de muchos de los subsiguientes. La protagonista de "El hondón de las sorpresas" llega a la aceptación de la cruda realidad de comprobar que siempre ha sido "un pajarraco asqueroso" (14), "un zopilote monstruoso" (13).

La voz narradora es la de esa mujer-zopilote que describe su autocontemplación y su circunstancia ante un mundo que la oprime. En esta serie de cuentos, Rima de Vallbona nos presenta —en su mayoría— el punto de vista de la mujer madura. Describe una mujer que ha llegado al medio siglo de existencia, ve reflejada en el espejo, envejecida y decrépita, su imagen y la de su última realidad, su muerte. Poco a poco las dos imágenes irán fusionándose en una sola: la muerte. Esta, al igual que su doble —la imagen del zopilote— se funde en un mundo caótico, "asolado por guerras y muerte, destrozado, triturado, como un gigantesco rompecabezas" (13).

La voz narradora, totalmente identificada con los problemas y la época que le ha tocado vivir, insiste en hacernos cómplices de ese mundo, ampliando y actualizando para el lector, esa imagen de destrucción y desastre; y aclarando que es el resultado del producto de la visión en la que ella observa "más de novecientas personas cometer en Guayana un suicidio forzado en masa; y que explota una planta nuclear; y que están inventando otro proyectil mortífero; y que la esposa mata al marido; y que el hijo mata a padres y hermanos" (13).

La revelación del verdadero "Yo" y del mundo cotidiano reflejado en el sintagma repetitivo "espejo de todos los días" lleva a la protagonista a filosofar y aceptar el concepto nietzscheniano de la igualdad del ser humano con la Nada (12). Parafraseando al filósofo, concluye "que cuando ya no queda ninguna esperanza en la vida, el suicidio es la última salida" (14), siendo en este caso la salida un frasco de Fenobarbital, al comprobar que a su hija no le sorprende ni le asusta su aspecto debido a que desde niña se ha "acostumbrado a su despreciable monstruosidad" (15).

Pasaremos ahora a hablar del último relato, que es el que lleva el título del volumen, "Cosecha de pecadores." Este cuento, que por su extensión sobrepasa a los anteriores, podríamos decir está casi en los umbrales de la "nouvelle". Por otra parte, este cuento tiene carácter "abierto" muy a la manera cortazariana: o sea, con una "apertura de lo pequeño hacia lo grande, de lo individual y circunscrito a la esencia misma de la condición humana" [3] que lo hace de singular importancia actual. A pesar de la extensión del relato, la acertada tensión interna de la trama narrativa, logra la ósmosis con el lector sumergiéndolo desde el comienzo en el problemático micromundo del pueblo de "Nograles," del que no puede escapar hasta el final del relato.

Rima de Vallbona parece hacernos un "guiño de ojos" a sus acostumbrados lectores presentándonos una faceta nueva en su narrativa en el último cuento de esta serie. Llama la atención la gran carga irónica y humorística que predomina desde el comienzo hasta el final de "Cosecha de pecadores". A pesar del título y de los tres epígrafes, uno de los cuales proviene del Evangelio según San Lucas, "La mies es mucha y los obreros pocos" (109 y 135), no sólo se repite casi al final de la narración, sino que sintetiza el mensaje y la crítica moral-social que encierra el cuento.

El papel de los grupos dominantes, como lo son la Iglesia y la influencia anglosajona de los EE.UU. en Nograles, un supuesto pueblo de Centroamérica, —con ecos del Macondo de García Márquez— son el fondo temático que sirve para demostrar la dependencia a que ciertos grupos sociales se someten en un determinado momento histórico.

La directa presentación del protagonista principal, Memito Conejo, parece ponernos en la pista de un relato de fuerte sabor coloquial. Sin embargo, un simple análisis del "significativo" nombre nos da la pauta de una connotación más profunda. Veamos: "Memito" diminutivo de "Memo", es sinónimo de "tonto, simple, mentecato"; [4] pero al igual que en España se usa para denominar a una especie de animal doméstico de la familia de los roedores. Tenemos por lo tanto a un "Memito Conejo," cuyo nombre es la representación de un "roedor," perteneciente a una especie de prolífica reproducción, pero con la doble irónica connotación de ser notablemente "tonto" ya que —como se sabe— el uso del diminutivo en español puede indicar tono afectivo como también despectivo.

"Cosecha de pecadores" a simples rasgos parece relatar la historia ascendiente del pobre pero "listo" Memito Conejo, quien, a pesar de haber pasado largas horas en devociones y comuniones, debido a su "falta de disciplina eclesiástica y su gran capacidad mercantil" (110), fue forzado a dejar el monasterio y seminario católico para convertirse a la fe protestante y llegar a ser el famoso William Rabbit de "La Gran Iglesia de los Desamparados".

Este es el hilo aparente que usa el narrador para pincelarnos con mucho humor, y una fuerte dosis de críticas e ironía, las distorsiones de la Fe escudadas en el nombre de Dios, la hipocresía ética, la sed de poder y la manipulación de las masas.

Cambia Rima de Vallbona su tono femenino agónico. No son más en este relato las mujeres dominadas; al contrario, son ellas las que dictaminan y amenazan a sus amigos o maridos de las privaciones de favores de negocios o privilegios conyugales, si no se acatan sus órdenes (120). Es precisamente la adhesión de las mujeres a la Iglesia del Reverendo Rabbi, quienes promueven también el auge total del noble burócrata Memo Conejo, que, convertido en el Maestro Reve Rabi, explota la ingenuidad de discípulos y feligreses de Nograles mientras él —según se rumorea— "se codea en Miami con los JET-SETS del mundo gringo" (137) y "vuela muy seguidito a los bancos de Suiza" (138).

Como se puede observar, "Memito Conejo" hace honor a su nombre y se nos muestra como el prototipo de roedor que, como tantos en el mundo, son de ágil reproducción logrando cosechar popularidad y sentimientos que van de la admiración a la risa y al desprecio.

"Cosecha de pecadores", dentro del marco de las anteriores narraciones, abre una nueva veta, un nuevo tono y matiz a la cuentística de Rima de Vallbona, no perdiendo por eso su profundo análisis sicológico y social, así como tampoco, la fina manipulación y conocimiento de la lengua española en temas de honda verdad universal.

NOTAS

[1] Rima de Vallbona, *Cosecha de pecadores* (San José: Ed. Costa Rica, 1988): 26. Referencias subsiguientes se tomarán de esta edición.

[2] Diez de estos cuentos han sido publicados anteriormente en revistas literarias de EE.UU., España, Francia e Hispanoamérica.

[3] Julio Cortázar, "Algunos aspectos del cuento," *Casa de las Américas* 15-16, (1962-63) y en *Literatura y Arte Nuevo en Cuba* (Barcelona: Ed. Estela): 269.

[4] *Americanismos, diccionario ilustrado* (Barcelona: Sopena, 1982).

¿SEGUIRÁ TEJIENDO PENÉLOPE?
Virginia Caamaño
Universidad de Costa Rica

Rima de Vallbona es una escritora de prestigio internacional, gracias a su valiosa contribución a las letras de Hispanoamérica. Su obra incluye artículos, ensayos, cinco colecciones de cuentos y tres novelas.

Entre los temas centrales de la obra de Rima de Vallbona, se destacan sus cuestionamentos sobre el sentido de la vida, la importancia de la escritura, la denuncia de vicios e injusticias, tales como el racismo, la pobreza, el sufrimiento de los niños, la soledad de los ancianos. Pero sobre todo, hay en su obra una honda preocupación, cada vez más evidente, por la discriminación que han sufrido y sufren aún las mujeres. La autora denuncia apasionadamente esta situación, para lo cual retoma las antiguas imágenes femeninas, construidas casi desde el principio de los tiempos y las deconstruye. Se une así, a la corriente de escritoras latinoamericanas como Rosario Castellanos, Victoria Ocampo, María Luisa Bombal, Claribel Alegría, Elena Garro y otras, quienes al escribir sobre las mujeres, exponen ese sistema de estratificación anclado en el sexo, sistema en el cual ellas se encuentran en clara desventaja con respecto a los hombres.

Rima de Vallbona presenta así las relaciones de las mujeres con el mundo, relaciones de explotación y marginación, causantes de sufrimiento y angustias sin fin. Estas relaciones son estudiadas por diversas disciplinas dentro de la denominada "problemática de los géneros", donde se entiende por género:

> grupos biosocioculturales, construidos históricamente a partir de la identificación de características sexuales que clasifican a los seres humanos corporalmente [...] Sobre esas características sexuales se construye el género que es el conjunto de actividades, funciones, relaciones sociales, formas de comportamiento, formas de subjetividad, etc., específicas para ese cuerpo sexuado (Lagarde 1992: 5).

Nuestro interés por este tema del género, nos ha impulsado a prestarle una especial atención a la manera en que Vallbona lo aborda en uno de sus cuentos, incluido en *Mujeres y agonías* (1986) titulado "Penélope en sus bodas de plata", pues nos parece un texto muy representativo que nos permitirá estudiar el uso del discurso mítico en la reproducción de los estereotipos femeninos y su deconstrucción.

EL TEJIDO TEXTUAL

Para Mijaíl Bajtín un texto es una conjunción de voces —polifonía— que dialogan continuamente y producen diversas fuentes de sentido, las cuales coinciden en un solo lenguaje. [1]

Julia Kristeva reelabora y amplía este concepto de lo dialógico y habla de la intertextualidad. Esta consiste en el entrecruzamiento y neutralización de múltiples enunciados tomados de otros textos, los cuales interactúan en el continuum dialogal que conforma la obra. La intertextualidad es entonces, según Antonio Gómez-Moriana "una encrucijada de textos en diálogo" (1980: 44).

Al estudiar el cuento de Rima de Vallbona "Penélope en sus bodas de plata" desde esta perspectiva, identificamos varios intertextos, entre ellos el mitológico, el sociológico, y el religioso. Sin embargo, es el discurso mítico y el de la reproducción de estereotipos femeninos, programados ambos desde el título, los que nos interesan. Uno de los objetivos por alcanzar en este trabajo, es poner en evidencia tales discursos que circulan en el texto y reconocer cómo reproducen o transgreden el orden establecido, para lo cual partimos de las mencionadas nociones de dialogismo e intertextualidad.

Por ser de autoría femenina y tratarse de la reelaboración de un mito, nos parece especialmente interesante observar si el texto reproduce la ideología patriarcal que primeramente lo originó o si hay ruptura con ella. Para responder a esa interrogante, analizamos el modo en que la autora teje sus imágenes de la mujer, a la luz de las propuestas sobre autoría femenina que Sandra M. Gilbert y Susan Gubar exponen en *The Madwoman in the Attic: The Woman Writer in the Nineteenth-Century Literary Imagination*. Al estudiar la autoría femenina, Gilbert y Gubar llegan a la conclusión de que el hombre, dueño del mundo, se ha apoderado también del hijo dándole su nombre, subordinando a las mujeres y a lo femenino por medio de la construcción de imágenes de la realidad, para también apropiarse de ella, ya que quien modela es quien manda. La ley es la modelización de las relaciones humanas.

Esta ideología patriarcal sostiene que el hombre es por esencia creador y por lo tanto, la creatividad artística es también específicamente masculina. Por medio de la autoría, con la pluma como pene metafórico, el hombre escribe sus textos en los cuales la mujer, escrita por él —Dios Padre Creador— se ve reducida a ser imagen y carácter, sin acceso al lenguaje para que no formule un mundo a su manera, en el cual rompa el poder autoritario del patriarcalismo.

> El definir la creatividad como una cualidad masculina, implica que las imágenes literarias predominantes de la feminidad son igualmente fantasías. A las mujeres se les niega el derecho de crear sus propias imágenes de feminidad, y se ven, en cambio, obligadas a conformarse con los modelos machistas que se les imponen. Gilbert y Gubar demuestran claramente cómo en el siglo XIX se interpretaba el 'eterno femenino' como una especie de visión angelical y de dulzura: desde la Beatriz de Dante, la Margarita y la Makarie de Goethe, hasta el 'ángel de la casa' de Coventry Patmore, la mujer ideal es una criatura pasiva, dócil y sobre todo sin personalidad (Moi 1988: 68).

El patriarcado es visto así como una cárcel de palabras, donde el hombre recluye a las mujeres —siempre enigmáticas para él— para que no se le escapen. Por eso, ahora se trata de ver esas imágenes de otro modo y poner en evidencia las máscaras —estereotipos— creadas por el hombre quien, por un lado, para apropiarse de las mujeres produce la mujer angélica: fiel, dócil, callada; pero por otro lado tiene temor a lo femenino, y construye la mujer monstruo, que será toda aquella que pretenda rebelarse de alguna manera.

Rima de Vallbona concibe la literatura como fuente de conocimiento y por lo tanto como valioso instrumento para influir en la sociedad, por eso elabora sus personajes con el propósito de hacerlos ejemplares. Esos personajes femeninos —imágenes de mujer, creadas por una mujer— serán entonces nuestro blanco.

DISCURSOS DOMINANTES

Según Mircea Eliade el mito nos habla de una historia que es ejemplar y significativa, pues al darle modelos a la conducta humana, le da también significado y valor a la existencia. Aunque en un principio el mito estuvo muy ligado con lo divino y sobrehumano, los griegos lo fueron vaciando poco a poco de valor religioso o metafísico, hasta que llegó a significar para ellos, algo que puede suceder y existir en la realidad.

G. S. Kirk relaciona el mito con los poemas homéricos y dice que muchas de sus historias humanas

> han adquirido categoría mítica arquetípica [...] episodios como el rapto de Helena, [...] el regreso y venganza de Odiseo, la perseverancia de Penélope.
> ...se han convertido en paradigmas míticos en el pensamiento y literatura subsiguientes" (1973: 49),
> y como tales en [...] "estatuidores de costumbres, credos, derechos e instituciones" (1973: 37).

Los mitos antiguos se convierten así en ejemplos por seguir en las generaciones posteriores. Así, son el fundamento de muchos de los roles y patrones de conducta que la sociedad ha asignado a cada uno de sus miembros.

El mito de Penélope es uno de los más conocidos y ha sido reelaborado innumerables veces a lo largo de la historia de la literatura. Tiene su fundamento en el papel que la sociedad patriarcal ha impuesto a la mujer. Con la recreación del mito una y otra vez, se sigue reproduciendo el estereotipo, la visión idealizada de lo femenino, creada por el hombre para satisfacer sus deseos. Así, ella es la mujer ángel, paciente, callada y obediente, siempre dedicada a las faenas domésticas. Penélope es la mujer ideal, creada por el hombre para su servicio, como veremos a continuación.

EL MITO DE PENÉLOPE

Penélope es hija de Icario y prima de Helena de Troya. Se casa con Odiseo, con quien tiene a su hijo Telémaco. Cuando Odiseo parte a luchar a la guerra de Troya, Penélope queda a cargo de su hijo y de la hacienda de su esposo. Sin embargo la guerra termina y Odiseo continúa sus andanzas y aventuras lejos de Itaca y del hogar, al cual no regresa. Esto provoca la aparición de numerosos pretendientes quienes asedian a Penélope, se instalan en su casa y viven a expensas del patrimonio de Odiseo.

Como Penélope no quiere casarse con ninguno de los pretendientes, les pide esperar a que ella termine de tejer una tela, la cual servirá de sudario a su suegro Laertes. De esa manera, durante el día Penélope teje incansablemente y en la noche desteje lo tejido, de modo que nunca lo termina. Así pasa el tiempo y cuando la ausencia de Odiseo se ha extendido por 20 años, Penélope se ve obligada a decidir con cuál de los pretendientes se casará. La llegada de un mendigo que le trae noticias sobre la ruina final de Odiseo, la llevan a dar el paso definitivo y convoca a un concurso. Quien logre doblar el arco de Odiseo será su esposo. Sin embargo ninguno logra hacerlo hasta que el mendigo, quien no es otro que Odiseo disfrazado, lo consigue, se lanza contra los pretendientes y acaba con ellos, para recuperar así sus posesiones, Penélope incluida.

Para comprender un poco mejor el por qué del papel desempeñado por las mujeres en la sociedad Occidental, nos parece pertinente echar una brevísima mirada a la concepción que de ellas tenían los griegos, pues ahí se funda la base del status de inferioridad que se les ha conferido y que rige aún en nuestros días.

La exclusión de las mujeres de todos los ámbitos, incluyendo el uso de la palabra, está fundamentada claramente tanto en Homero como en Hesíodo.

En la época homérica el mundo es de los hombres. Ellos gobiernan —piensan, hablan, ordenan con su discurso autoritario— van a la guerra, viajan. Las mujeres mientras tanto deben callar y obedecer, dedicarse a las labores del hogar y a la procreación, además de cuidar del marido cuando es anciano. Son vistas como objetos cuyo dueño puede usarlas para efectuar algún intercambio y son también botín de guerra. Según Yadira Calvo, en la Odisea se le prohibe a Penélope tomar decisiones, conversar y desplazarse fuera de los límites de su aposento. Aparece como una prisionera, cuya virtud y discreción es ensalzada por Homero, quien al final del poema la pone como ejemplo por seguir por todas las mujeres.

Hesíodo en la *Teogonía* habla de las mujeres como de "un mal hermoso" y las compara con los zánganos, pues gastan los bienes del marido sin dar nada a cambio. Su principal defecto, dice Hesíodo en *Los trabajos y los días* es ser falsa y curiosa como Pandora, quien es la culpable de todos los males que aquejan a la humanidad.

Así se han sentado las bases para la creación de los estereotipos femenino y masculino del modelo patriarcal, que rige la sociedad Occidental hasta nuestros días. Tal ha sido la historia de las mujeres desde la antigüedad, recreada muchas veces en la literatura, para que continúe su ciclo reproductor de imágenes de la mujer ideal, creada por el hombre.

Entre las muchas reelaboraciones y críticas hechas al mito de Penélope un buen número de ellas reproducen y ensalzan el arquetipo femenino de la mujer fiel, dócil, callada y paciente, siempre a la espera del varón. Pero también se han dado recreaciones contestatarias. Entre ellas podemos citar el poema escrito por la poeta y traductora salvadoreña Claribel Alegría, donde nos muestra una Penélope algo distinta de la tradicional, pues aunque siempre depende de la protección y guía de un hombre, decide no esperar más a su esposo anciano, desapegado de la familia e infiel y se enamora de un hombre mucho más joven. Rompe de esa forma el estereotipo de la mujer ángel, pues aquí Penélope escribe y manifiesta su voluntad. El poema es la irónica carta que Penélope escribe a Odiseo, comunicándole su decisión de no aceptarlo de nuevo en casa. He aquí dicho texto:

"Carta a un desterrado"

Mi querido Odiseo / ya no es posible más /
esposo mío / que el tiempo pase y vuele /
y no te cuente yo / de mi vida en Itaca.

Hace ya muchos años / que te fuiste /
tu ausencia nos pesó / a tu hijo / y a mí.

Empezaron a cercarme / pretendientes /
eran tantos / tan tenaces sus requiebros /

que apiadándose un dios / de mi congoja /
me aconsejó tejer / una tela sutil /
interminable / que te sirviera a ti /
como sudario.

Si llegaba a concluirla / tendría yo sin mora /
que elegir un esposo.

Me cautivó la idea / al levantarse el sol /
me ponía a tejer / y destejía por la noche.

Así pasé tres años / pero ahora, Odiseo, /
mi corazón suspira por un joven /
tan bello como tú cuando eras mozo
tan hábil con el arco / y con la lanza.
Nuestra casa está en ruinas / y necesito un hombre /
que la sepa regir.

Telémaco es un niño todavía /
y tú un padre anciano.

De mi amor hacia ti /
no queda ni un rescoldo.

Telémaco está bien / ni siquiera pregunta por su padre /
es mejor para ti / que te demos por muerto.

Sé por los forasteros / de Calipso / y de Circe /
Aprovecha, Odiseo / si eliges a Calipso /
recobrarás la juventud / si es Circe la elegida /
serás entre sus cerdos el supremo.

Espero que esta carta / no te ofenda /
no invoques a los dioses / será en vano /
recuerda a Menelao / con Helena /
por esa guerra loca / han perdido la vida /
nuestros mejores hombres/ y tú estás donde estás.

No vuelvas, Odiseo, / te suplico. /
Tu discreta Penélope.

(*La Nación,* 20 de marzo de 1994: 3D).

Yadira Calvo en *Literatura, mujer y sexismo* analiza el papel de la Penélope homérica. La describe como prisionera en su habitación, donde se ve reducida a llorar, callar, obedecer y tejer. El hombre, ya sea padre, esposo o hijo es el señor y amo de la mujer. Ante la ausencia del esposo, su hijo Telémaco da órdenes a Penélope, quien a pesar de ser la esposa de un rey, no tiene bienes propios.

> Se llame Andrómaca, Penélope o Claudia, este tipo que nos ha heredado la historia es la mujer clavada en el madero de una tradición inflexible, padeciendo inmovilidad permanente a través de los siglos, los milenios, las civilizaciones. En el más antiguo documento literario que conoce la cultura occidental, surge para el mundo, al mismo tiempo que la palabra convertida en arte, una visión androcéntrica de la excelencia humana de la cual está excluida la mujer. Penélope sigue estando oprimida, sometida a normas de conducta inalterables que le fijan los hombres y la fuerzan a aceptar como discretas las reconvenciones, si alguna vez infringe las normas del silencio y la obediencia (1991: 26).

Estos ejemplos de reelaboración del mito nos conducen finalmente al cuento "Penélope en sus bodas de plata", donde se desarrolla la misma temática, por lo tanto nos preguntamos...

¿SEGUIRÁ TEJIENDO PENÉLOPE?

La respuesta a nuestra pregunta se insinúa en la dedicatoria del cuento, como un anticipo a lo que sucederá más adelante: "A la mujer que se ha descoyuntado de la sociedad farisea" (11).

Ya ahí se rechaza de alguna manera el monologismo del estereotipo, al exaltarse la ruptura con las normas que la sociedad trata de imponer.

Como en otros de sus relatos, en éste, la autora recrea símbolos y mitos y usa una serie de recursos estilísticos —exposición fragmentaria, impresiones dispersas, enfoque cinematográfico, reiteraciones, acumulación de imágenes— para brindarnos un texto bellísimo, en el cual no faltan elementos fantásticos, sorpresivos.

Una voz masculina, la de Abelardo, nos cuenta desde su propia perspectiva y sus vivencias, por medio de un largo monólogo interior, la historia, la cual es narrada en presente y sucede en un solo día, el de la fiesta de celebración de las bodas de plata de sus padres.

A pesar de ser un monólogo interior, y con una visión androcéntrica de la sociedad, la voz de Abelardo da paso a otras voces: la de la criada y las del padre y la madre, lo cual resulta en un relato polifónico.

La idea de ruptura anticipada en la dedicatoria, es confirmada en el primer párrafo, donde Abelardo, se encuentra inquieto al presentir que en la fiesta algo romperá la rutina, algo inesperado y extraño que tal vez "haga historia en esta dormida ciudad" (11). La realidad cotidiana de la rutina hogareña se manifiesta en el discurso mediante sonidos: el golpe de la vajilla al ser limpiada, los chorros de agua al caer en las porcelanas y los cristales, anuncian también los preparativos para la fiesta de esa noche.

La descripción de los olores es tan lograda que casi los podemos percibir. El ajo y las fritangas provocan náuseas a Abelardo al mezclarse con el aroma de los jazmines, rosas, gardenias, perfumes-de-tierra y el presentimiento de que algo sucederá.

Abelardo nos presenta a su madre como una mujer temerosa, quien a menudo advierte sobre el peligro de cometer pecado mortal y sufrir luego las penas del infierno. Las tentaciones de la carne, la sensualidad, están representadas en las dos primas de Abelardo. Como es tradicional desde una visión patriarcal, se da un paralelismo entre ese desbordamiento de los instintos, de la sensualidad y la descripción de una naturaleza desbordada también, tan femeninas ambas según ciertos cánones literarios. Cuando piensa en sus primas, Abelardo recuerda sus cuerpos jóvenes y el placer sensual de sentirlas junto a él, cuando se bañan en el río. Surge entonces la oposición paraíso/infierno, al recordar el joven el discurso materno —de carácter religioso— y sus propios deseos sensuales. Abelardo le da vuelta al discurso de su madre y lo que ella describe como pecado es para él el paraíso. El infierno es no poder satisfacer sus deseos, "dejándose ir".

> ¡Qué suave y tierna la carne de las dos bajo el agua del río! Nunca jamás tuve en mi vida después la sensación tan plena y total del paraíso: la abigarrada vegetación cayendo de bruces dentro del agua en un suicidio trascendental de ramas cuajadas de parásitas

y juncos y lianas. Y el silencio agujereado por mil ruidos, reventaba en el chillido de la chicharra, o en el mango maduro que se partía al caer a tierra. Y con el susurro del río, el susurro de la sangre henchida de placeres nuevos, sanos (13).

Sin necesidad de nombrarla —pues ni siquiera sabemos su nombre— esta Penélope moderna es introducida con sus características principales: teje, teje y teje y espera, aunque Abelardo no sabe qué es lo que espera. La reiteración de la acción se acentúa con la repetición de la palabra.

Además de silenciosa, es poco inteligente, por eso no puede comprenderlo a él; su hijo piensa...

> Pero mamá, ¡tan buena la pobre!, no comprendía ni comprende ahora que todo no son sólo juegos, bicicleta, canicas, pupitres, libros, y dos por dos son cuatro. Para ella, el sillón junto a la ventana y las dos agujas que no se cansan tejiendo, tejiendo, tejiendo, siempre tejiendo. Espera algo. Yo sé que espera algo. Cada movimiento de su aguja, rápido, nervioso, dice que espera algo. ¡Pero lleva tanto esperando! (13).

Abelardo se pregunta qué es lo que teje su madre y qué ha hecho con todas las labores realizadas durante años. El nunca las ha visto y fantasea imaginando un cuarto secreto, repleto de prendas de lana blanca. Porque la lana que usa su madre es blanca, siempre blanca, sin ningún matiz. Como es ella misma. Siempre igual, silenciosa. Aunque de repente, recuerda escucharla tararear una canción melancólica y llorar cuando le pregunta ¿por qué tejés tanto?

La madre se pierde en los deberes hogareños, tan repetitivos como los de Sísifo. Las únicas palabras que sabe decir son las cotidianas: chorizo, picadillos, frijoles, limpieza, claveles, tejer. Cuando ella dice "tengo que hacer", su expresión le parece a Abelardo la de una muerta; en cambio al oír una canción de amor ella parece revivir, sus ojos brillan y el hijo recuerda entonces el círculo sensual y mágico de sus primas.

Sin embargo, Abelardo hace caso omiso de esa asociación que su mente discurre, porque su madre está por encima del sexo, es asexuada; su principal y única labor es la maternidad, de la cual no podrá desligarse nunca: su vida entera debe girar alrededor del hijo. Es el arquetipo de la madona, en el cual la mujer renuncia a su propio ser, no vive para ella sino para los otros.

La voz del padre enfatiza aún más la visión de esta mujer ángel, mujer ideal, sin personalidad propia, que es su esposa y le dice a su hijo:

> Dejála en su mundo, Abelardo, que ella es feliz así, en su fácil mundo de mujer. Veinticinco años de casados y ni una queja, ni un reproche. Es feliz tejiendo. Es feliz entre los cachivaches de la cocina, arreglando ramos de flores, cambiando lugar a los muebles. Si nuestro mundo de hombres fuera como el de ella, todo sería lecho de rosas. Mirá, mirá mis canas de estar doblado frente al escritorio (14).

Claramente deslinda el padre, con todo el poder del discurso patriarcal, los diferentes ámbitos en que transcurren la vida del hombre y de la mujer. La importancia del trabajo desempeñado por él, es representada por el escritorio, característico de una labor intelectual que se lleva a cabo en el mundo de lo público, la cual constrasta con las actividades "recreativas" de ella, que más que trabajo son un "juego de casita", circunscrito al mundo de lo privado.

En los veinticinco años de casados, esta mujer no ha expresado queja o reproche alguno; ya lo decía su hijo... sólo conoce palabras cotidianas, que en muchos casos lo hacen avergonzarse ante sus amigos. Abelardo querría que ella no hablara del todo, ya que sólo su voz desentona, porque todavía es hermosa, sin canas en ese pelo castaño rojizo tan brillante, casi sin arrugas su piel. Si no hablara sería como una estatua, realmente ...la mujer ideal. Sería —como señalan Gilbert y Gubar— un objeto de arte, digno de ser exhibido para despertar el deseo de posesión en los otros. Un artículo decorativo y decoroso, con el que cualquier gobernante estaría satisfecho de adornar sus dominios.

En el monólogo de Abelardo se expone el ciclo de renovación de los roles en las generaciones sucesivas. El duplica la conducta del padre y buscará una mujer angelical para hacerla su esposa.

Lana blanca, cocina —náuseas, náuseas— es su mundo, pequeño, ínfimo, del que nunca saldrá. Pobrecilla. Como abuelita y como todas las mujeres, sin alas para volar a infinitos horizontes, sin sueños para vencer (16).

De esa manera la literatura reproduce la ideología dominante. Sin embargo en este caso...

¡PENÉLOPE ROMPE SUS AGUJAS!

Ya en la fiesta y ante el anuncio de que su madre va a hablar en público, Abelardo se horroriza pues nunca ha hecho algo parecido. Piensa que ella no sabe hablar y quedará en ridículo, seguramente está borracha. Su padre, tan asombrado como él, probablemente piensa lo mismo: ella se volvió loca, totalmente loca. Los invitados la miran atentos y Abelardo cree vivir una pesadilla.

Al empezar a hablar parece una reina autoritaria y majestuosa. Es la primera vez que escuchamos de sus labios palabras no cotidianas, que nos dicen que ese día, después de veinticinco años de prisión, recupera su libertad. Ya ni su hijo ni su marido la necesitan, pero ella sí se necesita a sí misma:

> Hoy lo que celebro es mi libertad. ¿Han visto un reo después de cumplir su condena y recuperar su libertad? Ese reo soy yo. [...] Hoy quiero anunciarles que me declaro libre del yugo del matrimonio, libre para disponer de mi tiempo como me dé la gana. Voy a darme el gusto de viajar por todo el mundo [...]. Lo mejor de hoy, es poder romper para siempre un silencio de veinticinco años que estaba ya haciéndose gusanera. Bebamos amigos, por la libertad que hoy es mi dicha y la de mi ex-marido también (18).

Al hacer su discurso y "hablar de verdad", con su propia voz, por primera vez en veinticinco años, expresando sus sentimientos y comunicando su voluntad y deseos de dirigir su vida, esta Penélope rompe sus agujas y se transforma en una mujer monstruo, el anverso de la idealización masculina. Una mujer que los asusta porque no la pueden dominar y subvierte el estereotipo al rebelarse y asumir las riendas de su destino, en un acto autodefinitorio y por tanto, autoafirmativo.

> El monstruo mujer es aquella mujer que no renuncia a tener su propia personalidad, que actúa según su iniciativa, que tiene una historia que contar —en resumen, una mujer que rechaza el papel sumiso que el machismo le ha asignado (Moi 1988: 69).

Se muestra claramente en este punto la oposición que se da en el texto entre vida hogareña y cotidiana y libertad. En el momento en que la mujer reclama su libertad, es rechazada por su hijo, tal y como lo propone Dorothy Dinnerstein, al decir que el hombre teme a la autonomía de la mujer, especialmente a la autonomía materna.

El mundo de Abelardo se trastoca, su madre, la mujer angélica, quien no le parecía suficiente por cotidiana, se transforma de repente en esta loca que se rebela; y lo que es peor aún, se ve feliz, ríe y su traje tiene un escote muy provocativo que muestra un cuello sensual. La ve coquetear con otro hombre y todo le parece una espantosa pesadilla. No puede ser que su madre sea tan mala, es como todas las mujeres...

> Ella no puede —no debe— romper el rito monótono del picadillo, el tamal, la yuca... las penas del infierno... que siga tejiendo junto a la ventana. Yo le compraré la lana blanca para que cierre totalmente ese escote pecaminoso y para que no tenga tiempo de mirar así al doctor Garcés. Ella nació para eso" (19).

Pero ya esta mujer recuperó la voz y quiere disfrutar del resto de vida que le quede. Para ella sola. Es el paraíso de ella y el infierno del hijo. Lamentablemente, mientras el hijo se mantenga dentro de las estructuras del pensamiento patriarcal, su paraíso no coincidirá nunca con el de su madre. El tiempo mítico, sagrado y circular en el cual ha transcurrido la vida de esta Penélope, se rompe cuando habla y asume el lugar que desea. La instauración de un tiempo profano se logra gracias al humor y a la ironía que marcan el final de este texto transgresor, cuando la mujer saca las prendas tejidas durante veinticinco años de silencio, todas de lana blanca, y las reparte entre los invitados, quienes se visten con ellas. El cuento termina en un ambiente de carnaval, que hace la pesadilla del hijo más irreal aún. Es el carnaval bajtiniano que vuelve al revés las anteriores jerarquías, y el humor aparece como la resistencia del sujeto, sujetado al discurso de autoridad.

Este humor con el cual la autora finaliza su cuento es doblemente subversivo, porque si al hablar la mujer se libera, al entregar las prendas demuestra que mientras tejía en silencio, simulando sometimiento, estaba gestando su liberación. Al tiempo que tejía con lana blanca, tejía su destino futuro en la intimidad de sus propios pensamientos.

Al llegar al final de este análisis parcial del cuento de Rima de Vallbona, hemos visto cómo se rompe el discurso mítico dominante, al trastocarse el papel de fidelidad, silencio y espera que la Penélope del cuento presenta en un principio. El discurso autoritario del patriarcalismo, representado sobre todo desde la perspectiva del hijo —como fiel heredero del padre— es subvertido cuando la mujer reprimida se libera y habla, diciendo su propia imagen de mujer y no la que le impusieron.

María de Jesús Páez de Ruíz en su análisis del cuento dice que al reclamar la protagonista su derecho a existir y a ser, rompe:

> la estructuras míticas del carácter del 'hogar': la idealización de la familia patriarcal y la inhumana figura de la legítima esposa y madre. Es decir el arquetipo de la MADONNA-MADRE caracterizada por grandes sufrimientos, sacrificio personal, entrega absoluta al dios-esposo, a la familia, a la sociedad, al qué dirán [...] modelo absoluto de domesticidad [...] y total anulación del SER. El carácter 'angelical' de este arquetipo es rechazado por la escritora que nos presenta la rebelión de la mujer que no se conforma con esa imagen convencional y que se convierte en modelo de nueva expresión (1987: 85).

Rima de Vallbona "desteje" el mito de Penélope y lo convierte en una parodia, al darle a su relato un final lleno de esperanza para la nueva mujer que sí puede y quiere hablar, liberarse de las antiguas cadenas y ser dueña de su destino.

NOTAS

[1] Aunque no siempre coinciden, como sucede en el caso de la parodia.

OBRAS CITADAS

Alegría, Claribel. *La Nación,* Suplemento *Ancora.* San José, Costa Rica, 20 de marzo 1994: 3D.

Bajtín, Mijail. "La palabra en la novela". En *Teoría y estética de la novela.* Madrid: Taurus, 1989.

Calvo, Yadira. *Literatura, mujer y sexismo.* San José: Editorial Costa Rica, 1991.

Eliade, Mircea. *Mito y realidad.* Barcelona: Editorial Labor S.A., 1978.

Gilbert, Sandra & Gubar, Susan. *The Madwoman in the Attic: The Woman Writer in the Nineteenth-Century Literary Imagination.* New Haven: Yale University Press, 1984.

Gómez-Moriana, Antonio. "La subverión del discurso ritual -II-". *Imprévue.* Montpellier, 1980.

Kristeva, Julia. *El texto de la novela.* Barcelona: Editorial Lumen, S.A., 1981.

Kirk, G.S. *El mito. Su significado y funciones en las distintas culturas.* Barcelona: Barral Editores, S.A., 1973.

Lagarde, Marcela, *Identidad de género.* Curso ofrecido en el Centro Juvenil "Olof Palme". Managua, Nicaragua, 25-30 de abril. Fotocopia, 1992.

Moi, Toril. *Teoría literaria feminista.* Madrid: Ediciones Cátedra, 1988.

Páez de Ruiz, María de Jesús. "Mito y realidad en Mujeres y agonías de Rima de Vallbona". En *Evaluación de la literatura femenista de Latinoamérica. Siglo XX. Simposio II Internacional de Literatura.* Ed. Juana Arancibia, San José, C.R.: EDUCA, 1987: 81-90.

Vallbona, Rima de. "Penélope en sus bodas de plata". *Mujeres y agonías.* Houston, Texas: Arte Público Press., 1986.

¿QUIEN ES LA TEJEDORA DE PALABRAS? UNA MEDUSA, UNA SIRENA, LA BRUJA CIRCE, UNA MOIRA O ALGO MAS

Kattia Chinchilla Sánchez
Universidad de Costa Rica

> "Los mitos son los sueños de los pueblos"
> Otto Rank

> "Dreams are rudiments of the great state to come.
> We dream what is about to happen".
> Baily

"La tejedora de palabras", que pertenece al cuentario *Los infiernos de la mujer y algo más...*, de la escritora Rima de Vallbona, enuncia y evidencia, de manera arcana, a la ambivalente Dra. Thompson: joven y vieja, a la vez, la doncella y la bruja, capaz de hechizar al discípulo. Se asimila a la Medusa (Gorgona), a la Sirena, a la Circe homérica y a la Moira. Ya veremos el "algo más" del título de este estudio.

¿Quién es la tejedora de palabras? Su cabellera es como el sol: "estalló en mil resplandores rojizos" (11), "aureolada por el brillo de una nunca antes vista frondosa mata de pelo" (11), "la de hermosos cabellos subía con aire de majestad las tres escaleras del edificio" (12).

La escena del drama (amén de su etimología griega, acción) se instala en el verano: estación seca, zona cuasi mágica que hasta nos hace pensar en el origen mismo del universo, tal y como lo presenta la autora hacia el inicio del texto:

> El violento fulgor veraniego de los ocasos de Houston estalló en mil resplandores rojizos en su hermosa cabellera, la cual lo dejó deslumbrado por unos momentos: era como si hubiese entrado en una zona mágica en la que ni el tiempo ni los sentidos, ni la realidad tuvieran cabida alguna (11).

Su origen primigenio no es obstáculo para situarse en cualquier instante de la "historia", del tiempo lineal o profano. Esta categoría la hace portadora de un hálito que hechiza, el ente capaz de jugar con la "materia":

> En efecto, mientras ella exponía la materia, era imposible escapar al hechizo de aquel remoto mundo, el cual se instalaba en el espíritu de Rodrigo como algo presente, actual, que nunca hubiese muerto, ni moriría jamás (14).

Es una figura selénica, la gran hilandera, como si fuera una araña. Mircea Eliade nos dice que la luna entrelaza todos los destinos, pues tejer no es sólo predestinar y ensamblar realidades distintas, sino también crear, hacer salir de la propia sustancia, como el arácnido produce de sí la tela misma. Mas el poder de la Dra. Thompson es la palabra:

> En varias ocasiones Rodrigo experimentó muy en vivo que en vez de palabras, la profesora le iba tejiendo a él —sólo a él— la 'divina tela' (tela-tejido-textura-texto); ligera, graciosa y espléndida labor de dioses que había venido urdiendo la 'venerable Circe' en su palacio, también hecho por Homero de puras palabras (14).

La palabra está ligada con la sabiduría cuyo dominio está en poder de la Diosa Madre, con valencias selénicas y ctónicas, en virtud de su rol mágico. El saber femenino deviene de su propio tabú, empero el arcano del verbo radica en el juego del "decir" o el "no decir". La palabra es ancestral, dotada de energía, que proviene de su oscuro pasado.

> Así fue como la profesora Thompson captó el efecto mágico que producía sobre Rodrigo la urdimbre de sus palabras [...] lo colmó de palabras para hacerle saber que ella lo comprendía (14).
> Sin duda alguna la mujer tenía algo de hechicera o se las sabía todas en el campo de la sicología (16).
> A Rodrigo no le cabía duda de que ella era una hábil manipuladora de palabras, palabras que iba tejiendo a manera de una tupida red (19).

> Entonces Rodrigo experimentó con más fuerza que antes que ya nada podía hacer para defenderse de ella, que de veras estaba atrapado en la red tejida por ella con palabras, palabras, palabras y palabras, escritas, susurradas, habladas, leídas, recitadas (19).

Jorge Luis Borges, en el poema "El Golem", juega con la cábala y con el lenguaje, y plantea el enigma de la palabra en boca del hombre, desde la primera estrofa: "Si (como el griego afirma en el Cratilo) el nombre es arquetipo de la cosa, en las letras de rosa está la rosa y todo el Nilo es la palabra Nilo".

Aún así, seguimos preguntado ¿quién es la tejedora de palabras? Es como la Medusa: su cabeza estaba rodeada de serpientes, como la cabeza de frondosos cabellos de nuestra tejedora. Pese al simbolismo solar de la cabellera, el astro rey muestra un aspecto ofídico, tenebroso, macabro, opuesto a su figura manifiesta y bienhechora; además, los cabellos de una mujer/bruja se asimilan a la serpiente. Medusa echaba chispas por los ojos: "ella fijó en Rodrigo una mirada de cenizas con ascuas" (12).

La mirada de la Medusa era tan penetrante que el que la sufría quedaba convertido en piedra. La profesora comparte esa condición: "por unos instantes se suspendieron sus sentidos [los de Rodrigo] y quedó petrificado" (11).

Al serle cercenada, la cabeza de Medusa está dotada de poderes mágicos: la sangre que brota de su vena izquierda es un veneno mortal y la de su vena derecha era un remedio capaz de resucitar a un muerto. Esto último se aprecia en el cuento, cuando la profesora le asevera a Rodrigo que puede defenderlo de la misma muerte:

> [... Rodrigo] recordó otra de las cartas en la que ella le decía que para defenderlo de la muerte (¡del Hades!), la cual pululaba por todo su ser, él debería abandonarlo todo, absolutamente todo y retirarse a vivir con ella en la mansión (18).

Esto evidencia el aspecto de la Dea inversa: la madre terrible, el lado destructor de natura. La Medusa es una figura mítica móvil e inmóvil, como una esvástica, bella y horrenda, evidente y críptica.

¿Quién es la tejedora de palabras? Es como una o cualquiera de las Sirenas, ya que atrae y fascina al varón con su canto. Las sirenas aparecían talladas en los monumentos funerarios como ángeles de la muerte (y esto tal vez se relacionaría con la misteriosa "desaparición" de Rodrigo hacia el final del relato). Son iconos de lo inconsciente, de lo materno, como lo fascinante y lo terrorífico, al igual que la Gorgona mortal:

> Ella se dirigía hacia el edificio de lenguas clásicas y modernas cuando Rodrigo tuvo la fugaz visión suya de espaldas, aureolada por el brillo de una nunca antes vista frondosa mata de pelo. Iba cantando —o eso le pareció— con una voz tan melodiosa, que por unos instantes se suspendieron sus sentidos y quedó petrificado (11).
> [...] la Dra. Thompson daba unas clases fascinantes durante las cuales volvían a cobrar vida Ulises, Patroclo, Nausica, Penélope, Telémaco, Aquiles (14).

Las sirenas se caracterizan por la mostración develada de su femineidad: los senos exagerados. Tal rasgo en la mujer son imagen pura de lo inconsciente que provocan sueños eróticos, con una carga afectiva terrórifica para el hombre; manifiestan sus pulsiones oscuras y primigenias. Esta sinécdoque se halla en cierto pasaje de la novela *Cien años de soledad* del escritor colombiano Gabriel García Márquez, en la cual esos dones de la mujer engañan a los marineros al conducirlos a la muerte inexorable. En nuestro cuento, Rodrigro "desaparece", es una interrogante abierta para que el lector le ponga el punto final, si es que existe, pues desde esta óptica es la eterna "batalla" entre los géneros, o mejor dicho, el encuentro del hombre y la mujer, que adquiere diferentes tonos y colores, como el juego de luces del planeta. Vale la pena y so pretexto del mito de Odiseo, citar a Jean Chevalier:

> Es preciso aferrarse como Ulises a la dura realidad del mástil, que está en el centro del navío, que es el eje vital del espíritu, para huir de las ilusiones de la pasión (949).

En el mundo heleno, las sirenas atraen también a los caminantes para devorarlos, lo que en algo nos recuerda la inquietante afirmación de Antonio Machado: "Caminante, no hay camino, se hace camino al andar". ¿Qué hizo la Dra. Thompson, la profesora de letras clásica, con su discípulo? En las islas gélidas de aspecto tenebroso, como las del Reino Unido inglés, las sirenas son las sacerdotisas fúnebres, el luto de la muerte del rey. Por ende, así como las lechuzas, también miran a través del laberinto de los hilos del fatum. Dante Alighieri veía en ellas una evocación del placer sensual: son los guardianes de las tres últimas terrazas de la Montaña del Purgatorio, donde están la Avaricia, la Gula y la Lujuria. Siempre en la Edad Media, nominadas Sirenes voluptatis, son el calibre seductor de todos los vicios.

Como una cantaleta, seguimos inquiriendo ¿quién es la tejedora de palabras? Es una Circe en su rol de hechicera y, por tanto, dominadora de la palabra, capaz de tejer y ser canora como una Sirena:

> [...] Circe, la de lindas trenzas, deidad poderosa, dotada de voz [...] (*Odisea,* X: 135).
> [...] oyeron a Circe que con voz pulcra cantaba en el interior, mientras labraba una tela grande, divinal y tan fina, elegante y espléndida, como son las labores de las diosas (*Odisea,* X: 224).

Robert Graves indica que la isla Eea ("lamento") es de la muerte con una diosa afín que canta mientras teje (como las Moiras). La vida y la muerte son dones selénico-telúricos, marcados en el texto, a propósito de la profesora que nos ocupa:

> Camina con desgano, como si ya no pudiera dar un paso más en la vida y se quisiera perder en el laberinto de la muerte (12). Además, le pareció que la profesora entendía aquel 'destino' plantado en medio del papel, en el rígido e inapelable significado griego, y que ella quién sabe por qué hechicera capacidad, le advertía el contenido de su oráculo (15).

Para Francesc-Lluís Cardona, Circe es la diosa del amor maligno. Es la hija de Helios. Vries opina que reinaba en la isla encantada del eterno olvido, o sea, la muerte. Estamos ante el fenómeno de la dualidad *(coincidentia oppositorum):* sol-luna / luz-oscuridad / cosmos-caos / rey-reina. Analicemos la última palabra de la anterior oración. La hechicera es el ensueño horripilante de la Gran Madre Tierra y, por extensión, la madre personal con ese carácter.

> Suele representar a la madre en su aspecto terrible, dominante, tiránico, absorbente [...]. En muchos sueños de adolescentes, la bruja es la imagen inconsciente que se forman de su madre y refleja la agresividad inconsciente hacia la misma (Félix: 22).

En el diccionario de sueños de Gustavus Hindman Miller se destaca un rasgo clave para acercarse al cuento de Rima de Vallbona. En éste, Rodrigo se aventura y, con ello, echa a andar la rueda de la fortuna.

> To dream of witches denotes that you, with others, will seek adventures which will afford hilarious enjoyment, but it will eventually rebound to your mortification (609).

El Dr. Carl Gustav Jung considera que las brujas son proyecciones del ánima masculina, es decir, el rasgo femenino del hombre, instancia primitiva, la cual subyace en lo inconsciente colectivo. La mujer se convierte en una potencia temible. Adle Gerhard, estudioso de la psicología junguiana, propone que la hechicera es fruto de los rechazos, encarna los deseos, los temores y las tendencias de nuestra psique que son incompatibles con el yo interior, sea cual sea la causa.

> Así, por ejemplo, el anima es la forma arquetípica de la imagen del alma en el varón, en la que se refleja la parte sexual complementaria (es decir, lo femenino) de su psique. El anima puede aparecer como la propia madre, como la amada, como ángel o bruja, como amazona o diablesa, etc. (Lurker: 45).
> Este es el mapa que te llevará, muchacho querido, a través del laberinto de autopistas de Houston hasta mi morada salvadora de la muerte existencial que imponen ellos, los que diciéndote que te quieren, te están destruyendo, puso al pie del mapa (16).
>
> Y porque te amo, Rodrigo, mi Rodrigo, porque has llegado a ser todo para mí, lucharé a brazo partido y hasta te daré mi vida entera por salvarte de ti mismo (17-18).
> Una vez ante ella, Rodrigo baja la vista y el aprendido código social de gentileza —hipocresía— disimulo, se le impone de nuevo y sí, señora, ¿en qué puedo servirla?, déme la cartera que está muy cargada de libros, para llevársela, ¿le abro la puerta?, no

tenga cuidado, sabe que estoy a sus órdenes, usted sólo tiene que mandarme (18).

Para darte la paz que necesitas, Rodrigo, sólo para eso te llevaré a mi paraíso al que nadie más que mi legión de gatos entra ni entrará. Podrás darle mi teléfono a tus parientes y amigos para no cortar del todo con el mundo de afuera. Allá, conmigo, verás cuánta paz y dicha alcanzaremos juntos, porque sabes que te amo con un amor rotundo y total, como nadie te ha querido antes, ni siquiera tu madre(19).

Se ha mencionado un animal importante: el gato. Fue domesticado hacia el año 2000 A.C. y ha sido vinculado mayormente con lo oscuro y, por ende, con lo negativo. Como dato curioso, pareciere que la onomatopeya felina española (miau) corresponde a la voz egipcia que denominaba al gato. En algunos papiros satírico-humorísticos, la tradicional lucha gato-ratón es invertida y son los roedores, ataviados con pertrechos bélicos, quienes emplazan a los gatos en una fortaleza. Esto nos sugiere estar ante un milenario antecedente de los actuales "comics" Tom y Jerry. Desde el punto de vista post-moderno, la inversión de la autoridad nos es muy común en esta época, donde todo centro es descentrable y no existe centro sin suplemento, según Jacques Derrida.

Volviendo al texto que nos ocupa, los gatos son típicamente femeninos y/o son andróginos: "[...] la mujer, como es sabido, hunde sus raíces en el aspecto oscuro de la vida más profundamente que el hombre, más sencillo" (Biedermann, 209).

Como si fuera la tradicional bruja, la Dra. Thompson lo introduce en su automóvil, para conducirlo a su mansión:

> En cuanto entró, le vino de golpe un violento tufo a orines y excremento de gato que lo llenó de incontenibles náuseas. [...] la profesora Thompson había dejado encerrados a dos de sus numerosos gatos que se quedaron mirándolo con odio y rabia... (19).

Más adelante, cuando la mujer (anciana) le propone al hombre (joven) la vivencia de una arcadia sin igual, enfatiza sus poderes mágicos al hacer desaparecer el "olor gatuno" de su "coche encantado".

Amén de su función de tejedora, es como una Moira o una Parca. Ellas eran tres: Cloto, Láquesis y Atropos. Regulaban la duración de la vida, desde el nacimiento hasta la muerte, con la ayuda de un hilo, de ahí su mote "las hilanderas" (el ser tres refleja la tricefalicidad de las diosas de la tierra: virgen, madre y anciana). Cloto es la diosa doncella de la primavera, es quien hila (la luna nueva); Láquesis, la diosa del verano, es quien enrolla (la luna llena) y Atropos, la ineludible (según su etimología), la diosa vieja del otoño, es quien corta el hilo (la luna vieja).

Los hilos de plata de la vida o los aljófares evidencian el andar del ente durante su lapso efímero de existencia terrenal. Obviamente, es el agente que liga dos instancias con un principio superior a ambos extremos (vida-muerte). Lo anterior calza perfectamente con la definición aristotélica de virtud: está justo en el medio ("mesoótes") de dos extremos igualmente viciosos entre sí. "La felicidad es una forma de navegar por esta vida que es la mar...", versaba así una ya añeja canción de la década de los años '70, la cual conservo en mi mente de mujer. Es homologable con el hilo y su función en el laberinto sanguíneo o mineral que es, ha sido y será la historia de nuestro planeta. Para la cultura china, el encuentro celeste de la Tejedora y el Boyero es el equinoccio, el equilibrio y la unión del yin y el yang, las potencias de lo femenino y lo masculino, que son inseparables, pero jamás entremezclados. Perder el hilo en la clase —¡horror!— para cualquier docente, sea cual sea su tierra natal, sea cual sea su edad, sea cual sea su género. Psicagogia o psicopompo, pecados originales y comunes del maestro: conducir el alma o el pensamiento de sus discípulos.

La alternancia polar (juventud-vejez, vida-muerte, virgen-anciana, doncella-bruja) es evidente en la profesora Thompson:

> [...] superpuesta a la imagen de criatura divina, se le manifestó de pronto como un ser grotesco: la juventud que antes había irradiado brillos mágicos en la luz del sol de los cabellos, en un santiamén se trocó en un marchito pelaje color rata muerta, grasienta, sucia... (12).
> [...] se le volvió a manifestar en todo el esplendor de su abundante y hermosa cabellera orlada de fulgores mágicos que le daban una aureola de diosa, como salida de un extraño mundo de fantasía (13).

Entonces se le viene al suelo [a Rodrigo] el ánimo que lleva para dejar la clase de Homero, para enfrentarse a la profesora Thompson y gritarle las cuatro verdades de que se mire en un espejo y compruebe que con su imagen cincuentona, surcada ya de arrugas, sin belleza alguna, es ridículo pretender seducir a un mozalbete de su edad (18).

En ese instante, en la penumbra del destartalado y ridículo Chevrolet ella volvió a aparecer ante Rodrigo en todo el juvenil resplandor pelirrojo del primer día (19).

Desaparece Rodrigo, cuando él acepta ir a la mansión de su seductora. Héctor será la próxima "víctima".

Al posar de nuevo la mirada en la profesora Thompson, no podía dar crédito a sus ojos: en lugar de la mujerota, alta, fornida, jamona, desaliñada, en la penumbra de la vejez, pareció ante él ¡increíble! ¿estaría soñándola?, como una bella y atractiva joven de abundante cabellera rojiza-aureola rubicunda que le daba un aire de diosa prepotente. Además, en vez del vozarrón al que él se había habituado, con voz melodiosa que a sus oídos parecía un cántico divino, ella seguía relatando cómo los compañeros de Ulises fueron convertidos en puercos por Circe (21).

Así las cosas, ya podemos empezar a responder ¿quién es la tejedora de palabras? Es como una acuarela del río, una manifestación de la diosa madre tierra y luna al unísono, pero con un balance negativo. Tiene aire de reina, es conocida por todos; pero explicita una repugnancia, un lado oscuro que es peligroso. Por último, tiene una dualidad marcada en su zona o espacio mágico, el aula. *Mysterium tremendum et fascinans,* atrae y repele a la vez y brinda bienestar. Notamos en ella la tricefalicidad ancestral de la *Tellus Mater:* doncella (virgen-madre-anciana (bruja-hechicera).

[...] mientras la de los hermosos cabellos subía con aire de majestad los tres escalones de piedra del edificio (12).
¿Quién va a ser? ¡Si todo el mundo la conoce! Es la profesora Thompson, la de clásicas (12).
[...] le recomienda [una compañera de Rodrigo] andarse con cautela con la profesora Thompson porque..., ¡a saber porqué!,

pues las últimas palabras las borró en el aire el traqueteo del camión que pasaba en ese momento recogiendo la basura (13). La clase sobre Homero era para él un paraíso perfecto donde sorbía embebido el frescor de aquel río de palabras que arrastraba consigo todos sus pesares, angustias, preocupaciones, y lo dejaban limpio y prepotente como un héroe homérico (14).
A partir de entonces, siguió apareciéndosele a Rodrigo en su doble aspecto de joven embrujadora, vieja-hurga basureros. El fenómeno ocurría aún durante las clases" (13).
Sucia, despeinada, sin maquillaje alguno, el ruedo de la falda medio descosido, ¿no la viste?, así viene siempre a clases (15).

Una tejedora de palabras. ¿Quién puede hilar sólo con palabras? La palabra es indiferenciada, sin conciencia de sí, etérea. Como logos, es fecundante, portador del germen de la creación, primera manifestación divina. *"In principium erat verbum"*, comienza el Evangelio de San Juan. Dios crea el fundamento del lenguaje para los indios guaraní del Paraguay, antes de materializar el agua, el fuego, el sol, las tinieblas y, por último, la tierra. Jacob Boehme dice, textualmente: "Dios es el movimiento o vida de la divinidad, y todas las lenguas, las fuerzas, los colores y las virtudes residen en el verbo o palabra" (56).

La acción de tejer es natural en la mujer, capaz de dar un bello producto: un tejido que, al mismo tiempo, es una red. En nuestro relato es una trampa mortal:

> La red es la forma extrema de la lacería y ligamento, por ello está íntimamente asociada a los símbolos del envolvimiento y la devoración (Cirlot: 383).

La red era, en la antigua Roma, el arma de ciertos gladiadores, los retiarios. Inmovilizaba al adversario, lo encerraba entre las mallas metálicas, a merced del vencedor. En psicología, simboliza los complejos que todos los seres humanos tenemos. Derrota la impotencia al enfrentar los retos cotidianos. Puede ser la mortaja en vida. En la misma Biblia expresan angustia, como se aprecia en el Salmo 116, 3-4: "Lazos de la muerte me acordonan, / redes del sheol; / la angustia y el fastidio me poseen, / llamo el nombre de Yahvéh; / ¡Ah Señor, salva mi vida!"

Ligeramente contrario a este pensar, en el contexto nórdico, Ran, diosa del mar e hija de Aegir, pesca con su red a los ahogados para conducirlos a su reino de los muertos.

La tejeduría, para el Islam, es la estructura y el movimiento del universo. Sin duda, es un trabajo de creación, un alumbramiento. Una vez realizada la tarea, la tejeduría corta los hilos que lo sujetan al telar, ergo a su origen. Al hacerlo pronuncia la fórmula de bendición, similar a la que dice la comadrona al cortar el cordón umbilical de un recién nacido. Pareciere que el acto del tejer traduce, en un lenguaje simple, que reúne la metáfora y la metonimia, la misteriosa anatomía del hombre. Es expresión pura del devenir lunar, quien conjuga *ad infinitum* el binomio indisoluble vida-muerte:

> Tejer no significa solamente predestinar (en el plano antropológico) y reunir realidades de índole diferente (en el cosmológico), sino también crear, hacer salir de su propia sustancia, como lo hace la araña, que construye tela sacándola de sí misma (*Eliade:* 190).
>
> Entonces Rodrigo experimentó con más fuerza que antes que ya nada podía hacer para defenderse de ella, que de veras estaba atrapado en la red tejida por ella con palabras, palabras, palabras y palabras, escritas, susurradas, habladas, leídas, recitadas, palabra, y no, yo quiero irme a mi casa, déjeme usted, señora, se me hace tarde, mis padres me esperan a cenar, no seas tontuelo, mi muchachote querido, que ellos sólo te imponen obligaciones y yo en cambio te daré el olvido y abolición completos de todo: dolor, deberes, demandas, represiones, ¿ves cómo los vapores de este pulverizador exterminan el penetrante olor gatuno del coche?, así se disipará tu pasado en este mismo momento, vendrás conmigo a mi mansión cerrada para los demás y a partir de ahora, sólo tú y yo, yo y tú juntos en mi paraíso..., nada más que tú y yo y el mundo de afuera eliminado para siempre (19-20).

Es Medusa, la Sirena, Circe, la Moira. Todas juntas. Y, por ello, una imagen de la deidad selénica y telúrica de la mitología, curiosamente, materia que domina nuestra profesora: "[...] cargada como tiene la batería de añeja literatura y mitos griegos" (13).

Finalmente, atreviéndome a tomar una libertad, concluyo este escrito con una frase de mi puño y letra, y exageradísima invención,

Rima de Vallbona, pues para ella ha sido hecho desde la pequeña Costa Rica: "El que sólo hable de su generación, tal vez, esté ciego; pero quien no sea capaz de dialogar con todas las generaciones de la tierra, está mudo irremediablemente".

OBRAS CITADAS

Biedermann, Hans. *Diccionario de símbolos.* Barcelona: Paidós., 1993.

Boehme, Jacob. 1945. *Mysterium magnun.* Paris: Hachette, 1945.

Bolen, Jean Shinoda. *Goddesses in Everywoman.* New York: Harper Colophon Books, 1984.

Brandon, S.G.F., *Diccionario de religiones comparadas.* Madrid: Cristiandad, 1975.

Cirlot, J. Eduardo. *Diccionario de símbolos.* Barcelona: Labor, 1985.

Chevalier, Jean. *Diccionario de símbolos.* Barcelona: Herder, 1988.

Dictionnaire des antiquitées Grecques et Romaines, 10 vol., Paris: Hachette, 1908-1929.

Dictionnaire des mythes littéraires. Paris: Editions du Rocher, 1988.

Diel, Paul. *El simbolismo en la mitología griega.* Barcelona: Labor, 1991.

Eliade, Mircea. *Tratado de historia de las religiones.* Madrid: Cristiandad, 1981.

Félix, Mago. *Diccionario de sueños.* Barcelona: Ediciones Ceac, 1990.

Hindman Miller, Gustavus. *A Dictionary of Dreams.* New York: Smithmark Publishers, 1994.

Homero. *Odisea.* México: Porrúa, 1980.

Jung, Carl G. *Símbolos de transformación.* Barcelona: Paidós, 1982.

Jung, Carl G. *El hombre y sus símbolos.* Madrid: Aguilar, 1971.

Lurker, Manfred. *El lenguaje de los símbolos.* Barcelona: Herder, 1992.

Sagrada Biblia. New York: Grolier, 1957.

Vallbona, Rima de. *Los infiernos de la mujer y algo más...,* Madrid: Torremozas, 1992.

Vries, Ad de. *Dictionary of Symbols and Imagery.* Netherlands: Elsevier Publishers, 1984.

LA PERSPECTIVA MAGICA DE LA CIRCE DE RIMA DE VALLBONA

Julia G. Cruz
California State University, Stanislaus

Rima de Vallbona nos presenta el mágico retrato de su Circe en el relato fantástico "La tejedora de palabras" a través de la mirada de Rodrigo, el protagonista, con la siguiente descripción:

> El violento fulgor veraniego de los ocasos de Houston estalló en mil resplandores rojizos en su hermosa cabellera, la cual lo dejó deslumbrado por unos momentos; era como si hubiese entrado en una zona mágica en la que ni el tiempo, ni los sentidos, ni la realidad tuvieran cabida alguna. Ella se dirigía hacia el edificio de lenguas clásicas y modernas cuando Rodrigo tuvo la fugaz visión suya de espaldas, aureolada por el brillo de una nunca antes vista frondosa mata de pelo. Iba cantando —o eso le pareció a él— con una voz tan melodiosa, que por unos instantes se suspendieron sus sentidos y quedó petrificado (Vallbona: 11-12).

La descripción de la bellísima mujer podría considerarse como verosímil; sin embargo, cuando ella se vuelve repentinamente hacia el protagonista, se presencia una increíble, horripilante metamorfosis:

> se le manifestó de pronto como un ser grotesco: [...] [su cabellera] se trocó en un marchito pelaje color rata muerta, grasienta, sucia. Lo que más le impresionó es que pese a la distancia que lo separaba de ella, le llegó a él un intenso y repugnante olor a soledad, a total abandono, como de rincón que nunca se ha barrido ni fregado (Vallbona: 12).

En la literatura fantástica tradicional, es a esto a lo que suele llamársele la irrupción de lo insólito. Según el teórico Todorov, "lo fantástico se define como una percepción particular de acontecimientos extraños" (Todorov: 111) y, además, "produce un efecto particular sobre el lector" (Todorov: 112). El teórico sugiere horror, asco, sorpresa, o simplemente curiosidad y la narradora del relato indica en concreto: "náuseas, lástima, miedo" (Vallbona: 12).

En la creación del universo fantástico, el único vínculo con la realidad que se mantiene es el que el lenguaje le otorga y nada más: "la descripción y lo descrito no tienen una naturaleza diferente" (Todorov: 92). En "La tejedora de palabras", Vallbona crea tal mundo a través del lenguaje —de las palabras— como su Circe, la tejedora de palabras de este relato. Se trata de una descripción verosímil, salvo en cuanto al acontecimiento de lo insólito, según lo que percibe su protagonista joven, Rodrigo, principal aunque no exclusivamente.

Desde el primerísimo párrafo del cuento, "La tejedora de palabras", se le presenta al lector a la Circe de Vallbona a través de la mirada de Rodrigo. La impresión experimentada por los ojos y los oídos del protagonista se le comunica al lector por medio de la descripción lingüística de la narradora. Había sido un mirada rápida no obstante "mágica" de su espalda y cabellera rojiza, brillante. Rodrigo tuvo la impresión de que ella cantaba con una voz melodiosa y que subía la escalera majestuosamente. Rodrigo había quedado boquiabierto, tal como su amiga Eva había observado. Esta identificó a la mujer, a quien Rodrigo y el lector habían percibido como de una belleza imponente, como la profesora Thompson en cuyo curso de clásicas acababa él de matricularse. Justo ayer, Eva le había estado hablando de ella. En ese momento, la profesora abrió la puerta del edificio y repentinamente se volvió hacia él dándole una mirada ardiente con la cual la bella imagen se transformó en una grotesca que le causó "nausea, lástima, temor" (Vallbona: 12) a Rodrigo. El pobre estudiante no podía creer lo que acababa de transcurrir ante sus mismos ojos ni las categóricas aseveraciones de Eva de que esta "bag lady" sería verdaderamente su profesora:

> Verás las sorpresas que te guardan sus clases, Rodrigo—. Muerta de risa, Eva se alejó hacia el edificio de filosofía mientras le recomendaba andarse con cautela con la profesora Thompson porque..., ¡a saber por qué!, pues las últimas palabras las borró en el aire el traqueteo del camión que pasaba en ese momento recogiendo la basura (Vallbona: 13).

Este elemento de prefiguración insinúa mayor desarrollo del elemento insólito en este relato. La teoría de lo fantástico de Todorov ha propuesto el planteamiento de un mundo verosímil, que el lector reconoce como el suyo, como una de sus condiciones más importantes para producir el ambiente de este modo literario (o, género, como le llama Todorov). Para propiciar lo fantástico, tan sólo hace falta la infracción de ese orden; esto se logra con la intromisión de lo insólito en ese mundo conocido para el lector. El escenario del cuento "La tejedora de palabras" de Vallbona es, para el lector, un mundo identificable, el mundo académico, contemporáneo. Hasta este punto, sólo el protagonista Rodrigo y el lector han sido testigos del único prodigio en el relato. El lector ha sido testigo ocular a través de la mirada de Rodrigo gracias a la descripción de la narradora. Eva no tuvo la misma imagen de la profesora Thompson. Eva había oído hablar de ella; pero como le cuenta burlonamente esos chismes a Rodrigo, se nota que ella no los ha tomado muy en serio. Por lo tanto, se podría decir que Eva pertenece perfectamente a esa realidad empírica que representa el mundo académico, dentro y fuera del texto literario.

No obstante, la narradora omnisciente de Vallbona reintegra al lector a ese estado de perfecto equilibrio entre la realidad y lo imaginario que representa la ambigüedad de lo fantástico puro :

> Como si la profesora Thompson adivinara que hablaban de ella, en un instante fugaz la divisó Rodrigo mirándolo con fijeza detrás de los cristales tornasolados de la puerta [...]lo cierto es que cayó de nuevo presa del embrujo de la primera visión de ella: se le volvió a manifestar en todo el esplendor de su abundante y hermosa cabellera orlada de fulgores mágicos que le daban una aureola de diosa, como salida de un extraño mundo de fantasías (Vallbona: 13).

Desde ese momento en adelante, Rodrigo permanecerá en un constante vaivén de imágenes alternadas de la profesora Thompson en todo lugar y a todas horas: Ahora será la "bag lady"; ahora la pelirroja hechicera...; frecuentemente pensando en darse de baja en el curso de literatura homérica pero permaneciendo siempre en vilo.

Aunque los compañeros de clase de Rodrigo se burlan del aspecto de ella, todos reconocen que sus clases son fascinantes como pocas otras de otros profesores. Rodrigo siente que la profesora Thompson le dedica cada clase a él; que ella está tejiendo una manta divina de palabras exclusivamente para él. Toda esa fantasía halaga a Rodrigo y lo seduce.

Consciente del efecto de sus palabras, la Circe de Vallbona, al entretejer las aventuras homéricas, sabe que lo está llevando a ese mundo heroico de antaño e intuye que está arropándolo con su "divina tela". Sabe cómo conmover su amor: como Ulises, él es un hombre por encima de todos los demás. Como muestra de reconocimiento, la profesora le escribe comentarios sobre su persona con palabras halagadoras en los trabajos para el curso y culmina la seducción con una invitación a Rodrigo para vivir con ella y con sus muchos gatos. La profesora Thompson le da a su alumno la llave de su casa con un mapa de cómo llegar a ella. Para calmarle sus inquietudes, lo anima diciéndole:

> Te sobran razones para creer que lo que ves, percibes, piensas, sientes, es equivocado. Sin embargo, *nada de eso es equivocado,* sólo diferente a lo que los demás ven, perciben, piensan y sienten. Debes tener más fe en ti mismo, Rodrigo, muchachote de mi alma (Vallbona: 17) (la cursiva es nuestra).

Un día Rodrigo camina con su profesora hasta el automóvil de ella. Como el suyo está estacionado mucho más lejos, ella ofrece llevarlo hasta allá. En el momento que él entra en su automóvil le dan náuseas "el violento tufo de orines y excrementos de gatos". Rodrigo ve que dos de los muchísimos gatos de la profesora están en el automóvil. Lo miran: "con odio y rabia (al menos así le pareció a él cuando atrapaba en la oscuridad el oro luminoso de sus pupilas felinas...") (Vallbona: 19).

Allí, en el automóvil, la profesora Thompson se transforma una vez más en la bella y encantadora Circe. Rodrigo sabe que al fin ha quedado total y perpetuamente envuelto en la red divina tejida de las palabras.

El cuento tiene un epílogo en el cual, Claudia, otra alumna de la profesora Thompson en la clase de Homero, le pregunta que si ha sabe que Rodrigo Carrillo ha estado desaparecido "desde el jueves pasado". La profesora le contesta que no había sabido nada pero que confía en que esté donde esté, Rodrigo no peligre en absoluto. Ella continúa con su conferencia sobre otra aventura de Ulises, la de Circe, la cantante de bellísima voz y la tejedora de la manta divina. En ese momento, Héctor, otro estudiante, se fija en la profesora Thompson. La increíblemente bellísima pelirroja que ve ante sus ojos no tiene ninguna semejanza con su profesora, esa mujer alta, gruesa, vieja y desaliñada de mirada dura y amargada. La profesora Thompson en voz melodiosa, en lugar de su acostumbrada voz fuerte y ronca, sigue adelante su conferencia sobre cómo Circe tornó en cerdos a la tripulación de Ulises.

A lo largo de la historia, el lector puede llegar a concluir que la percepción de Rodrigo de la metamorfosis de su profesora ocurre sólo en la imaginación del protagonista. El lector podría atribuir estas "alucinaciones" a alguna explicación racional, tal como, Rodrigo podría estar a punto de sufrir una crisis nerviosa o tal vez anda bajo la influencia de drogas, etc. Sin embargo, no hay nada en el relato que sustente tales posibilidades y la narradora omnisciente elimina toda explicación racional al presentarnos a Héctor, el otro estudiante y testigo del mismo acontecimiento insólito, hacia el final del relato. El tiene la misma visión de la Circe, la metamorfosis de la profesora Thompson. Este estado que suele resultar "evanescente" en la literatura fantástica tradicional, en "La tejedora de palabras" de Vallbona se sostiene en equilibrio perfecto entre la explicación racional y la sobrenatural más allá de la extensión de la lectura del texto. Por lo tanto, este caso sería uno que Todorov categorizaría de lo fantástico puro.

Todorov tiene razón al certificar que lo fantástico sólo se logra a través del lenguaje. Vallbona, también, es una verdadera tejedora de palabras; por medio del lenguaje ella le ha proporcionado al lector la perspectiva del protagonista: La perspectiva mágica de los acontecimientos que irrevocablemente acaban transformando la vida del protagonista. Para lograrlo, Vallbona ha empleado diversos artificios, todos relacionados a aspectos verbales y sintácticos del discurso literario.

Según el trato de la perspectiva que se cultiva en "La tejedora de palabras", la narradora omnisciente nos permite ver a través de los ojos del protagonista lo que su seductora, la profesora Thompson, con su magia lo hace ver. Se describe en detalle el aspecto visual de la profesora en su insólita transformación desde la perspectiva de Rodrigo (y, después, también, desde la de Héctor y el mismo prodigio se manifiesta). Es decir, el lector adquiere otra función más en el relato: Se convierte, además, como testigo ocular, en cómplice del protagonista. Cuando el lector "presencia", como Rodrigo, la metamorfosis de aquella "maga", el lector implícito comparte ese papel de testigo ocular. Es decir, él "presencia" lo que el protagonista presencia —antes, durante y después de la metamorfosis. Dentro del mundo del texto literario de la ficción, tales transformaciones sobrenaturales pueden ocurrir. Pero este aspecto visual pertenece al orden establecido, la "realidad" que el lector reconoce como la propia.

En "La tejedora de palabras", el elemento insólito, la metamorfosis que se observa, es "el gancho" para atraer la atención del joven y reforzar esa misma atracción. Pero, lo que verdaderamente seduce al protagonista es la conquista de su amor propio. Esto lo logra la Circe con la "divina tela" de sus palabras con la cual enreda paulatinamente a Rodrigo.

Gran atención se le ha prestado al aspecto de la perspectiva de la narrativa por mucha de la teoría literaria. Dentro de estos estudios se ha tenido que reconocer la función del narrador implícito al texto y desde luego el personaje receptor de la descripción. Esta función conlleva también una relación con el lector implícito al texto. Estas relaciones entre las respectivas funciones del lector, narrador y personaje(s) se manifiestan en diferentes niveles/grados y con sus respectivas variantes. No se tratarán aquí tales relaciones puesto que eso representaría un trabajo más extenso del que aquí se pretende hacer. Sólo se pueden indicar las funciones que este texto incluye. Por ejemplo, como ya hemos establecido que "La tejedora de palabras" es un relato de lo fantástico puro, podemos señalar que en lo que se refiere al texto de la expresión fantástica, es la descripción lo que destaca la imagen de lo insólito, lo cual le permite al lector compartir esa misma experiencia con el agente "focalizador" como le llaman Genette y otros teóricos. En este caso, el "percibidor" o el agente "focalizador" es Rodrigo, el protagonista. Dentro del mundo del texto, desde el principio hasta *casi el final,* el único personaje representado que percibe las metamorfosis insólitas de la profesora Thompson es Rodrigo (y, a través de su mirada, el lector, es su testigo "ocular"). El prodigio ocurre en dos niveles de la "realidad": ante la vista de Rodrigo y en la mente del lector cuando transforma las palabras de la narradora del relato en imágenes mentales. Por eso ha dicho Ziolkowski que:

> [...] la experiencia de lo fantástico ocurre en la mente. [...] Es sólo en la mente que podemos saborear ese momento de ambivalencia o incertidumbre, y el modo literario cuya acción ocurre sólo en la mente es la ficción narrativa (Ziolkowski: 250). La traducción es mía.

Vallbona ha usado bien el punto de vista como artificio literario en ese tapiz lingüístico que da la perspectiva mágica de su Circe en "La tejedora de palabras". Los formalistas rusos incorporaron a esta técnica excelente para la descripción la de la llamada "ostranenie", es decir, la desfamiliarización. Su definición es la siguiente:

> La representación [...] [la cual] puede compararse al principio de la descripción psicológica desde un punto de vista externo, con el uso de palabras desfamiliarizadoras ('como si', 'según parece' y etc.) La descripción en este caso puede decirse ser subjetiva —es decir, se refiere a uno u otro punto de vista subjetivo. (Uspenskii: 168). La traducción es mía.

Todorov también señala este artificio literario. Dice que el elemento fantástico puede estar precedido "por una serie de comparaciones, de expresiones figuradas o simplemente idiomáticas, [...] [y que] designan un acontecimiento sobrenatural" (Todorov: 97). En otras palabras, el discurso desfamiliarizador de Vallbona condiciona psicológicamente al lector para la metamorfosis en "La tejedora de palabras".

El primer párrafo de este cuento de Vallbona que se citó a principios de este trabajo incluye dos ejemplos de su uso: "...Era como si " y el comentario parentético de la narradora "o por lo menos así le pareció a él—". En el cuarto párrafo de la segunda página de "La tejedora de palabras", ante Rodrigo "superpuesta a la imagen de la criatura divina, se le manifestó de pronto un ser grotesco". El tercer párrafo de la tercera página del cuento que también se citó anteriormente en este trabajo empieza con la frase "Como si la profesora Thompson [...]". Otros ejemplos de este tipo y otros semejantes pueden encontrarse a través de la extensión del relato.

La selección de verbos y frases de Vallbona son conducentes al mundo conocido aunque mágico de "La tejedora de palabras". A lo largo del cuento, el lector encuentra el modo del subjuntivo en los verbos como vehículo gramatical para expresar la irrealidad. El tiempo verbal del copretérito indicativo se ha destacado como el que mejor se presta para la expresión de modo literario de lo fantástico. También puede encontrarse por todo este cuento. Aunque Vallbona utiliza mucho el diálogo aquí, el cual exige más el uso de los tiempos verbales del presente y del pretérito indicativos, es en la descripción y en la narración donde ella crea esa perspectiva mágica. Es allí donde se distingue su preferido tiempo verbal para crearla también y coincide con el que la teoría literaria ha identificado como el que mejor expresa lo fantástico: el copretérito indicativo. Vallbona sabe aprovechar bien los aspectos semánticos: figuras y frases, como la hipérbole: "mil rayos rojos:", "una zona mágica", "petrificado", "fantasma o alma del más allá", "un laberinto de muerte", "un espantapájaros con la figura de limosnera", "una diosa aureolada", "como si emergiera de un extraño mundo de fantasías", "doble aspecto", "fenómeno", "doble obsesión quimérica", "misteriosa fuerza", "extravagantes espejismos"; y verbos y frases de percepción como "encandilado", "parecía", "visto", "fijó una mirada de cenizas con ascuas", "no pudo dar crédito a sus ojos", "mostró", "mirándolo fijamente", "apareciéndosele", "percibir", "observó", etc.".

El lector implícito se convierte en cómplice de la narradora omnisciente y del protagonista de "La tejedora de palabras" al someterse al requisito de la ficción de "la suspensión de la incredulidad". Dentro del contexto de esta relación, el lector está al tanto no sólo de la experiencia visual del protagonista ante su profesora sino también de lo narrado por la narradora omnisciente. A esto último se le llama prolepsis; en otras palabras, le facilita la información explícita y declarada al lector pero no necesariamente se la entrega al protagonista.

Sin embargo, el trato de la perspectiva por Vallbona en "La tejedora de palabras" es mucho más sofisticado que su uso de la técnica de prolepsis. Desde el principio del relato, parece haber puntos temporales dobles en la aparente perspectiva presentada. Esta es una forma complicada de focalización, como la llama Genette, pero no de definición. La perspectiva en "La tejedora de palabras" es una en la cual se hace la descripción desde dos puntos temporales:

> La narrativa que resulta no es una yuxtaposición de perspectivas sino una síntesis en la cual diferentes puntos de vista temporales se fusionan, [...], de manera que la descripción aparece, como quien dice, como un especie de doble fotografía. (Uspenskii: 67). La traducción es mía.

La combinación de perspectivas temporales en el cuento de Vallbona se manifiesta en la forma de los comentarios de la narradora omnisciente intercalados en la narración, con las palabras del propio Rodrigo en el diálogo acerca de lo insólito. La perspectiva inyectada de la narradora "sirve de trasfondo sobre el cual el relato en secuencia de los acontecimientos se percibe" (Uspenskii: 67, la traducción es mía). Como se indicó arriba, la doble perspectiva es el resultado de la función de la narradora omnisciente: ella sabe lo que el protagonista no sabe. Su perspectiva está "sincronizada con la del personaje, como si hubiera adoptado su 'tiempo del presente'". Tanto la narradora como el protagonista están en el mismo tiempo interno del nivel temporal narrativo. Es la narradora quien le comunica al lector implícito lo que Rodrigo ve. Por otra parte, el personaje tiene conocimiento limitado. El sabe y experimenta sólo lo que la narradora le permite.

Por último, la narradora también está en un tiempo externo al plano temporal narrativo: es decir, en "La tejedora de palabras", la narradora, en calidad de ser omnisciente, podría develarle al lector lo que está deparado para Rodrigo en el futuro. Puesto que la narradora:

> Está fuera de sus personajes[...], dentro de su propio tiempo, ella adopta una mirada retrospectiva, mirando desde el futuro hacia atrás que es el presente de su personaje. [...] su perspectiva es externa ante la narración en marcha (Uspenskii: 67). La traducción es mía.

Indudablemente, Rima de Vallbona hábilmente ha logrado establecer un vínculo entre la narradora y el lector al crear una perspectiva mágica de su Circe para su protagonista Rodrigo y, después para Héctor, en su impresionante cuento de lo fantástico puro, "La tejedora de palabras".

OBRAS CONSULTADAS

Bal, Mieke. "Narration et focalisation". *Poétique,* 29 (febrero, 1977): 107 -127.

Brooke-Rose, Christine. *A Rhertoric of the Unreal.* Cambridge: Universidad de Cambridge, 1981.

Genette, Gérard. *Figures III.* París: Seuil, 1972.

Lanser, S. S. *The Narrative Act. Princeton:* Universidad de Princeton, 1981.

Martin, Wallace. *Recent Theories of Narrative.* Ithaca: Universidad de Cornell, 1986.

Todorov, Tzvetan. *Introducción a la literatura fantástica.* Buenos Aires: Tiempo Contemporáneo, 1972.

------. *Introduction to Poetics.* Minneapolis: Universidad de Minnesota, 1981.

Uspenskii, Boris. *A Poetics of Composition.* Berkely: Universidad de California, 1973.

Ziolkowski, Theodore. *Disenchanted Images.* Princeton: Universidad de Princeton, 1977.

Vallbona, Rima de. *Los infiernos de la mujer y algo más...* Madrid: Torremozas, 1992.

CONSTRUYENDO EL SUJETO FEMENINO EN *LOS INFIERNOS DE LA MUJER Y ALGO MÁS...*

Luis A. Jiménez
Florida Southern College

Además de tres libros de crítica literaria, Rima de Vallbona ha publicado otras novelas y seis colecciones de cuentos. Se estudia aquí *Los infiernos de la mujer...* (1992), su última colección donde la expresión del sujeto femenino aparece y reaparece como una mujer fragmentada, alucinada por sueños y pesadillas, como si fuera una mezcla de la realidad y la fantasía. [1] Para la investigadora Cida Chase, en la obra de la escritora costarricense no existe tema vedado y, sobre todo, sobresalen las realidades oprimentes y pobladas de un gran número de mujeres y niños desamparados (406). Al hablar sobre las mujeres en su obra, la propia autora nos brinda su visión diciendo que consciente o inconscientemente "han decidido dejar plasmada su intrahistoria de cacerolas, pañales, comidas, espejos, cosméticos, etc., la vida que palpita en el discurso femenino (358).

Los infiernos de la mujer y algo más... contiene catorce cuentos que pudieran dividirse en dos partes fundamentales. Como indica el título, en la primera parte predomina la situación de la mujer vinculada a las limitaciones jerárquicas de los sexos, mientras que en la segunda, el discurso narrativo se orienta hacia otros temas como la visión desoladora y absurda del futuro con la "sensación del vértigo" y la "náusea metafísica", síntomas existenciales causados por la "retórica capitalista" de nuestros tiempos.

I

> I saw kings, and princes too,
> Pale warriors, death-pale were they all,
> Who cry'd... "La belle Dame sans merci
> Hath thee in thrall!"
>
> John Keats, *La Belle Damme sans merci*

Por la naturaleza ilusoria de la ficción, *Los infiernos de la mujer y algo más...* abre el texto a una posibilidad de ruptura que anticipa algo distinto, el realismo mágico que los críticos han notado en la producción literaria de Rima de Vallbona. [2] Esta observación se relaciona estrechamente con la protagonista en "La tejedora de palabras", la profesora Thompson que aparece en el cuento mostrando su hermosa cabellera bajo "una zona mágica en la que ni el tiempo, ni los sentidos, ni la realidad tuvieron cabida alguna" (11).

Esta cabellera adquiere un signo polisémico en el cuento ya que sirve para convertirla en diosa o en bruja, para resaltar lo bello o lo grotesco. Al mismo tiempo, aparte de ese hechizo que desprende, la mujer interesa por su "facha de trapera" que obviamente la diferencia de otras profesionales en la misma carrera de la enseñanza.

El estudiante Rodrigo la describe dentro de la imagen borgeana de la ficción que observamos en "El jardín de los senderos que se bifurcan", como si se quisiera perder en la metáfora del "Laberinto de la muerte" (12).

También Rodrigo, en tono mórbido y enfermizo, cae bajo el embrujo de su profesora de lenguas clásicas, creando un escenario fantasmagórico y lleno de extravagantes espejismos donde "su abundante y hermosa *cabellera* orlada de fulgores mágicos daban una aureola de diosa, como salida de un extraño mundo de fantasías" [(13), el término en cursiva es nuestro]. Como ha señalado Elizabeth G. Gitter, la cabellera como trapo en la literatura describe la imagen de la mujer inevitablemente asociada a los poderes de lo mágico y de lo simbólico (936).

Basándonos en lo antedicho, se pueden citar la medusa, la sirena, "Annie" de Edgar Allan Poe, "La chevelure" de Baudelaire, la ilustración que de *la belle dame sans merci* de Yeats realiza Dante Rossetti e incluso algunos poemas de su esposa Christina Rossetti. En todo caso, la cabellera es parte externa del "yo de la profesora Thompson, de la imagen de su cuerpo". [3] Mientras más abundante, más potente es la invitación sexual del personaje. De una manera semejante se le presenta el retrato de la mujer a Héctor, otro estudiante en el cuento: "apareció ante él como una bella y atractiva joven de abundante cabellera rojiza —aureola rubicunda que le daba un aire de diosa prepotente" (21).

La cabellera, como signo del lenguaje, fragmenta a la protagonista: "doble aspecto, doble obsesión quimérica", señala Rodrigo (13) al notar que la imagen de la "otra" en la profesora

Thompson. Por un lado, existe el plano mítico de diosa que sólo los estudiantes masculinos (Rodrigo y Héctor) ven en ella hasta que estos personajes se convierten en el objeto erótico que la mujer manipula, *la belle dame sans merci* que seduce por su cabellera, y usurpa la autoridad del patriarcado. Por el otro, cuando se asoma al plano de la realidad aparece tal y como la mujer realmente representa, el sujeto desgastado y cerca de la ruina física: "grasienta, sucia, cincuentona, surcada de arrugas, sin belleza alguna" (12, 18).

A pesar de la visión mítica (y mágica) que notamos con anterioridad, la construcción del sujeto femenino en la anécdota presenta además la imagen de la bruja "embrujadora / vieja-hurga-basureros" (13) y como tal la profesora Thompson no se puede acercar a la figura de Penélope que teje y desteje de día el lenguaje polifónico del cuento: "tela-tejido-textura-texto, enredada trama de palabras, palabras y más palabras" para seducir a Rodrigo (11). Las imágenes literarias de Penélope y de la profesora Thompson presentan dos búsquedas (mítico / ficticias) totalmente distintas.

Ahora bien, la confusión de Rodrigo no radica precisamente en la dificultad de interpretar el mito, sino la interpretación del poder lingüístico de la palabra (oral o escrita) que el cuento engendra. Si la profesora Thompson es joven y bella —así la ve Rodrigo— su atractivo no se acerca al de Penélope, sino a la conocida *belle dame sans merci,* epígrafe de John Keats con que comienza este apartado. La protagonista utiliza el lenguaje y los gestos corporales que éste ofrece para atraer al estudiante físicamente. Debido a las connotaciones malignas de la mujer, la profesora Thompson se encuentra más emparentada con modelos literarios como Matilda y Carmen, y hasta con Cleopatra que escribe su propia historia. Su función a través del hilo anecdótico consiste en seducir a Rodrigo:

> Has de saber que mi tarea a tu lado es la de transmitirte, infusionarte, saturarte de fe en tu talento. La otra tarea mía consiste sobre todo en liberarte de tu familia y de las obligaciones sociales que ellos te imponen y [que] no te permiten entregarte a mí (17).

Rodrigo pretende justificar que su posible entrega física se debe a la opinión de la profesora, una hábil manipuladora de "palabras, palabras que iba tejiendo a manera de una tupida red en la que él se iba sintiendo irremisiblemente atrapado" (19). Si se toma la telaraña como símbolo, el triunfo de Penélope es mítico pues teje sin poder hablar con Ulises mientras que el de la profesora Thompson es lingüístico, ya que es tejedora del lenguaje en el cuento. [4] Bajo estas circunstancias, Rodrigo se encuentra "atrapado en la red tejida por ella con palabras, palabras, palabras escritas, susurradas, habladas, leídas, recitadas" (19). La relación seductora-seducido refleja la arbitrariedad lingüística de las palabras de la profesora Thompson.

II

> "I believe in keeping interested, growing and learning. Vivacity, intelligence, curiosity have special relevance as one gets on in years."
>
> Rose Kennedy,
> *Times to Remember*

En tono diferente, el tema de la realidad y la fantasía de la profesora Thompson en "La tejedora de palabras", reaparece en la creación de otro personaje femenino en "El secreto mundo de abuelita Anacleta". Se trata de una nonagenaria, matriarca del espacio familiar en el texto. Para Simone de Beauvoir, la mujer en su vejez manifiesta cambios bruscos debido a la disminución de las hormonas sexuales femeninas sustituidas por la activación de la glándula pituitaria (581). En este proceso, la mujer comienza a experimentar revelaciones, inspiraciones, a recibir mensajes y hasta milagros. Estas pautas biológicas sirven de marco artístico en la construcción del sujeto femenino en el cuento ya mencionado.

Para interpretar la función de una nonagenaria en la ficción, sería interesante observar la actitud de otras mujeres de esa edad. La autobiografía de Rose Fitzgerald Kennedy *Times to Remember*, publicada cuando la matriarca cumplía los ochenta y cuatro años, es un texto muy aclarador. Hay que señalar que la autobiografía por mucha "verdad" que comunica, cae además dentro del terreno de la ficción debido a que descansa en la memoria del que cuenta. La narradora del cuento de Rima de Vallbona aclara también esta cuestión: "Vista desde la altura de mis diez años, y quizás a falta de una mayor perspectiva", para ofrecer así la estampa de su abuela Anacleta: "un montículo de huesos y pellejos corrugados" (23). Sin embargo, una segunda y más cuidadosa lectura muestra que bajo esta descripción engañosa se esconde la estampa secreta de Anacleta que transmite su vitalidad y mordiente rebelión feminista.

Se describe a la abuelita Anacleta en forma metafórica ya que en la "inmensidad oceánica de la cama barroca" permanecía desde muchos años atrás como bultito insignificante (23). El término "barroco" aplicado a la literatura conlleva toda una gama de connotaciones, pero en estas líneas del cuento va anacrónicamente paralelo a las extravagancias y las exageraciones del personaje que con inusitada lucidez hace juicios críticos desde las Sagradas Escrituras hasta los autores más actuales. Cree acertar en su crítica literaria cuando dice: "¡Porquería de escritores que nos toman el pelo pasándonos jarabes de palabrejas para encubrir su estupidez!" (25).

Detrás de la engañosa imagen de una nonogenaria, el lector descubre la figura de la matriarca latinoamericana que no abandona su hogar para que la retiren a un asilo. Anacleta reconoce que es estorbo para la familia y la sociedad, pero en consonancia con su propia cultura dice: "yo en esta casa represento la voz del saber y de la experiencia" (25). "Voz" y "verdad", que también hacen eco en *La voix et le phénomène* de Derrida, son componentes inseparables de la cultura hispánica por lo que se refiere al acto de resistencia y del poder de la matriarca. [5]

De hecho, la voz de la abuelita se oye repetidamente en el discurso, la mayoría de las veces como "vozarrón herrumbado" y "vozarron tiránico", lo que además apunta hacia el marcado carácter dialógico y definidor del texto. El aumentativo sintagmático de la voz le sirve a la anciana para enjuiciar lúcida y críticamente a los escritores de ficción, e igualmente alude en el cuento a Virginia Wolf. En estos brotes feministas, Anacleta admite que como la novelista inglesa "para ser autora la mujer debe poseer dinero y cuarto propio para ella" (26). *A room for one's own* es reminiscencia intertextual con el que la nonagenaria hace eco de la condición de la mujer contemporánea.[6] Comenta Anacleta sobre la posesión del cuerpo femenino por parte de una sociedad machista que brevemente define "porque los hombres siempre nos arrebatarán ambos derechos para seguir como amos y señores nuestros" (26).

Al final del cuento, Anacleta decide irse a una bolera. En este gesto paradójico la anciana abandona como magia el espacio cerrado y su encierro representado bajo el signo lingüístico de la "cama barroca" de tantos años (Jiménez: 33) para bolear de la misma manera que Rose Kennedy practicaba la natación alcanzada ya en años. Con esta decisión de bolear, la abuela fluctúa más explícitamente en el texto al crear una extraña mezcla de realidad fantasía. Asimismo reitera su condición de mujer realizada a los noventa años porque admite la duplicidad que caracteriza a la persona literaria: "fijáte en el doble triunfo, pues soy mujer y nada menos que recontravieja" (29). ¿Qué implica el enunciado? Simplemente que no hay edad para el matriarcado puesto que éste carece de edad para mantenerse firme y en pie para mostrar su mordiente rebelión feminista. Dentro de los parámetros de la im/posibilidad de la ficción, también se aclara el "secreto mundo" con el que se titula el cuento y que demuestra cómo una mujer bien entrada en años puede abandonar la "cama barroca" al igual que la matriarca de Hyannis Port se mantenía activa en la natación, lectura y escritura. Ese es el triunfo estético, histórico o ficticio de ambas mujeres, personajes subvertivos dentro de la intrincada mecánica del poder.

III

Por la temática que comparten, dos personajes femeninos que se asemejan en *Los infiernos de la mujer y algo más...* son "Ella" en "El corrector de la historia"[7] y Rita Creso en "Los males venideros". "Ella" aparece en la anécdota sin nombre, identificada por su "pequeñez hispánica" y enfrentada al progreso técnico y mecánico: "el vehículo motorizado y el contestador automático" (33). Rita

Creso, por su parte, sucumbe a otra invención contemporánea: la computadora. ¿Por qué se construyen estos sujetos femeninos vinculados a la obsesión con el "objeto"? Me atrevería a afirmar que consiste en una crítica y censura a la sociedad capitalista moderna. Por parte de la autora implícita, a este binarismo polar sujeto-objeto responde "ella" en su comentario sobre la camioneta de su vecino Mr. Hamilton, cuyo nombre desconoce hasta el final del relato. "Ella" opina que el vehículo de "don Fulano de en frente" representa el "símbolo" de dependencia del sujeto, constituye un "artilugio del mecanismo de los tiempos", artificio ingenioso que la mujer observa en el "materialismo automático del siglo XX" (31).

En términos bartheanos, el objeto/símbolo a que hace alusión el personaje pertenece a la ciencia del insignificante (Barthes: 165-66) transformable y transformado en nuevos significados. Estos se traducen ontológicamente mediante el miedo, la alienación y la desesperación espiritual que la mujer experimenta, síntomas a tono con la "neurosis" de la era posmoderna: "¡qué sola, qué vacía, qué hueca!", exclama Rita Creso sentada frente a la computadora. Como signo lingüístico, la computadora usurpa arbitrariamente su papel de escritora (42, 44). Se ve desarmada sin su nombre de pluma y sin el papel que antes utilizaba para escribir: "Es progreso, pero aceptarlo equivale a reconocer mi derrota" (40). El acto de la escritura depende de la computadora, no del personaje, lo que "ella" llama "la escritura mágica de un cuento" (41).

Más concretamente, este "monstruo electrónico" como lo describe Rita Creso, es el "embrujo inevitable de la mecanización" (42). Para el personaje, el artefacto subvierte el acto de su propia escritura y transforma a la mujer en un objeto artístico de su producción literaria: "todas las tramas de sus cuentos y novelas quedarían almacenadas en esa monumental memoria" (40). De ahí, la "neurosis" que corroe a la protagonista, ese "vértigo" existencial de que padece ante la fascinación de la computadora pues llega a darse cuenta de que su destino final ha quedado grabado en "el abismo infinito del monstruo electrónico, usurpador de identidades" (46). Es curioso notar también que la estructura anecdótica nos hace concebir lúdicamente un cuento dentro de otro: el de la autora implícita (Rima de Vallbona) y el de un ente de ficción (Rita Creso).

Le toca al destinatario externo (lector o crítico) distinguir la doble ficcionalidad del relato, recurso interdiscursivo muy empleado por Cervantes y Camilo José Cela entre otros.

Walter Benjamín ha explicado que la aparición del "objeto" mecanizado y tecnológico del capitalismo sólo ofrece una fuga pasajera a la "neurosis" del individuo solitario (217-51). Veamos otro ejemplo de esta situación en "El corrector de la historia". Cada vez que "ella" intenta telefonear a alguien le responde "otra máquina, el contestador automático, siempre artefactos y armatostes automáticos, nunca más el diálogo con los otros" (33-34). Su única comunicación es con la gata Mirringa que dialoga con el personaje de manera elemental: mediante maullidos y de su misteriosa mirada. Estos mensajes auditivos le proporcionan a la mujer "el único espacio de afecto y comunicación" (34, 36) de su vida, lo que sostiene con la gata; especie felina que hace sus incursiones por toda la obra de Rima de Vallbona.

Lo anteriormente expuesto lo percibe Mr. Hamilton que oye la voz de la narradora protagonista cuando ésta llama a Mirringa. En una arbitraria nota de confesión que le deja a "ella" antes de suicidarse, expresa Mr. Hamilton: "monumento a la relación amistosa, al diálogo" (36), polifonía de voces que no se materializa en el discurso, aunque "ella" descubre por la nota que las persianas que el vecino de la camioneta bajaba y subía a diario eran un intento de dialoguismo, pero todo esto queda sin resolver en el cuento debido a su muerte.

En lo que atañe a los personajes femeninos de *Los infiernos de la mujer y algo más...* se puede concluir que Rima de Vallbona los concibe en un "infierno asfixiante" y como mujeres irrealizadas. Se proyectan inequívocamente bajo el "vértigo" existencial y la "neurosis" moderna (experimentada ya por Charles Baudelaire en el siglo XIX, según Benjamin) que produce la maquinaria patriarcal. Creo que los personajes citados y los comentarios sobre ellos establecen una poética de la negación, por así decir. A la luz del planteamiento de Julia Kristeva, esta poética es un "signo" lingüístico arbitrario y que se acomoda a las dimensiones sicoanalíticas que podríamos interpolar entre estos cuentos. Por esta razón, le corresponde al lector bregar con sistemas referenciales que provean los signos para continuar en un futuro el estudio crítico de la obra de la autora costarricense.

NOTAS

[1] Cito de la edición de 1992.

[2] Véanse los ensayos de Lee Daniels y Julia G. Cruz en este volumen.

[3] Para Nina Auerbach, es una combinación de "disruptive spiritual energy which also engorges the divine" (1).

[4] En el cuento "Penélope en sus bodas de plata", el personaje aparece tejiendo con la aguja y dice que espera algo. [En *Mujeres y agonías* (13)].

[5] Explica Jean Franco que la construcción del sujeto femenino necesita del poder para cambiar el hilo de la "historia" o para entrar en el diálogo con el patriarcado, y así evitar caer en el subterfugio, digresiones, máscaras e interpretaciones fatales (xxiii).

[6] Algo similar se expresa en el cuento "El carro de la rutina" de *Los infiernos de la mujer y algo más...* (37-38).

[7] "Ella" es pronombre que, a pesar de su naturaleza individualizada, abandona su condición de persona para referirse a una situación "objetiva" en el acto discursivo (Benveniste: 221).

OBRAS CITADAS

Arancibia, Juana. "Entrevista con Rima de Vallbona". *Alba de América* 8 (1990): 353-60.

Auerbach, Nina. *Woman and the Demon. The Life of Victorian Myth*. Cambridge: Harvard UP, 1983.

Barthes, Roland. *Image/Music/Text*. Trad. Stephen Heath. New York: Hill and Wang, 1977.

Benveniste, Émile. *Problems in General Linguistics.* Trad. Mary Elizabeth Beth. Coral Gables: U of Miami P, 1971.

Benjamín, Walter. *The Works of in the Age of Mechanical Reproduction. "Illuminations".* Trad.H. Zohn. New York: Schoken Books, (1969): 217-251.

Chase, Cida S. "El mundo femenino en algunos cuentos de Rima de Vallbona". *Revista Iberoamericana* 53. 138-139 (1987): 403-418.

de Beauvoir, Simone. *The Second Sex.* New York: Vintage Books, 1989.

Franco, Jean. *Plotting Women.* New York: Columbia UP, 1989.

Gitter, Elizabeth G. "The power of Women's Hair in the Victorian Imagination". *PLMA* 99 (1984): 936-54.

Jiménez, Luis A. "Rima de Vallbona, Los infiernos de la mujer y algo más..." *Linden Lane Magazine* 13.1 (marzo 1994): 33.

Kennedy, Rose Fitzgerald. *Times to Remember,* Garden City : N.Y.: Doubleday & Company, 1974.

Kristeva, Julia. *Revolution in Poetic Language.* New York: Columbia UP, 1984.

Vallbona, Rima de. *Los infiernos de la mujer y algo más...* Madrid: Torremozas, 1992.

Vallbona, Rima de. *Mujeres y agonías.* Houston : Arte Público Press, 1982.

MACROESTRUCTUACIÓN EN EL CUENTARIO *LOS INFIERNOS DE LA MUJER Y ALGO MÁS...*

Estébana Matarrita
Universidad de Costa Rica

El propósito del presente comentario es el de identificar, dentro, de un cuentario de catorce relatos de variados temas, un factor cohesionante que permita intuir un sentido general global, que haga de la recopilación de esos textos una totalidad articulada por un propósito específico. Esta sería pues, la base de la hipótesis que propondremos para abordar el cuentario de la escritora costarricense Rima de Vallbona, titulado *Los infiernos de la mujer y algo más...*

Publicada en 1992, por Ediciones Torremozas de Madrid, esta obra de Vallbona continúa con un proyecto ideológico que se vislumbra desde su primer texto, *Noche en vela,* Premio Nacional de Novela en Costa Rica en el año de 1968. Ya en esa primera obra, la vocación de Rima se inclina claramente hacia la denuncia de la opresión femenina, tiranía ejercida tanto por hombres como por las mismas mujeres, cómplices y esclavos al mismo tiempo de un sistema de representaciones mentales alienantes de la personalidad y mutiladores de la libertad necesaria para el desarrollo de una personalidad plena y libre de prejuicios. Le siguen innumerables relatos, novelas y cuentos, en los que la misma preocupación aglutina el sentido semántico y estético de su escritura: la victimización de la mujer en una sociedad patriarcal dominada por el machismo y una sexualidad enfermiza que castra el sublime sentimiento del amor. La naturaleza femenina aparece constantemente, como la vocación por el afecto y la entrega generosa; como la cosmovisión metafísica de un mundo en el que sólo el amor y el sentimiento son capaces de llevar a la integración del yo con el universo; y a la realización plena del ser con la totalidad de la creación. Las mujeres y los niños son los personajes favoritos de Vallbona, porque ellos comparten de alguna manera su fe en el otro y en el afecto. Etapa infantil y vida adulta de la madurez, son los dos estadios de la vida de sus caracteres femeninos que son constantemente destacados, comparados, relacionados y permutados. No en vano, la tópica del paraíso es una de sus constantes metafóricas para representar, ya sea la inocencia de todo principio, como también la nostalgia del origen, el ansia de lo sagrado y la vuelta a la conciliación con lo absoluto. En el topos del paraíso se encuentra el paradigma de la puerta que marca un cambio de escenario, pero también un cambio de condición en la vida del hombre y de ahí la idea del deseo del retorno. Como lo señala María Amoretti en un artículo publicado en la *Revista de Filología y Lingüística de la Universidad de Costa Rica,* titulado "Rima de Vallbona: entre la permanencia y el exilio", en el cuentario *Mujeres y agonías,* de los trece relatos que lo conforman, sólo tres no se refieren a mujeres o niños. Mujeres y niños son el grupo mayoritario de los protagonistas de los relatos de Rima. Los niños son, en el caso del cuentario que nos ocupa, *Los infiernos de la mujer y algo más...* los grandes protagonistas ausentes, cuando aparecen (y difícilmente aparecen) lo hacen como parte ineludible del contexto de la familia o del matrimonio. Sólo el cuento "El secreto mundo de la abuelita Anacleta" haría la excepción en este caso; ya se verá cómo.

Si recalco el hecho de estos grupos mayoritarios, es por la sencilla razón de que ellos, mujeres y niños, son las víctimas genéricas y generacionales de la sociedad patriarcal; ellos constituyen siempre el personaje que llena el papel de la figura arquetípica de la víctima propiciatoria, la perfecta permutación humana de la oveja en la pira sacrificial, por lo que comparten en la esfera semiósica de sus connotaciones: pureza e inocencia. Porque en el cuentario de *Los infiernos de la mujer y algo más...,* de eso se trata, del juego entre la inocencia y la culpa, de la figura de la víctima que se inmola gratuitamente (o tal vez no tan gratuitamente, como lo veremos).

Por el momento, regresemos al punto de partida. Decíamos al inicio, que nuestro propósito era el de indagar la posibilidad de la existencia de un factor cohesionante que permita asumir los diversos cuentos de ese cuentario como una totalidad, a pesar de la diversidad de temas, situaciones y personajes que los caracteriza, y a pesar de la diferencias que este cuentario pudiera presentar con otros de la misma autora, como lo acabamos de señalar en el caso de *Mujeres y agonías* (Vallbona, 1986).

Buscar ese eje articulatorio en un cuentario que se ve obligado a agregar en su título una especie de apéndice que advierte la heterogeneidad y heteroclidad de sus contenidos, pareciera una tarea bastante curiosa. Pero es justamente ese "Y algo más...", lo que desde nuestro primer encuentro con el libro nos ha inquietado; por el sentido que parece advertir al lector, e inhibirlo, de que no intente encontrar en él una completa unidad, sino una parte que se sostiene a sí misma como un todo y luego otra que se agrega como el espacio de lo misceláneo y de lo inclasificado por inclasificable. Autor o editor, no lo sabemos, han actuado conforme a esa perspectiva y han organizado el conjunto en dos partes según ese criterio. Así, el cuentario que comentaremos consta de catorce relatos. Nueve se agrupan bajo la primera parte del título *Los infiernos de la mujer y algo más...* y cinco en la segunda parte de él, "Y algo más...". Este manejo mismo del título es ya una novedad en la práctica de la intitulación literaria, al punto de que da la impresión de que se están publicando dos libros en uno solo. El autor implícito nos ha organizado, entonces, de previo, cierto criterio de cohesión, porque efectivamente la llamada "Primera parte: Los infiernos de la mujer" contiene justamente relatos en los que sus protagonistas son todas mujeres. Mientras que en la llamada "Segunda parte: Y algo más..." se reúnen los cuentos en los que los protagonistas no son mujeres, son todos hombres, a excepción de un extraterrestre.

Si hemos de hablar en términos bien precisos, buscar la cohesión sería, después de esta evidencia, cosa vana, pues la cohesión es una relación que se da en el nivel semántico, inaccesible ya por la diversidad real de temas, situaciones y personajes; mientras que la coherencia es otra cosa, es la totalidad que se encuentra en un nivel superior que desborda el contenido. Más allá de la cohesión, en un nivel semiótico, se encuentra la coherencia, que es la globalidad del sentido, el cual, efectuándose en los precisos mecanismos de producción de la significación, se ubica más bien en la forma, en ese tercer nivel helmsleviano que se denomina precisamente "significado mítico". La coherencia es entonces una especie de superesructuración que enlaza unidades menores. Van Dijk llama a éstas, micro-estructuras, y a aquéllas, macroestructuras. De ahí el título que le hemos dado a nuestro artículo, el cual creemos que recoge con mayor fidelidad epistemológica el objeto de nuestras preocupaciones textuales. La experiencia sociocrítica de análisis de textos, compartida por un grupo de colegas, entre los que nos incluimos, adscritos todos al Instituto Internacional de Sociocrítica, con sede en Montpellier, Francia, nos ha hecho extremadamente sensibles a las macroestructuraciones paradigmáticas que gobiernan la producción textual, las cuales se nos revelan en cada análisis particular cada vez con mayor evidencia, hasta el punto de que hablamos más bien de códigos culturales. Este fenómeno nos ha permitido hacer algunos aportes a los estudios de identidad cultural y, de manera más general, a teorizar sobre ciertas categorías literarias entre las que podríamos citar la intertextualidad y la interdiscursividad como operaciones transculturales del sentido.

En relación con la identidad, en el caso concreto de la literatura hispanoamericana, muchos escritores, investigadores, críticos y pensadores en general, ya habían señalado el papel que desempeña el mito como mediación esencial en nuestra concepción de la realidad y, por ende, la importancia de su función en la interdiscursividad de la mayoría de nuestras producciones literarias. No obstante, frente a la categoría mítica autóctona, la presencia de los arquetipos judeo-cristianos tienen también una recurrencia casi obsesiva, siendo ellos también parte de nuestra cultura.

Tal es el caso de *Cien años de soledad,* obra considerada paradigmática en la formulación de nuestra identidad hispanoamericana. En ese texto de Gabriel García Márquez comparten papeles estelares dos fuentes cosmogónicas y ambas parecen funcionar como interpretantes recíprocas: lo bíblico interpreta lo mítico aborigen y lo mítico aborigen interpreta lo bíblico.

Como ya lo afirmamos, en la obra de Rima de Vallbona también la tradición judeo-cristiana es una estructura de mediación, un filtro interpretativo de la realidad, pero está absolutamente ausente la categoría mítica autóctona-aborigen. En lugar de ella encontramos los esquemas de otra fuente mítica, la que deriva de la tradición clásica, lo cual no es por azar, ya que los esquemas judeo-cristianos se encuentran amalgamados históricamente con la tradición grecolatina, de la cual, sobre todo, es legítimo heredero, si no, que lo digan Santo Tomás y Aristóteles; si no, que se revise la Edad Media entera.

Si nos atenemos al concepto de interdiscursividad como un complejo de discurso con dominancia, en *Los infiernos de la mujer y algo más...*, son los esquemas arquetípicos de la tradición judeocristiana los que conformarían en este caso la dominancia. Sin embargo, por un principio de estructuración inherente a la naturaleza misma de toda sustancia discursiva, el discurso judeo-cristiano lleva dentro de su seno la referencia misma a aquel otro discurso que lo antagonizó en el momento mismo de su emergencia, nos referimos especialmente a las formas discursivas de la mítica grecolatina y su relación con las formas discursivas del cristianismo en particular.

Esta sería la formulación de nuestra hipótesis: los códigos judeo-cristianos y la mitología clásica son las dos grandes macroestructuraciones del cuentario *Los infiernos de la mujer y algo más...*, de cuya diálogica emerge, por lo demás, la víctima sacrificial como la figuración isotópica de la imagen de la mujer.

Veámoslo no más en el primer relato del cuentario en cuestión: "La tejedora de palabras". El texto se abre justamente con una dedicatoria en la que se mencionan dos personajes de la literatura clásica; luego seguidamente aparece una cita de Homero como epígrafe que se refiere a Circe y sus palacios.

El cuento es de una extraordinaria cohesión interna, pues la Prof. Thompson, quien imparte un curso de Literatura Clásica, reencarna a la propia Circe y logra seducir y secuestrar a uno de sus jóvenes alumnos embrujándolo por medio de visiones en las que ella, en realidad una vieja sucia, fea y desgarbada, se aparece ante los ojos del joven Rodrigo como una atractiva y juvenil mujer de hermosa cabellera pelirroja. Al igual que Circe tejedora, la Prof. Thompson logra envolverlo en una tupida red de palabras por medio de las cartas que secretamente le envía para seducirlo. Cuando Rodrigo intenta escapar es ya demasiado tarde. No se le vuelve a ver y la Profesora Thompson continúa con su próxima víctima.

Circe, bruja, araña, sirena, la Profesora Thompson es el punto en el que se inserta una espesa red de discursos en el que la matriz es ineludiblemente Homero. Pero también, bruja, sirena, araña se reconstituyen en el contexto actual por la presencia de los felinos y el toque rojizo de una cabellera abundante que redistribuye los contenidos de discursos arcaicos en el moderno tópico también de la mujer fatal. Junto al Hades, el relato sutilmente incorpora las nociones de paraíso y de infierno, este último con la valencia de la muerte. De modo que, con la dominancia de los esquemas míticos de la tradición grecolatina, en este cuento la tópica cristiana del paraíso y el infierno son funtivos que tan sólo ejercen la interpretancia de aquéllos.

Pero ¿cómo integrar este relato en el sentido general de la parte en la que ha sido clasificado, la parte de los infiernos femeninos? La relación es bien frágil, pero se da. Rodrigo asocia (sin fundamento, como dice él) a la vieja seductora con su madre, por el olor a soledad que ambas despiden. La madre de Rodrigo es víctima de la infidelidad de su marido quien la traiciona constantemente con amantes juveniles. La tejedora de palabras, la Prof. Thompson, es la hechicera que se propone como tarea liberar a Rodrigo de los principios pequeño-burgueses de su familia. En contraste con la clase de Homero: "el paraíso perfecto en donde sorbía embebido el frescor de aquel río de palabras que arrastraba consigo todos sus pesares y angustias" (14), está la realidad de Rodrigo: "...su realidad de fugaces amoríos, de conversaciones fútiles, de películas violentas y eróticas, del dolor de haber sorprendido las infidelidades de su imperial padre, de la sumisión dolorosa de su madrecita tierna, benévola, resignada" (14). A pesar de las diferencias que se pueden deducir entre estas dos imágenes femeninas: la de la madre de Rodrigo y la de la Profesora Thompson, a ambas las hermana "el penetrante olor a soledad" que despiden.

En el relato "El secreto mundo de la abuelita Anacleta", una anciana tiraniza desde su cama barroca toda la familia con su vocerrón herrumbrado. Por travesura (y un poco por compensación), los nietos le regalan para su nonagenario aniversario dos bolos. Para sorpresa de todos, secretante la abuela se dedica a entrenar y se dispone a salir, después de muchos años de reclusión, nada menos que para ganar el Campeonato de Bolos. Lo llamativo de este cuento es la clandestinidad de la anciana, quien posee ese secreto mundo de donde saca su fuerza paulatinamente hasta maravillar con la potencia de la que es capaz el montoncito de huesos y pellejos que ella es. El mundo secreto de la abuela Anacleta es por inexplicable y clandestino confundido con lo diabólico, el infierno por metonimia, y es por ello sometida a un exorcismo. Esta práctica ritual de la tradición cristiana es un marcador de la presencia, de nuevo del discurso judeo-cristiano, reforzado por la figura de Job, la Samaritana, Baltazar y el demonio, como por la mención de las letanías, las Sagradas Escrituras y el Santo Grial. Este es el filtro dominante que mediatiza la construcción de un mundo familiar tiranizado por una ínfima mujer que esconde dentro de sí un infierno de energía, de la cual su hija es la víctima propiciatoria: "No lo podíamos creer. Dio un salto ágil del camón barroco y se vistió sin ayuda de nadie. Entonces pensamos al unísono que aquella mujercita de efímera apariencia, se había vivido torturándonos y esclavizándonos todo ese tiempo con el fin de conservarnos bajo su dominio" (28).

El fingimiento de su debilidad, el encubrimiento de su verdad, es el secreto del mundo de la abuelita Anacleta. Entre las víctimas de sus abusos está su nieta, la narradora de escasos diez años. Teñido por la ingenuidad de la mirada infantil, el relato presenta a esta mujer tiránica, violenta y abusiva bajo el cálido tamiz con que una nietecita de diez años puede mirar a su abuelita, de ahí el inevitable diminutivo que contrasta con los superlativos del vozarrón, herrumbrado, despótico, tiránico, proyectil poderoso, ametralladora, etc, con que es descrita su presencia. Junto al código emotivo de la narración la resolución parece jocosa por el contraste, por la inverosímil imagen de una abuela nonagenaria campeona mundial de bolos.

En este texto, el discurso de la tradición grecolatina aparece tímidamente en una única recurrencia que menciona a Sísifo para describir la inútil rutina de Chelita, la criada. Lo que cuenta, para nuestros propósitos, además de la dominancia del discurso judeo-cristiano como mediación, es la confrontación con el abuso y la victimización aceptada, resignada, de los seres humanos que aceptan la tortura (el infierno), obligados por el lazo del afecto y el parentesco.

En "El corrector de la historia" dos almas solitarias establecen un diálogo mudo en el que cada uno ignora la reciprocidad del otro. El argumento se anuda en un error de interpretación idéntico para ambas partes y que resulta en el suicidio del hombre y el doloroso reconocimiento de la mujer de que su resolución de comunicarse finalmente con el vecino de soledades, ha llegado demasiado tarde para él y demasiado tarde para ella, ya que a partir de la muerte de él, la vida suya será también mortuoria. El sentido del extraño título, "El corrector de la historia", se da justamente en el hecho de que ha habido un error de interpretación en ambos personajes y es el desenlace del cuento quien se erije en el corrector de su propia historia y en establecer la verdad de las correspondencias que se escaparon tanto a la mujer, desde cuya perspectiva se nos ofrece en texto mediante el estilo indirecto; como al hombre, de quien sabemos su modo de percibir la situación, gracias a la nota que le dirige a su vecina. Es decir, que hasta en el nivel de la narración hay una total correspondencia, pues el relato pudo haberse dado perfectamente desde la perspectiva del hombre y nada hubiera cambiado de su contenido, ni un sólo elemento de la historia, ni la ventana, ni el carro, ni el soliloquio-diálogo, ni el mundo de soledades y aspiraciones, nada hubiera cambiado, tal es la perfecta simetría de este cuento de la correspondencia perfecta. El cuento es entonces, desde el punto de vista estético, de una extraordinaria eficacia estructural, pues el paralelismo de esas vidas semantiza todos los niveles de la narración, hasta el punto en que se puede afirmar que lo que en él se ficcionaliza es la correlatividad misma.

Queremos llamar la atención en el mundo de conceptualizaciones redundantes que se ofrecen para describir estas vidas paralelas: yerma, vacía, silencio, decrepitud, vejez, ausencia, ingratitud; y el significativo epígrafe que habla del afecto correspondido. El tema general es el absurdo y la fatalidad de que esos seres humanos dejan escapar, por miedo a un rechazo más, la única oportunidad de encontrar la reciprocidad en el afecto y la necesidad mutua. El relato se cierra con una directa referencia al título de la parte en la que ha sido clasificado: "No pudo más y prefirió de una vez por todas, acabar con el infierno asfixiante de la desolación sin remedio" (36).

Hay pues ya una definición de infierno: desolación sin remedio, es decir, eterna. En la palabra desolación se vienen a resumir entonces todas las conceptualizaciones redundantes: yerma, vacía, silencio, decrepitud, vejez, ausencia, ingratitud. Ese es el concepto de infierno que elabora el texto y nuevamente es un mundo secreto, como el de Anacleta, porque está oculto, porque no se deja ver, no se comunica y cuando aparece sorprende y asusta.

"El carro de la rutina" será el relato que termine de develar el sentido del infierno y del infierno específicamente femenino. En él, una puerta que se cierra abre paradójicamente el relato y este sentido de la paradoja es el que va a condensar el contenido del cuento en su desenlace. Pero la puerta, como ya lo habíamos mecionado al principio de este artículo cuando hablábamos de la tópica del paraíso, es también un marcador que separa dos contextos totalmente diferentes. Así, para la novia enamorada, detrás de la puerta quedan abandonadas y clausuradas para siempre sus ilusiones:

> Con desaliento comprobó que hasta las promesas de paraíso-eternamente-mi-amor-vida-mía, se habían transformado en nudos de víboras. Cuando alcanzó el poso de su virginidad desgarrada sin misericordia, al atardecer, llena de angustia, comprendió que había dado el paso definitivo e irreversible hacia el infierno (38).

Más acá de la puerta está, pues, para la mujer, el infierno del matrimonio.

El infierno es, según el sentido general del término, tormento o castigo. Es el lugar donde los condenados sufren castigo eterno, según ciertas religiones y muy particularmente la religión cristiana. Es, entonces, según la primera acepción una forma de vivir, una manera de calificar un estar en el mundo. Y según la otra definición, el infierno es un espacio, ese que demarca la puerta, en el relato en cuestión.

Por otra parte, el término infierno va siempre relacionado con la muerte; por contraste con la vida eterna, el infierno es la muerte eterna. Ya así lo había conceptualizado la tejedora de sueños en el primer relato del cuentario y por eso le ofrece a Rodrigo llevarlo al Paraíso, para salvarlo de la muerte.

El discurso es una formación que se constituye por una cierta regularidad que establece una relación entre las diferentes partes que lo componen, de modo que ninguna de ellas sabría subsistir desprendida del todo. Esa regularidad constitutiva puede verse también como un conjunto de reglas de articulación y transformación por las que los conceptos se amarran unos a otros en una peculiar complicidad o en una relación de antagonismo y repulsa. Es una especie de fuerza magnética que, por lo tanto, es capaz de atraer a signos de polos opuestos.

Así, dentro del esquema mítico judeo-cristiano, el infierno es inconcebible fuera de su relación con la falta, con el pecado y el castigo. Por su parte, el arquetipo paradisíaco es un espacio marcado de armonía y símbolo de la felicidad. Pero paradójicamente también contiene al infierno, puesto que en él se origina la falta, el pecado original, el principio del pecado o el pecado de los principios del mundo. Es el lugar en que una caída se origina y, en consecuencia, pasamos del plano de lo alto al plano de lo bajo o subterráneo. Por eso el infierno es siempre un topos soterrado, colocado en el eje de lo bajo en todos los sentidos de este término. De ahí su equivalencia semántica con lo oscuro y con lo oculto.

La novia de "El carro de la rutina" se encuentra de repente en el espacio del infierno. Habría, entonces, que preguntarse bajo qué cargos, o pagando cuál falta.

Contigua a la noción de infierno está siempre la de la muerte, como ya lo explicamos, por eso a esta mujer no le queda otra salida que la del suicidio, pero el cuento nos prepara una salida contrastante.

La puerta se vuelve a abrir bajo la llave del amo para darle paso a éste y, ante un nimio gesto de afecto, la protagonista olvida todo su contexto y situación, desaparecen sus pesares: "Hola, querida, ¿cómo has pasado hoy?, le preguntó, ella buscó en lo más generoso y sacrificado de su ser una sonrisa y dándole un beso en los labios, ¡de maravilla, mi amor, de maravilla!, le respondió" (38).

La falta que hace de la mujer merecedora del infierno es su ilusa confianza en el amor, como afirmamos en el comentario al inicio de este relato y en la primera citación. La afirmación es genérica porque esta mujer representa, según el texto, a todas las demás:

> Así, para siempre quedó unida con intrepidez en el carro rutinario y esclavista del matrimonio, como había visto a las demás mujeres, desde la abuela hasta la madre, pasando por hermanas y parientas y amigas y vecinas y desconocidas..., todas... las demás. ¡Igual que todas ellas! (38).

Pero hay que prestar atención a los términos que describen el ser de esta mujer-colectividad: generosidad y sacrificio. Generosidad para dar aunque no reciba nada a cambio, la idea de reciprocidad o de ingratitud de la que hablaba "El corrector de la historia". El sacrificio, que la define como una víctima muy especial, la víctima propiciatoria, porque se inmola voluntaria y resignadamente.

"Los males venideros" cambia de forma abrupta las problemáticas de los anteriores relatos. Rita Creso, la protagonista, es una escritora cuya ficción termina por devorarla gracias a la voluntad de una computadora que cobra vida e independencia y transforma su última ficción en la historia del final de la vida de Rita Creso. El relato es ingenioso por el juego de cajas chinas en las que una ficción ficcionaliza a la ficción que la produce y se da tal confusión de realidades que, ya fuera del control de la escritora, ésta se ahovilla en el suelo para esperar inerte que su propia ficción la consuma. Rápidamente considerado, este cuento no se ubica en el criterio clasificador del autor implícito de *Los infiernos de la mujer y algo más...*, pero he aquí que encontramos una vez más a una mujer en condición de inercia ante fuerzas que ella no controla y la avasallan. El monstruo del computador, el memorión mecanizado, como lo califica la instancia narradora, le usurpa su función de escritora, le roba su autonomía y termina tomando hasta la propia vida de Rita por su cuenta. La figura de la mujer escritora es imagen de la mujer liberada, ya lo dijo la abuela Anacleta:

> —¡Inútil empeño porque los hombres siempre nos arrebatarán ambos derechos para seguir como amos y señores nuestros! —era su repetida y desconsolada letanía—. ¿Se han fijado que apenas si hay compositoras en el mundo de la música? Podríamos contarlas con los dedos de las manos. Se explica, se explica... La música se hace sentir por el sonido, mientras la pluma corre silenciosa por el papel de la escritoras, quienes a escondiditas, y como si cometieran un pecado mortal, desafían al hombre con sus libros (26).

Las connotaciones de los nombres son presagios: Mr. Congos, representante de la TWD ("tedoblevede") Business Systems. Pareciera ser pues, en la historia de Rita Creso, el castigo velado por su atrevimiento y desafío de mujer escritora. Por eso ella es también víctima del mismo esquema del vasallaje, representado en el monstruo todopoderoso del computador, cuya portentosa memoria escribe la historia de "Los males venideros"; y representado también en la proxémica del gesto del cuerpo que se ahovilla (posición fetal de la indefensión y del desamparo) en el propio suelo, posición que recuerda también a la víctima sacrificial por antonomasia, la oveja en la pira inmolatoria, que espera, indefensa, el golpe que le ha de quitar la vida. Así, Rita se dice para sí misma: "Ella sabe que de nada le servirá correr a esconderse, gritar, pedir auxilio a los vecinos, telefonear a la policía. Todo sería en vano. No vale la pena hacer ningún esfuerzo" (46).

Pero es que, además, a pesar de la vida liberada de esta mujer profesional, hay una fraternidad de relaciones con las anteriores protagonistas: la condición de la soledad, el abandono de los hijos. Por eso, el oficio de escribir es para Rita Creso el escape de su infierno: "¿A qué temer? Sólo a mi sola soledad de vieja solitaria inmersa en soliloquios y fantaseos" (42).

La imagen de la víctima propiciatoria vuelve a ser el encuadre en que aparece la figura femenina en "Brigada de la paz", relato en el que una multitud de mujeres es inmolada en los campos de batalla. El miedo y la incomunicación hacen que los combatientes, en la oscuridad de la noche, no se enteren de que el himno de guerra y de triunfo que canta el ejército enemigo avanzando hacia sus trincheras, no es más que el cántico de paz y amor que entona la brigada de la paz", "constituida por mujeres voluntarias —madres, hermanas, esposas, novias, estudiantes, obreras— que visitan el teatro de la guerra cantando el himno 'Paz y amor en el mundo' " (50).

Ante el espectáculo de la muchedumbre de cadáveres, los soldados exclaman: "—¡Mujeres! ¡Sólo son mujeres! ¡Indefensas mujeres sin más armas que un canto de paz y amor!" (50).

Otra vez la figura femenina en estado de indefensa postración, entregada a la muerte, en busca del amor. Víctima inocente.

El desenlace del cuento es inesperado porque la visualización de los hechos está dada desde la perspectiva masculina de los combatientes, quienes ni siquiera serían capaces, dado el escenario de la guerra y el miedo que los invade, de hacerse la pregunta que la cita (en inglés) de Gibran plantea en el epígrafe y que se puede resumir de la siguiente manera: "¿Pueden los amantes unirse y besarse en los todavía nublados campos de batalla por las fumaredas de las bombas?" (47). El relato es, entonces, una respuesta implícita, que no necesita ulteriores comentarios.

Otra respuesta ofrece el texto titulado explícita y significativamente "El infierno", pero esta vez es una respuesta a una pregunta que nos habíamos formulado en relación con el sentido del infierno y la falta que justifica el castigo de estar en él.

Un epígrafe que define la irracionalidad como categoría diabólica explicaría el cómo es tan fácil pasar de la semántica del cielo a la del infierno. O, podríamos pensar más bien que es el argumento de este cuento el que le da sentido a las enigmáticas observaciones de esa cita de Milán Kundera. Se trata también de una mujer atada al "carro de la rutina", quien decide un día romperla y al hacerlo "todo su ser se le volvió cielo". Se lanza por los caminos de la libertad en busca del amor entregándolo a su paso por raudales. Pero a cambio de ello, termina prostituida y con un puñado de billetes en sus manos. Decepcionada, intenta regresar a su antiguo mundo pero ya los caminos le están vedados: "Todo su esfuerzo fue en vano: el sueño donde había penetrado por los caminos de la libertad cerró las rejas y la dejó aprisionada para siempre en el allá y el antes, que habiendo sido cielo por unos momentos, se le volvieron infierno" (53).

Entre los ámbitos del paraíso y el infierno aparece de nuevo el marcador de la puerta, representado en este caso por las rejas. En una semiótica de metáforas, este relato vuelve a presentar a la figura femenina castigada por el amor: "En seguida, su amor y sus besos, los fue dando a uno, a otro, a otros más y a cambio, ellos le devolvieron lágrimas y desilusiones; desilusiones y lágrimas" (52). El sueño y la ilusión truncados por la ingratitud. Otra vez emergen el sentimiento del desamparo y la soledad, el cansancio y la vejez.

Estos mismos semas definen la vida de la protagonista del siguiente cuento, "Una estrella fugaz", en el que una viejecita asediada por los achaques de la ancianidad y el vacío del final de su vida solitaria, se aferra también a una ilusión efímera, la emoción de ver una estrella tan espléndida "como la primera del Génesis". Al final, doña Amparo constata que su estrella nunca fue estrella, que la esperanza a la que se aferraban los últimos jirones de su vivir, era tan solo el inmenso, intenso foco de un avión. Ante el vacío del abandono, de la carencia de afectos, la vida es un espejismo en el que la muerte "tarda una eternidad en llegar".

"Libelo de repudio" es el último de los cuentos de *Los infiernos de la mujer y algo más*... y con él se consuma la conceptualización de la mujer como víctima. El epígrafe es, como en otros casos, una cita bíblica *(Deuteronomio)*. Como el título lo señala, en este relato la mujer sufre el repudio de su marido después de haberle entregado a éste lo mejor de su vida:

> Ahora que tenés la farmacia y podemos vivir holgadamente, comprarnos una casita, la que tanto soñé para Marquitos, ahora jue'puta, que ya no necesitás de esta imbécil babieca, me venís con que 'lo siento Ana, Anitica de mi vida, pero no puedo seguir con vos, porque ¿sabés?, me he enamorado de otra y a vos no te puedo engañar' (60).

El engaño es la figura clave, pero más que el engaño del marido, se trata del engaño de sí misma, como el de la novia de "El carro de la rutina": el engaño de entregar la fe en el amor. Como en otros relatos, la caída de la mujer reside precisamente en entregarse al amor sin condiciones.

La rutina de esta pareja es la diaria discusión nocturna por el divorcio, hasta que una noche el marido inusualmente acepta que la esposa se lo niegue. Las dudas de Ana ante esta inesperada reacción de su marido y la subrepticia sonrisa que ella cree ver en él en el momento en que éste se voltea para entregarse al sueño, desatan en la protagonista las dudas de que la haya envenenado. Entre los efectos de los somníferos y esa duda, Ana entra en un sopor que ni ella ni el lector pueden distinguir si es el sopor de las drogas o el de la muerte:

> Mientras se va hundiendo en la inquietante negrura, se pregunta cómo puede el asesino dormir y roncar tranquilamente al lado de su propia víctima. ¿Estará soñándolo? ¿Y si todo fuera sólo una pesadilla y mañana...? ¿Mañana?... ¿Y si ma... ña... na... des... pe... r... t... a.... r...aaa? (63).

Ana se autodefine como víctima, pero víctima inocente como la sacrificial. Por eso la noción de falta sufre en este relato, como en varios otros a los que nos hemos referido, una reinversión, pues el agente de la falta es la propia víctima. La caída que hace a la mujer merecedora de su muerte o de su infierno es su actitud ilusa ante el sentimiento del amor. Por eso, en este cuento la revelación consiste en enterarse de que por ilusa Ana ha sido víctima de un timo, que se hace evidente en el juego de palabras entre timo y Timoteo, el nombre de su marido.

Pero la víctima inocente está hecha para la inmolación, su existencia se define sólo en función del holocausto (entre los judíos: sacrificio religioso en el que la víctima era quemada, fuego, infierno); por eso, en "Brigada de la paz", la muchedumbre de mujeres se describe como "la última esperanza de que la raza humana no sea eliminada del planeta" (50) y su muerte representa también la figura del holocausto, del sacrificio, porque holocausto tiene también una segunda acepción: gran matanza.

El mito de Sísifo, tan redundante en estos relatos en la idea de la cotidianidad, de los gestos inútiles de entrega, de la ilusión que, aunque fantasmagórica, no deja de construirse repetidamente, asienta en esta sección del libro la idea del destino, otro sema isotópico, de la mujer como figura crística del sacrificio, pues la inmolación a la que está destinada es una inmolación por el amor y por la paz, la armonía de su vida y la de los suyos; y frente a este destino no hay rebeldía posible, de ahí la aceptación. Su inmolación es la condena de soportar el infierno de la ingratitud, del desamor y el abandono como pago a su entrega.

En la sección "Y algo más"... los motivos de la primera parte se reiteran, a pesar del carácter misceláneo de los cuentos: las luchas fratricidas, el fin del mundo, el rico y la pobreza, la reencarnación, el tiempo que se esfuma, etc. Se sigue, a pesar de esta variedad, el mismo mecanismo de macroestructuración de la primera parte del cuentario, al menos en lo que se refiere a las mediaciones de la escritura.

El cuento "Cruzada Intergaláctica" tiene como epígrafe una cita del *Apocalipsis* de San Juan que resulta muy reveladora, puesto que el Inspector General del Imperio Intergaláctico, luego de hacer un escrutinio de los despojos de este planeta, que lo lleva a la conclusión de que debe ser destruido para evitar la vergüenza y la contaminación de la estulticia en la galaxia, agrega en una postdata, al final de su informe, la recomendación de considerar el rescate de lo único valedero dentro del vergonzoso desecho: las enseñanzas de Jesús, el Redentor.

Los conceptos de la vida como expiación, como valle de lágrimas y la presencia del infierno y de la muerte aquí en la tierra, por ejemplo, siguen siendo reinterpretantes de los arquetipos judeocristianos.

En el cuento "Una vez más Caín y Abel", se retoma la problemática de las luchas fratricidas. El relato se contextualiza en Nicaragua, durante los combates entre la resistencia y los sandinistas. El epígrafe contiene una cita también del *Génesis* para cerrar luego el mensaje con una consigna muy sorprendente que intenta acabar con esa esencial polémica. En medio de los preparativos del combate, los soldados se susurran esa consigna y ante la sorpresa de los jefes de ambos bandos, en el momento del enfrentamiento y al grito de la consigna:

> Todos, todos los de un bando y de otro bando, dejan al mundo perplejo cuando en un abrazo apretado y fraternal gritan con un grito ubicuo que siguen repitiendo hasta la saciedad:
> —Hermanos, somos hermanos. A partir de hoy, Caín y Abel unidos para siempre (85).

Una situación actual es reinterpretada —"una vez más", como dice el mismo título del relato— a través de esquemas ancestrales provenientes de la tradición judeo-cristiana, al igual que en el siguiente cuento, "Justicia distributiva". Allí, a partir de otras citas bíblicas (San Lucas y San Mateo) se aborda el tema del rico y se cuestiona la posibilidad de que éste con su dinero pueda comprar la salvación eterna a pesar de sus gestos de caridad. Se trata de una reflexión sobre el sentido de la caridad en los tiempos modernos. Culpa, pecado, salvación eterna, son la nociones claves:

> El pecado más gordo no es el de los que se embolsan dinero que les pertenece a otros, ni el de los que despojan a los pobres. El

pecado más gordo es el de aquel que pensando sólo en su ego, sin preocuparse por los otros, se encarama a toda costa (o pretende encaramarse) en el reino de los cielos (92).

En fin, todos los temas de esta sección última del libro, de ese "Y algo más...", tienen en común el hecho de ser redistribuciones de los esquemas bíblicos que remodelan también los cuentos de *Los infiernos de la mujer y algo más...*

Hay, pues, en el libro, un nivel de coherencia que desborda las temáticas por ser una articulación que se da en las categorías interpretantes del mundo puestas al servicio de una intención autorial (consciente una veces, intuida o no consciente, las más) que atraviesa cada uno de los relatos de este cuentario para poner en escena, una vez más, en otra de sus obras, los códigos culturales que gobiernan la sociedad y la época en la que estas producciones culturales aparecen.

Rima de Vallbona es, en este sentido, como todo buen escritor, un fino oído que sintoniza las preocupaciones y aspiraciones de sus coetáneos, pero sobre todo las de sus hermanas de género, para desplegar un horizonte de mayor visibilidad social que nos permita mirar también con mayor lucidez en el fondo del paraíso o el infierno de nuestras conciencias .

OBRAS CITADAS

Amoretti Hurtado, María. "Rima de Vallbona: entre la permenencia y el exilio". *Revista de Filología y Lingüística de la Universidad de Costa Rica* (1989): 23-27.

Vallbona Rima de. *Mujeres y agonías.* Houston: Arte Público Press, 1986.

-----. *Los infiernos de la mujer y algo más...* Madrid: Editorial Torremozas, 1992.

LA MORADA INTERIOR Y SUS ESPECTROS [1]
María Amoretti Hurtado
Universidad de Costa Rica

En 1988 y con motivo del IV Simposio Internacional de Literatura organizado por el Instituto Literario y Cultural Hispánico, en San Germán, Puerto Rico, elaboré unas cuantas reflexiones en torno a uno de los cuentarios de Rima de Vallbona: *Mujeres y agonías*. A partir de esas reflexiones intento ahora adelantar algunas conclusiones sobre el feminismo de esta escritora costarricense, y continuar con el rastreo de lo que cada vez se me va revelando con mayor evidencia: su obra —novelas y cuentarios— es una totalidad que se articula en torno a un mismo eje paradigmático. Es el rastreo de este eje, su evolución y transformaciones, lo que me interesa sobre cualquier otro aspecto, por el momento. Cada una de las obras de Rima de Vallbona son reelaboraciones estéticas de una misma problemática: la culpa asentada en una falta llamada pecado.

En aquella ocasión, también trataba de establecer las codificaciones que hacían de la obra una totalidad dominada por el pesimismo. En ese entonces establecimos que los códigos predominantes eran arquetípicos. Entre ellos sobresalía la díada antagónica del paraíso y el infierno y, obviamente, en medio de ellos los conceptos de pecado, culpa y perdón. O sea, que se trataba del arquetipo escatológico del cristianismo. [2]

Lo que particularmente llamaba mi atención era el rol tan contradictorio que ofrecía la conciencia como espacio de libertad y al mismo tiempo como prisión, en la mayoría de los personajes femeninos que allí se expresaban.

De modo suscinto se estableció que en el cuentario *Mujeres y agonías:*

1. Hay un universo que se modela a través de una conciencia femenina.
2. Que esa conciencia femenina está en busca de su identidad.
3. Que esa identidad sólo se hace manifiesta en su espacio interior, único ámbito de libertad.

4. Que la búsqueda es, entonces, degradada, porque la búsqueda de una identidad que no puede instanciarse en el exterior, es absurda desde el mismo momento en que no puede interactuar con el otro.
5. Y que, por lo tanto, el único refugio protector y libertario se transforma en fosa y la identidad, el ser que viene allí a la vida, está muerta de antemano.
6. Si ese espacio interior no es libertario, sino ruta de evasión, entonces la introspección ya no se puede conceptualizar tampoco como proceso de reconstitución del yo y modificación de uno mismo. Podríamos agregar entonces que la introspeción es condición eficiente, pero no suficiente para la constitución del yo.

Las anteriores afirmaciones nos llevaron a concluir que la escritura está caracterizada por un pathos trágico en el más unamuniano de los sentidos, dado que la búsqueda de sí misma termina siempre convirtiéndose en un estado de exilio obligatorio.

Es este pathos trágico el que posibilita —como se verá— una nueva interpretación, ya no para el caso particular del cuentario mencionado, sino en general y para la globalidad de la obra de Rima, la cual ha sido constantemente catalogada como feminista.

En su novela *Mundo, demonio y mujer,* a pesar de las combinaciones genérico-literarias (las citaciones que introducen como epígrafes cada uno de sus capítulos, por ejemplo, casi todas tomadas de publicaciones periodísticas o de la literatura) que parecieran testimoniar el carácter político propio de un texto feminista, el pathos unamuniano vuelve a aparecer y esta vez en un nivel explícito, pues la misma protagonista lo cita como personaje de uno de sus sueños:

> Como si saliera de una de las fotos suyas tan conocidas (trajeado de negro y con barba semicanosa, espejuelos y sombrero muy peculiar), Unamuno me da una palmadita en la espalda; se podría decir, palmaditas de viejo camarada, y me dice:
> —Bien hecho, mujer, muy bien. Adelante y nada de desánimos! [3]

Este pathos unamuniano que habíamos identificado ya en 1988 a propósito de *Mujeres y agonías,* como el implícito factor isotópico por excelencia, reaparece pues, como saturando esta obra y muchas otras de Vallbona de un sentimiento de carencia insatisfecho, a pesar de los procesos de autoconcientización de sus personajes femeninos. Esta ansia insatisfecha embarga sus relatos de un pesimismo que se revela en las elocuentes connotaciones de sus títulos: *Noche en vela, Las sombras que perseguimos, Cosecha de pecadores", Los infiernos de la mujer y algo más..., Polvo del camino, Baraja de soledades,* etc. En ellos, como en *Mujeres y agonías* y, ahora, en *Mundo, demonio y mujer,* la intimidad es un espacio de doble valencia: refugio secreto y clandestino pero sin posibilidad alguna de comunicarse con los otros escenarios del yo. Este espacio es más bien vía de escape, pero... ¿hacia dónde?

La pregunta que me hace la obra de Rima es siempre la misma: si la búsqueda de sí equivale en la mujer a un estado de exilio obligatorio, si la identidad es prisionera de su propia intimidad, ¿qué sentido tiene? ¿Qué sentido tiene una identidad que no tiene salida de sí, relación con el mundo, esperanza de despliegue en la relación con los otros?

Esta negativización del espacio interior es ya una confrontación con el papel que la literatura feminista le ha dado al ámbito de la intimidad. La intimidad en la obra de Rima juega un rol muy sui generis, muy diferente, como veremos. La intimidad en la obra de Rima juega el papel del confesionario, es decir, de la autonegación, de la renuncia de sí misma para el mundo. No es gratuito, a mi juicio, que en el título de la obra, entre la mujer y el mundo quien media es el demonio, signo de la separación.

En la constitución del yo, dos movimientos del alma parecen imponerse: uno es la necesidad de recogerse y el otro es el de salir de sí. Dentro de lo que su obra enuncia, este último movimiento no tiene posibilidad alguna, de ahí que la unidad quede siempre rota y la sensación de plenitud jamás lograda. Aunque la mujer consigue autoafirmarse en su recogimiento, sigue siendo un ser fragmentario porque ese yo no encuentra su conexión con el mundo. Hay por ello en la obra de Vallbona una cierta fatalidad, una cierta inmovilidad que devela la insuficiencia de la denuncia de las injusticias cometidas contra la mujer, que revela que las elucubraciones más refinadas en búsqueda de lo esencialmente femenino son vanas mientras los hombres no inicien, ellos también, su propia revolución, para liberarse de las mismas cadenas.

Me pregunto, por ejemplo, recordando las palabras de Foucault, si no nos hemos engañado todos, hombres y mujeres, asentando el poder en un único sitio, cuando más bien éste es una fuerza que se ejerce puntillísticamente, una fuerza que no sabemos quién ni dónde comenzó exactamente, una fuerza que ejerce su control por un impulso autoengendrado que se reproduce a sí mismo y que no se puede atribuir a sujeto alguno, puesto que todos están sujetados, sometidos a ella por igual. Cuando los hombres descubran su autoengaño y el feminismo redefina sus estrategias para procurar el encuentro, entonces, tal vez entonces, los seres humanos encuentren finalmente el camino de su plenitud.

Muchas son las preguntas a las que me incita la lectura de las obras de Rima de Vallbona, porque la buena literatura, aquella que llega para quedarse, no es la literatura que propone respuestas, sino más bien la que formula preguntas. Obra abierta, ambigua, como la buena literatura de hoy, obra actual en la que el feminismo se da más por un sentimiento de solidaridad, que por una profesión de fe.

Mundo, demonio y mujer pone de manifiesto que el paradigma feminista debe ser replanteado de otra forma. El texto, saturado por el vacío y la carencia, ilumina, por la lógica del absurdo, una comprensión del feminismo más allá de un movimiento político, inspirado en la lucha por el poder femenino. La consecuencia implícita de este sentido de frustración y de fracaso, de ansia insatisfecha que deja el texto, a pesar de la claridad de conciencia que alcanza la protagonista de su situación socioideológica como sujeto, reformula la cuestión femenina como un planteamiento más bien ontológico, simplemente humano, completamente independiente de las nociones de sexo y aún de género.

En la obra de Rima de Vallbona, la feminidad está recluida en la intimidad e inhibida de la relación, tal como la entiende Martin Buber en su obra ya clásica titulada *Tú y Yo;* por eso la masculinidad es también una categoría mutilada, ya que desconoce al tú de la palabra primordial. En el mundo ficcional de Rima la única palabra conocida es la del yo-ello y el otro lado del mundo permanece todavía en el misterio.

La escritura femenina se ha planteado y continúa planteándose, mediante la revisión de las subjetividades pervertidas o alienadas; ¿cuál será entonces, vuelvo a preguntarme, la tecnología adecuada para la formación de un sujeto que sea capaz de romper la barrera que impide el encuentro con el otro?

La obra de Rima es, en esa dirección, una vivencia negativa de la intimidad, vía de paso a una "ruta de evasión" despatologizada por la sublimación que la denomina como una ruta hacia la eternidad, hacia el encuentro con el todo, cuando ese encuentro pleno sólo puede ser mediado por el encuentro con el otro simple mortal, como yo, que habita conmigo este mundo.

Sólo una perspectiva despolitizada y humanista del feminismo, formulado ya no como una conceptualización cultural, sino más bien como una categorización ontológica de lo humano, podría llevarnos a la relación ideal.

Mundo, demonio y mujer es una historia de expoliación que pretende buscar un desenlace feliz, gracias a la final liberación de la mujer que se redescubre a sí misma. Renata, la protagonista, dice renacer después de liberarse de su tiránico marido y exclama llena de júbilo: "...Renací yo, yo, yo,¡¡¡yo, que hacía años yacía muerta en mi morada interior!!!" (294).

La semántica misma del nombre de la protagonista, la renacida, pareciera orientarnos hacia una interpretación positiva del destino de esta mujer. No obstante, después de su liberación continúa esa ansia insatisfecha que no logra resolver ni siquiera la perspectiva y la promesa de un amor nuevo.

El relato es la saga de una búsqueda incansable; para Renata la vida es: "búsqueda incesante de algo que no se sabe qué es, pero se presiente. ¿Y si muriera yo sin encontrarlo?" (290). [4]

Las vicisitudes de la narración alimentan constantemente la espectativa del renacer de la protagonista, impelida, además, por la propia denominación del personaje, como ya se dijo: "¿Será cierta la interpretación freudiana de que los sueños de muerte no representan un final definitivo, sino sólo que una etapa de la vida termina para dar cabida a otra nueva, diferente? Si es así, ¡aleluya!, un nuevo amanecer se anuncia en mi existencia" (253).

Esta promesa implícita va cobrando fuerza también conforme se desarrolla un proceso de concientización interior, reforzado por los diálogos con las otras mujeres, sus amigas, compañeras del dolor y de la soledad que el fracaso amoroso y matrimonial les ha deparado. Por esta razón, cuando por fin Renata toma la decisión de liberarse de ese "monstruo social que llaman matrimonio", como ella misma dice (129), cuando por fin toma la decisión de su divorcio y lo logra, el lector espera la vivencia efectiva de la resurreción de Renata. Pero ella no logra renacer y el relato se cierra con una frase que no se puede dejar pasar por alto: al escuchar las palabras de una canción que le llega desde lejos y que afirma lo maravilloso que es el mundo, la protagonista exclama a modo de réplica: ."¡Si lo fuese!, ¡ay, si de veras lo fuese!" (320).

Y ésta es la última línea de la novela: una exclamación de dolor (¡ay!) y la expresión de un deseo que sigue permaneciendo insatisfecho, atrapado en el modo subjuntivo (¿subjetivo?) de una frase condicional en la que el sujeto se manifiesta suspirando todavía por sí mismo, mutilado en el ansia insatisfecha de llegar a ser lo que es y en el dolor de no haberlo podido lograr.

No puedo dejar pasar por alto este desenlace porque me recuerda otro; el de una novela que es ya en las letras nacionales una pieza clásica de la literatura feminista y cuya autora ha sido precisamente uno de los campos de estudio de Rima, la académica e investigadora. Me refiero a Yolanda Oreamuno, extraordinario exponente de la literatura de Costa Rica y precoz crítica del machismo de nuestra sociedad patriarcal, de cuya obra Rima se ha ocupado y ha publicado diversas investigaciones.

La novela de Yolanda en la que estoy pensando es *La ruta de su evasión*. Como su título parece sugerir, también en ella se da un espacio interior que si bien es refugio, no es un ámbito libertario; se trata más bien de una ruptura con el mundo y de una muerte para el mundo. Sin embargo, del conjunto de personajes femeninos que viven su condición de mujer en esa sociedad de machos, el que cierra la novela la clausura mediante un gesto metafóricamente significativo: la apertura de una ventana. Este hecho resuelve el mundo de oscuridades metonímicas y existenciales que habían dominado todo el relato. Es una apertura al mundo, a un mundo que se ofrece radiante, dispuesto a ser vivido con goce. Aurora es el nombre de este personaje, la luz fresca, tenue y tierna de la mañana. El carácter incoativo de la semántica auroral es una resolución de sentido que le da una vuelta de ciento ochenta grados a la tonalidad general que había dominado la novela: el mundo de oscuridad que antecede a este momento de apofansis y hierofanía.

¿Por qué este texto y no otro? ¿Por qué esta diferencia tan radical entre dos textos que emergen del mismo contexto, que comparten desde el punto de vista social e ideológico las mismas condiciones genealógicas de posibilidad? No es que pretenda para ambas obras el mismo final, sino tan sólo explicarme por qué es ese final tan diametralmente opuesto. [5]

Algunos críticos han encontrado en *Mundo, demonio y mujer* un texto saturado por un aliento de esperanza y positivismo que yo, francamente, no veo por ningún lado. Por eso, la hipótesis que orienta las elucubraciones interpretativas de este artículo y que ya de alguna manera he adelantado, es la siguiente: la novela de Oreamuno es feminista; la obra de Rima, a pesar de su fachada exterior, no lo es, o al menos no lo es de la misma forma.

Hay que considerar en este sentido el hecho de que media entre ambos textos el extraordinario desarrollo del pensamiento feminista que se ha dado entre 1949, fecha de publicación de la novela de Oreamuno, y 1991, momento de emergencia de la novela de Vallbona.

Mundo, demonio y mujer se escribe no sólo a partir de esos cuarenta años de formulaciones, conceptualizaciones y combates del movimiento feminista, sino también que se elabora en diálogo abierto con sus propias contradicciones e inconveniencias. Esta crítica silenciosa es manejada en dos planos:

a. En los epígrafes que encabezan cada uno de los veinticuatro capítulos del libro, como el que ofrezco a continuación:

> En la Conferencia Nacional de Mujeres que tuvo lugar en Houston se debatió arduamente acerca de los derechos de los homosexuales. Muchos delegados temían que incluir dicho punto en la agenda podría desacreditar por completo el plan nacional tanto a los ojos del público en general como a los del Congreso.

> Interesa señalar que durante el debate, Betty Frieman, quien por mucho tiempo se opuso a apoyar los derechos de las lesbianas, por temor a dañar el prestigio del Movimiento Feminista, anunció lo siguiente: "Como quien ha crecido en América y ha amado a los hombres —tal vez demasiado— me ha perturbado este asunto. Sin embargo, debemos apoyar a las mujeres que son lesbianas en sus propios derechos civiles. *El Monitor Feminista,* diciembre de 1977. (269).

b. En las discusiones del círculo de amigas, todas ellas, mujeres instruidas, relacionadas con el mundo académico, el arte, la literatura y la actualidad social y política:

> Aquí venimos, y ya lo hemos dicho, no a escuchar cosas trágicas, sino a encontrar en la compañía de todas y cada una, solaz y descanso a nuestro agotador quehacer de mujeres modernas que a la fuerza se tienen que volver supermujeres... [...] En resumen, nos llaman liberadas, pero ahí seguimos en el yugo jooo...robadas y bien jooo...robadas (p 142).

En ambos planos se da cuenta del estado actual del movimiento: en los epígrafes, las citas periodísticas hacen un recuento de su evolución, sus logros, sus obstáculos y contradicciones; en las discusiones del círculo de amigas se da cuenta de los resultados, las condiciones y vivencias de las mujeres llamadas liberadas, como se pudo observar en la última cita que hemos transcrito.

La realidad concreta de esas cuatro décadas de pensamiento feminista, podría explicar la diferencia entre ambas novelas y sus *perfecits* o desenlaces. Lo veremos.

No pretenderé en este breve espacio intentar un prolijo examen de la obra, sino aventurarme, a partir de hipogramas claves como los contenidos en el título y en el perfecit —que ya hemos comentado de paso— a establecer una globalización de sentido que tenga la suficiente capacidad explicativa para dar cuenta de su totalidad.

Como hemos afirmado, el eje interdiscursivo que une las diferentes obras de Vallbona es la noción de pecado, núcleo organizador de la escatología cristiana y, en consecuencia, de sus prácticas. Quiero detenerme un poco en esta noción y sus derivaciones porque ella es la razón del fracaso y la frustración sobre la que se asienta el pesimismo de las obras de Rima y, en última instancia, el carácter apolítico del feminismo de sus escritos.

El génesis cristiano más que la historia del comienzo del mundo y del hombre, es la historia del nacimiento del pecado. Por eso saltar de la tópica del Edén a la del Infierno, no significa ningún salto semántico; todo lo contrario, Edén e Infierno son complementarios gracias al nexo que los une y los constituye: la noción de pecado.

El pecado es la historia de una falta, de una caída y de la pérdida de una relación, la relación entre Dios y el Hombre. Esa relación es nominada bajo el término de gracia. Estado de plenitud. Como dijimos anteriormente, el concepto de pecado parece ser el quid que provoca la predominancia de la frustración y de una mutilación irreparable en la conciencia del personaje femenino de Vallbona. Pero no se trata del pecado en términos generales, sino de un tipo específico: el deseo sexual. Por eso Eva es una figura isotópica en muchos de sus escritos y también en éste. El título es evidentemente una deconstrucción de lo que el catecismo católico definía como los tres enemigos del alma: mundo, demonio y carne. La permutación de carne por mujer conlleva ya una definición de lo femenino que, dentro del sintagma en que se encuentra, se relaciona con la lascivia. Los pasajes con respecto a este tema son abundantes en la novela. Obsérvese, por ejemplo, el siguiente:

> Es más bien el recuerdo de Antonio y sus noches hinchadas de sexo lo que despierta mi piedad por la gata [...]; de nuevo vienen a mi memoria mis torturadas noches junto a Antonio y entonces, con mi Eurídice ya en los brazos, experimento una corriente de empatía y de femenina identificación (47).

El cuerpo femenino es instrumentalizado por el macho por ser el objeto de su deseo. La insistencia en este aspecto es harto redundante en el texto y se relaciona de modo extrañamente complejo con el sentido de culpabilidad en la protagonista.

Según la doctrina cristiana, la liberación del pecado sólo es posible mediante la confesión, práctica que se constituye entonces en una hermenéutica del sí mismo, un desciframiento de la interioridad, en la que pareciera refugiarse una secreta concupiscencia que hay que develar y extirpar.

La carne representa, dentro de la moral cristiana en general, el más importante de todos los pecados. De ahí que las faltas referidas al sexo serán siempre las más perseguidas. El siguiente pasaje tomado de la novela en estudio, ilustra cómo la tarea de identificar y analizar el propio deseo sexual es más urgente que la de analizar cualquier otro tipo de pecado:

—Bueno, hija, pero ¿vos dejás que tu novio te toque..., te manosee...?
—¿Tocarmeee, manosearmeee? ¿Qué quiere decir usted, Padre?
—Pues eso..., manosearte, no te hagás la babieca..., sobarte las teticas...
Una montaña de vergüenzas, desde la primera vergüenza de Eva debajo del manzano [...]
—Explicáme, y cuando te besa, ¿qué sentís muchacha?
—Idiay, un placer... Un placer muy intenso que culebrea por todo mi cuerpo [...]
—¡A salvarte de una vez por todas antes de que sea demasiado tarde, incauta! Acordáte que será para una eternidad y los besos y manitas de aquí, de este bajo mundo, ¡qué efímeros son! Salváte antes que sea tarde (95-96).

El cristianismo es el primero en institucionalizar, explica Foucault,[6] las hermenéuticas del sí mismo. Del principio del conocerse a sí mismo que prevaleció en la cultura grecolatina, con el cristianismo se pasa al "confiesa tus pecados". Con el cristianismo, la tarea de analizar el propio yo se da tan sólo para poder confesar, extrovertir el sí. Una objetivación de este tipo obviamente nunca podría ofrecer más que el lado "oscuro" del sí mismo; por eso en el cristianismo, el descubrir y decir la verdad sobre uno mismo, paradójicamente no tiene otra finalidad que la de renunciar a uno mismo.

El personaje en el que mejor se representa esta tarea de la renuncia de uno mismo es Sor María Marcela, una monja mejicana del siglo XVIII, cuya vida ejemplar hace suspirar a Renata, llena de admiración y sana envidia. En el siguiente pasaje, esta monja, que ha despreciado las ventajas de la riqueza y de la admiración que causa su porte y belleza, encuentra en la autohumillación el mejor camino para agradar a Dios:

> la grande inclinación que tengo a los desprecios que sólo ellos son todo mi consuelo y alegría que sólo entonces digo, cuando soy despreciada, o desestimada, o abatida, o reprendida, sólo entonces pienso que me conocen, pero cuando me honran o estiman creo que los tengo engañados y me aflijo temiendo que el día del Juicio he de ser espectáculo de irrisión a los demonios. (212-13).

En la objetivación del ser, la tecnología por medio de la cual se busca redescubrir el sí es la práctica confesional tal y como la entiende el cristianismo, en la cual la indagación del deseo carnal es la falta en la que más se insiste:

> —¡El demonio siempre simulando dichas y placeres para los incautos como vos! Es preciso extirpar, anular todo placer de la carne, hasta el de los sueños... (117-18). Por eso Renata aprendió a doblegar su cuerpo hasta dejarlo manso, lacio, sin ansias de amores (119).

Es tan relevante esta falta, este sistema de interdicciones, que se relaciona también de una forma extraña y compleja con la prohibición verbal:

> ¿Orgasmo?, / verlo en el diccionario, /¡orgasmo!, / entre cuchicheos maliciosos de temas prohibidos, / hecho una maraña / con pecados, entredichos, chistes vulgares, / orgasmo, manzana prohibida...
> Era muy niña —muchísimo antes de estas confesiones— cuando Renata comprendió que había una larga lista de palabras que sólo se podían pensar o susurrar (118).

Posteriormente, continúa Foucault, con el surgimiento del psicoanálisis en el siglo XIX, la sexualidad llega a constituirse en el discurso verdadero sobre uno mismo. La sexualidad es aquello que hay que investigar para llegar a la verdad de uno mismo. El discurso psicoanalítico será en la novela en estudio, la otra forma de examen y comprensión del sí mismo. Pero la diferencia no es muy notoria, en varios aspectos como en el siguiente fragmento tomado de Ifigenia de Teresa de la Parra, en el que aparece nuevamente el motivo del cuerpo femenino expresado en su diario por la protagonista de la novela, María Eugenia:

> acabo por adquirir la convición espantosa de que mi sino es un sino fatal, y, entonces, pienso con tristeza en el acierto grande que hubiera sido, el que este cuerpo mío tan lindo [...] este cuerpo mío tan lindo y tan desgraciado, no hubiera nacido nunca. Ceñida como estoy dentro de mi kimono de seda negra, al formular este renunciamiento a la vida, me levanto de la hamaca, voy a mirarme en el óvalo alargado del espejo; y allí me estoy un largo rato inundada en el placer doloroso de contemplar mi rostro, ¡tan fino, tan puro de líneas, tan armonioso, tan triste... sí, tan triste y tan perdido para el objeto de sus ansias! (82).

En el psicoanálisis la sexualidad debe ser examinada a fin de descifrar el sí mismo, su verdad y, a partir de esta revelación constituir un nuevo yo. Pero en Renata no hay la constitución de ese nuevo yo, tan sólo la dolorosa aceptación de un yo que se descubre irremediablemente destinado a su soledad. La relación armoniosa con Ricardo por un momento se le presenta a Renata como el final de su búsqueda: "porque vos hiciste florecer mis espinos, y yo siempre te lo agradeceré. Milagros como éste, no ocurren siempre, Ricardo. Quisiera gritarlo por doquier: ¡he vuelto a nacer!, y vos hiciste el milagro. ¿Será éste el final de mi búsqueda?" (294).

Pero no es así, puesto que al final, esta relación amorosa perfecta en la que eran "sólo uno, integrados en el misterio del círculo completo, del mandala, de la unión perfecta, total" (294), no tiene otra relevancia para Renata que la siguiente:

> lo de la frigidez mía fue la barricada tras la que Antonio se escudó para justificar sus aberraciones sexuales. Todo este tiempo experimenté una culpa torturadora, la cual él se gozaba agigantándomela. Es un alivio para mí haberme estremecido de deseos junto a Ricardo...¿No lo comprendes, Laura? si me he enamorado o no es secundario, lo principal es haber tocado fondo con mi identidad de mujer (314).

El descubrimiento de su "normalidad", de su "identidad de mujer", se da con referencia al parámetro sexual, según la define el discurso psicoanalítico; frigidez, aberraciones, son términos propios de ese discurso. Su alienación no es por tanto, muy diferente de la de Antonio, quien también deja escapar, en el poco espacio que le deja la novela, algún asomo de nostalgia por el sentimimiento: "Oyéndola escarbar en los recuerdos de estudiantes, se le enternecían la mirada, la voz a Antonio: se le suavizaba el gesto duro de la cara y volvía a ser mágicamente aquel Antonio que la enamoró bajo los faroles del Champs Elysées" (242).

Porque el descubrimiento de su normalidad en términos psicoanalíticos no es suficiente para darle a Renata las pautas de un nuevo yo, la protagonista redefine su búsqueda en términos de "algo definitivo, único, la plenitud espiritual de que goza ahora Alberto" (315). Pero esto no es más que el enmascaramiento de un conflicto interior, de una íntima contradicción en el proceso de develamiento de su yo atrapado entre dos prácticas discursivas disyuntivas que exigen: una, por su parte, la erradicación del deseo; la otra, por la suya, la liberación de éste. Ambas se trenzan, sin embargo, en que fundan un sistema de interdicciones, si bien diferentes, correlativas, pues las dos constituyen el parámetro por el que ambas prácticas miden los grados de sometimiento del sujeto a la normalidad. De una forma o de otra, el sexo en uno, y la sexualidad en el otro, son pretendidamente el oráculo de Delfos, el gran misterio y el vaso que contiene todas las respuestas sobre uno mismo. De ahí que la experiencia de Renata con Ricardo, a pesar de todos sus encantos, no deja de ser más que un experimento con el que ella mide su grado de normalidad social.

Pero el discurso religioso ha de impedirle, una vez más, asumir esa normalidad y la obliga a renunciar a ese renacimiento y, con ello, a renunciar a un posible nuevo yo. Por eso, el renacimiento de Renata no podrá ser ya un renacimiento para el mundo. Aceptar su yo como un yo destinado a la soledad, implica al mismo tiempo una renuncia al mundo. Por eso el mundo no es tan maravilloso como dice la canción con que se prepara el "cierre" del relato.

Los dos discursos anteriormente mencionados, el del cristianismo y el del psicoanálisis corresponden a dos prácticas que, si bien son bastante diferenciadas, comparten el mismo punto de partida: la relevancia de la sexualidad y se bifurcan por la promesa que cada una ofrece y por la finalidad que cada una confiere al desciframiento del deseo sexual: la una ofrece, a cambio de la renuncia del deseo, la eternidad ; y la otra, a cambio de la liberación del deseo, la constitución de un yo nuevo para esta vida terrenal.

Son estas dos prácticas y estos dos discursos los que van a cohesionar internamente los diferentes niveles en cada una de las obras de Rima y los que van a otorgar una consistencia de propósito a la obra de Vallbona entendida como una totalidad dirigida por una sola intención, la de la escritora y la del texto. Pero si en esta interdiscursividad ha de haber alguna dominancia, esa sería la de la práctica y el discurso religioso cristiano, dado que de las dos alternativas que de cada uno de esos discursos y prácticas se desprenden respectivamente, la protagonista opta por el de la salvación, la promesa de la trascendencia en un más allá. Opta, pues, por una relación trascendental.

Además de la presencia de los conceptos de pecado y culpa, hay otros elementos temáticos insistentes en sus obras que se ligan al discurso religioso dominante. *En Mundo, demonio y mujer,* por ejemplo, los dos seres que alcanzan la plenitud buscada por Renata y a quienes, por eso mismo, ella admira, son dos religiosos: Sor María Marcela y el padre Alberto Casares, ambos seres inicialmente mundanos que luego escogen la vida ascética para realizar el amor ideal, que es el amor místico.

Pero la búsqueda de ese amor místico también es una búsqueda fracasada porque Renata no cree en la vía del encierro monacal y ascético:

> La verdad que aprendió aquella tarde en el convento de Barcelona, durante la rencilla e intriga de aquellas religiosas, le demolió a Renata sus veleidades de monja. El resto de su vida tuvo la certeza de que tal escena —humana, sí, pero inaceptable en un sacro recinto— había aniquilado la mitad de su ser.
> Así, pese a todo, Renata seguía añorando los transportes místicos de su juventud religiosa, aromada de nardos, jazmines, azucenas... (260-61).

Sin cabida en la vida religiosa, sin vocación para el pecaminoso mundo, Renata se conforma con desenterrar su propio doble espectro: el mundo de su infancia y se satisface con su contemplación, ya que no hay una segunda oportunidad. En ese regreso, la figura de Faustina es el medium por excelencia, pues en ella encuentra la figura materna que nunca tuvo, ya que su madre, la Iglesia y Antonio, son todos uno en la "voz de la autoridad, de la prohibición, del no" (9), son una sola y misma entidad castradora. Por eso, de todas sus amigas

> es a Faustina a la que Renata quiere más: a su lado vuelve a recuperar su infancia (37). [...] y es que Faustina tiene la magia de sacar de Renata, ya cuarentona, a la niña de trenzas meladas. A su lado vuelve a escuchar el argentino sonajero, aquel gatito de plata que amaba entrañablemente, pero que un día de desconsuelo, sin saber por qué, lo enterró para siempre (271).

La infancia es para Renata y en sus propias palabras "paraíso-infancia" (247). Pero Faustina será otra decepción más para Renata. Una renuncia más, obligada por sus principios, "porque cuando creía haber hallado a la hermana de sus sueños infantiles, su casi madre deseada, bastaron unas palabras para borrársela del panorama de su vida y dejarla de nuevo huérfana de afecto, al borde del abismo de su irremediable soledad (282). No será Faustina, sino un nuevo momento de desconsuelo el que la lleve, otra vez, a su gatito-sonajero.

Hemos dicho que sobre la evolución de ese yo, actúan dos tecnologías de subjetivación: la religiosa cristiana y la psicoanalítica. Pero ambas se alimentan de un tercer discurso. La tradición cristiana deconstruye en varios aspectos la cultura grecolatina (Santo Tomás se encargará de amalgamarlas "cristianizando" en la Edad Media la cultura pagana de Aristóteles) y el psicoanálisis elabora sus nociones más cruciales también a partir de modelos grecolatinos, como son las figuras de Edipo y de Electra, por ejemplo. Esta tercera forma discursiva convierte a Eva en Venus, en quien se reúnen, según el decir de Alberto Casares, "el amor espiritual y la atracción sexual" (312), ya que dentro de este bloque discursivo no hay una tajante contradicción entre esas dos facetas. Así desearía Renata que fuese: "por naturaleza tiende hacia el centro armónico, hacia el mandala donde estaría la integración total de alma/cuerpo, fe/razón, vida/religión, arte/ideología" (59).

Sin embargo, siendo el discurso religioso la nota dominante, para la protagonista de Mundo, demonio y mujer no hay compatibilidad posible entre eros y lo espiritual, a pesar de que dos personajes femeninos intentan mostrarle un camino, una vía y a pesar de que ella, Renata, ha adquirido ya la conciencia de cuál es el origen de sus castraciones.

Uno de esos personajes femeninos que intentan mostrarle una salida es su mejor amiga Faustina, cuyo lesbianismo rechaza de plano Renata en nombre de sus principios y se compadece de que Faustina, a pesar de rechazar los convencionalismos de esos principios, llegue a la edad setentona: "sin haber hallado la quietud y paz interior; sin haber saciado la sed de erotismo" (286).

El otro personaje es su hija Gabriela, cuya cosmovisión le causa estupor y admiración al mismo tiempo:

> —[...] Has de saber de una vez por todas que nosotros aplaudiríamos la separación o el divorcio por la felicidad de los dos. David y yo estamos compenetrados y ahora sabemos que nos acoplamos bien hasta en la cama, que juntos vamos a llenar las apetencias de la vida intensa que todos padecemos con mayor o menor intensidad.
> Del otro lado de los hilos telefónicos, Renata no pudo evitar ruborizarse y hacerle a Gabriela miles de mudos reproches: "¡Si yo hubiera hablado así a mi madre!, / si yo hubiera tenido algo íntimo con alguno de mis novios, / miedo, / siempre el miedo agazapado en mis palabras, en mis gestos [...] (91-92).

Pero para Renata, ésos son valores de un mundo que no es el de ella, sino sólo el de las nuevas generaciones y no sabe exactamente cuál de los dos puede ser peor, si la revolución sexual de la nueva generación o la "sarta de principios que pesan" sobre ella.

Así, ni la opción lesbiana de Faustina, ni la alternativa revolucionaria de Gabriela son soluciones para Renata, porque entre ella y esas respuestas se interpone siempre el mismo sistema de interdicciones: el pecado y la culpabilización correlativa.

Quien lea *Mujeres y agonías* encontrará ya una idea de la vida como continua reparación de pecados propios y ajenos. Y esta continua reparación se transforma en *Mundo, demonio y mujer* en la búsqueda de una conciliación con el centro, con la totalidad que es Dios, pues el pecado es siempre una desviación con respecto de ese centro. El mundo se divide en *Mujeres y agonías* en dos: el afuera de la realidad constrictiva en la que se encuentra la colectividad; y el de adentro, el espacio interior protector del yo. En *Mundo, demonio y mujer* se continúan elaborando las formas de esa vida interior del adentro, pero con mucho más detalle. En Renata y su autobiografía se reúnen muchos de los personajes femeninos de sus obras anteriores y sus problemáticas, pero al refundirse en un sólo proyecto de vida, los ámbitos en que el yo respira y vive quedan mejor definidos.

Tres espacios o contextos estructuran cada capítulo: lo público que incluye en el texto el acontecer de la colectividad; lo privado, en el que transcurre tanto la vida social de Renata, como la confidencial de la familia y sus relaciones con el cónyuge; y lo íntimo en el que el sueño manifiesta los contenidos todavía indescifrados del yo. Estos tres espacios equivalen a su vez a tres formas de focalización del mundo: una política, otra sociológica y otra psicoanalítica, las cuales se encuentran de alguna manera interpeladas por el código moral de la tradición judeo-cristiana como dominante interdiscursiva. Esos tres espacios corresponden también a una articulación explícita y particular en la organización de cada capítulo de la novela: los epígrafes corresponderían a la esfera pública, el desarrollo propio del capítulo a la esfera privada, y el cierre de cada uno de ellos al mundo onírico, siempre intrasferible e indecible de lo íntimo. El título de cada capítulo, que raras veces coincide con los contenidos de los epígrafes, intenta dar un sentido general al capítulo en su totalidad, no obstante, el párrafo onírico final es siempre un enigma, tanto para el lector como para la misma protagonista.

Para agilizar lo que nos podría tomar varias páginas explicar, proponemos en el siguiente esquema de la página posterior, los elementos que integran cada contexto (ver gráfico).

LO PÚBLICO

Sujeto: la colectividad
Objeto: el cambio (historia, estado actual y contradicciones internas del movimiento feminista,
Escenario: el mundo

LO PRIVADO

Sujeto: yo, el cónyuge, familia y el círculo de amigas y amigos
Objeto: la relación (la comunicación)
Escenario: el hogar, el contexto académico y la reunión de amigas

LO ÍNTIMO

Sujeto: yo y sus espectros
Objeto: el deseo
Escenario: el sueño

LO TRASCENDENTAL

Los dos primeros ámbitos están totalmente reglados, el tercero está tan sólo indescifrado. Es el jugar del misterio y del secreto:

El precipitado descenso en el vacío, sin asidero en nada, me da un latigazo de vértigo que me hace despertar sobresaltada, con el corazón palpitante, sudando frío... Temo cerrar los ojos porque ahí dentro, en el misterio de mi oscuridad, continúan la caída y el vértigo (84).

Es el habitat del deseo: "En la duermevela seminconsciente, deleitosa, se me quedó flotando una frase inconclusa, la cual repetí hasta despertar: 'desería que... Desearía que...'" (11).

Todos los tres ámbitos, no obstante, se comunican aunque el primero parece ser del exclusivo manejo autorial, los títulos incluidos. La relación entre el pruimero y el segundo resulta la más fuerte de todas y el tercer espacio parece ocultar la interpretación final de los anteriores. En los dos primeros se vierte el yo ideológico, el que maneja la colectividad y el que se manifiesta en las actuaciones y ritos sociales, en su relación con los demás. En el tercero respira un ser agónico, que se debate entre el nacimiento y la muerte: el yo real, que jamás logra ser completamente develado por el texto, ni alcanzado por el autoentedimiento de la misma protagonista.

Al estructurar de esta manera el relato y al resolverlo de manera abierta, sin clausura efectiva, lo que el texto pone en evidencia es, por una parte, el problema de las pluridentidades; y, por otra, el cuestionamiento del principio mismo de la noción de identidad, dada la indescifrable naturaleza de la entidad que se alberga en la morada interior.

A pesar de los esfuerzos de Renata, de lo único que logra liberarse es de su matrimonio, del "infierno de sacrificios, trabajos y carencias", pero no del encierro de idealidad con que el cristianismo de su sociedad patriarcal la ha sitiado. El yo íntimo parece oscuramente contradecir o al menos replicar a los yoes del ámbito público y privado, pero no intenta modificarlos, completamente afectado, como está él también, por los códigos de la moral judeo-cristiana: "la caída y el vértigo" de la autoculpación por un pecado sin remisión como es el pecado original, el pecado de los comienzos del mundo, provocado por Eva, de quien todas las mujeres son sus herederas. Este rasgo neutraliza totalmente cualquier política feminista.

A diferencia de la novela de Yolanda Oreamuno, en la que el yo escindido no es el yo de ninguno de los personajes femeninos, sino el de un archipersonaje que se conforma con la reunión de todas, en la novela de Rima de Vallbona la escisión y la autoconciencia de esta escisión se da en una misma subjetividad. En la novela de Oreamuno el proceso de autoconciencia desborda las individualidades y la transformación atraviesa las diferentes generaciones de mujeres de la novela. Como lo apuntan Flora Ovares, Margarita Rojas et al., en *La casa paterna,* [7] la experiencia de víctima de algunas de ellas es trascendida en Aurora, quien aprehende de ellas lo que necesita para efectuar el cambio. El proceso se completa entonces en una genealogía de mujeres en la que se destaca "una línea de avance hacia el futuro".

En *Mundo, demonio y mujer,* esa evolución de la nueva generación de mujeres representada por las hijas de la protagonista (particularmente por Gabriela) y las hijas de sus amigas, no es lo suficientemente explotada porque no hay una confianza completa en los beneficios de las actitudes de las nuevas generaciones hacia el sexo y la sexualidad, a pesar de que hay una cierta admiración en ello:

> —Sigo: pagándolo muy caro, al altísimo precio de nuestra felicidad, le dimos al proceso sociohistórico trescientos sesenta grados de vuelta. Fijáte en el cambio tan radical que se ha efectuado en el mundo de la mujer de hoy; tanto, que nuestras hijas están gozando de todos los privilegios que ninguna de nosotras tuvimos (33).
> [...] todas quedaron en silencio pensando en la realidad de sus vidas; envidiando la de sus hijas (84).

De alguna manera, Renata es entonces la continuación de Aurora y representa una especie de generación de transición, la cual ha vivido las primeras experiencias de la liberación femenina, pero sin poder renunciar a los códigos morales que conforman la base de su personalidad psicoideológica. Esto convierte a la generación de Renata en un ser escindido entre dos mundos, desgarrado por un dilema identitario que es a la vez una disyuntiva moral, ideológica y política irresoluble.

Una vez que el ámbito de lo privado se desintegra en Renata: el matrimonio y la independencia de los hijos, la relación con Faustina, la autoexclusión de Alberto, etc., la protagonista resuelve orientarse hacia la construcción de otro ámbito.

Renata es un sujeto confundido entre sus identidades, como lo sugiere el epígrafe del capítulo XXIII, tomado de Lewis Carroll: "Si no soy la misma, ¿quién soy yo? ¡Ah, ésa es la gran incógnita!" (299). O como exclama la misma protagonista: "¿Sé acaso cuál es mi verdadera identidad cuando digo mi nombre, Renata, Re-nata, Re-na-ta, Re-nada..., la nada repetida...?" (78). Su incapacidad para encontrarse en ninguna de sus identidades (incluida la íntima, que le permanece indescifrable) hace que se construya ese cuarto ámbito, superestructural, pues desbordaría cualquiera de ellos: el ámbito de lo trascendente.

La construcción de este cuarto ámbito es una necesidad estructural, pues la noción de pecado es la prohibición que inhibe a Renata de su realización en aquellos tres contextos en los que su yo vive fragmentado. La única forma de superar esta escisión irresoluble es un retorno a la completa unidad que es Dios.

La escisión resulta ser una figura clave en el texto y la organización de los mismos capítulos la reproduce. Por otra parte, la acentúa la condición misma de emigrada de Renata, condición ésta del extrañamiento que afecta por igual los tres ámbitos, incluido el de manejo autorial que no deja de insertar alguna que otra cita en sus epígrafes relativa al grupo hispánico. Esta vivencia del destierro representa también otro nivel de vacilación identitaria que es muy importante de considerar ya que inserta la contradicción entre otros tipos de contextos que no son los que representan estos tres ámbitos de la persona, sino más bien el de un choque cultural que se amalgama con el choque genérico e intensifica el conflicto del sujeto. Por eso hasta el propio sujeto psicoideológico es un sujeto en crisis y el interlocutor es el yo real que dialoga con ese sujeto a manera de diván psicoanalítico y lo lleva hasta su propio origen.

El tema del exilio es tema tan relevante en el texto que, además de servirle a la novela de marco publicitario en la contraportada, todo el capítulo XXIII está dedicado a él bajo el título de "La tierra prometida del Norte". Por otra parte, se presenta en el texto también de muy distintas otras maneras, como en el caso de Felicia, la criada mexicana de Renata, en quien ve exacerbados los valores del machismo en la ciega entrega de Felicia por su compañero.

El exilio es el portón negro, que se cierra dejando atrás el ser de nuestro ser, despojo sin asidero ni salida a la luz. Todos estos años eternos, extraña a mí misma, entre rostros palirrubios y el verbo extranjero, me han enajenado" (20). Y esta escisión no es sólo la de su experiencia de hispana en Houston: Desde muy niña, cuando llevaba largas trenzas tilintes y abría muy redondos los ojazos de buey manso y tristón, Renata se había sentido extranjera, enajenada en su propio terruño" (21). Por eso en Houston o en su país "de las montañas azules" : "Aquí o allá, es igual para mí, sigo enajenada; allá o aquí, el mismo exilio con hambre de eternidad" (21).

La genealogía está, pues, obviamente en otro tiempo y sobre todo en otro espacio, ambos muy remotos, lo cual explica que la protagonista regrese constantemente a su contexto patrio, a sus raíces ancestrales, e inicie una mirada crítica al examinar que los elementos esenciales de la crisis están en los sistemas de representación que convirtieron al yo en sujeto, a través de las específicas técnicas de subjetivación a que fue sometido. Entre los sistemas de representación de su comunidad, comunidad hispánica, la formación discursiva religiosa es la dominante, ella es el núcleo de todos los demás discursos, el punto de referencia inevitable de los otros discursos, sean éstos académicos, progresistas, psicoanalíticos, políticos o sociológicos. El discurso religioso es siempre el punto de referencia obligada en diversidad de aspectos que se pueden aglutinar en dos ejes esenciales:

1. En la relación del yo consigo mismo.
2. En la relación del yo con los otros (especialmente con los del otro género).

De modo que en esa interdiscursividad en que se juega el sujeto, el discurso religioso es el que proporciona los elementos, las categorías básicas de estructuración de una visión de mundo, pero sobre todo de la relación del yo con ese mundo, con el exterior. Relación que se caracteriza por la renuncia a que lo obliga una constante presión de los sistemas de interdicción que afectan tanto la palabra como el derecho a ser. Esta situación es la que produce el estado de marginación y de antagonismo con el medio.

Por eso, la felicidad que alcanza Sor María Marcela en su unión mística con Dios o el júbilo del que goza el padre Alberto Casares, parecieran representar para Renata su única salida, la de la eternidad:

> Es así que es tesoro inestimable pues es el mismo Dios, el cual Señor he conocido es el centro del alma y más el alma se une con Dios, más en su centro está y tan de asiento y tan firme que me atrevo a decir, y no con temor y con gran libertad que es imposible que esta unión se deshaga [...] y estarse con él amando mutuamente con un mismo y recíproco amor participado del mismo amante dueño, el cual ni un sólo instante suelta al alma de sus amorosos brazos en los cuales ella descansa y goza de suma paz con grandísimo deleite, sin gustar de cosa que esté fuera porque todo lo halla adentro (318).

Por eso Renata se condena a su propio ensimismamiento, a la renuncia de su relación con el otro, hasta la posibilidad del renacer que le ofrece su relación amorosa con Ricardo, porque nada en este mundo está libre del pecado con que sus categorías estructurantes definen su relación con el mundo.

No será, sin embargo, la vida religiosa la vía de acceso a esa trascendencia, ya que hasta en ella el pecado se ha introducido y Renata ha perdido la fe en las instituciones responsables de sus propias castraciones. Su vía de acceso será la de su propio ámbito de intimidad. Por eso, el último sueño, el que constituye el desenlace de la novela, es un regreso al estado de naturaleza de su yo, al paraíso. Después de despedir a Ricardo en una especie de pesadilla de negros nubarrones y de extraños presagios, Renata despierta. Enseguida, en un estado que no es ya ni del sueño ni de la vigilia, se interna en sus "galerías interiores", florecida de primavera, las mismas flores de sus arrebatos místicos juveniles, y luego de traspasar el umbral de un enorme portón de hierro en el fondo del jardín, se encuentra de pronto con el cuarto oscuro de su infancia, pero:

> [...] ya no es tan oscuro y ya no me trasmite aquel miedo escalofriante. Al pasar el umbral del portón, voy directo a la tabla que todavía yace sobre el polvo, donde la dejé. La levanto y con las uñas desentierro mi gatito-sonajero. Este se pone a brillar con fulgores de estrella como si me dijese que está intacto, que ni la tierra, ni la humedad, ni los muchos años lograron

deteriorarlo. Mi regocijo al redescubrirlo, se hace voz viva en él cuando se pone a dar largos campanilleos de gloria (319).

Hasta aquí sería el desenlace perfecto para superar, al igual que en *La ruta de su evasión,* el mundo de oscuridad y desencanto de Renata, pero hay que leer las cinco líneas que faltan todavía para terminar la novela. Al igual que en la novela de Yolanda Oreamuno hay una ventana abierta, pero por ella Renata no vislumbra como Aurora la luz de un nuevo día, sino que escucha: "una voz destemplada que canta *"It's a wonderful world..."* "El mundo es maravilloso..." ¡Si lo fuese!, ¡ay, si de veras lo fuese!" (320).

De este modo, al igual que en la obra de Oreamuno hay un final abierto, pero saturado de una insuperable melancolía por un mundo al que en definitiva se renuncia sin dejar de desearlo del todo porque el desapego entre yo y el mundo, como dice Buber, hace del yo un yo vacío y quien entra en la relación absoluta no se preocupa ya por nada aislado pues todo está incluido en esa relación, como lo describe Sor María Marcela; sólo que Buber agrega que entrar en relación no es renunciar al mundo, sino establecer el mundo sobre su verdadera base. De ahí que para Buber, no haya propiamente hablando, "búsqueda de Dios", porque no hay cosa alguna en la que no se lo pueda encontrar. De igual modo, para él, la única tecnología posible de la subjetividad es la búsqueda del yo en el otro.

He citado insistentemente a Martin Buber, porque el sustrato de misticismo que recorre toda la novela a partir de la inserción de la historia de Sor María Marcela, no es un tema fuera de moda, como lo define Faustina en una de las reuniones de amigas. Es efectivamente una salida ante la crisis actual y Buber es el pensador contemporáneo que mejor representa esta opción. Pero el misticismo de Buber es, a diferencia de los místicos clásicos de la literatura cristiana, un misticismo sin renuncia, es un misticismo del ser entero, al cual define como aquel, el único, que puede pronunciar la palabra primordial del yo-tú. Así, desde la perspectiva de Buber, Renata no tendría presente, sólo pasado, pues el presente es para Buber una presencia que implica tres realidades:

1. El sentimiento de ser acogido (de entrar en una relación).
2. La confirmación del sentido (de la vida) que no quiere ser interpretado, sólo que lo actualicemos.

3. Este sentido no es el sentido de "otra vida", no es el sentido de un más allá, es el sentido de este mundo de aquí, del nuestro y en esta vida.

Renata no está en ninguna de esas realidades y el gatito-sonajero, símbolo de la fantasía y de lo imaginario, símbolo del comienzo del mundo, del principio del yo, es el único reducto de su ser, ser mutilado por sus propios principios, a los cuales no puede renunciar aunque le sean nefastos —otra vez el pathos unamuniano— porque es muy tarde ya para quien está viviendo "los últimos fríos del otoño".

"Hic iacet Renata", una contradicción en los términos, la renacida yace, inmóvil en el mundo de sus sueños, en la eternidad e infinitud de la conciencia, sin poder ni siquiera asomarse a la ventana para ver la luz de un nuevo día. Ciega para el mundo, del cual le llega apenas el rumor de la pálida nota auditiva de "una voz destemplada".

Por eso, a Renata no le queda más que renacer en esa otra esfera; deberá recomenzar todo de nuevo pero no sabemos cuándo, ni con qué éxito porque todavía yace en su morada interior, con su doble espectro (o sus demonios), a pesar de los fulgores de estrella y los largos campanilleos de gloria de su gatito-sonajero.

NOTAS

[1] Este trabajo es un avance del proyecto de investigación # 021-89-037, "Origen y desarrollo de la narrativa costarricense", auspiciado por la Vicerrectoría de Investigación de la Universidad de Costa Rica.

[2] Posteriormente la Lic. Estébana Matarrita encontraría las mismas estructuras paradigmáticas en el cuentario *Los infiernos de la mujer y algo más;* su enfoque en relación con estos factores macroestructurantes se diferencia del mío, sin embargo, en que ella los trata como elementos míticos; mientras que yo los inscribo dentro de una religión determinada y sus prácticas concretas, pues mi interés se dirige a tomar muy en consideración el contexto y la comunidad reproducida en esos textos, para hacer un enfoque socioideológico que se articule con el plano psicológico de sus personajes.

[3] Rima de Vallbona, *Mundo, demonio y mujer* (237). Todas las citas que presentamos de la novela referida son tomadas de la siguiente edición: Houston: Arte Público Press, 1991. De aquí en adelante nos limitaremos a señalar el número de página correspondiente, al final de cada cita.

[4] Todo el primer capítulo de la novela está dedicado a esta noción de la vida como búsqueda. La enjundia de este capítulo es tal, que ni siquiera lo abordaremos en este trabajo, pues además contiene elementos extraordinarios para una revisión del género autobiográfico, al que nos abocaremos en una próxima publicación.

[5] No obstante, tampoco en *La ruta de su evasión* el salto hacia afuera, hacia el mundo, es un facto. Es tan sólo una posibilidad pero ya esta posibilidad constituye la nota de optimismo suficiente para elevar la tonalidad del relato justo en su desenlace. El salto hacia afuera se textualiza tan sólo con la mirada a través de una ventana que se abre. El hipograma de la casa, el cual recorre y sostiene isotópicamente todo el nivel connotativo de este relato da pie para otras posibilidades, como la puerta, por ejemplo; sin embargo el texto elige la ventana y esta elección para representar la apertura hacia el mundo es digna de una cuidadosa reflexión. Recomendamos el comentario que al respecto de la casa como motivo estructurante, aparece en el libro *La casa paterna*. San José: Ed. de la Universidad de Costa Rica, 1993.

[6] Michel Foucault. *The Technologies of the Self. A Seminar with Michel Foucault.* Massachusetts: Luther H. Martin. 1983.

OBRAS CITADAS

Amoreti Hurtado, María. "Rima de Vallbona: entre la permanencia y el exilio". *Revista de Filología y Lingüística de la Universidad de Costa Rica* 15. 2 (1989): 23-27.

Foucault, Michel. *The Technologies of the Self. A Seminar with Michel Foucault.* Massachusetts: Luther H. Mertion. 1983.

Oreamuno, Yolanda. *La ruta de su evasión.* 2da. ed. San José: Editorial Universitaria Centroamericana, 1970.

Ovares, Flora et al. *La casa paterna.* San José: Editorial de la Universidad de Costa Rica, 1993.

Vallbona, Rima de. *Mundo, demonio y mujer.* Houston: Arte Público Press, 1991.

-----. *Mujeres y agonías.* Houston: Arte Público Press. 1986.

ESTRATEGIA EPIGRAFIAL Y DOBLE LECTURA EN *MUNDO, DEMONIO Y MUJER*

Jorge Chen Sham
Universidad de Costa Rica

Quisiera introducir este análisis de la última novela de la escritora Rima de Vallbona, haciendo algunas referencias a un estudio sobre *Las sombras que perseguimos,* presentado en un encuentro organizado por la Universidad de Costa Rica como homenaje a esta destacada narradora y académica. [1] Ahí insistía en lo que me parece ser una de las características más importantes de su producción, a saber, su conciencia metaficcional, en tanto destaca y enarbola su estatuto literario mediante sus condiciones de producción. Es decir, si la escritura vallboniana se ofrece como una clara empresa de construcción de un sujeto femenino, esta búsqueda está mediatizada por esa insistencia del texto en mostrar las claves no solo de su enunciación sino también de su descodificación.

Por esta razón, los textos vallbonianos obligan a plantear un modelo de explicación que tome en cuenta esas condiciones propias de su producción, de manera que, para abordar su proceso de significación, resulte sobre todo pertinente un acercamiento pragmático, en donde no solo se estudie el empleo de diferentes tipos de discursos, sino también la especificidad que adoptan dentro de la estrategia comunicativa del texto (Pozuelo Yvancos, 1989: 77-78). Desde esta perspectiva, hay que recordar que estas condiciones de enunciación se instituyen en el acto mismo de escritura y se materializan en un lugar estratégico por excelencia, el paratexto o espacio liminar, en el cual se manifiesta, con mayor fuerza, esa dimensión ilocutiva del lenguaje al dirigir la comprensión hermenéutica del texto (Chen, 1990: 7-8 y 1991: 9 y 14-15). En el caso de *Mundo, demonio y mujer,* llama poderosamente la atención que el contrato de lectura no se explicite tanto en el título de la novela como sí en la serie de epígrafes que la enmarca y la legitima como veremos más adelante.

En este sentido, el empleo de epígrafes es una práctica muy común en la literatura contemporánea y en la producción de Rima de Vallbona, en donde no sólo abundan, sino que se multiplican ostensiblemente en la novela en estudio, en la medida en que hay capítulos en donde son numerosos (cuatro o cinco). Pero lo más interesante resulta ser la selección de estos epígrafes, en donde, por una parte, cada capítulo al menos tiene uno que ha sido extraído de una publicación periódica de tipo documental e informativo, la fuente más utilizada es *El Monitor Feminista;* por otra, cada capítulo comporta también uno de naturaleza literaria o ensayística, en donde los fragmentos de poemas y las citaciones con un carácter de frase célebre o máxima de grandes pensadores e intelectuales son los que se imponen. Sin embargo, existen dos excepciones que no cumplen este modelo, los capítulos XII y XV en donde aparecen dos epígrafes de valor documental e informativo y los capítulos XXIII y XXIV en donde los dos epígrafes son de naturaleza literaria y ensayística.

Vistas así las cosas, nos encontramos con una arquitectura paratextual bien definida en *Mundo, demonio y mujer,* lo cual es muy significativo desde el punto de vista pragmático, pues determina los alcances y la posible descodificación del texto como macrosigno, razón por la cual no nos interesará las funciones de los epígrafes a un nivel interno ni su posible correspondencia con un capítulo específico. Por el contrario, su pertinencia radica en la posibilidad que ofrecen para una explicación de la novela como totalidad (Genette, 1987: 145-146) y, sobre todo, para develar lo que pone en juego en un nivel ideológico.

Para ello, es necesario advertir que los dos grupos de epígrafes que hemos constituido responden a dos tonalidades distintas pero complementarias, las cuales están anunciadas a partir de los epígrafes del primer capítulo; se trata de dos modalidades enunciativas que pertenecerían a dos circuitos muy distintos y que, en el texto, se formulan en la oposición introspección versus "extrospección", lo interior frente a lo exterior:

> Todas a una levantamos hoy nuestra justa protesta contra los jefes lujuriosos, machos chovinistas que persiguen a las empleadas por los escritorios y los rincones de las oficinas. Y como si esto fuera poco, las desacreditan y hacen injusta mofa de su pretendida falta de seso. Olvidan resaltar el hecho de que ellas son las que

les resuelven los menudos problemas diarios y además, tienen un empleo y son autosuficientes, lo cual no es atributo de todas las mujeres. *El Monitor Feminista,* enero de 1972 (Vallbona: 1991: 7).

La literatura vuelca intimidades en unas páginas con la esperanza de que las lea un lector ideal y siempre resulta que quien las lee es el gemelo ideal, o sea un lector de carne y hueso que nunca sabe de qué se le está hablando. Como usted. Sí, usted, que me está leyendo ahora mismo. ¿O me equivoco al revés y usted es, por fin ¡por fin!, ¿el lector ideal? Enrique Anderson Imbert. (Vallbona: 1991: 7).

De esta forma, contrasta el proyecto literario de una escritura que busca una proyección intimista, dentro de un circuito que tendría como marca ese repliegue sobre sí mismo para alcanzar el conocimiento del sujeto, frente a una serie de actuaciones que se orientan más bien hacia un activismo y que son exteriores al propio sujeto. Como lo plantea Castilla del Pino, la diferencia entre las actuaciones públicas y las íntimas se encuentra precisamente en su proyección externa y perfectamente observable de las que son en esencia inobservables e internas (1989: 29). Es importante saber, entonces, cómo se manifiesta a lo largo de los epígrafes tal oposición entre lo íntimo y lo público.

En efecto, nos hallamos en lo que José Luis Aranguren llama por extensión "ámbito de la intimidad" en el que priva esa: "relación intrapersonal o intradiálogo [...] conciencia, tanto en el sentido de conciencia gnoseológica, como en el de conciencia moral; y también autonarración y autointerpretación, contarse a sí mismo la propia vida y subjetividad, sintiéndolas como tales" (1989: 20).

Se trata, pues, de un predominio de la expresividad del sujeto en tanto manifestación de un hablar consigo mismo, por esta razón, todo discurso íntimo recubre el mismo radio de acción que la situación comunicativa de la lírica en donde el sujeto: "se siente a sí mismo como ser, se intuye como interioridad" (Pozuelo Yvancos: 1989: 221).

Esto es lo que sucede en los epígrafes de orden literario y ensayístico, el sujeto busca explorar lo auténtico y reivindicar su condición de mujer frente al hombre. Por eso, todo discurso de la intimidad desemboca en una práctica de tipo autobiográfico, caracterizada por la emergencia de un yo actual que aborda los acontecimientos pasados a partir de su situación presente (Starobinski: 1974: 66-67).

Esta conciencia recapitulativa es lo que caracteriza los fragmentos de índole autobiográfico en los que Renata emerge como narradora en primera persona; pero éste no adquiere la forma de un proceso cerrado, sino que, acentúa esa necesidad imperiosa de un sujeto que explora el significado de su biografía bajo el signo de que es algo tentativo e inconcluso como señala Gonzalo Navajas (1993: 125).

Por otra parte, frente a este ámbito de la intimidad, encontramos los otros epígrafes que hemos marcado como de actuación pública y que dan una visión exterior del sujeto. En primer lugar, hay que destacar que, en oposición a ese acercamiento interno de Renata, Renata vista por sí misma, existe lo contrario, el acercamiento exterior realizado por el narrador omnisciente que, eso sí, parece asumir a lo largo del relato el punto de vista de Renata, reforzando precisamente a partir de la transcripción y reproducción de las conversaciones, diálogos y tertulias de Renata, su hija y su grupo de amigas, las dificultades y los problemas que afrontan las mujeres en esa conciliación de su ser femenino y la adquisición de reconocimiento profesional e intelectual, así como también las reflexiones acerca de la emancipación de la mujer, la imposición de las normas sociales masculinas y el proceso de su concientización a partir de su dolorosa decepción.

Sin embargo, la estrategia epigrafial adquiere un significado mayor en otra dimensión. Y es que recordemos que estos epígrafes, tomados en su casi mayoría de publicaciones periódicas de una gran actualidad, pueden ser leídos como material de una crónica, lo cual le otorga un criterio de validez y de autentificación, ya que puede referirse a sucesos verídicos contados en el orden de tiempo o a un tema de mucha actualidad y trascendencia. En este sentido, como hemos dicho, la mayoría de los epígrafes de esta modalidad han sido tomados de una publicación que reivindica, precisamente, la búsqueda de una conciencia femenina que conduzca a la liberación de la mujer, de manera que estos fragmentos de artículos y de noticias, referentes a la condición de las mujeres hoy en día, posibilita que el texto amplíe su resonancia ideológica y desborde, en forma asertiva, el ámbito de la intimidad. Dicho de otra manera, en *Mundo, demonio y mujer*, se produce una transgresión del discurso intimista focalizado en Renata, para subrayar el carácter paradigmático de su experiencia.

¿Cómo se genera tal desplazamiento? En este sentido, conviene destacar la función de mediación que desempeñan los distintos diálogos que protagonizan Renata y su círculo de amigas y las conversaciones entre Renata y Gabriela, las cuales el narrador omnisciente reproduce en forma integral o parcial como discurso directo. A nivel de la diégesis la experiencia de Renata se ve multiplicada y ampliada por los casos de sus amigas houstonianas, de manera que esta producción se descodifica como pruebas que autentifican, en un movimiento que va del relato a los epígrafes, cómo Renata no es la única en sufrir, en buscar, en cuestionar... Para reforzar este planteamiento, señalemos que una de las características del discurso directo es que tiene esa capacidad de vincular y comprometer al emisor de lo que enuncia y, en lugar de borrar las marcas de los sujetos que intervienen en el proceso de comunicación, los compromete en tanto responsables de lo que dicen. Con esto, no puede existir ambigüedad pragmática en la significación del texto; si se incluyen esos diálogos y esas conversaciones es para que sirvan de prueba de la autenticidad y exactitud de una biografía personal que no es ni única ni un caso individual.

Asimismo, en esa relación de contigüidad entre historia de Renata y los epígrafes ya mencionados, no existe tampoco interpretación aleatoria. Estos epígrafes contribuyen a amplificar esa significación íntima y privada que posee *Mundo, demonio y mujer*, desde el momento en que se trata de una lucha y una experiencia colectivas, por las que el texto se transforma en un testimonio, en donde: "la legitimidad misma de ciertas estrategias discursivas, al recurrir frecuentemente al registro intimista de la autobiografía, sólo se justifica [...] en cuanto ilustra la vida de todos" (Prada Oropeza: 1990: 37).

Entonces, esta amplitud se alcanza gracias a que, en estos epígrafes, aparece una voz narrativa en primera persona del plural, un "nosotras" en donde quedan, de una vez para siempre fusionadas todas las experiencias similares, fundando una identificación no solo comunitaria sino también altamente fidedigna e inapelable. La lucha, el cambio y la liberación a los que aspira esa comunidad a la que convoca los epígrafes se ejemplariza en el caso de Renata, pareciendo confirmar lo que Prada Oropeza observa con gran pertinencia en todo discurso testimonio: "Lo que me pasó, me pasa y lo que constituye mi proyecto de vida es la de tod(as) nosotr(as)" (1990: 37); búsqueda de una identidad y una indagación que comienzan con la asunción de su ser y que, en el caso de Renata, tienen su origen en esa falta de amor y en un sufrimiento que descentra al sujeto y lo obliga a repensarse y que posee como corolario, esa lucha y esa emancipación que buscaría ese "nosotras" que se gesta en el discurso del feminismo. He aquí cómo el texto puede hacer corresponder esa visión introspectiva con el activismo político; una es el paso previo para la otra.

No es casual entonces que, en este ámbito de la intimidad, los epígrafes de orden ensayístico insisten y conduzcan a una actitud reflexiva no tanto de la materia tratada, como del proceso mismo de conocimiento; en este sentido, invitan a la reflexión. Se trata de una meditación en el sentido orteguiano; desea revelar en los detalles y en lo aparentemente inconexo, su condición verdadera y profunda, una iluminación que provoca y desencadena que el lector encuentre por su propia cuenta esos valores y principios que organizan el texto.

> Para la tarea del arte la ceguera no es una desdicha. Puede ser más bien un instrumento. Todo hombre debe pensar que cuanto le ocurre es un instrumento que se le ha dado para un fin. Esto es más fuerte en el caso de un artista. Lo que le pasa, incluso las humillaciones, los bochornos y las desventuras, le ha sido dado como arcilla, como material para su arte. Tiene que aprovechar eso. Se nos ha dado para que hagamos cosas eternas. Jorge Luis Borges (Vallbona: 1991: 239).
> ¿Deseas guardarte para la persona contra quien debes guardarte de veras? Tu propio espejo te dará la mejor semblanza de su cara. Whateley (Vallbona: 1991: 79).

Esta actitud reflexiva adquiere resonancias filosóficas de primera línea, porque apela al principio délfico del *"gnothi sauton"* "conócete a ti mismo": examinarse y adentrarse, para ello, en la conciencia y en lo que ha constituido la existencia y el recorrido del sujeto, enriquecido y amplificado por las exposiciones personales de Renata, su hija y las amigas del círculo houstoniano.

En relación con lo anterior, están aquellos epígrafes extraídos precisamente de textos líricos, en los que esa expresividad del sujeto desemboca en esa interrogante frente a su propia existencia:

> Eternidad, te busco en cada cosa, / en la piedra quemada por los siglos, en el árbol que muere y renace, / en el río que corre / sin volver atrás nunca.
> Eternidad, tus siglos me rodean, / más yo soy transitorio: / un simple pasajero del planeta. Jorge Carrera Andrade (Vallbona: 1991: 39).
> ¡Cuán lejos me encuentro de mí mismo!¡qué mundo tan extraño el que me rodea! Luis Palés Matos (Vallbona: 1991: 49).

La lírica se convierte así, en un discurso ideal para la indagación de la identidad, dentro del marco de un tipo de comunicación que favorece ese repliegue sobre sí mismo.

Y dentro de esta estrategia paratextual incluimos los epígrafes tomados de publicaciones periódicas, los cuales responden a esa significación especial de la crónica, de un asunto que es contemporáneo y de gran actualidad, ¿para quién? En la sintagmática epigrafial, pasamos de un "yo" a un "nosotras". Este desplazamiento se posibilita en la asunción de una identidad de mujer y se presenta como consecuencia de tal indagación, por lo cual la actitud reflexiva conduce *hinc et nunc* a una posición polémica y beligerante en lo que se refiere a los derechos de la mujer:

> Este es el momento histórico en que la mujer politizada entra en el ring a defender sus derechos. Ahora se las ve clamando por la igualdad de trabajos y sueldos; pidiendo guarderías para sus hijos; reclamando exención de impuestos para las madres que trabajan y para las que son el único sostén de la familia; protestando contra la falta de leyes más humanas que sean aplicables al aborto; demandando contraceptivos más eficientes que la píldora. A raíz de estas exigencias, las universidades, que todavía son sanctasanctórum de los hombres, tendrán pronto que admitir a las mujeres sin las restricciones que hoy imponen. Esta medida irá tanto para las profesoras como para las alumnas. *El Monitor Feminista* (Vallbona: 1991: 63).

Durante el siglo pasado la esclavitud era el tema del momento y las asociadas de Stanton se unieron con impaciencia a la lucha por los derechos de los negros. Porque ellas creían que la abolición implicaba derechos para todos, blancos y negros, hombres y mujeres, se dieron a la tarea de hacer discursos, recaudar fondos y firmas, confrontar insultos y hasta amenazas físicas. Sin embargo, cuando la Guerra Civil se ganó, se llevaron la chocante sorpresa de saber que la recientemente declarada Décimocuarta Enmienda a la Constitución nacional garantizaba la ciudadanía completa a los negros, pero sólo a la población masculina. Fue éste un momento clave en el que su conciencia se abrió a la dolorosa verdad de que como mujeres tenían menos derechos que los mismos esclavos. Así se iniciaron los movimientos que condujeron a la liberación femenina. *El Monitor Feminista* (Vallbona: 1991: 137).

Y es que si relacionamos estos epígrafes, en los que las mujeres son el tema de discusión, con el epígrafe que sirve de matriz, es necesario plantear cómo *Mundo, demonio y mujer* pretende configurar ese sentido de pertenencia no solo a una comunidad, cuya realización diegética se halla en las reuniones del círculo de Renata, sino también a una categoría colectiva y sexual distinta, cuya alteridad será su rasgo distintivo: los hombres son los otros. Parafraseando a Eric Landowski, la emergencia del nosotras supone su correlativo diferenciados en el "ellos" (1993: 100). Por lo tanto, el texto intenta establecer unas relaciones opositivas en la medida en que la negación supondría la autoafirmación del grupo de referencia y estas relaciones de confrontación se dramatizan en estos epígrafes, al poner en evidencia el falocentrismo del cosmos y la ausencia de un lugar y de una significación femenina. He aquí cómo el espacio de comunicación que crean los epígrafes desdobla y reduplica, como lo recuerda Prada Oropeza (1990: 36), a los receptores en tanto que los involucra en el seno de una comunidad sufriente y luchadora y que trata de reivindicar su lugar y su sentido en el cosmos. Una comunidad que espera, en su más prístino sentido escatológico cristiano, un cambio de vida presente que le permita hacer corresponder y coincidir sus necesidades a una situación histórica concreta.

NOTAS

[1] El encuentro se celebró los días 5, 6 y 7 de junio de 1995 en la Facultad de Letras como celebración a los 20 años de fundación de esta entidad. Las actas del Seminario saldrán próximamente en un número extraordinario de la *Revista de Filología y Lingüística de la Universidad de Costa Rica*.

OBRAS CITADAS

Aranguren, José Luis. "El ámbito de la intimidad". Carlos Castilla del Pino (ed.). *De la intimidad:* 17-24. Barcelona: Editorial Crítica.

Castilla del Pino, Carlos. "Público, privado, íntimo". Carlos Castilla del Pino (ed.). *De la intimidad:* 25-31. Barcelona: Editorial Crítica.

Chen Sham, Jorge. "Hacia una lectura de la estrategia paratextual del *Fray Gerundio de Campazas:* la fuerza centrípeta del prólogo autorial". *Revista de Filología y Lingüística* 16. 2 (1990): 7-24.

Chen Sham, Jorge. "La teoría del paratexto y el *Fray Gerundio de Campazas:* la puesta en escena de una retórica de lo liminar". *Revista de Filología y Lingüística* 17. 1-2 (1991): 7-19.

Genette, Gérard. *Seuils*. París: Editions du Seuil, 1987.

Landowski, Eric. "Ellos y nosotros: notas para una aproximación semiótica de algunas figuras de la alteridad social". *Revista de Occidente* 143 (1993): 98-118.

Navajas, Gonzalo. "Una estética para después del posmodernismo: la nostalgia asertiva y la reciente novela española". *Revista de Occidente* 143 (1995): 195-130.

Pérus, Françoise. "El 'otro' del testimonio". *Casa de las Américas* 29. 174 (1989): 134-137.

Pozuelo Yvancos, José María. *La teoría del lenguaje literario*. Madrid: Editorial Cátedra, 2ª edición, 1989.

Prada Oropeza, Renato. "Constitución y configuración del sujeto en el discurso testimonio". *Casa de las Américas* 30. 180 (1990): 29-44.

Starobinski, Jean. *La relación crítica (Psicoanálisis y Literatura)*. Madrid: Ediciones Taurus, 1974.

Vallbona, Rima de. *Mundo, demonio y mujer*. Houston, Texas: Arte Público Press, 1991.

A TRAVÉS DEL ESPEJO: EL PROCESO DE CONCIENTIZACIÓN EN *MUNDO, DEMONIO Y MUJER*

Nancy M. Kason Poulson
The University of Georgia

> Hay golpes en la vida,
> tan fuertes...¡Yo no sé!
> Golpes como del odio de Dios;
> como si ante ellos,
> la resaca de todo lo sufrido
> se empozara en el alma...
> ¡Yo no sé!
> César Vallejo
> *Los heraldos negros*

Mundo, demonio y mujer (1991) es una novela en la que acompañamos a la protagonista en un momento de crisis espiritual, emocional, social y existencial, el cual le sirve de iluminación en su búsqueda de auto-realización. El proceso que sufre, la lleva a una toma de conciencia en relación con las múltiples facetas de su vida que le permiten forjar su propia identidad y su independencia intelectual.

A Rima de Vallbona, le ha interesado por mucho tiempo indagar en el enigma del dolor no sólo de la mujer sino de todo ser humano. Desde su primera novela, *Noche en vela* (1968), la distinguida autora costarricense ha explorado el mundo pesadillesco de tormento, soledad y dolor que les aflige a todos. A esta novela le siguen dos colecciones de relatos, *Polvo del camino* (1971) y *La salamandra rosada* (1979). En la primera, Rima estudia la necesidad de evadir una realidad insoportable por abusos como el incesto y la discriminación racial, y en la segunda, combina sus preocupaciones quintaesenciales con viñetas infantiles. *Mujeres y agonías,* una colección de cuentos escritos entre 1971-75 y publicada en 1982, revela una solidaridad muy emotiva con todo ser angustiado que lucha cotidianamente contra la hostilidad y la agresividad del mundo contemporáneo. En su segunda novela, *Las sombras que perseguimos* (1983), explora el quehacer literario, la escritura y la relación entre el lector y el escritor. Luego se publican tres colecciones de cuentos, *Baraja de soledades* (1983), *Cosecha de pecadores* (1988), y *El arcángel del perdón* (1990), en las que Rima indaga en las motivaciones psicológicas de sus personajes y nos ofrece retratos, a veces grotescos, de una variedad de perspectivas y grupos sociales. En su tercera novela, *Mundo, demonio y mujer* (1991), Rima examina los múltiples impedimentos que la protagonista tiene que sufrir y superar antes de poder llegar a una toma de conciencia activa que la lleva a realizar la liberación de su ser. La autora sigue esta trayectoria temática en su última colección de cuentos, *Los infiernos de la mujer, y algo más...* (1992).

Mundo, demonio y mujer es una novela cuyo estilo directo complementa la sofisticación técnica de su desarrollo. Estructuralmente, la novela está dividida en veinticuatro capítulos con una organización interna tripartita. La primera página de cada capítulo consiste en una serie de epígrafes, usualmente dos, por un lado citando de artículos que aparecieron en publicaciones como *El Monitor Feminista*, la revista *Ms.*, el *San Juan Star, Américas,* y por el otro, citando a varios escritores como Julia de Burgos, Ana María Fagundo, Jorge Luis Borges, Lewis Carroll, Kahlil Gibran, y Virginia Woolf, entre otros. De esta manera, Rima introduce en su novela sucesos de la actualidad y de la importante historia reciente durante la cual el movimiento feminista ha realizado cambios fundamentales en la lucha por la igualdad real, desenmascarando la retórica apaciguadora. Al mismo tiempo, incluye citas de algunos de los escritores más distinguidos, entre las cuales entreteje sus observaciones personales y comentarios críticos junto con referencias intertextuales.

La segunda parte de cada capítulo, consiste en la historia de Renata, una mujer que está pasando por uno de los momentos más difíciles de su vida. Alterna el uso de viñetas actuales, recuerdos nostálgicos de la niñez, el noviazgo apasionado en París con Antonio —el hombre con quien se casaría—, cartas escritas por diferentes personajes y experiencias en congresos sobre la literatura. Al no presentar los sucesos en ningún orden ni específico ni cronológico, Rima se sirve del acercamiento que mejor desarrolla la íntima caracterización emocional de Renata, lo que hace a su protagonista una figura muy compleja y multidimensional en su proyección humana. En la tercera sección de cada capítulo la narradora describe una experiencia, usualmente pesadillesca, que Renata ha tenido, y cierra cada capítulo con una visión chocante de su vida.

La estructura física de la novela nos ofrece una visión *collage* de la vida de Renata a la cual nos acercamos continuamente a lo largo de la lectura. Sin embargo, el desarrollo de la protagonista sigue un proceso psicológico de madurez mediante el cual Renata realiza una toma de conciencia de su situación y actúa para liberarse. Desde nuestra óptica, hay vínculos muy fuertes entre esta toma de conciencia y las teorías de Lacan sobre el proceso de reconocimiento que el crítico francés ejemplifica con su descripción de la etapa del espejo en el desarrollo de la independencia y de la identidad del niño.

Uno de los puntos centrales de desacuerdo entre una ideología humanística y las teorías post-estructuralistas, es la idea del "sujeto" en contraste con el "individuo". Mientras que el post-estructualismo rechaza la idea de que el ser humano es el centro de significado alrededor del cual se elabora el mundo, Lacan pone énfasis en lo que él considera el factor que determina la subjetividad, que es el punto crítico durante el cual nos iniciamos dentro del orden simbólico del lenguaje. En su *Ecrits,* Lacan ejemplifica esta perspectiva con lo que denomina la etapa del espejo como formativa de la función del "yo" en la realización de la experiencia psicoanalítica (122-27). Lo esencial de esta teoría es que antes de que un niño adquiera un uso simbólico del lenguaje, pasa por un proceso durante el cual empieza a reconocer la diferencia entre su cuerpo y el mundo que lo rodea. En nuestra opinión, esta teoría nos proporciona la clave para nuestro análisis de *Mundo, demonio y mujer,* en particular para el estudio de la toma de conciencia de la protagonista como mujer y como escritora.

Se puede dividir la etapa del espejo en tres fases diferentes. La primera fase ocurre cuando el niño, con habilidades motrices subdesarrolladas que lo hacen moverse de una manera torpemente desunida, por fin percibe una imagen unida y controlada en el espejo. Durante esta fase, si el niño está con un adulto, no puede diferenciarse del adulto ni puede diferenciar su cuerpo de su reflexión.

Renata, la protagonista, es profesora de literatura, crítica literaria, escritora, colega, madre, esposa, amiga, mujer. Aunque a lo largo de su vida todas estas facetas contribuyen a su concepto de identidad en una manera u otra, central a su proceso de toma de conciencia es su papel de escritora. A pesar de que su esposo desea mantenerla dependiente de él para todo, y especialmente en cuanto a cómo ella percibe su concepto de identidad, es a través de la escritura que la protagonista logra afirmar su independencia. Desde joven, Renata había buscado expresar sus inquietudes a través de su literatura. De niña, antes de que supiera leer, Renata inventaba aventuras exageradas de su primer personaje imaginario, Bultillo, que le "leía" a su hermano Santi:

> Así, cuando supe leer, ocurrió en mí un extrañamiento al comprobar que si se leía el mismo libro varias veces, cada lectura era la repetición monótona de la misma historia con las mismas palabras, los mismos personajes y los mismos sucesos. En cambio la versátil lectura mía, fuera de los límites de la letra, aunque procediera del mismo texto, era siempre otra, rica, variada, estimulante. Con un solo libro diverso como el mío yo podría pasarme el resto de la existencia sin necesitar otra lectura (274).

Más tarde, su maestro don Abelardo, quien fue el primero en reconocer su aptitud literaria, le aconsejó que no utilizara su escritura como un instrumento de protesta y polémica. Pero Renata le informa que: "La culpa de que no le preste atención, es suya, don Abelardo, por haberme iniciado en los vericuetos de mitos, estética, metáforas y todo el laberinto de libros y papeles en los que usted vivió inmerso...En los que hoy me hundo yo también para aliviar mi dolor, frustraciones, agonías..." (27).

Después de casarse, Renata quería continuar sus estudios avanzados mientras cumplía con su papel de esposa y de madre. Sin embargo, las exigencias de su esposo, quien superficialmente apoyaba sus metas intelectuales, descontaban la importancia de su programa académico:

él la aniquilaba con las exigencias de una casa impecable, un hogar en orden, los embarazos seguidos y después, "podés llegar lejos, Renata, tenés talento artístico. Si estudiaste, no vas a dejarlo todo a medio hacer. Debés terminar la licenciatura, sólo te falta la tesis. Con poco esfuerzo terminás. Renata, traeme un vaso de agua. Renata, llego tarde a cenar. Renata, el bebé llora, debe estar con hambre, el muy glotoncito vuelve a pedir el biberón. Renata, sacámele punta al lápiz que así no puedo seguir escribiendo. Renata, traeme la chequera pues hay que pagar las cuentas del mes y no sé ni cómo estamos de deudas. Renata, supongo que ya tenés todo listo para la fiesta de esta noche y ya sabés, a ponerte muy guapa para que te admiren y digan lo hermosa, elegante y atractiva que es la mujer de Antonio Rodríguez Swanson (108).

A pesar de la actitud de su esposo, Renata siguió escribiendo un párrafo aquí, otra allá, a altas horas de la noche, único tiempo que podía dedicarle a la tesis. Aún después de terminar el doctorado, Antonio no quiso darle importancia al trabajo de Renata, como si fuera frívolo e insignificante: "No olvidés, Renata, lo que importa es mi carrera y que llegue pronto a la cumbre, porque ¿tiene alguna importancia tu literatura, tus clases, y tu tanto garrapatear cuentos, novelas y poemas? Lo tuyo es pérdida de tiempo, bien lo sabés. Lo mío es lo que cuenta" (220). A lo largo de su matrimonio, Antonio le repetía esta opinión una y otra vez, como si formara parte de un programa de lavado de cerebro:

> recordá siempre, Renata, que lo que cuenta es mi carrera, es importante que lo tengás presente en todo momento, lo que vos hacés no tiene trascendencia alguna, unas clasecitas que jamás te darán de comer, unos cuentos y novelillas de medio pelo como para pasar el tiempo, ¡ni comparar lo tuyo con lo mío!, además, se sabe bien, toda mujer debe supeditarlo todo al éxito de su marido, no lo olvidés si no querés crear problemas en nuestro matrimonio (87).

Así que Antonio utilizaba la adoctrinación, las amenazas psicológicas y el chantaje emocional para mantener a Renata en una posición subyugada. En términos de las teorías de Lacan, Antonio quiere impedirle a Renata que salga de la primera fase en la que no puede el niño diferenciarse del adulto con quien está ni puede comprender la diferencia entre su cuerpo y su reflexión. Antonio le reitera a su esposa que sin él no podría mantenerse, no tendría posición social, no tendría identidad.

Sin embargo, Renata paulatinamente encuentra la fuerza de pasar por la segunda fase lacaniana, en la que la protagonista logra diferenciar la realidad de la imaginación. Lacan caracteriza la segunda fase por un cambio en la manera en la que el niño se percibe. Es durante esta fase que el niño llega a comprender el concepto de imagen y se da cuenta de que hay una diferencia entre su cuerpo físico y la reflexión de su cuerpo en el espejo.

En la estructura *collage* de que se sirve Rima para desarrollar su novela, entreteje episodios de la vida académica de Renata, en particular sobre un proyecto de investigación que Renata está realizando sobre la vida de sor María Marcela. Al comentar la motivación para su estudio, advierte Renata:

> No perdás de vista lo que pretendo al desenterrar la "Vida" (como entonces se llamaban las autobiografías) de sor María Marcela. Voy a explicarme: así como Unamuno afirmaba que los personajes ficticios tenían más carne de realidad que los autores que los habían concebido, al presentar a sor María Marcela como personaje, yo pretendo insuflarle existencia de autora, la que le han negado al mantener sus papeles amontonados, envejecidos y comidos de polilla, en la Biblioteca Nacional de México, entre los textos raros. En suma, pretendo salvar de la nada su historia, ya que a ella no la puedo sacar de donde está (175-76).

En uno de sus sueños, Renata se encuentra con Unamuno, quien le alienta el espíritu diciéndole: "Bien hecho, mujer, muy bien. ¡Adelante y nada de desánimos!" (237). Pero, al cavilar sobre este sueño, Renata no puede decidir de qué estaba hablando don Miguel: "si el inmortal don Miguel de Unamuno me felicita por haber defendido mis derechos de mujer rechazada y harta de humillaciones, o por los esfuerzos que hago por realizar una obra literaria que abarque la infinitud de mi cosmovisión" (237).

Renata no sólo tiene que hacer juegos malabares en su casa sino también en el ámbito profesional. Debe dividir el tiempo limitado que tiene para sus actividades universitarias entre las exigencias del mundo académico que requiere cierta producción de crítica literaria, y el esfuerzo de la creación personal que para ella es una forma de exteriorizar sus inquietudes más íntimas. Renata critica a los críticos, considerándose incómoda con la imposición de ciertas teorías:

> trataba de comprender los vericuetos del deconstructivismo, pero a veces Derrida, Culler y DeMans la sumían en espesos ámbitos de alegorías casi inaccesibles para ella que estaba acostumbrada a razonar en forma directa, clara, lineal y verticalmente simple; más bien era suya la intuición. Lo absurdo de la crítica deconstructivista, pensaba Renata, es que mientras exponen en indefinidos párrafos que no van nunca al grano, insisten en cuestionar la concepción logocéntrica de la escritura, tal como ha sido interpretada en el pasado. Ella afirmaría que quizás dicha falta de "logos" de ese tipo de análisis, sea el signo más claro de su indefinición. Más vale que esos señorones muy serios que siempre tienen conclusiones lapidarias, y que se hacen llamar críticos literarios, no conozcan ni por asombro su pensamiento, porque lo considerarían herético, ¡inconcebible para una catedrática! Críticos y escritores: aceite y vinagre, siempre juntos, pero nunca mezclados (40).

También siente Renata cierta frustración cuando asiste a congresos de crítica literaria:

> Regreso de un largo día de sesiones literarias, mesas redondas, discursos, en los que el tiempo fue matado con interminables ponencias y discusiones sobre el escritor don Mengano y la escritora doña Sutana; y que si la semiótica, el deconstructivismo, el estructuralismo, el postestructuralismo y toda la legión de ismos de la nueva crítica; y por supuesto no faltaba el falologocentrismo de las feministas; en fin, mataron el tiempo con todo el agotador galimatías de términos, conceptos y aserciones cuya presencia es inevitable en tales eventos. Mientras conduce, Renata se pregunta con desánimo si sirve de algo todo eso en la vida (121-22).

Sin embargo, Renata reconoce la importancia de la diseminación de la escritura, no sólo para ella sino para todo escritor, por ser una forma de comunicación de las inquietudes más íntimas del ser. Al aceptar la separación que existe entre su escritura y la recepción de los críticos, la protagonista entra en la tercera fase de desarrollo que Lacan caracteriza como el momento cuando el niño por fin se da cuenta de que la reflexión que ve en el espejo no solamente es la suya sino que también es diferente de la del "otro." Para Lacan, el sujeto necesita entrar en el reino de lo simbólico, donde la identificación se basa en la diferencia en vez de la similitud, para llegar a una comprensión del yo, y el lenguaje es el vehículo por medio del que esto se logra. Por fin, Renata llega a la tercera fase en la que, por medio de su escritura, no sólo visualiza una vida separada de su esposo sino que la realiza.

Recuerda una carta que recibió de un escritor chileno en la que éste le revela que cuando recibe cartas de otros intelectuales de América, se siente vivo en el panteón intelectual de Chile donde hace mucho fusilaron la libertad del escritor. El autor chileno expresa la importancia que tiene la diseminación para él:

> Las páginas de la revista literaria de su universidad, *Icaro,* podrían ser la única tabla de salvación para mis poemas, y por ende, para mi trágica condición de poeta amordazado por un régimen que hace tiempo desechó la cultura y la poesía, no para llenar las necesidades básicas de los ciudadanos, sino para levantar todo un lujoso aparato ideológico estatal sostenido por fusiles, tras el cual se atrincheran ellos (55).

Ese anhelo desesperado de liberación es un sentimiento que comparte Renata con este escritor. La situación de Renata en la casa de su esposo en Houston tiene algo en común con la situación del escritor silenciado por la represión política. La protagonista ha realizado una toma de conciencia que le ha llevado a establecer su propia identidad y a liberarse de la dependencia que trataba de estancarla. Como el niño en la tercera fase lacaniana, al final de la novela, Renata no sólo puede distinguir entre la realidad y la fantasía de su vida (o sea, entre su ser real y la imagen que tenía de su vida), sino también entre la importancia de su vida independiente de su esposo.

Lacan no percibe una separación entre el yo y la sociedad a causa de que la adquisición del orden simbólico del lenguaje es lo que hace social al ser humano y lo que nos define como sujetos individuales. De hecho, Lacan sugiere que el lenguaje es lo que crea la condición de la inconciencia y que a pesar de que el individuo quisiera controlar su significado, la naturaleza del lenguaje lo hace imposible. Para Lacan, el lenguaje implica la metaforicidad, un significante en lugar de otro, y se construye a base de lo que él denomina *glissement,* dado el hecho de que cada palabra es definida por otras palabras. Aunque Lacan considera la inconciencia el lugar de la autenticidad, admite que pertenece al reino que el sujeto jamás conocerá por la desestabilización de la relación entre el significante y el significado. Al comentar la filosofía del lenguaje en Lacan, Anika Rifflet-Lemaire afirma que:

> El lenguaje constituye, por tanto, la condición de la toma de conciencia de uno mismo como entidad diferente. Es igualmente el instrumento mediante el cual el individuo adquiere autonomía y distanciamiento en relación con el mundo de las cosas reales que pone "en-sí" distintas de los conceptos que vehiculan su sentido, también distintas de las palabras o símbolos que actualizan los conceptos en la relación social de la comunicación (102).

En *Mundo, demonio y mujer,* Rima de Vallbona examina la crisis que experimenta su protagonista al mirarse en el espejo hasta su toma de conciencia de la represión en la que existía, producida por las limitaciones sociales, culturales, sexuales, religiosas y económicas, entre otras. A lo largo de la novela, Rima nos hace acompañar a la protagonista, quien madura como mujer y como escritora en su búsqueda de identidad y de liberación intelectual. Al final de ella, Rima de Vallbona no nos ofrece ninguna respuesta ni caldera de oro al fin del arco iris. Lo que sí nos presenta es una visión positiva en la que afirma la fuerza psicológica, emocional e intelectual de la protagonista que cotidianamente se encara con impedimentos en el proceso de su auto-realización como mujer y como escritora.

OBRAS CITADAS

Lacan, Jacques. "The Mirror Stage as Formative of the Function of the I as Revealed in Psychoanalytic Experience". *Ecrits, A Selection.* Trad. Alan Sheridan en *Modern Literary Theory.* Eds. Philip Rice and Patricia Waugh. London: Edward Arnold, 1989: 122-27.

Rifflet-Lemaire, Anika. *Lacan.* Prólogo de Jacques Lacan. Buenos Aires: Editorial Sudamericana, 1981.

Vallbona, Rima de. *Mundo, demonio y mujer.* Houston, Texas: Arte Público Press, 1991.

LA BUSQUEDA DE LA SALIDA LABERINTICA EN LA VIDA DE RENATA EN LA RELECTURA *DE MUNDO DEMONIO Y MUJER*
Marta Aída Umanzor
Saint Michael's College, Vermont

> Nadie.
> Iba yo sola.
> Nadie.
> Pintando las auroras con mi único color de soledad.
> Nadie.
>
> Repitiéndome en todas las desesperaciones.
> Callándome por dentro el grito de buscarte.
> Sudándome ideales en cada verdad rota.
> Hiriendo las espigas con mi duelo de alzarte.
>
> ¡Oh desaparecido!
> ¡Cómo injerté mi alma en lo azul para hallarte!
>
> Julia de Burgos

Los lectores latinoamericanos han respondido positivamente a la obra de Rima de Vallbona desde 1971, fecha de publicación de *Polvo del camino,* primera colección de cuentos. Desde ahí hasta el presente ella se ha mantenido sumamente activa escribiendo y publicando. En 1991 nos ofrece la obra *Mundo, demonio y mujer* [1] a la que Enrique Anderson Imbert le auguró un futuro clásico. Esperamos que esa premonición se convierta en realidad; pues viniendo de una persona experimentada en el quehacer literario, como es Anderson Imbert no nos resta a los lectores de Vallbona que esperar.

Este estudio tratará de explorar el uso del espacio temporal y espacial que genera una especie de laberinto, el cual afecta directamente la vida integral de los personajes femeninos, en especial el de Renata que será nuestro centro de atención para este análisis. Por motivos de tiempo no se podrá analizar cada uno de los personajes femeninos como se quisiera; sin embargo, el enfoque del análisis será alrededor de la figura de Renata como protagonista principal en su relación solidaria con las demás mujeres.

Además, este ensayo muestra una preocupación con respecto a varios aspectos que afectan la narrativa latinoamericana tales como el texto, la intertextualidad, el lector, el autor, el cuerpo de la mujer y la ideología. Todos estos aspectos son afectados por la construcción social, diferencias sexuales que juegan un papel determinante en la producción, recepción e historia de la literatura. A la crítica feminista le interesa saber: ¿qué sentido tiene leer y escribir a través del prisma del género. [2] ¿Busca Vallbona la creación de una nueva mujer renovada por su propio esfuerzo? Se tratará de buscar respuestas que satisfagan a estas preguntas.

En una lectura lineal del texto, se puede observar que el espacio narrativo es casi siempre el hogar ya sea físico o imaginado. Se evidencia un deseo de los personajes femeninos por querer escapar de este espacio que les circunda hasta estrangularlas. Sin embargo, hay una constante evocación de su papel de esposa, madre de familia y mujer. Esta situación contradictoria de querer olvidar y no poder, condiciona a tales mujeres a una auténtica dependencia. Mediante la lectura y relectura del texto, se ve que el espacio hogareño es sustituido una veces por el recinto escolar y otras veces por las responsabilidades que demanda la vida académica. [3] Estos espacios vivenciales al interrelacionarse constituyen un contínuo laberinto que afecta la vida de cada uno de los personajes femeninos.

Tales espacios cerrados propician también espacios confesionales, como reacción al encierro de los personajes que los padecen, como única salida digna a su situación subordinada a la falta de espacio. Y es que el espacio confesional se desarrolla paralelamente al espacio cerrado. Este último espacio ha sido estudiado en la narrativa de las escritoras latinoamericanas contemporáneas como: Castellanos, Parra, Campos, Valenzuela, Allende, Poniatovska, Ferré, Vega y Morejón para citar algunas. El análisis que se ha hecho de la producción literaria de estas escritoras, puede iluminar y comprender que los postulados entre lo que se escribe y sobre lo que se escribe, puede ser una vertiente iluminadora para determinar la situación de Rima de Vallbona como escritora latinoamericana.

Por esta razón, al estudiar el personaje femenino de este texto se percibe el incentivo que lleva a Renata a fijar un propósito en su vida como revelación a la búsqueda de la Tierra Prometida en tanto algo accesible al ser humano. De allí que al viajar al país del norte cree ella haber consumado temporalmente ese deseo. Nótese que esta "Tierra Prometida del Norte" se describe en términos idílicos. Es más, los recuerdos de Renata se sitúan dentro de un tiempo prístino que corresponde a la creación en conjunción con un espacio mítico llamado Paraíso o Edén que bien podría ser el hogar anhelado por Renata.[4] Es un lugar donde no hay miseria, ni hambre; pero hay una falta de cariño "[...] ya que abundan los niños y la gente que van por el mundo sin una migaja de cariño" (89) y también en páginas 309 y 320. Sin embargo, entre la "acción consumada del viaje como parte del laberinto y la acción consumida", se observa que la voz narrativa pierde su status privilegiado como creador y se alista para sumergirse por sí misma en un ciclo temporal de vida y muerte, de sufrimiento y gozo, de dolor y epifanía, de dudas y realidades: "...Hasta de mi tierra me fui por vos, dejé a mis amigos, a mi familia, mi idioma, todo, absolutamente todo" (53). Lo anterior muestra el desamparo que se da como resultado de un cambio drástico de ambiente.[5]

El círculo que se establece desde el momento de su regreso, está saturado en su mayor parte de personajes femeninos, pero sí se evidencia la presencia de la figura del hombre a través de la evocación que se hace de él. Tal es así, que ese hombre ocupa un lugar privilegiado en la vida intensa de estas mujeres. La búsqueda de ese lugar prístino con la figura del hombre ideal será la que lleve a Renata a conocer y relacionarse con otras mujeres "fracasadas". En este momento, es importante hacer notar que es el contacto con la vida de estas mujeres lo que provocará el surgimiento del espíritu de solidaridad de Renata hacia sus compañeras.

La soledad es la escuela que permite que el lector se solidarice con el comportamiento de estos personajes femeninos. En esa escuela vivencial es que Renata conoce a una coqueta como Milagros, una lesbiana como Faustina y una Sara generosa. Frente a esta variedad de personajes Renata se muestra indecisa de querer cambiar. Vallbona cita a Lewis Carroll en la introducción del capítulo XXIII del texto. Lewis Carrol, al hablar de su personaje Alicia, que es muy similar a la Renata de Vallbona, comenta:

> Alicia continuó hablando consigo misma: ¡Caramba! ¡Qué extraño es todo hoy! Sin embargo todo sucedió como siempre. Me pregunto si cambié durante la noche. Veamos: ¿era yo la misma cuando me levanté esta mañana? Creo recordar que me sentía muy diferente. Si no soy la misma, ¿quién soy yo? ¡Ah ésta es la gran incógnita! (299).

Mundo, demonio y mujer es una larga historia de vivencias personales donde se destacan en algunos momentos la pérdida de la visión de que hay algo por qué luchar o hay algo por qué vivir: "Mi vida.¿Vale la pena contarla?" (9). Se puede notar en Renata el cambio de actitud inmediatamente que ella se da cuenta que está en control de la situación. Es la duda lo que produce el laberinto humano que encadena buena parte de la vida de estas mujeres. El hablante narrativo comenta al tener Renata los textos de Haydée, poeta cubana torturada por el régimen de Castro:

> Renata no comprende cómo se puede reprimir y extirpar todo lo que constituye la esencia del ser y lo hace único. Tampoco se explica cómo los seres humanos, hechos para la libertad, se someten como mansos corderos hasta quedar enajenados (58).

Luego al continuar Renata leyendo el texto de Haydée y concentrar su atención en la poderosa alegoría de los gatos "que se habían adueñado de su habitación, de su sala, de su casa y se orinaban en el suelo, en los muebles, en las ropas [...]" (59), el hablante narrativo comenta de Renata: "¿Era así como versaba el texto, o es que Renata lo había distorsionado en su interioridad subjetiva, como el testigo distorsiona sin intención la realidad que testifica?" (59). Esta alegoría ilustra la situación de deterioro moral que sufren en el texto los personajes femeninos como Fautina que escribe en revistas literarias y periódicos del feminismo activista (30-33) y una Sonia Rivera que es generosa y católica; pero que sabe mucho de las aventuras amorosas de Milagros (66).

Por otra parte, existe la duda a nivel del personaje y a nivel de la voz narrativa que convergen en un mundo tangible de imaginación: [6]

> Esas veleidades ya hace mucho las dejé muy atrás. El único hombre que me sostuvo todos estos años de aridez, vive sólo en mis sueños. No lo sueño despierta, sino dormida: es siempre un hombre sin cara, indefinido, el cual me prodiga la ternura que nunca me diste con palabras, ni caricias, ni gestos, ni actitudes, ni siquiera en la relación erótica. El hombre de mis sueños nunca se concreta en una realidad, pues sólo es deseo, un deseo tan intenso que se repite y se repite y se repite (258).

Resulta difícil tratar de separar hasta dónde llega la realidad y dónde comienza la subjetividad. Por tanto esta falta de deslindar realidad y fantasía, resulta ser una constante que satura la narración del texto de Vallbona. El encierro estimula la imaginación como único escape a las frustraciones de la falta de espacio. El texto *Mundo, demonio y mujer* resulta ser un diario de una mujer que clama a gritos la comunicación con alguien que pueda entender y comprender sus problemas humanos. De allí que el lector asuma el papel de confidente de ese material inagotable de su interioridad psíquica. El texto está arbitrariamente dividido en 24 capítulos, la mayoría de las introducciones de los capítulos incluyen reportes periodísticos de *El Monitor Feminista;* otras veces utiliza citas de Carroll, Borges, Palés Matos, Rowland y otros. Hay un deseo de la protagonista de apoyarse en tales ideas para mantener la confidencialidad del lector. Posiblemente la frase que resume esta situación de incertidumbre sea "¿Fue pesadilla o una abominable realidad? ¿Se lo contaron o lo vivió?" (59). La pesadilla de la soledad de los que vivieron juntos una multitud de años pero nunca se realizaron en el amor. Por su misma naturaleza humana Renata, al sentirse frustada, tiende siempre hacia el centro armónico, hacia el Mandala donde estaría la integración total de alma/cuerpo, fe/razón/vida/religión, arte/ideología: "Cerró la carta pensando con dolor en lo triste que debe ser llegar a la edad setentona de Faustina sin haber hallado la quietud y paz interiores; sin haber saciado la sed de erotismo" (286).

Existe una tensión retórica en Renata de tratar de convencerse a sí misma que no es el final de su vida; sino que su experiencia con Antonio es una parte integral de su vida como mujer. En su interior hace un esfuerzo para no hundirse frente a las exigencias de reputación social, madre de familia y mujer profesional. Y luego, ¿qué hacer con sus creencias religiosas que hacen que su espíritu no se hunda y alarga el tiempo dentro del cual enhebra Renata su propio laberinto de dolor y soledad? "Dolor y soledad de cualquier mujer que haya sufrido el desdén del hombre. Pero, al mismo tiempo la eficacia del mito no está en ser mito; sino en ser historia" (Alvar: 164). La comparación de Eurídice con Renata permite que se estudie el efecto que el mito tiene en la vida del personaje femenino.

Sin hacer un mayor esfuerzo, se diría que el argumento del texto de Vallbona es una historia trágica, aunque tenga una motivación ocasional. El mito de Orfeo y Eurídice es la historia de la mujer casada que excita la codicia ajena, su muerte y el dolor del marido, tanto que, por su fidelidad al recuerdo fue martirizado por otras mujeres. Renata, como Eurídice, siente como propio el amor y la soledad; pero le sobran Apolos y Aristeos. La diferencia entre la historia del mito y la vida de Renata es que en la tragedia Orfeo se perdió. Eurídice es la mujer de hoy abandonada por el hombre. Cuando la realidad acosa es entonces cuando se piensa que Orfeo pudo no existir, pudo haber sido tan sólo música y la vida no tendría más sentido que la inanimidad del sueño. El efecto de la música como elemento esencial para el tratamiento de la melancolía está representado a través de lo que en sí representa la música de emoción y éxtasis de Beethoven y un Tchaikovski de música reflexiva (32, 37). Todo este ambiente alucinado musicalmente deja entrever una sinfonía en tres tiempos que comienza con la soledad, pasa por el aniquilamiento y termina con la resurrección. [7] Musicalmente la narración incluye el allegro, el adagio y el scherzo. Por ejemplo se nota un movimiento lento que nos conduce al clímax, como sucede en el último capítulo donde Renata menciona constantemente la palabra "EPIFANIA". Aquí las cosas se suscitan despaciosamente con evocaciones al pasado o al tiempo inconsciente. El moderado o muy lento que en la narración es un contínuo volver a los orígenes: la infancia, la Tierra Prometida, el Paraíso. Toda esa evocación la hace volver al tema único de la soledad producto del desamor. Esto es lo que nos enseña la Odisea, que mueve el texto hacia la modernidad:

> Apenas los huesos se desaten
> de la carne encendida, será un sueño:
> límite preciso entre las alas
> y el cuerpo de macizas realidades.
> Blancos huesos vibrando liberados,
> dejando en libertad también el alma (Alvar: 352).

Homero, aquel viejo creador de mitos, ha suscitado la idea de esta mujer solitaria y ha ido más lejos: materia y espíritu se fusionan para convertirse en un vuelo de libertad. Es Eurídice/ Renata que sueña para liberarse porque el varón se perdió en la sombra. De allí que Orfeo/Antonio es la sombra perdida, no Eurídice/Renata porque poco importa la ejecución clásica, ya que el mito ha sido reelaborado por Vallbona desde el hoy y desde un nuevo e inédito hoy. Visto de esta manera el mito, Renata ya no es sólo Eurídice; Renata es más que Renata. Se evoca un viaje a la Tierra Prometida en la cual ella es una náufrago y donde el paisaje natural nos lleva a evocar otros paisajes y personas, otras Renatas que en su soledad sólo tuvieron la inmensidad del amor y el consuelo de la armonía de la naturaleza: "Con añoranza pienso que *antes, allá*, ese *antes* y *allá* míos en los que sigo habitando [...]" (89). Su pesimismo de la repetición del fracaso impide su visión de buscar a realizarse; pero con el juego del péndulo ese posible fracaso genera nuevas esperanzas e ilumina una posible salida del túnel cosmogónico en el que se debate la mujer moderna. Al liberarse Renata ha perdido la razón que la sustentaba. Es como si Eurídice, enajenada por "el irrecuperable Orfeo" porque él fue la realidad y el ensueño y ahora la duda, dara plenitud al logro de Renata. Lewis Carroll, al hablar de su personaje Alicia comenta lo siguiente:

> Entonces se preguntaba (en un sueño dentro de otro sueño, tal cual sucedió), cómo, en el futuro, esta misma Alicia llegaría a ser una mujer; y cómo, en años de madurez, guardaría el simple y cariñoso corazón de su infancia.

Para el lector esta fluctuación de Renata entre el futuro y el pasado, entre fantasía y realidad, produce problemas de tensión nerviosa con la repetición del círculo sin fin de crisis humanas y anticipa una caída o fracaso final. Muchas veces el lector no encuentra coherencia ni secuencia lógica en el microcosmos femenino de Renata. Unas veces se le ve que se resiste a las influencias y control de las normas sociales; pero otras veces hay aceptación incondicional de ella hacia los parámetros patriarcales establecidos. La cita poética de G. Frostic hecha por Vallbona ilumina ese movimiento pendular en que vive Renata: "En un contínuo ciclo de vida/ cada final deviene un génesis/y la vida/ siempre está en proceso de llegar a ser.../Siempre en proceso de llegar a ser..." (151). Su problema es la obsesión de volver constantemente a ese punto de partida de su laberinto que es Antonio. Esto es producto de la posición de Renata que aunque presenta una cierta seguridad, sin embargo a través de la relectura, el lector puede ver que su posición como mujer es inherentemente precaria en el sentido que la felicidad solamente puede ser realizada como un evento actual en el tiempo. Es decir, su eternidad paradójicamente es condicionada temporalmente. No es accidental que Vallbona cite a J.H.Newman: "No temas que la vida llegue a su fin, sino más bien que nunca tenga comienzo" (279) y a Lord Byron cuando dice: "El infortunio es el camino hacia la verdad" (269).

El lector de Vallbona, no puede anticipar cómo va a reaccionar el personaje femenino de Renata frente a los nuevos acontecimientos de su vida. Por una parte, después de quejarse desde el principio de la narración de haber sido víctima de su madre y de su esposo, se le ve feliz casi al final del texto. Sin embargo, inmediatamente cae en una depresión al reflexionar sobre la vida de Faustina y de Haydée:

> Un cielo violetaoscuro, apocalíptico, y una extensión poblada de cadáveres destrozados. Cadáveres y más cadáveres, carcomidos hasta los huesos; sólo les quedaba intacta la cabeza, pero seguían moviéndose angustiosamente. Con horror, Renata recorría la extensión de su pesadilla sin comprender lo que había ocurrido ahí (189).

Renata, frente a ese zigzagueo emocional de actitud, está colocada fuera del alcance de poder cambiar evidentemente el pasado y aún el futuro. El énfasis del regreso al pasado paradisíaco produce un presente incambiable. Kenneth Burke ha dicho que no hay imaginación negativa para un escritor que no pueda negar una imagen en la mente del lector (*Language as Symbolic Action:* 430). Burke hace notar que no hay actitud negativa en la naturaleza, sólo en el lenguaje: "The essential distinction between the verbal and the nonverbal is in the fact that language adds the peculiar possibility of the negative" (453-54). Esto hace eco a la concepción que Renata tiene sobre la vida como una perpetua negación de luz que convierte al mundo en una amalgama de signos laberínticos.

La soledad, el olvido, la falta de calor humano que experimenta la protagonista, resultan de la imposibilidad de reconciliar las perspectivas temporales con lo eterno. El capítulo VII "Las acechanzas del espejo", refleja la desorientación y la pérdida de la visión del personaje. Otro ejemplo se puede observar en "La mujer isla" donde la voz narrativa refleja directamente la desorientación de Renata y la pérdida de su visión como consecuencia del sufrimiento que ha tejido su propio laberinto.

Renata ha sido capaz de optar por varios caminos del éxito donde convergen todas las búsquedas. De allí que el lector tenga la impresión de ver en Renata una memoria colectiva. Es decir, que pasan los días y las creencias mueren, pero queda el eco. De allí que vivir no es más que repetir existencias que ya han sido. La paradoja aquí resulta de lo temporal que fluye del lenguaje testimonial, el que intenta captar los eventos tal y como ocurren. Por ejemplo, la belleza no tiene forma en sí misma; sino que marca el microcosmos personal de Renata sobre su propia imagen. Este patrón circular escapa frecuentemente del control personal de la protagonista, quien al darse cuenta de su incapacidad se vuelve nostálgica y apática. Estos son los diferentes estados de ánimo a los que debe acostumbrase el lector de *Mundo, demonio y mujer*. Para muchos escritores como Vallbona, para quienes la preocupación del mundo circundante es un acto de interpretación moral. El lector de este texto intenta buscar sentido al ciclo laberíntico en el que viven no sólo Renata sino además el resto de sus amigas. El signo laberíntico amenaza destruirlas cuando ellas asumen que tienen libertad absoluta.

El lector activo, para quien la experiencia que sume Renata cuando dice: "Yo estoy escribiendo el mundo de las mujeres", se da cuenta de que aún entre ellas hay diferentes niveles de problemática humana. Stanley Fish se refiere a la frustración de interpretación como el factor central de la lectura:

> In the analysis of a reading experience, when does one come to the point? The answer is "never", or, no sooner that the pressure to do becomes unbearable (psychologically). Coming to the point is the goal of criticism that believes in content, in extractable meaning, in the utterance as a repository. Coming to the point fulfills a need that most literature deliberately frustrates (if we open ourselves up to it), the need to simplify and close (410).

La cita anterior expresa claramente la experiencia del lector en una versión de un básico paradigma en la crítica contemporánea. Muchos críticos, quienes han tenido un reducido punto de vista del proceso de dar sentido al texto o como puede regresarse a las esperanzas primitivas de un paraíso idílico, por el contrario refuerzan los hábitos tradicionales de interpretación que conducen a las más sofisticadas y complejas formas de lectura. Esto nos hace pensar en el proceso de lectura tendiente a predecir ya sea la imposición del mismo dentro del texto, además de la manipulación del texto por el lector. En esta clase de acercamiento de la lectura, Fish enfatiza que los textos pueden ser clasificados de acuerdo con la pregunta que el lector se haga: ¿Qué efecto tiene para el lector el contenido narrativo? En este trabajo teórico, sin embargo, Fish reclama que es el lector quien transforma el texto y no viceversa.

Tomando el lector como base las ideas de Fish, el texto dado como presente en contraste está siempre dividido. La multiplicidad de lo novedoso de los derechos civiles, los derechos sobre el sexo y las connotaciones que esto conlleva hacen despertar inmediatamente a una generación de mujeres que cuestionan la problemática de la interpretacion de su condición y el papel como mujer en una sociedad patriarcal reflejada en el ambiente hogareño y el académico. Por eso, mientras la noche fue la falsa cobertura de la luz para describir su matrimonio con Antonio, posiblemente el día no sea suficiente como para cubrir una sola imagen de la verdad de que aún con todo Renata sigue amando a Antonio.

Es por esta razón que la aventura final que Renata llama epifanía está lejos del ciclo de anticipación, revelación y desilusión que el lector pensaría que podría ser la salida más factible de su laberinto. Es decir, que el lector está consciente de lo que para Renata y sus amigas es la solución permanente; para el lector sería la solución temporal que abre o inicia un nuevo laberinto existencial. Cada momento destructivo en la vida de la protagonista deja atrás una interpretación final que no tiene relación con el problema de buscar ser amada. El amor, como respuesta a sus deseos, se reduce a la percepción que ella tenga de su cuerpo y a ver si éste todavía despierta pasiones ardientes en el hombre: "No regresé más a mi casa, Ricardo. Unicamente regresó mi cuerpo empapado en luz de estrellas y auroras [...] Quisiera gritarlo [...] ¡he vuelto a nacer! y vos hiciste el milagro. ¿Será éste el final de mi búsqueda?" (294).

Algunas veces para escapar a esa crisis de saber si es o no es, Renata decide refugiarse en el sacrificio de la soledad que plantea al lector de Vallbona el dilema de si este es el sacrificio final o simplemente es el comienzo de otro tipo de sacrificio. En la penúltima página hay un buen ejemplo cuando van Ricardo y Renata rumbo a Grecia y están felices en la proa de un buque. Tenemos palabras que describen el momento de epifanía como: placer, parsimonia, aromas, novedosa belleza, paisaje, azul transparente y confín. De repente, todo cambia, intempestivamente la belleza de un día luminoso se vuelve una impenetrable noche oscura: "Llena de miedo y con lágrimas en los ojos, le digo a Ricardo: —Seguí solo para Grecia, Ricardo, que yo me voy rumbo a Nápoles" (319).

En conclusión, el análisis de lectura ha respondido a las preguntas planteadas al principio y podemos decir que sí tiene sentido leer y escribir a través del prisma del género. Leyendo como mujer me ha permitido no sólo compartir la experiencia con Renata; pero al mismo tiempo solidarizarme con el resto de mujeres que como ella sufren los mismos problemas que afrontamos las que viniendo de sociedades patriarcales nos sentimos con pocas salidas al éxito. [8] Sobre la segunda pregunta acerca de la renovación de la mujer por su propio esfuerzo, se tiene que pensar en el análisis hecho en el que realmente el personaje central femenino realiza un viaje de circunvalación que la lleva a varios lugares; pero siempre regresa al punto de partida. [9] No se duda que Renata ha ganado experiencia; pero no interrumpe su eterna búsqueda. Tal vez esta búsqueda sea la única libertad que le queda y en la cual ella encuentra satisfacción.

NOTAS

[1] Todas las citas que se utilicen el análisis de este estudio van a proceder de *Mundo, demonio y mujer* de Rima de Vallbona.

[2] Para ampliar sobre el tema del género en la obra literaria, se recomienda la lectura del prefacio del texto de Nancy K. Miller, *The Poetics of Gender,* New York: Columbia UP., 1986.

[3] Sobre el papel de la mujer profesional, existe el interesante texto de Michelle Tokarczyla y Elizabeth A. Fay, titulado *Working-Class Women in the Academy: Laborers in the Knowledge Factory* (87-90).

[4] Para ampliar sobre el tema paradicíaco, ver Beatriz Boyce (7-12) y Naomy Lindstrom y Carmelo Virgilio (44-62); ambos textos destacan la pérdida de la inocencia como mito.

[5] Tal vez esta cita de Lewis Carroll ilustre mejor este instante en la vida de Renata: "Entonces se preguntaba (en un sueño dentro de otro sueño, tal cual sucedió), como en el futuro, esta misma Alicia llegaría a ser una simple mujer; y cómo, en años de madurez, guardaría el simple y cariñoso corazón de su infancia".

[6] Si se desea ampliar el tema de la imaginación de la mujer, puede consultarse Meyer Spacks, *Studies in the Literary Imagination* (1995).

[7] Para la influencia de la música consultar lo referente a *Symphonic,* de la monumental enciclopedia *Die Musik in Geschiche.*

[8] Para investigar sobre el tema de la mujer lectora, se recomienda a Jonathan D. Culler en *Deconstruction:* 43-63.

[9] Coward señala lo siguiente: "To mark a book of interest to feminism because of the certrality it attributes to women's experiences, it could be argued that what we loosely call feminist novels are qualitatively different. But to make such a claim, it would be necessary to specify in what way women centered writing, allying itself with feminist politics, did mark itself out as different. Some of the so-called feminist novels like *'The Women's room* and *A Place of the Night* do make explicit their allegiance to the women's liberation movement" (231-32).

OBRAS CITADAS

Alvar, Manuel. *Símbolos y mitos.* España: EBCOMP, S.A. 1990.

Boyce, Beatriz. *Mito y sueño en la narrativa de Onetti.* Uruguay: ARCA, 1987.

Breazeale, Kenon. "In Spite of Women: Esquire Magazine and the Construction of the Male Consumer". *Signs* 1 (1994): 1-23.

Coward, Rosalind. "Are Women's Novels Feminist Novels?" *The New Feminist Criticism: Essays on Women, Literature, and Theory.* Ed. Elaine Showalter. New York: Pantheon, 1985. 225-40.

Culler, Jonathan. *Sobre la deconstrucción: Teoría y crítica después del estructuralismo.* España: Cátedra, 1984.

Fish, Stanley. *Is There a Text in This Class?: The Authority of Interpretation Communities.* Cambridge: Harvard UP, 1988.

James, Joy, and Ruth Farmer: (eds). *Spirit, Space and Survival: African American Women in (White) Academy.* New York and London: Routledge, 1993.

Lindstrom, Naomi, y Carmelo Virgilio (eds). *Woman as Myth and Metaphor in Latin American Literature.* Columbia: U of Missouri P, 1985.

Mafud, Julio. "El machismo argentino". *Mundo Nuevo* 6 (1967): 76-77.

Meyer Spacks, Patricia. "The Grand Misleader: Self-Love and Self-Division in *Clarissa*". *Studies in The Literary Imagination* 1 (1995): 7-21.

Tokarczyk, Michelle y Elizabeth A. Fay (eds). *Working-Class Women in the Academy: Laborers in the Knowledge Factory.* Amherst: U of Massachusetts P, 1993.

Vallbona de, Rima. *Mundo, demonio y mujer.* Houston, Texas: Arte Público, 1991.

LA BÚSQUEDA DE LOS ESPACIOS PROPIOS: UN ACERCAMIENTO A *MUNDO, DEMONIO Y MUJER*

Anabella Acevedo Leal
Texas Christian University

Todos los conocedores de la narrativa centroamericana saben que la escritora costarricense Rima Rothe de Vallbona (1931), reside desde 1964 en los Estados Unidos, en Houston para ser más exactos. También es bien sabido que en su haber posee una abundante obra de creación y, es importante mencionarlo, ha escrito libros y ensayos de crítica literaria que entre otras cosas han ayudado a divulgar la obra de dos escritoras costarricenses las cuales, como la misma Vallbona, vivieron alejadas de su país de origen. Me refiero a Yolanda Oreamuno y a Eunice Odio, las escritoras errantes, las solitarias incomprendidas que murieron en el más completo abandono y que, a diferencia de Rima de Vallbona, estuvieron por mucho tiempo olvidadas por la crítica.

De la obra narrativa de Vallbona puede afirmarse que ha manifestado una evolución que va del tratamiento de temas sociales de carácter general a través de un lenguaje bastante tradicional, como en los relatos de *Polvo del camino* (1971), a la reflexión y la denuncia sobre los conflictos de la mujer en la sociedad contemporánea y el uso de un lenguaje más experimental e intimista, que ya se anuncia en *Cosecha de pecadores,* que predomina a partir de *Mujeres y agonías* y que luego será determinante en su escritura.

En la novela *Mundo, demonio y mujer* (1991) tanto lo experimental en el dominio de las técnicas narrativas, como la problemática femenina y feminista, alcanzan un nivel altamente complejo y marcado por un dialogismo que demanda una participación activa y atenta de los lectores, hasta el punto de que una sola lectura nos parece insuficiente. En esta obra Renata, una profesora universitaria que radica en Houston, de más de cuarenta años y enteramente infeliz en su vida matrimonial, intercambia sus descontentos con un grupo de amigas, entre las cuales se perfilan diversas personalidades femeninas marcadas por algún tipo de conflicto: la lesbiana que muere al final, la esposa engañada y la engañadora, la frustrada que se dedica a comer todo el tiempo como mecanismo de defensa, la frívola que conquista a los esposos de las demás y que haría cualquier cosa por conseguir sus propósitos, para solamente mencionar algunas. Todo esto narrado por medio de un juego de puntos de vista intercalados con poemas, fragmentos de publicaciones feministas, cartas, descripciones de sueños, etc. La finalidad de esta polifonía discursiva es hablar de lo que uno de los personajes reconoce como:

> —¡Nuestra triste y desoladora experiencia! ¡Y la de tantas, tantas mujeres como nosotras dos! La experiencia mística, ¡imposible!, y lo que estamos viviendo, ¡insoportable! Ergo, la felicidad está vedada para nosotras dos y quién sabe para cuántas más... (318).

Y sin embargo, al final de la novela sí hay una salida para la infelicidad de Renata. Esta apertura a la esperanza se da a través de la lectura de discursos de mujeres, como la *Ifigenia* de la venezolana Teresa de la Parra o el relato autobiográfico de Sor María Marcela, una supuesta (?) monja del siglo XVIII —de los cuales se transcriben párrafos enteros—; del progresivo autoconocimiento de la protagonista a lo largo de la novela; y de un proceso de autocrítica y revaloración del pasado que la va despojando de sus fantasmas y la conduce a nuevas posibilidades de vida. El valor que se le da a la intertextualidad es considerable, pues nos permite un acceso a otros contextos culturales similares que rebasan lo específico. Así, la lectura de la historia de las protagonistas de *Mundo, demonio y mujer es* también la lectura de una historia atemporal y universal en la que una mujer es vista como todas las mujeres. De hecho, en muchos momentos dentro de la obra, Renata intelectualiza su inconformidad hasta el punto de convertirla en una abstracción alejada de una realidad concreta —después de todo hay que recordar que es una académica y una escritora— y es Felisa, la empleada doméstica mexicana que, como la misma Renata es explotada por su pareja, quien la hace darse cuenta de que más allá de las abstracciones existe una realidad compartida e igualadora. Cuando Felisa describe su pueblo y se sitúa en la historia está reflejando a Renata sin ser consciente de ello:

—Allá, donde Dios arrinconó el odio y la muerte, queda La Joya, mi pueblo, pero fuera de él y sin mi gente, yo no tengo íntegro el corazón. La ley de nuestros hombres es la venganza. [...]. Las mujeres sólo podemos rezar, gritar, angustiarnos y esperar, esperar, esperar [...]. Entretanto, a nosotras, las mujeres, ¡pobres de nosotras!, nomás nos queda esperar, esperar, esperar y esperar (249).

La lectura y el análisis de la perspectiva femenina en el discurso de Vallbona encuentran en *Mundo, demonio y mujer* la obra ideal. En esta novela, la problemática de la mujer contemporánea que busca las causas y los escapes del estado de frustración en el que se encuentra es —y debe ser— el tema de un riguroso ensayo de interpretación. Otro de los obligatorios temas de análisis sería, sin duda alguna, el rompimiento de los medios expresivos tradicionales, desde el sofisticado juego de puntos de vista, hasta el manejo lúdico del tiempo dentro de la novela, juego que más que un ejercicio gratuito es una vía más para profundizar en lo narrado. Lo autobiográfico, por otro lado, no debería escapar a la mirada de un lector atento. Sin embargo, hay todavía más.

Los ya mencionados fueron los elementos de la novela que en un principio planteé como los ejes de mi reflexión. Algún tiempo más tarde, en lecturas subsiguientes, la constante alusión al pasado de Renata y las continuas referencias a la idea de la pertenencia o no pertenencia de ésta y otros personajes a una cultura determinada, descubrieron otra llave para el acercamiento al sentido del discurso. Esta nueva vía podría nombrarse como la identificación entre el espacio nacional y el espacio sentimental como posibilidad para alcanzar un equilibrio personal.

Palabras como "nación", "exilio", "identidad" se nos presentan junto a otras como: "soledad", "frustración", "sexualidad," en función de un término que considero determinante en *Mundo, Demonio y mujer*. El término es "búsqueda". Por eso, cuando Renata confiesa: "Debo estar extraviada en la geografía de mi realidad interior" (112), debemos tener en cuenta que el término "geografía" se aplica a un contexto cultural determinado —en el momento en que leemos esta frase, ella se encuentra confundida al encontrarse en un país hispano pero rodeada solamente de anglosajonas que quieren "interpretar" una realidad cultural ajena— pero inmediatamente es llevado al terreno emocional, a esa "realidad interior" a la que la protagonista tampoco le encuentra una explicación definida y en la que se encuentra perdida. De ahí que un discurso fragmentado sea el vehículo ideal para nombrar de una manera auténtica esa identidad desintegrada.

Como poco a poco empezamos a observar, lo que Renata necesita entender es que ha vivido desde hace muchos años dos diferentes tipos de exilio. El de su lugar de origen —un exilio voluntario en virtud del amor— y el de su relación con Antonio, su esposo, —un exilio involuntario, casi un destierro—. Y hasta que Renata no reconoce todas las implicaciones de su situación y no se reconcilia con ésta, la felicidad que tanto busca le parece imposible de alcanzar, pues el sentimiento pasivo de nostalgia que la acompaña no la conduce a nada concreto y únicamente la mantiene en una condición de permanente incomodidad:

> ¡Mi país de las Montañas Azules!
> ¡Y yo, que lo dejé como el hijo pródigo abandonó
>   su tierra, su padre, los suyos!,
> si pudiera regresar,
> es tarde,
> ahora estoy arraigada aquí por los hijos, por el trabajo,
>   por los alumnos,
> ¡por tantas cosas que se me han ido acumulando en más
>   de veinte años! (209).

A la anulación de su identidad causada por la conducta dictatorial de su esposo le debe sus frustraciones en el nivel sentimental y erótico; y a la imposibilidad de reconocerse como miembro de la nación en la que vive desde hace muchos años le debe el sentido de desubicación que la perturba tanto pues, como leemos en la novela:

> Desde que vive en Houston, ha perdido la mágica capacidad de diluirse confundida con la tierra, la vegetación, el cielo traslúcido. Renata siente la urgencia de regresar una vez más, la última de su vida, a todo eso que le permitió elevarse, día tras día, por encima de las pequeñeces de su existencia y salvar de sí misma los pocos girones que ella había resguardado contra el poder demoledor de Antonio (168-9).

Pero el reconocimiento de su condición de mujer enajenada en espacios de los que no se ve, en parte es un proceso que le toma años y que la hace destruir esos falsos altares que ella misma había sido obligada a construir: el de la imagen de hija perfecta, esposa perfecta, madre perfecta, profesora perfecta, y así podríamos continuar. A la resignación y la conformidad que le concede la existencia de sus tres hijos le siguen depresiones en las que muchas veces se llega a culpar ella misma y hasta desea la muerte, pues debido a su educación y a los esquemas sociales que se le han impuesto no puede ver otra opción.

Y junto a esto se encuentra uno de los elementos recurrentes dentro de la novela, el de la soledad vista, como se puede sospechar, en un doble plano: el puramente geográfico —las personas que no viven en su país de origen y no se ubican enteramente en el nuevo— y el emocional —la soledad que da el desamor. El primer plano se ve, en un momento inicial, directamente vinculado al segundo: "Hasta de mi tierra me fui por vos, dejé a mis amigos, a mi familia, mi idioma, todo, absolutamente todo..." (53), le reprocha Renata a su esposo como queriendo decir: mi espacio emocional se encuentra destruido y, como consecuencia, todo en este espacio geográfico me es ajeno. Y es precisamente ese reconocimiento el que la empuja a querer encontrar —y encontrarse en— un territorio verdaderamente suyo, porque "ese antes y allá míos en los que sigo habitando" (89), ya no son suficientes. Y hay que poner mucha atención al verbo usado, "habitar", pues nuevamente nos remite a la idea de un espacio que como ya notamos antes se refiere a lo geográfico y a lo emocional al mismo tiempo. Se habita la casa, un país, un lugar, pero también se habitan espacios imaginados, creados por deseos, por sueños y por recuerdos, como en el caso de la protagonista.

Claro, la problemática de las diferencias de la que se habló antes también está planteada a nivel cultural, y es algo que toma una variedad de formas extremas: las lesbianas, las ultra-católicas, los académicos, etc. Pero, por encima de todo, los chicanos, quienes, según Renata, consideran al resto de inmigrantes como: "la amenaza, el otro desconocido que invade su tierra, como los gringos la invadieron y la poseyeron [...]" (75). Pero lo que más la perturba es el hecho de que esos chicanos con los que de alguna manera se identifica la llevan a que su soledad se vea aumentada aún más:

Con esa cara mestiza, ¿cómo no me va a comprender?, ¡y yo que no sé como pedirlo en inglés!, ¿será cierto que no me entiende?, me siento sin asidero si además de mi país, me quitan mi lengua y ya nunca más puedo decir rosa, estrella, alegría, gozo, cielo, tierra, montaña, llanura, hablan además un inglés tejano que no se parece al que Mr. Gordon me enseñó en el colegio, ¡un verdadero galimatías! (76).

Vemos así que la soledad de la protagonista es identificada nuevamente con elementos de la identidad cultural, y el abandono de Antonio, el esposo, la hace reflexionar sobre su propio abandono del país. Por eso su choque con los chicanos es tan fuerte, pues de alguna forma la hacen cuestionar su propia situación: su falta de conexión con el país, con su esposo, con su presente. Así, el contento solamente le puede venir de la aceptación de su realidad y, a partir de ésta, de la construcción de nuevos parámetros vitales.

Por otro lado, en la medida en que la obra avanza empezamos a observar que ese sentimiento de insatisfacción se torna en uno de búsqueda. De hecho, es así como la novela se inicia: "Has de saber que toda escritura es una búsqueda" (8), nos dice una narradora engañadora, pues lo que nos parece el principio de la novela es, en realidad, el final de la lucha que se ha dado en la obra. Una búsqueda que, además, debe empezar con un regreso a lo que considera suyo, pues solamente de esta forma podrá reconstruir su identidad de una manera más auténtica. Al respecto, las palabras de las últimas páginas son muy reveladoras, no sólo en cuanto a la circularidad de la novela sino también en referencia al hecho de que lo que se conquista al final de ciertas búsquedas es el derecho a empezar de nuevo con una mirada más clara, más propia:

Desde el jardín llegan hasta mi cama los efluvios de primavera[...] y comienzo a repetirme que me ha florecido el alma con flores de verdad [...] Me quedo paralizada porque me encuentro de pronto con el cuarto oscuro de mi infancia, pero ya no es tan oscuro y ya no me transmite aquel miedo escalofriante. Al pasar el umbral del portón, voy directo a la tabla que todavía yace sobre el polvo, donde la dejé. La levanto y con las uñas desentierro mi gatito-sonajero. Este se pone a brillar con fulgores de estrella como si me dijese que está intacto, que ni la tierra, ni la humedad, ni los muchos años lograron deteriorarlo (319).

El final de la novela es, entonces, el principio de la salvación de Renata. La separación matrimonial es la integración de su ser. Y el regreso a la tierra de su infancia significa el reconocimiento de una pureza que nada ha logrado destruir y en la que puede ahora empezar a edificar otra vez, allí o en cualquier otro sitio. Es por eso que hacia las últimas páginas la actitud de Renata con respecto a Houston ya no es la misma que al principio y eso le sorprende hasta a la misma protagonista que no se da enteramente cuenta de la serie de transformaciones que ha venido sufriendo en relación con la reconciliación a las luchas de sus espacios interiores y exteriores:

> ella misma se sorprendió al reconocer que sus alabanzas a Houston no habían sido simples palabras para impresionar a la amiga que acababa de llegar a la ciudad. Las había pronunciado con exaltación y sinceridad. Eran palabras que por primera vez exteriorizaban un extraño proceso evolutivo que no había querido aceptar ni reconocer hacía mucho tiempo.
> Quiéralo que no, dos o tres años atrás (quizás mucho antes), Renata había comenzado a experimentar que Houston se había hecho carne de su carne. Comenzó a adivinarlo, cuando desde el ventanal de su cuarto de estar, cada ocaso contempla con embeleso el horizonte y vuelve a sentir las emociones de la muchachita que en su País de las Montañas Azules también se conmovía al contemplar los ponientes alucinantes (308).

Y porque Renata —al igual que tantos sujetos de tantas diásporas milenarias y presentes, voluntarias e involuntarias, pacíficas y violentas— llega a adquirir la seguridad emocional que le permite ver con ojos diferentes el espacio en el que se encuentra; y porque su presente ha dejado de ser una amenaza a su integridad de mujer, puede afirmar sin empachos y con la seguridad que le da la esperanza: "que toda Tierra Prometida es una tierra por hacerse" (309).

Las palabras "nación" y "equilibrio sentimental" vuelven a presentarse juntas, como ejes que le conceden el tan ansiado balance a la protagonista, y es como si repentinamente todos los fragmentos temporales, geográficos, emocionales y, por que no, discursivos, que antes se encontraban dispersos empezaran a cobrar un nuevo significado.

OBRAS CONSULTADAS

Vallbona, Rima de. *Polvo del camino.* Costa Rica: Autores Unidos, 1971.

-----. *La obra en prosa* de *Eunice Odio.* San José: Editorial Costa Rica, 1980.

-----. "Estructuras narrativas en los cuentos de Yolanda Oreamuno" en *Evaluación de la literatura femenina de Latinoamérica.* Siglo XX. San José: EDUCA, 1987: 27-41.

-----. *Cosecha de pecadores.* San José: Editorial Costa Rica, 1988.

-----. *Mujeres y agonías.* Houston, Arte Público Press, 1982.

-----. *Mundo, demonio y mujer.* Houston, Arte Público Press, 1991.

ESPINAS Y LAURELES DEL QUEHACER LITERARIO EN HISPANOAMÉRICA
Rima de Vallbona
University of Saint Thomas, Texas

> Poeta, examina tu corona de espinas.
> En ella encontrarás oculta
> una corona de laurel en ciernes.
>
> Kahlil Gibran

1. La ingrata tarea del escritor

El crítico argentino Raúl H. Castagnino escribió en 1917 que en esta época los autores hispanoamericanos

> procuran vivir de su pluma. Son, ante todo, escritores. No, como sus antecesores, que subsistieron como políticos, diplomáticos, profesores o periodistas. Ciertos novelistas latinoamericanos han entrado ya en el juego del mercado editorial internacional; son traducidos a los principales idiomas y sus firmas gravitan en el 'ranking' de los 'bestsellers' mundiales. [1]

Sin embargo, hay que reconocer que el número de los que gozan de este privilegio es limitado en relación con la abundancia actual de escritores en nuestro continente.

Para una inmensa mayoría, escribir en nuestra América sigue siendo una ingrata tarea que reclama vocación sin límites; continuo darse entero en la obra sin esperar nada, o muy poco: a lo sumo alguna reseña o artículo que se ocupa de ella; interminable rosario de desengaños y frustraciones, envidias e intrigas del mundillo literario. Y casi siempre, al final, la muerte llega para éstos silenciosamente, sin laureles de gloria, ni una página en las antologías nacionales. En 1974, refiriéndose a la escritora mexicano-costarricense Eunice Odio, el poeta y crítico venezolano Juan Liscano se queja de que "en la América Latina aún se produce el fenómeno poco creíble de un poeta excepcional, apabullante, [como es Eunice Odio] que muere en la miseria, sin tribuna, sin lectores y sin editor, al que desconocen por igual el público, sus compatriotas y la crítica". [2] En 1979 se leyó en un congreso de literatura femenina de México una carta en la que una parienta de María Luisa Bombal hablaba del olvido y las penurias que la novelista chilena estaba pasando entonces fuera de su país, después de haber producido una valiosa obra narrativa que dio y sigue dando prestigio a Chile. Una colega me cuenta, en otra ocasión, que Elena Garro, escritora mexicana, se defiende a duras penas con la ayuda de los amigos. La muerte de José Asunción Silva se da a conocer en un periódico de Bogotá de la siguiente manera: "Suceso: Anoche, en su cama, puso fin a sus días el joven José Asunción Silva. Parece que hacía versos". [3] Larga y muy significtiva es la lista de escritores que apenas logran sobrevivir con los gajes de su pluma y que, por valiosa que sea su obra, tardan en ser reconocidos... casi siempre después de muertos.

Esta ingrata situación tiene sus fundamentos en varias causas: la indiferencia del público que prefiere la película o la televisión a la lectura; la falta de una seria crítica literaria que sea objetiva y metódica; los gobiernos totalitarios, de derechas o de izquierdas, que impiden la libertad de expresión y que dan lugar a una crítica distorsionada y al servicio de la ideología que mantienen; la necesidad de algunos gobiernos de resolver los problemas sociopolítico-económicos del país, por lo que la cultura y sus manifestaciones son relegadas al olvido; el irremediable idealismo de los escritores hispanoamericanos que los lleva, por un lado, a crear obra de compromiso con la esperanza de aportar una solución a dichos problemas y por otro lado, a rendir sus talentosos servicios gratis, sólo por temer convertir su obra en producto mercantil; y finalmente, los abusos cometidos contra los autores por algunas casas editoriales y de distribución.

2. Indiferencia del público y carestía de crítica literaria

El mal que procederé a analizar a continuación puede achacarse, en parte, a la apatía e indiferencia mostradas por el público en general hacia todas las formas del arte y la literatura. Esta indiferencia se debe sobre todo a la falta de una seria crítica que sea objetiva y metódica, tanto de lo que se publica en el país, como de las novedades internacionales que aparecen en las vitrinas de librería. Todo buen crítico tiene el deber y la misión de educar al público. Y hoy en día, con tantas facilidades que los medios de comunicación de masas (prensa, radio, televisión, revistas, etc.) prestan a la crítica, resulta imperdonable que no se intente llenar este cometido con dignidad y sin dejarse dominar por juicios valorativos de gustos y preferencias personales, o de ese resobado yo-te-echo-incienso-y-tú-me-lo-echas-a-mí. En la crítica válida y de peso, hay que llamar al pan, pan, y al vino, vino, sin mirar a quién y sólo considerando los valores estético-literarios que se examinan... y para eso existen medios constructivos que no son definitivamente ni el ataque, ni la denigración, ni la lisonja.

En 1969 publiqué un corto artículo en el que enfocaba el problema en Costa Rica, medio intelectual que mejor conocía yo en esa época. No obstante, observo que el mal se extiende a toda Hispanoamérica donde en general falta una crítica literaria objetiva. Las críticas subjetivas e impresionistas a que me referí arriba llevan a premiar a los mediocres y a desdeñar o prestarles poca atención a los buenos escritores.

Al respecto Lukács explica que en esta época "la división capitalista del trabajo ha hecho tanto de los escritores como de los críticos unos especialistas; los ha despojado de la universalidad y la concreción de los intereses humanos, sociales, políticos y artísticos" que caracterizaron a la literatura del Renacimiento, la de la Ilustración y la de todos los períodos preparativos de revoluciones democráticas. Según Lukács, se dan en las letras dos extremos: unos "ponen la literatura directamente al servicio de una propaganda político-social. En tanto que los otros se esfuerzan por conservar y desarrollar todas las 'conquistas' de la nueva evolución literaria". Concluye que así se produce una disociación entre literatura e intención político-social, entre estética y realidad social. Esto conduce a un dualismo multiforme de los puntos de vista. Lukács explica que se engendran entonces evaluaciones que se convierten en esquemas "Como éste: 'Sin duda poco político','sin duda políticamente atrasado, pero, ¡qué maestría!' 'Ciertamente deficiente desde el punto de vista artístico, pero el contenido, la ideología, hacen de ésta una obra del más alto valor...'". [4]

También es arbitrario que se le imponga al escritor o creador una norma. Hay que tomar en cuenta que cada autor tiene una personalidad única y definida, con experiencias, sensibilidad y gustos propios, y que prefiere expresar ésta, aquélla, o la realidad de más allá sin restricciones de nada ni de nadie. Empeñarnos en imponer una única trayectoria como la del realismo crítico, o la del arte por el arte, por ejemplo, equivale a caer en una monótona y baldía repetición. El poema, igual que la narración, son algo imprevisible y determinado por la fluencia síquica del creador. La libertad para todo escritor es tanto o más importante que el aire que respira. De ahí el comentario de Alicia Jurado:

> exigir un tono determinado en todos los escritores, es atentar contra la libertad de expresión de que tanto se habla en los penosos remedos de democracia que habitamos. Lectores habrá para todas las variedades literarias; unos preferirán la acción, otros la psicología, otros, los lúcidos placeres del pensamiento de un Jorge Luis Borges. [5]

La escritora argentina concluye diciendo con verdadero acierto que no se debe pedir acción a Proust, ni optimismo a Kafka. También José Antonio Portuondo, ensayista cubano, puntualizó hace tiempo la "peligrosísima falacia" de una repetida actitud en Hispanoamérica. Concluye diciendo que "la buena literatura, o sea la *obra de arte literaria,* como la *realidad* que la sustenta, es un absoluto que intentan expresar y definir, desde diversos ángulos y perspectivas relativos, los creadores y críticos de cada generación". [6]

Felizmente, esta tendencia está desapareciendo y no se aplican ya esos cánones unilaterales —por lo menos a ojos vistas. Sin embargo no se puede negar que lo que sí predomina y amenaza la calidad literaria, es una apreciación personal y sentimental de los textos. Es de extrañar que habiendo personas muy calificadas que practican métodos objetivos y de carácter científico (semiótica, estructuralismo, *"new criticism",* estilística, deconstructivismo, etc.), se continúe aplicando el análisis impresionista.

3. Los gobiernos totalitarios

Quizás la situación más penosa es la de los escritores que viven en países donde cunde la represión en todas las áreas creativas del espíritu. Son naciones en las que el totalitarismo (de derechas o de izquierdas) impone extremas censuras y prohibiciones para publicar. La escritora Juana Rosa Pita le comenta a Labrador Ruiz lo siguiente:

> ¡La mentalidad fundamentalmente política es tan limitada y confinante! Por ejemplo, ¿no le parece conmovedor que un régimen marxista leninista como el cubano, para el que la poesía es un oficio secundario sin poder para repercutir en la realidad, les tenga tanto temor a los poetas, tanta roña a su palabra en libertad y a su misma existencia concreta?[7]

Al respecto, la revista *Of Human Rights - A Report on the Human Condition in Cuba,* relacionada con los derechos humanos menciona varios poetas que condenados a prisión en Cuba, como Angel Cuadra Landrove, Miguel Sales, Ernesto Díaz Rodríguez y Armando Valladares; de éstos se incluyen algunos poemas; uno de Valladares, titulado "La cárcel de Boniato: relato de una masacre", en donde dice: "En la prisión política de Boniato / hay un Centro de Exterminación y Experimentación Biológica" y el poema sigue contando los horrores que después se leyeron en su autobiografía; otro de Díaz Rodríguez, titulado "Incompresión", dice: "En Cuba / la felicidad era un hábito malo / heredado de nuestros mayores, / como la Navidad / y los Reyes Magos (según estadísticas del Kremlin). / Ese vicio burgés / de comer todos los días / era un legado imperialista". Está incluido también Heriberto Padilla y como titular aparece la siguiente pregunta: "¿Puede usted ser un poeta en Cuba?" Padilla fue apresado en 1971 por su poemario *Fuera de juego,* en el que critica al gobierno cubano. Aquí viene a colación explicar el hecho de que al principio, la mayoría de los escritores y críticos hispanoamericanos como Julio Cortázar, Vargas Llosa, García Márquez, Carlos Fuentes, Angel Rama entre otros, creyeron en los ideales socialistas de la Revolución Cubana. Sin embargo, a raíz de las represiones cometidas contra intelectuales y escritores, especialmente contra Padilla, se rompió la unanimidad y muchos de ellos se apartaron del régimen y de la ideología. [8]

Sin embargo, también a los regímenes de derechas se les puede muy bien acusar de lo mismo. Uruguay es una espina en el corazón sensible de esta América. Uruguay, ayer paraíso de la democracia, hoy... hoy sufre todavía las consecuencias de la dolorosísima etapa de la dictadura militar. En esos tiempos, todas las actividades culturales del país eran controladas por el Gobierno: no se daba una conferencia sin que un par de soldados con bayonetas entrara primero a inspeccionar el local y dar el visto bueno. No se anunciaba un acto público literario, como la entrega de un premio de poesía, sin que muchas semanas antes se hubiera pedido permiso y se hubieran entregado a la policía las listas de las personas que iban a participar —tanto extranjeros como nacionales— para ser sometidas a un escrutinio minucioso. Y después, no era nada raro que alguno de los posibles asistentes recibiera aviso especial de que por su bien, más valía que no asistiera al acto de entrega de premios, aunque el jurado lo hubiera escogido para galardonarlo. Todo lo anterior, lo presencié yo durante mi visita en 1978 a Montevideo.

Hace algunos años Mempo Giardinelli, desesperado, me escribió desde México: acababa de llegar de la Argentina, su país natal, del que tuvo que salir precipitadamente porque la edición completa de su primer libro fue quemada en un acto público el mismo día que salió a la venta. [9] Eran los tiempos del que después se dio en llamarlo de "El Proceso". Después de trabajar algún tiempo como periodista para sobrevivir en México, felizmente su novela *La revolución en bicicleta* fue publicada en Barcelona, y tuvo entonces muy buena acogida del público y la crítica.

En algunas de estas naciones gobernadas por el totalitarismo, no se echa mano de la violencia, pero por faltarles medios para difundir su obra, los escritores se ven condenados a reprimir su voz, o a dejar los manuscritos en el fondo de una gaveta —lo cual es casi lo mismo. Más de una vez he recibido cartas a este respecto. Durante la dictadura de Pinochet, desde Santiago de Chile me escribió Baccio Salvo lo siguiente:

> Ni pensar en publicar en esta aldea, pobre por añadidura, que es Santiago. No existen revistas ni periódicos literarios. Eso se

acabó. "El Anuario" [del PEN Club] es lo que más corre en ese sentido. Y se publica cada dos años, ya que sale de nuestro bolsillo su publicación. Me explico: cada director o socio del PEN Club paga sus correspondientes hojas de trabajo. Así se estilan las cosas. En cuanto a los periódicos, ni pensar que publiquen comentarios de libros que no circulen en el país. [...] En fin, ¿vendrán tiempos mejores?... También existe una Sociedad de Escritores, pero son más pobres (tratándose de escritores, recordemos a don Miguel de Cervantes) por lo tanto, ni una hoja circula en este lugar. [10]

Por otro lado, desde la Cuba de Castro en marzo de 1975 Enrique Labrador Ruiz, insigne novelista y periodista cubano, precursor con otros de la nueva narrativa hispanoamericana, me escribió en los siguientes términos:

Leo bien poco (más bien, sólo releo) pues mi literatura se hace cada vez más extraña, es decir, la de mi preferencia. Divago entre poetas, entre profetas, entre estetas y eso ya no se lleva según dicen. ¡Qué le vamos a hacer! No tengo amargura, no tengo desilusión: soy un pobre señor a quien el tiempo no asusta (como usted bien ha comprendido) y ve pasar su río en paz. Los escollos se saltan como se puede, y entretanto silbo una tonada de aburrido y mando mensajes secretos a la especie contraria, ocasionalmente, para ser exactos. No tengo sino que darle gracias y esperar me haga la merced de enviarme algo suyo si es que puede. Creo que ahora se abre [en Cuba] un paréntesis de bonanza, o eso parece. [11]

Labrador Ruiz logró salir de su país con grandes dificultades, como es bien sabido. Llegó a Miami con las manos vacías y hasta los manuscritos de sus novelas que escribió mientras permanecía en la isla, quedaron allá, sin esperanza de ser recuperados. Igual le ocurrió al poeta chileno Alberto Baeza Flores con sus papeles y libros, ¡y a tantos otros que más vale no comenzar a mencionarlos! En la entrevista que le hizo Juana Rosa Pita, Enrique Labrador Ruiz comenta que en *Custodia de la Nada,* una de sus novelas irrecuperable, prevé que el cubano no está "conservando nada sino la nada. Y la prueba de que esto es cierto es que lo que tenemos en Cuba es la nada". [12]

Por problemas políticos o por indiferencia de los dirigentes de algunos países, no resulta extraño que grandes escritores hipanoamericanos se vean forzados a publicar en el extranjero: *Los de abajo* de Mariano Azuela se publica en los Estados Unidos; *El señor presidente* de Miguel Angel Asturias, en México; *La ruta de su evasión* de Yolanda Oreamuno, en Guatemala; *El tránsito de fuego* de Eunice Odio, en El Salvador; *Facundo* de Domingo Faustino Sarmiento, en Chile; la obra de José María de Heredia y de José Martí, en diversas naciones. En realidad la lista excede en mucho la que dejo aquí consignada.

Puesto que la época colonial representa un sistema totalitario de varios siglos, vale la pena echar un vistazo al pasado para conocer un poco las dificultades que tuvieron en la publicación y difusión de sus obras los escritores de entonces; abundan las reales cédulas con rotundas prohibiciones, sobre todo relativas a la literatrura de ficción, de modo que sólo se permitía publicar en el Nuevo Mundo textos de carácter religioso, moral, o lingüístico. De no ser por el continuo contrabando de libros prohibidos, lectores y escritores de Indias habrían permanecido completamente ignorantes y desligados del proceso evolutivo de las obras de ficción de España y del resto de Europa. Debido a tales restricciones, los textos imaginativos eran incorporados al género de la historia o de la crónica, como ocurrió con *El carnero,* del colombiano Juan Rodríguez Freile (1566-1640?) y la *Historia de la Monja Alférez,* autobiografía atribuida a Catalina de Erauso (1592-1653?); ésta, debido a las exageradas extrapolaciones que tiene, pertenece más bien al género de la autobiografía novelesca.

Además, para publicar en esa época se requería la licencia real, lo cual significaba que el manuscrito (a menudo el autor sólo poseía uno sin copia), tenía que cruzar el Atlántico; el viaje era largo y lleno de peripecias, peligros y atracos; entre tempestades y piratas, muchos papeles escritos quedaron sepultados en el mar. Otros, fueron sancionados por la Inquisición y nunca se publicaron. Un caso digno de mencionarse es el de Bernardo de Balbuena (1561-1627), Obispo de Puerto Rico, quien perdió toda su biblioteca y con ella manuscritos autógrafos en el incendio provocado por piratas holandeses en 1625, cuando asaltaron la isla.

El estudioso que en bibliotecas y archivos haya tropezado con manuscritos, los cuales nunca se llegaron a publicar, se ve forzado a preguntarse por qué escribían en aquellos tiempos. ¿Sólo para informar a los reyes de descubrimientos y hazañas honrosas? ¿Sólo para obedecerles y rendirles cuenta de todo lo visto y oído en el mundo descubierto? Esto se podría afirmar del *Sumario de la natural historia de Indias* (1526) y de los varios tomos de *La historia natural y general de las Indias* (1535) de Gonzalo Fernández de Oviedo, primer cronista general del Nuevo Mundo. Sin embargo, además del anhelo de que conocieran en la Península las maravillas que en múltiples ocasiones sobrepasaban las de las novelas de caballería, persiste en ellos la auténtica vocación de escritores. De otro modo no se podrían explicar, en el caso de Fernández de Oviedo, los 736 folios de sus *Batallas y quinquagenas* que tratan de la nobleza española y que sólo parcialmente han sido publicados, primero por la Real Academia de la Historia de Madrid y luego por Juan Bautista Avalle-Arce, quien hizo de ellos una edición abreviada con el título de *Las memorias de Gonzalo Fernández de Oviedo*. El resto, permanece en la Biblioteca Nacional de Madrid, carcomido por los ácidos de viejas tintas, y ya casi ilegible. Del mismo autor se conservan también inéditos 44 folios de su *Respuesta a una notable y moral carta [...] sobre los males de España* (1524), 165 folios de la *Relación de lo sucedido en la prisión de Francisco I* y 158 folios del *Epílogo real, imperial y pontificial*. Y de su novela de caballería, *Libro del muy esforzado e invencible Cavallero de la Fortuna propiamente llamado Claribalte...*, publicada en 1519, y que en realidad es el primer texto de ficción escrito en el Nuevo Mundo, no se ha hecho recientemente ninguna edición.

No cabe duda de que sólo una auténtica y desinteresada vocación que no busca el aplauso inmediato, ha mantenido a nuestros autores escribiendo desde la época de la conquista hasta el presente. Sin su silenciosa y sacrificada persistencia, probablemente habría tardado mucho en producirse, o no se habría producido en forma tan rotunda, la rica generación de escritores actuales.

4. Literatura de compromiso versus literatura de evasión

Al considerar las dificultades que confrontan los escritores hipanoamericanos hay que detenerse en el caso extremo de hoy y de siempre, de algunos países donde los autores, si quieren ser conocidos, han de sacar de su bolsillo el costo de la publicación de sus obras. Dicha práctica no debe mirarse en nuestro continente con la desconfianza de la llamada en los Estados Unidos *"vanity press"* ("edición vanidosa"), la cual no es aceptada ni respetada en los círculos intelectuales del país. Si en la América hispánica adoptáramos tal actitud y los escritores se vieran desacreditados por pagar sus ediciones, es probable que algunas de nuestras obras maestras nunca se habrían dado a conocer. Abundan los ejemplos que ilustran esto:

En la época colonial, los *Comentarios reales* del Inca Garcilaso de la Vega se dieron a la luz pública subvencionados por el autor, quien en su testamento lo hace saber. También él mismo consignó que aún entonces tenía ejemplares sin vender. Estos son hoy los más codiciados por los bibliófilos y valen una bicoca por ser los únicos que llevan el escudo nobiliario que Garcilaso mismo compuso combinando símbolos de su estirpe española con los de la incaica.

En la actualidad, Lezama Lima sacó de su propio bolsillo el precio de su novela *Paradiso,* que por mucho tiempo permaneció casi desconocida en Cuba y fuera de la isla. Pasados los años, Julio Cortázar la descubrió y se ocupó en divulgarla hasta despertar verdadero interés en círculos intelectuales y académicos.

Pablo Neruda, Premio Nobel de nuestra América, pagó -con grandes esfuerzos y sacrificios- el costo de la edición de sus primeros poemas.

Fernández de Lizardi, el "pensador mexicano", cubrió los gastos de todos y cada uno de sus textos publicados. Como su afán no era comercial, sino el de atacar los males del gobierno y de la sociedad mexicana de su tiempo, él mismo se cuidó de distribuirlos y hasta de obsequiarlos. Su actitud hace pensar en un caso más extremo: Juan del Valle Caviedes, a quien se le apodó el "Quevedo peruano" por su despiadada sátira y sarcasmo virulento contra abusos de altos dignatarios y profesionales muy afamados durante el virreinato: en vida suya sólo logró publicar tres poemas; el resto quedó disperso en manuscritos que pasaban de mano en mano como ocurrió en España con la obra del Arcipreste de Hita. Respecto a su obra queda preguntarse: ¿se han podido rescatar y publicar dichos textos desperdigados en una buena edición que se pueda llamar "completa y definitiva"?

La mayoría de estos textos es producto de un imperativo moral que lleva a los autores a protestar ante las estructuras coloniales arraigadas en nuestro medio y a comprometerse política y socialmente. Tal corriente se inició en el Nuevo Mundo con la obra de Fray Bartolomé de las Casas y su eficiente ataque contra la explotación de los indios por los españoles. A partir de entonces la protesta se arraigó como una constante del fenómeno literario hispanoamericano. En 1977 Vargas Llosa dijo al respecto que ser escritor en los Estados Unidos y en Europa Occidental significa escribir con el fin de enriquecer el lenguaje y la cultura valido de los recursos artísticos de la expresión. En cambio, en la mayoría de los países de la América Hispana, ser escritor equivale a crear una obra literaria que proyecte su individualidad, y que a la vez contribuya activamente a la solución de problemas sociales, políticos y culturales de su medio, concluye el autor de *La casa verde*. García Márquez considera que "la literatura tiene una gran importancia política en la medida en que puede contribuir a transformar la realidad". [13]

En resumen, el arte por el arte es un producto de lujo que se ha dado en nuestro medio en cortas etapas y en pequeñas dosis por razones sociohistóricas. Ejemplo de esto es el Modernismo que inició Rubén Darío: al principio, y sólo por corto tiempo (cuando la influencia francesa era más fuerte en él), se adhirió a las tendencias literarias en las que predomina el principio de *ars artis*. Sin embargo, bien sabemos que pronto cambió de dirección haciendo suyos los temas de América tal como pedía el *Dogma socialista* en su doctrina del llamado "americanismo literario", introducido por Esteban Echeverría y los románticos de la Asociación de Mayo en Argentina. Lo patético es comprobar cómo el público reaccionó en general con indiferencia hacia la obra adscrita sólo a la belleza pura y a la fantasía. Respecto a la visita de Darío a Chile, Labrador Ruiz comenta alarmado que *Azul,* era "el libro más antipopular de su tiempo". En seguida agrega: "Yo he visto en Santigo de Chile, en la calle San Cristóbal, las montañas de *"Azul"* ahí tiradas y nadie las había comprado [...] en el año 48. ¡El *"Azul"* de Darío [...] ¡Ahí tirado!". [14]

¡Y pensar que fue *Azul* el libro que abrió cauce definitivo a la adscripción auténtica y autóctona de América a las corrientes universales de Europa! Sin *Azul* ni el Modernismo, quizás no se podría explicar en nuestras letras la presencia de Gallegos, Azuela, Asturias, Borges, Güiraldes, Mistral, Ibarbourou, Paz, Neruda, ni de muchos otros; tal vez tampoco, o habría tardado en manifestarse, la rica producción de los escritores de la Nueva Narrativa Hispanoamericana o del Boom. A propósito de este fructífero movimiento actual, conviene detenerse a explorar lo que en realidad significa ese término tomado del inglés. El diccionario da varias acepciones en las que predomina el estampido y estruendo de una explosión; también significa *"auge repentino"*; usado como verbo también quiere decir *"prosperar, ser próspero o en demanda"*. El crítico norteamericano Sheppard no toma en cuenta el largo proceso de desarrollo de nuestras letras desde la Colonia, pasando por los precursores del Modernismo hasta el presente, y sugiere que se le ha aplicado el término de Boom por tratarse de un hallazgo repentino o más bien, sin gradación alguna, del talento literario de Latinoamérica. A esto reacciona, con razón, el traductor Gregory Rabassa diciendo que conviene buscar otro vocablo que capte mejor dicho fenómeno; entonces propone *"fomento"*, es decir, *"desarrollo gradual"* en sentido cubano; sin embargo el vocablo no ha encontrado arraigo entre los intelectuales ni críticos.[15]

La síntesis de las dos tendencias (la del *ars artis* y la del compromiso político social) la representan en América García Márquez y los mágicorrealistas que la han conseguido. Heraldo de la imaginación, cuando se le concedió en 1982 el Premio Nobel, García Márquez hizo las siguientes declaraciones de prensa de alta significación para el mundo literario: "Basta leer los periódicos y abrir los propios ojos para experimentar el deseo de unirse a los estudiantes franceses con el grito de '¡poder a la imaginación!'". [16]

Al proclamar el poder de la imaginación a la que considera un componente esencial de la realidad y de la literatura, García Márquez no niega de ninguna manera el compromiso, pues más bien lo afirma no sólo en declaraciones directas, sino también en sus textos. Sirva de muestra su cuento "El mar del tiempo perdido", el cual constituye el ataque más mordaz que se ha hecho en nuestra historia literaria al imperialismo yanqui. Además, en la extensa entrevista que le hizo Fernández-Braso a finales de 1968 y principios de 1969, ya dejó muy bien definida su línea creativa al declarar que quisiera que su obra fuese "de deliberación en vez de evasión".[17] Más adelante explica:

> La función del novelista en cualquier panorama social es escribir buenas novelas. Me doy cuenta, sin embargo, que toda buena novela es fatalmente disconforme y tiene, por tanto, una función subversiva, así sea involuntaria. Siempre ha sido así y siempre será así. En América Latina, que es un continente volcánico, esta evidencia es particularmente dramática.[18]

Otros escritores de primera línea han preferido adscribirse solamente a la literatura fantástica del continente, en la que se capta un mundo entre la realidad y la irrealidad, el misterio y lo cotidiano, lo metafísico y lo psicológico: Jorge Luis Borges, Julio Cortázar, Enrique Anderson Imbert, Adolfo Bioy Casares proclaman el imperio de la imaginación y rompen de una vez por todas con la tendencia tradicional de negarla porque se le considera, equivocadamente, sinónimo de evasión.

Sin embargo, predomina una marcada tradición que vincula el quehacer literario con los asuntos de estado. Anderson Imbert dice que una "característica de toda la cultura de la América española es que el pensamiento se aplique a la realidad social y la literatura esté al servicio de la justicia".[19] Muchos de estos escritores han participado activamente en política y han ocupado puestos oficiales de cónsules, embajadores, diplomáticos; también han sido candidatos a la presidencia como el caso de Vargas Llosa; y hasta han desempeñado el cargo de presidentes; éste es el caso de Mitre y Sarmiento en Argentina y Gallegos en Venezuela. Otros, han hecho contribuciones significativas: los que en 1838 se agruparon para redactar la constitución argentina eran escritores; el sacerdote y poeta nicaragüense Ernesto Cardenal, como alto funcionario sandinista; el argentino Ernesto Sábato, como jefe del grupo que investigó las violaciones a los derechos humanos durante el Proceso; Vargas Llosa, como miembro de la comisión que investigó una ignominiosa matanza de periodistas a manos de unos campesinos de los Andes; y García Márquez, como integrante del Tribunal Russel que estudia quebrantos a los derechos humanos. [20]

5. Actitudes extremas en el quehacer literario

Nuestra tendencia hispanoamericana a ser idealistas y poco prácticos no ayuda en nada a mejorar nuestra situación. Además se hace muy patente al efectuar comparaciones con los norteamericanos que sacan buenas ganancias con su literatura. Estos dicen *"to have sold"* o sea, "haber vendido" textos a una revista o casa editorial, mientras que los de la América Latina decimos haber publicado algo. Más obvia resulta dicha postura que coloca la obra literaria a nivel de artículo de consumo, cuando se hojea una revista norteamericana como *The Writer's Digest* y se leen los siguientes titulares: "Investment Guide for Writers" ("Guía de inversiones para los escritores"), *"Speechwriting for Politicians"* ("Confección de discursos para políticos"), *"How to Write a Short Story and Sell it"* ("Cómo escribir un cuento y venderlo"), *"The Three R's for Revitalizing Article Sales"* ("Tres erres para revitalizar la venta de artículos"). Este último es muy revelador porque en grandes titulares se anuncia así: "Reading, "Riting, "Rithmetic? Forget'em. The Freelance Writer's R's are Recycle, Rejuvenate and Revamp -and sticking with them could earn you thousands of dollars in multiple sales" ("¿Leer, escribir y aritmética? Olvídelos. Las tres erres del escritor independiente son reactivar, rejuvenecer y renovar —haciéndolos suyos podría ganar miles de dólares en ventas múltiples"). Y como si esto fuera poco, cada ejemplar de la revista trae una sección dedicada única y exclusivamente a analizar el mercado de la literatura y las posibilidades de éxito financiero que ofrecen ciertas áreas para el escritor.

Lo anterior es ajeno a nosotros porque consideramos que el quehacer literario y artístico no debe de ninguna manera ser tratado como mercancía pues no es parte integral de la infraestructura; por tanto no debe estar al servicio del enriquecimiento de negociantes ni de oportunistas que escriben sólo para explotar el gusto del vulgo que hoy demanda en especial violencia, corrupción y sexo.

La ignorancia, la mojigatería y una actitud extremadamente conservadora de parte de los lectores completan las demandas del público y de los editores. Ilustra esto, por un lado, la reacción de la Editorial Lumen de España y por otro, la reacción cerrada del público, en lo que voy a contar: la escritora costarricense Anacristina Rossi publicó en 1985, en España, su primera novela *María la noche*. En la entrevista que le hice cuando comenzó a distribuirse el libro en Costa Rica, le manifesté mi temor de que en el ambiente pequeñoburgués de nuestro país no iba a ser muy bien aceptada; no sólo eso, le advertí que hasta la llegarían a calificar de novela porno, ya que todo lo erótico, por poético que sea, en ese ambiente pequeñoburgués por desgracia recibe tal calificativo. Sin embargo, la fuerza polivalente de sus pasajes novelescos convierte para mí la acumulación de erotismo en un bellísimo poema de amor. La joven escritora comentó entonces:

> Además, lo pornográfico se caracteriza porque no sugiere nada, todo lo dice abiertamente. En España más bien me reclamaron, porque decían que ni siquiera podía decirse que mi novela fuera erótica. En esto se ve la distancia que hay entre la burguesía europea y la de aquí [la costarricense]. [21]

Meses después de haberse publicado mi ensayo titulado "*María la noche:* erotismo, remembranzas tropicales y misterio" [22] la joven novelista y yo nos encontramos de nuevo en un congreso literario. En tal ocasión, Anacristina Rossi corrió a saludarme y a darme las más efusivas gracias. "Gracias ¿por qué?", le pregunté sorprendida. Ella me explicó que antes de que se diera al público mi ensayo, todos los días recibía llamadas telefónicas de mujeres que la insultaban y le daban los más soeces calificativos por haber escrito esas "marranadas que son sólo obscenidades y puritica pornografía". Se ve que con mi ensayo, inocentemente, les puse una mordaza, pues esas mujeres no querían ser menos que las españolas y europeas, y pasar por provincianas y muy santurronas.

Muy significativa es también la huelga del sindicato de escritores de guiones para las cadenas norteamericanas de televisión que tuvo lugar en 1981. Protestaron porque no percibían un porcentaje adecuado de los pingües beneficios que los programas trazados por ellos estaban aportando a las respectivas cadenas de televisión.

El efecto fue tan hondo, que al solidarizarse Johnny Carson con los huelguistas, la *NBC* procedió a cancelar temporalmente el *"Tonight Show"*, que ha sido por muchísimos años un programa visceral para los televidentes del país. Sin embargo, valió la pena el esfuerzo y sacrificio porque los demandantes lograron en gran parte su cometido.

No reconocer que en Norteamérica hay otras actitudes no comercializadas, equivale a cerrar los ojos a la verdad. Revistas como *Alba de América, Atlantic Monthly, The Times Literary Supplement, Esquire, Nimrod,* junto con muchas otras de carácter hispánico como *Latin American Review, Hispania, Revista Iberoamericana, The Americas Review, Hispamérica,* y muchas otras, han mantenido una alta calidad intelectual y hasta artística.

Lo alarmante es comprobar que no sólo en los Estados Unidos, sino en el mundo entero, se ha diseminado el virus del "best-seller" que ataca despiadadamente, por puro negocio, el más sano organismo artístico: preocupados los editores por aumentar las ventas, sólo buscan satisfacer las demandas de la masa mayoritaria con abundantes textos saturados de truculento sexo y violencia; a veces —y no hay duda de que son muchísimos los textos que adolecen de este mal— ni siquiera tienen calidad de estilo, pero se venden y muy bien, porque sacian la apetencia del mundo actual, como los libros de caballería, buenos o malos, la saciaron en otros tiempos.

En general, el mercantilismo es causa de la mediocridad predominante en el mundo de las letras. Inquieta leer en el periódico que un dramaturgo de la talla y reconocimiento universal como Arthur Miller, autor de la mundialmente aclamada *Death of a Salesman,* manifiesta honda preocupación por el estado en que se halla el teatro de Broadway. Según él, los desmedidos precios de taquilla alejan, en forma alarmante, a maestros, estudiantes y trabajadores que por mucho tiempo integraron las filas de los espectadores realmente interesados por el buen teatro. Su lugar, explica Miller, lo está ocupando un público de ejecutivos "que busca sólo diversión" y no un desafío intelectual. [23] Corrobora las anteriores afirmaciones de Miller la siguiente noticia divulgada en febrero de 1983: en ese año en Broadway se iba a estrenar *La Cage aux Folles* al precio de $47.50 (¡nada menos que cuarenta y siete dólares con cincuenta centavos!) por persona. Para suavizarle la píldora al público, explicaban que la entrada más cara había sido la de *Nicholas Nickleby*, que se vendió al precio de más de $100.

No hay duda de que al llevar a la escena en esa ocasión el texto de la película francesa era una forma de asegurar el éxito de taquilla, pues en el cine lo había sido: en los de Houston permaneció por más de un año con llenos espectaculares. Se trata de un texto ligero, divertido y que en nada sigue los esquemas dramáticos incorporados por Miller en su creación teatral. Para él, teatro es equivalente a conflicto y no a placer. Bien puede comprenderse la dura crítica que hace Miller a la situación del espectáculo actual, si recordamos que su concepto del drama se arraiga en el pasado clásico griego y en el de la Inglaterra elizabetiana, y por lo mismo le exige "que sea una emotiva y hasta colérica experiencia colectiva en la cual el público encuentre algo que cambie su vida. Los dramaturgos modernos —y los productores también— han perdido contacto con la naturaleza belicosa del mejor teatro", [24] afirma Miller.

Desilusionado por el fracaso en Broadway de su última pieza dramática, a principios de 1983 fue a la China Comunista a dirigir su *Death of a Salesman*. La prensa estadounidense reconoce el talento dramático de Miller poniéndolo a nivel de los más grandes del país como Tennessee Williams, Edward Albee y otros, y explica que "a pesar de haber perdido el favor de Broadway, sus dramas se ponen regularmente en escena en Norteamérica marcando la pauta del teatro en estas latitudes". [25]

Veo muy difícil que en el campo de la cultura y las artes, Hispanoamérica llegue a adoptar la posición pragmática de los Estados Unidos; ni siquiera la más ideal e intelectual de muchos países europeos en los que el escritor puede ganarse el pan de cada día con su producción literaria. Menos aún la postura de Francia, donde los escritores han sido la vaca sagrada del país: nunca olvidaré cuando se publicó *L'Annonce faite à Marie* y se divulgó la noticia de que Paul Claudel, su autor, iba a estar de tal hora a tal otra autografiando los ejemplares; a mí me quedó la impresión de que todo París se había citado ahí para obtener, como yo, uno o más de esos preciados ejemplares, pues el salón era de tamaño descomunal, pero era tal la multitud que lo ocupaba, que no cabía en él un alfiler; en otro salón también repleto de gente, los estudiantes, cantando, aplaudiendo y haciendo toda clase de ruidos, llevaban en hombros a Gerard Phillip, el gran actor que en esos días estaba actuando en *Lorenzzacio*. Confirma mejor la actitud de veneración que siente el pueblo francés, algo que jamás podría tener lugar en los Estados Unidos: el programa de televisión *Apostrophes,* el cual, en hora y media se dedica a discutir libros, literatura e ideas con los más famosos escritores del mundo, "es un verdadero acontecimiento nacional". El presentador de este espectáculo, Bernard Pivot, se dirige a un público de más de seis millones de personas, desde taxistas y porteros, hasta comerciantes e intelectuales, quienes no se lo pierden los viernes en la noche, por lo menos hasta 1987, según comenta Lawrence Zuckerman:

> una charla-espectáculo que es al mismo tiempo altamente evaluada y sin compromiso literario sería desechada por los ejecutivos de la televisión norteamericana como una contradicción y una imposibilidad. Pero en Francia los intelectuales son a menudo tan celebrados como las estrellas de cine, aún entre los que no son asiduos lectores.

El autor del artículo concluye que *Apostrophes* tiene en Francia tanto éxito en la promoción de libros que "Pivot reina como la figura de mayor influencia en el país". [26]

Bueno, para no seguir con el cuento, creo que es de observar que no en vano los más señalados narradores del "Boom" y hasta los grandes poetas de nuestro continente han ido a vivir a París; también a Barcelona, lugares donde comenzó a cimentarse su fama con el apoyo pecuniario de reconocidas casas editoriales que pagan bien sus manuscritos.

En general pesan sobre nosotros dos actitudes que nos impiden ver en la literatura una fuente de ingresos. Por un lado, nuestra herencia judeo-cristiana nos lleva a menospreciar todo negocio lucrativo relacionado con cualquier actividad del espíritu. Por otro, el marcado idealismo de nuestra raza que tan bien captó José Enrique Rodó en *Ariel:* es cierto que alaba la tendencia utilitaria y la "filosofía del esfuerzo y de la acción" de los Estados Unidos; sin embargo, les reprocha que su espíritu sea "voluntad y utilidad" con un menosprecio de "todo ejercicio del pensamiento que prescinda de una inmediata finalidad por vano e infecundo". Concluye diciendo que a ese "titánico organismo social" le falta lo que sobra a los hispanoamericanos: sentimiento, "idealidad de lo hermoso" e "idealidad de lo verdadero". [27] Entre estas dos actitudes —la de la tradición judeo-cristiana y la arielista— nos movemos con un admirable y nefasto ascetismo despreciando la idea de que se haga comercio con la literatura y, por ende, dejando en manos del editor y del librero el negocio y las pingües ganancias. Entretanto, para hacer honor al desprendimiento material e idealismo que nos han achacado siempre, una gran mayoría de autores hispanoamericanos escribe sin apenas percibir un mínimo ingreso. Antes mueren de hambre que hacer de la literatura un menester venal.

Esta actitud quijotesca la comparte el español Juan Goytisolo, quien se ha integrado en más de una ocasión a las filas de autores de nuestro continente y como ellos, también se resiste a aceptar que los escritores vivan económicamente de su pluma. En la entrevista que Ana Basualdo le hizo en noviembre de 1982, declara:

> Para mí, la literatura es un vicio: ¿cómo voy a pretender que alguien me pague ese vicio? Ese vicio, para que siga siendo limpiamente tal, no debe estar hipotecado de ninguna manera. Me parecen bien las becas, siempre que no impliquen ninguna hipoteca moral. Sucede que en este país [España], además, se confunde el hecho literario (la escritura de un libro) con el hecho editorial (la comercialización de ese libro). [...] Lo que pasa es que se pretende vender libros como si fueran zapatos. Primero: un libro no es un zapato; segundo, ni siquiera saben vender zapatos. [28]

Como escritora hispanoamericana que incurre en el pecado del idealismo, yo padezco de este "mal". Creo firmemente que sólo aquel que no se sujeta a nada y vive para expresar la verdad a toda costa, tiene derecho al título de escritor.

En una ocasión, al comentar Jorge Luis Borges que cuando era todavía desconocido, de su primer libro sólo pudo vender una treintena de ejemplares en un año, manifestó añoranza por tan exiguo número de lectores: en aquel tiempo él podía haberse dado el placer y a veces se lo dio, de conocerlos o imaginarlos; en cambio, los millones que tiempos después devoraban sus textos, según él, se le confundían, en un anonimato de fatigosa abundancia. [29]

6. ¿Nuevas perspectivas en el quehacer literario?

Interesa mencionar que pese a las circunstancias arriba mencionadas, Hispanoamérica nunca había tenido un número tan vasto de eminentes escritores como ahora. Todos con una conciencia clara y alerta de su quehacer literario. Todos dispuestos a colocar a nuestra América a la par de los países que gozan de mayor prestigio en las letras del mundo entero. Octavio Paz —máximo representante de esta excelencia— declaró en una oportunidad que al fin somos por primera vez contemporáneos de todos los hombres. O sea que en literatura nos hemos ubicado al fin en la línea de lo universal. Esto, combinado con el anhelo de expresar siempre con profundidad las realidades de nuestro continente sin eliminar la fantasía ni la belleza pura, imprime a las obras de nuestros escritores un sello original. Además, después de muchos siglos de seguir a España como modelo en la literatura, Hispanoamérica logra al fin, en la época actual, definir su voz propia y constituirse de nuevo en maestra de los que fueron sus maestros: ya lo fue por primera vez con el Modernismo y después con el Creacionismo. En especial es la llamada *"Generación de la Nueva Narrativa Hispanoaméricana o del Boom",* la que impone a la literatura de hoy un destacado calibre y autencidad logrados por escritores muy conocidos en el mundo entero: Jorge Luis Borges, Julio Cortázar, Mario Vargas Llosa, Alejo Carpentier, Juan Rulfo, Gabriel García Márquez, Isabel Allende y otros. La concesión del Premio Nobel a Miguel Angel Asturias y a García Márquez, da énfasis a lo extraordinario y significativo de esta última generación de narradores.

Lo anterior lo ratifica en forma muy acertada el crítico norteamericano Sheppard, cuando comenta que

> desde México hasta las islas del sur de Chile y Argentina hay un brote de energía literaria reminiscente de la época de Gogol, Dostoievski y Tolstoy. Grandes diferencias existen entre los escritores del siglo XIX ruso y el XX latinoamericano, pero

también profundos parecidos. Ambos grupos han tenido que enfrentarse a provincialismos, a supresiones políticas e influencias extranjeras que han amenazado ahogar sus voces nativas. [30]

No todo se queda en la narrativa actual: revistas en francés, inglés, portugués, alemán, italiano, etcétera, y casas editoriales de los cuatro puntos de la tierra, con especial predilección publican en esas lenguas a nuestros poetas, narradores, ensayistas y dramaturgos. Es tal la universalidad de nuestros escritores, que Alejo Carpentier llegó a mis manos primero en una cuidadosa traducción al francés de *Los pasos perdidos*. El interés que me despertó la trama y el prólogo en el que se constrastaba la sana vitalidad de esta novela con la morosidad del *"nouveau roman"* o nueva novela francesa, me llevaron a buscar el texto en español y a ocuparme con apasionamiento del resto de la obra de este autor cubano. También la poesía de Rosario Castellanos y la de Julia de Burgos las conocí primero en lengua extranjera y, por supuesto, al leer después los originales en español, mi deleite fue máximo.

No obstante, la situación de nuestros escritores parece que no mejora: las ediciones de sus libros son muy exiguas, tienen mínima distribución y casi nunca salen de las fronteras de su propio país. Muchas son ediciones piratas por las que los autores no perciben regalías de ninguna clase. Y cuando no lo son, a veces tampoco se les pagan los derechos de ley. Cuando cobran algo de las casas editoriales, es sólo el diez por ciento por ejemplar vendido y entonces los autores bien pueden darse por muy satisfechos. En una charla dirigida a escritores e intelectuales reunidos en el XX Congreso del Instituto Internacional de Literatura Iberoamericana, el autor mexicano José Emilio Pacheco se refirió a la inquietante situación del escritor latinoamericano en los siguientes términos:

> no tiene mecenas, ni patrón que le pague un salario, y cuando decide sentarse a escribir un libro, es tan incierta la ganancia aportada por esa absorbente actividad de meses o años, que todos a su alrededor lo miran con desconfianza y hasta con recelo. [31]

En la entrevista que en 1976 se le hizo a García Márquez, a la observación de que se cree que él es multimillonario, el autor colombiano respondió:

Es falso, es falso. Mira, con la cantidad de libros míos que se han vendido, yo debería ser realmente multimillonario como lo son los editores; pero hay que ver la voracidad de éstos y cómo está repartido el precio del libro. [...] Pero yo debería ser realmente muy rico, ¿no? Porque ya van para tres millones de ejemplares en castellano de *Cien Años de soledad*. Mira, ya me han llegado a ofrecer un millón de dólares por derechos para cine de *Cien años de soledad,* pero a mí no me interesa. Primero, porque no veo esta novela en cine. Yo prefiero que el lector siga imaginándose a los personajes como se imagina cada quien su propio personaje. [32]

Un editorial de 1985 del Colegio de México, al comentar lo descorazonador que es publicar y ser reconocido, comenta que el precio de un libro en catálogo abarca lo siguiente: un 50%, costo de distribución; un 40% se lo da el distribuidor al librero; un 10% y a veces un 15% pagan las regalías del autor; del 40% que resta, cerca del 20% cubre los costos de producción; un 5% debe ser gastado en publicidad y un 2% en al almacenamiento y embarques (correo y fletes). Y así siguen los porcentajes que van cubriendo sueldos de empleados, alquileres, electricidad, teléfono, etcétera. [33]

Para cualquier escritor, anglosajón o hipánico, los comienzos han sido siempre difíciles, y el reconocimiento, si llega en vida, muchas veces tarda mucho en hacerse realidad. Cervantes murió pobre y lleno de deudas. El poeta español Garcilaso de la Vega fue conocido en su época sólo en los reducidos círculos intelectuales en los que se movía. Cuando en Hispanoamérica se le sometió el manuscrito de *La hojarasca,* la primera novela de García Márquez a la consideración de Guillermo de Torre, éste le escribió una nota aconsejándole nada menos que al futuro Premio Nobel de Literatura, que se olvidara de la literatura y buscara otro oficio. Años después, mientras escribía sus obras, las penurias y dificultades que vivió el autor colombiano con su familia fueron incontables; tanto, que en París llegó a no tener ni para pagar su alojamiento en el hotelucho donde permaneció varios meses gracias a la comprensión y generosidad de la propietaria a la que llegó a deberle hasta 120.000 francos viejos. Y mientras García Márquez engendraba su obra maestra, *Cien años de soledad,* comenta el crítico Fernández-Braso que "dos años estuvo sin ganar pesos mexicanos. Las deudas se fueron acumulando. Los Márquez sobrevivieron gracias a la ayuda de amigos que sabían lo que significaba la novela para su vida de escritor". [34]

Tampoco Jorge Luis Borges tuvo un reconocimiento fácil: en 1946 y a raíz de haber firmado un manifiesto democrático, la dictadura militar lo transfirió de su puesto en la Biblioteca Municipal al de inspector de pollos, gallinas y conejos en las ferias. En 1941 se presentó como candidato al Premio Nacional de Literatura Argentina con *El jardín de los senderos que se bifurcan,* y no lo obtuvo, lo que indignó a críticos y escritores como Mallea, Pedro Henríquez Ureña, Amado Alonso y Ernesto Sábato. No fue sino después de catorce años de ocurrido este lamentable incidente, cuando por fin se le concedió el galardón tan merecido. Además, cuando ya en el extranjero era un escritor célebre, un compañero de trabajo en la Biblioteca Municipal le preguntó si un cuento que había leído recientemente en *La Nación* era de algún pariente suyo. Esto ilustra cuán desconocido era en su propio país. Y en aquel laberinto libresco donde trabajaba, comenzaron a tomar a Borges en serio como escritor cuando se enteraron, por un telefonema, que Victoria Ocampo lo invitaba a tomar el té y a participar en sus exclusivas tardes literarias. No fue sino hasta cuando los intelectuales franceses aquilataron su producción literaria, que por fin se le dio el lugar merecido tanto en Argentina como en nuestro continente. Octavio Paz explica que "Caillois [en Francia] no descubrió a Borges pero hizo algo que no hicimos los que lo admirábamos cuando era un escritor minoritario [...]: leerlo dentro de un contexto universal". [35]

Aquí viene como anillo al dedo también el caso de Pirandello: de su novela *Il Fu Mattia Pascal,* publicada en 1904, en dieciocho años sólo vendió dos mil ejemplares. Tan pronto como se hizo universalmente famoso con su teatro, en sólo dos años de la misma novela se vendieron doscientos mil.

Después de que en Buenos Aires le quemaron los ejemplares de su primer libro, Mempo Giardinelli radicó en México, donde se le concedió en 1984 el Premio Nacional de Novela. Ante mis manifestaciones de alegría por su reciente éxito, comentó lo siguiente:

Siento que sigo en una lucha muy ardua, muy dura, muy desagradable a veces, y que en realidad nadie me regaló nada. Quiero decir que no creo en la fortuna, sino en el esfuerzo, a veces brutal y siempre obsesivo, de uno mismo. Y creo que tú sabes que así iba a funcionar yo, en esto que Onetti ha llamado la selva literaria. Ahora preparo mi viaje a Buenos Aires, para mediados de marzo. Estaré, creo, hasta comienzos de mayo y me siento muy feliz de retornar un rato a mis país. [...] Te imaginas mi ansiedad, pues en mi tierra aún soy un completo desconocido, y aquello es feroz, por lo competitivo, lo carnívoro. [36]

En cualquier latitud, sea la que sea, es trabajo de Sísifo llegar a la cumbre. A menudo, cuando pagan bien al escritor, los editores lo supervisan y sujetan a imposiciones y exigencias, algunas relativas al tipo de literatura que debe producir para dar gusto al vulgo y con ello aumentar las ventas en las librerías. Esto nos lleva a los autores a considerar una bendición el sueldo seguro que ganamos en puestos de administradores, periodistas, diplomáticos, profesores, etcétera, el cual nos permite escribir y publicar sin restricción ni exigencia alguna.

Hasta en los Estados Unidos, donde todos creemos que el "best seller" es una fórmula mágica que convierte a los escritores en millonarios de la noche a la mañana, los autores tienen que bregar mucho. Millonarios instantáneos aquí, en los EE.UU., son los que siguen los esquemas de la demanda del mercado literario: en un taller de creación literaria (*"creative writing"* llaman por aquí al arte de aprender a escribir literatura de ficción), el escritor norteamericano John Gardner comentó que aunque él escribe desde muy temprana edad, durante más de quince consecutivos años de serio trabajo nadie lo quería tomar en serio. Esto lo hizo vivir poseído de rabia, ya que ninguna casa editorial quería publicar su obra. En una ocasión creyó que al fin la vería en letra de molde, pues ¡logró vender a un editor nada menos que una enorme caja llena de manuscritos de toda clase!... Para su desgracia, el editor murió en pocos meses y sus esperanzas se esfumaron; no se vieron realizadas hasta muchos años después. Gardner comenta con sorna el hecho irónico de que su poesía, verdaderamente mala, según dijo él, satisfacía las demandas comerciales y por lo mismo sí lograba publicarla, mientras su espléndida prosa seguía acumulando polvo en el fondo de los cajones de su escritorio. Gardner goza hoy de fama en el mundo literario y por lo mismo a los jóvenes que desean llegar a ser escritores, les da el siguiente consejo válido para cualquier bisoño, y sobre todo en estos tiempos en que todo se vuelve producto de consumo: "No es bueno publicar antes de estar listo. Entretanto, no cesen de escribir y verán que algún día hallarán la medida del éxito, pero efectúen una selección estricta de los textos y pasen por el difícil proceso de adquirir un estilo". [37] ¿Se diferencia en algo la realidad literaria de Gardner de la que viven los escritores de Hispanoamérica? Y el consejo que da, ¿no tiene acaso la misma validez para los presuntos escritores de nuestra geografía?

El escritor auténtico tiene además que contar con que predomina en muchos países latinoamericanos la tendencia a dar aplauso inmediato al novel y a exaltar la mediocridad y vulgaridad. A este respecto Eunice Odio, quien en vida no recibió reconocimiento en los círculos intelectuales costarricenses, en una de sus cartas comenta:

> No pertenezco al ámbito cetroamericano. Hay gente que cree que odio a Costa Rica y a sus ciudadanos. Esto no es más que una tontería. Lo que sí detesto es la vulgaridad, la cursilería, la estupidez y la perversidad que, quién sabe por qué, 'pululan' en todo Centroamérica a manos llenas. [38]

Conviene recordar aquí lo que expresó la escritora Yolanda Oreamuno acerca de la inexcusable negligencia de los acendrados valores y la ponderación a la mediocridad en el medio costarricense. Algunos de estos puntos bien se podrían aplicar a cualquier otro país de Latinoamérica. Al analizar la necesidad que tiene el costarricense de rehuir y no provocar debates ni controversias entre nosotros mismos, ella explica:

> Al que pretende levantar demasiado la cabeza sobre el nivel general, no se le corta. ¡No!... Le bajan suavemente el suelo que pisa, y despacio, sin violencia, se le coloca a la altura conveniente. Si usted escribe hoy un artículo fuerte y asusta con ello a la crítica, y es tan necio para mantener el tono en el siguiente; si ayer apareció en la primera página de los diarios a grandes titulares,

mañana en la sección deportiva, y si prosigue, llegará a ocupar un sitio en la página social... rápidamente, sin pleito ni molestias, usted está silenciado. Ni el sensacionalismo periodístico nos gusta. [39]

Ya se sabe que tanto Eunice Odio como Yolanda Oreamuno pertenencen a la casta de los auténticos escritores, de los que en palabras de la segunda, no "buscan el exterior de las cosas, sino su internidad misteriosa y, sobre todo, la profundidad del SER". [40] Ambas, lo he dicho antes, murieron en la más dolorosa soledad y miseria antes de doblegarse a las mezquindades de algunos editores, ni rebajarse a dar gusto al vulgo. En vida, ninguna de las dos gozó del panegírico de la crítica. Silencio y vacío se cernían sobre sus obras, presagiando el olvido de la posteridad. Esto último felizmente no se cumplió porque la esencia legítima de su producción literaria avasalló tal sentencia dudosa y para redención de nuestras letras, hoy en día va ganando, a lentos trancos, el crédito universal. En cambio otros, aquellos que gozaron de celebridad instantánea y prestigio inmediato, han sido relegados al olvido. Con esto queda subrayada, irónicamente, la acepción originaria del vocablo "prestigio" durante el siglo XVII: procedente del latín tardío *"praestigium"* significó "fantasmagoría, ilusiones, juegos de manos, engaños con que los prestidigitadores embaucan a la gente". El sentido moderno de "concepto favorable en que se tiene a una persona", nació, por extensión, en el francés, durante el siglo XVIII, y de allí lo tomó el castellano. [41]

La historia se ha repetido siempre: ese "prestigio" fue el que Campoamor y Núñez de Arce gozaron en el siglo pasado; en cambio a Bécquer, la crítica lo rechazó aduciendo que por aquello de la influencia del poeta alemán Heine, sus poemas eran sólo "suspirillos germánicos" para quinceañeras. Sin embargo, su obra es hoy el cimiento en que se arraiga la más acendrada poesía hispánica contemporánea, tal como lo declaró Dámaso Alonso y lo siguen proclamando los críticos que vinieron después. En cuanto al éxito tan anhelado por los escritores, hay que recordar que Octavio Paz dijo en una ocasión que "éxito" es una palabra que le produce a él bochorno, pues "no pertenece al vocabulario de la literatura, sino al de los negocios y el deporte". [42]

También duele comprobar que para obtener renombre literario en algunos medios latinoamericanos, los escritores tengan que recurrir a la lisonja de la crítica o a aceptar —a veces sin convicción— las ideologías de los que manipulan y orientan el gusto literario. Hace poco, mientras se debatían los premios nacionales de 1983 en Costa Rica, un poeta destacado y que merece recibir ese galardón, escribió lo que ya me habían comunicado otras personas en ocasiones anteriores:

> [...] El pleito por los Premios Nacionales sigue en candela. Como yo sé que no me darán nada, sigo como siempre, riéndome de los jurados manipulados y manipuladores. Es cosa de circo, y tal vez tema para una poesía de protesta [...]. Para ineptitud y pleitos y burocracia, debemos tener paciencia. Quien escribe para premios a veces gana. Los que lo hacemos por amor, abrimos brechas más importantes. [43]

Ante los resultados de esos tan esperados fallos del jurado para nuestros premios nacionales, la crítica, catedrática y editora emérita de *Káñina - Revista de Artes y Letras de la Universidad de Costa Rica,* Dra. Virginia Zúñiga Tristán, me dirigió una carta en la que comentaba lo siguiente:

> El resultado de los premios de 1984 me dejó abatida, confusa, deprimida. Solamente estoy de acuerdo con el premio para don Pepe Acuña y el premio de periodismo para el Lic. Rodrigo Fournier, de la TV Canal 7, que sí son muy merecidos. En teatro, por ejemplo, dejaron por fuera a Daniel Gallegos con su obra *Punto de referencia.* [44]

Y la verdad es que por el reconocimiento universal que ha alcanzado el teatro de Gallegos y por los excepcionales valores de su pieza que tuve el placer de ver representada en una de mis visitas a Costa Rica, me lleva a reconocer que una vez más Yolanda Oreamuno acertó cuando escribió lo que antes quedó transcrito.

Sin embargo, y para excusar un poco nuestro proceder, hay que tomar en cuenta que todo este tejemaneje de premios no es sólo patrimonio nuestro ni de los otros países latinoamericanos. Me viene al recuerdo el premio Planeta 1983 de 8 millones de pesetas, del que la prensa española dijo:

> El Planeta, aparte del mito y del negocio, sigue siendo un montaje fabuloso de "marketing" al por mayor y, ¿quién lo duda?, un exponente bien claro de cierta presencia ideológica en la escena española, desde el jurado que elige al vencedor, hasta la problemática que plantea el autor de turno. [45]

Al final, el crítico concluye que el Premio Planeta tiene una dimensión anglosajona y festiva en la que lo literario queda desbordado por el espectáculo.

En contraste, está el Premio Nacional de México que se le otorgó al argentino Giardinelli —según dejé arriba consignado—, por su novela *Luna caliente:* ésta transcurre en la Argentina, en un clima de tensión política, y sigue la estructura de la buena novela policíaca a la que son muy dados los argentinos. A partir de las primeras líneas, el lector comprende que está ante un nuevo y extraordianrio talento que maneja con sorpredente agilidad la estructura narrativa abierta y el discurso narrativo con los procedimientos literarios de máximo poder connotativo... sin salirse de los confines del lenguaje preciso, directo, accesible al lector medio. Actualmente el nombre Giardinelli comienza a cobrar prestancia entre los grandes de "La Nueva Narrativa Hispanoamericana", con lo que se hace un pequeño y refrescante claro en medio de esta "jungla literaria".

7. Situación del escritor en Latinoamérica

En un artículo publicado en 1972 sobre la "Situación del escritor", el crítico brasileño José Guilherme Merquior manifestó que hace un siglo se definieron las características sociológicas de tal situación en Latinoamérica. Estas son: "El comienzo de la profesionalización de la actividad literaria, la creación de un público real, la implantación de canales de distribución regular de los textos, etcétera". Esto eleva al escritor a categoría de "clase" dotada de una autonomía funcional que comenzó a fortalecerse a partir de la tercera década del siglo XX, cuando se define la tensión entre el escritor y la sociedad. [46]

Respecto a la implantación de canales de distribución, hay que comentar lo siguiente: México, Chile, Argentina y Venezuela contaron o cuentan con casas editoriales de prestigio y de amplia difusión universal, dispuestas a acoger a los mejores escritores del continente y a compensarles sus esfuerzos con regalías y honorarios adecuados que les permitieran vivir de la pluma: Monte Avila, Fondo de Cultura Económica, Editorial Mortiz, Emecé, Sudamericana, Zig Zag, Siglo Veintiuno y otras más; en España, Editora Nacional, Cátedra, Seix Barral, etcétera, hasta hace poco dieron amplia difusión a obras muy significativas de América. Sin embargo, esta situación medianamente favorable, sobre todo para los escritores de cierta altura, está amenazada por la inflación y los innumerables problemas económicos mundiales y en especial por la extremada super evaluación del dólar en la mayoría de nuestros países. Un ejemplo es Venezuela, donde años atrás los titulares de *El Diario de Caracas* anunciaron: "el dólar paraliza la industria editorial del país". La Editorial Monte Avila y la Editorial Biblioteca Ayacucho fueron directamente afectadas, ya que se vieron forzadas "a eliminar traducciones, contratos con autores extranjeros y la impresión fuera del país. Todo esto encarecerá notablemente el libro", según declaraciones de Juan Liscano en dicho artículo. [47]

Lo más serio de esta situación es que las librerías en Latinoamérica no importaban (o quizás todavía no importen) nuevos títulos, pues su elevado precio los hace inaccesibles para intelectuales y estudiantes. ¿Las consecuencias? No hay duda alguna de que si los gobiernos no toman medidas adecuadas e inmediatas para favorecer la importación y publicación de libros, muy pronto se verá estancado el proceso cultural de nuestro continente. En una de mis visitas a Costa Rica, me llevé la desagradable sorpresa de comprobar que en el término de dos años no se habían exhibido en las librerías novedades de ningún tipo. Entonces me pregunté con angustia cómo podían actualizar su conocimiento los profesores e intelectuales del país. Es de lamentar que sin prohibiciones propias de los regímenes totalitarios, sólo por el problema económico, la libertad que nos concede la democracia nuestra quede restringida de igual forma que en los países donde impera la censura. En Venezuela, Leonardo Milá, de Alianza Editorial, comentó en 1983: "Apenas estamos importando de 35 a 40 por ciento de lo que importábamos. Esto produce un desfasamiento total en lo que a novedades se refiere y habrá crisis cuando llegue el momento, muy próximo ya, de importar libros universitarios". [48]

En el periódico español *El País* de 1984 leí lo siguiente:

> Una medida muy importante que paliará esta fase crítica de las editoriales, la tomó recientemente el Gobierno Español, al conceder un crédito de 1.500 millones de pesetas para la exportación editorial a Latinoamérica. Esta disposición aliviará en especial la exorbitante deuda contraída con España por países como México, Argentina y Venezuela.

En la misma noticia se menciona que en ese entonces ya México y Argentina estaban entonces experimentando una recuperación digna de mencionarse, "aunque, naturalmente, esta medida no resuelve la totalidad de este complejo problema". [49]

Podría continuar enumerando obstáculos y problemas con los que tropiezan los escritores. Uno de ellos, que se prestaría a largas consideraciones, es el de la vasta competencia que le hacen al libro el cine y la televisión. Otro, la carestía de papel que padecen algunos países como Rusia, donde durante el régimen soviético, no se podían satisfacer las abundantes demandas de un público que a falta de programas televisados, o de interés en ellos, desde muy temprana edad se vuelve ávido lector. También está el exilio voluntario debido a la falta de estímulo cultural en sus respectivas patrias. En fin, la lista podría ser interminable.

Sin embargo, el indicio más positivo de la alta calidad de la literatura hispánica lo marca España con el establecimiento de algo nunca visto en nuestras letras: nada menos que una agencia literaria, que contrariamente a la costumbre de ponerse al servicio del editor, se dedica a proteger los intereses de sus autores abonados, a tal punto, que la directora, Carmen Balcells, es llamada en los círculos literarios "el báculo del autor" y "la mujer que convierte los libros en oro". Esta agencia es un trasunto de lo que fue la editorial emprendida por Carlos Barral y otros hace tiempo y que acabó por cerrarse. En su trabajo con Barral, Carmen Balcells entró en contacto con Vargas Llosa, Goytisolo, García Márquez, Carlos Fuentes, Salvador de Madariaga, Camilo José Cela, etcétera, los que ella ha llamado "un cuerpo místico" de escritores. Eduardo Chamorro analiza este nuevo fenómeno literario explicando que "lo primero fue combatir el control único, ejercido por el editor, sobre las ventas de un libro". El periodista cuenta que en una ocasión el editor entregó a un escritor una liquidación arbitraria del número de ejemplares vendidos; al intervenir la agencia en defensa de los intereses del autor, la liquidación logró triplicar la cifra primitiva. Así, "los editores de medio mundo tiemblan cuando tienen que negociar con Carmen Balcells y echan pestes cuando hablan de ella [...En cambio] los autores de su escudería la adoran, la defienden y le están profundamente agradecidos". Su manera de tratar el asunto de las ediciones se ha sustentado en el principio de que "el autor es el proletario, y el editor algo así como el imperialismo yanqui, o el responsable de una industria que prentende funcionar como si se tratara de un negocio artesano". Importa considerar que la Agencia Carmen Balcells contaba en 1979 con una lista de escritores que abarcaba en ese año seis premios Nobel.[50] A estas alturas de finales del siglo XX, quizás cuente con más.

No obstante, una agencia que baraja sólo un "cuerpo místico" de escritores no es la solución al asunto que nos ocupa, ya que continúa vigente la falta de comunicación entre los muchos países de nuestro continente. Esto lo planteó Octavio Paz en 1967 en los siguientes términos:

> América Latina no tiene un centro a la manera de París, Nueva York o Londres. En el pasado, Madrid cumplía esa función mal que bien (más lo primero que lo segundo). Allá fueron reconocidos y consagrados Darío, Reyes, Neruda y otros pocos más. [...] La Guerra Civil de España convirtió a Buenos Aires y México en sucesores de Madrid. [...] Un centro literario es un sistema nervioso alerta a todos los estímulos; ni Buenos Aires ni México han mostrado gran sensibilidad frente al resto de América. El europeísmo argentino y el nacionalismo mexicano son formas distintas de una misma enfermedad: la sordera.

Más adelante reconoce Paz que empiezan a formarse otros centros bastante abiertos. [51]

La escritora guatemalteca, Margarita Carrera, sopesa esta opinión y con desaliento comenta que es deprimente la "sordera" mostrada por esos centros literarios, en especial hacia las letras y los valores centroamericanos. Al revisar una voluminosa obra titulada *América Latina en su literatura,* publicada por la editorial mexicana Siglo Veintiuno, explica con desánimo que ninguno de los autores incluidos es centroamericano. Esto la lleva a pensar que "o bien no tenemos críticos capaces, o bien, si los tenemos, por el delito de haber nacido en países sin mayor trascendencia político-económica, y continuar viviendo en ellos, no se les conoce". Margarita Carrera concluye diciendo:

> Estamos los escritores centroamericanos flotando en el vacío, porque no hay crítica que nos funde, ni casas editoras que nos presten atención, interesadas como están en el mercado internacional que vende al por mayor los pintorescos cuentos de lo que en otra ocasión denominé nuestra espeluznante infancia que divierte a la senil Europa. [52]

En cuanto a ediciones nacionales, al menos en nuestra pequeña Costa Rica los escritores tenemos la gran ventaja, sobre otros países y regiones hispanoamericanos, de contar con valiosos centros de publicaciones: la Editorial Costa Rica, la EDUCA (Editorial de Universidades Centroamericanas) y la EUNED (Editorial Universidad Estatal a Distancia). Recientemente han aparecido pequeñas casas editoriales como Editorial de Mujeres, S.A., Red Editorial Iberoamericana Centroamérica S.A. (REI), entre otras que no cobran el costo de la edición. En Argentina, Editorial Vinciguerra, Palacios Ayala, que sí cobran al escritor por publicarle.

Sin embargo, persiste en muchos lugares de Hispanoamérica el problema de las reducidas regalías y el de la falta de distribución y difusión del libro en el extranjero: se hacen ediciones muy limitadas que se agotan sin salir de las fronteras; esto ocurre sobre todo en el istmo centroamericano. No sé por qué en estos países no se intenta sacar los textos de los límites nacionales. Los libreros que abastecen a departamentos de español y bibliotecas de las universidades norteamericanas, donde por semestre se hacen grandes pedidos de libros hispánicos, muchas veces advierten a los profesores que los procedentes de determinada región geográfica o editorial, nunca se reciben o es un verdadero problema pedirlos. Esto lleva a los educadores a quedarse con una lista limitada (siempre los más conocidos o los del "boom").

Para resolver el problema, sobre todo cuando se trata de dramaturgos latinoamericanos, muchos profesores se ven forzados a fotocopiar los textos con el fin de divulgar los de determinados escritores importantes. A Cuba y otros países se les acusa por las ediciones piratas al alcance del bolsillo del público o cuyos respectivos gobiernos distribuyen gratis para difundir la cultura y la buena literatura. Tales prácticas y soluciones (las fotocopias y la piratería), por supuesto, constituyen un acto ilegal que atenta contra los derechos y regalías del autor. No obstante, en muchos casos es el único medio de dar a conocer su obra. Así fue como se difundieron al principio, por ejemplo, las piezas dramáticas de Osvaldo Dragún en los medios académicos de los Estados Unidos. Este fue un signo para los editores que entendieron el mensaje y se precipitaron a publicar aquí, en el norte, a Dragún, y a poner sus textos inmediatamente a la disposición de los planteles universitarios. Lo mismo ocurrió con *La fiaca* y otras piezas de Talesnik.

Como reconocimiento del alto valor de nuestra literatura, se establecen ahora en Norteamérica importantes centros de publicación y distribución como Ediciones del Norte, University of Texas Press, Bilingual Press, Latin American Review Press, Arizona State University Press, etcétera. La Asociación de Literatura Femenina Hispánica, fundada por la extinta escritora costarricense Victoria Urbano, y el Instituto Literario y Cultural Hispánico, contribuyen también en forma muy valiosa a la difusión de la literatura por medio de congresos y de sus respectivas revistas *Letras Femeninas* y *Alba de América*. Al principio, la editorial Arte Público Press de Houston publicaba sólo literatura chicana y puertorriqueña; felizmente amplió después su radio de acción, de modo que ahora abarca textos de escritores hispánicos radicados en los Estados Unidos sin parar mientes en la nacionalidad. Todo esto es un síntoma positivo de que en Norteamérica se comienza a prestar atención a las necesidades intelectuales de más de dieciséis millones de hispanos, que según datos oficiales de 1983, residimos en los EE.UU.

8. El escritor no es un parásito

> ¡Huye, amigo mío, a tu soledad! [...] Donde la soledad acaba, allí comienza el mercado; y donde el mercado comienza, allí comienzan también el ruido de los grandes comediantes y el zumbido de las moscas venenosas.
>
> Nietzsche

A modo de remate a estas divagaciones sobre el quehacer literario en Latinoamérica, quiero concentrarme especialmente en el papel que han de desempeñar el crítico y la comunidad para hacer más significativas la superestructuras del continente.

Según Octavio Paz, "Crítica y creación viven en perpetua simbiosis. La primera se alimenta de poemas y novelas pero a su vez es el agua, el pan y el aire de la creación". Así, concluye el escritor mexicano que "en nuestra época la crítica funda la literatura". [53] Tomando en cuenta sus afirmaciones, es relevante hablar ahora del crítico. Para esto invito al lector a considerar los valiosos juicios que sobre este tema dio la intelectual costarricense María Bonilla —juicios que yo ratifico y hago míos— en relación con el teatro, pero con validez para las artes y letras en general: la señora Bonilla expresa en especial su preocupación porque en el mundo entero, incluyendo a Francia, han aparecido comentaristas que no cumplen ninguna función positiva en el proceso de desarrollo cultural de sus respectivos países; son comentaristas "que han provocado la separación entre ellos, el creador y su público, debido a que 'brotan' cada vez con mayor inconciencia y audacia". Sus reflexiones sobre el asunto la llevan a concluir que aquel que ejerce la crítica

> debe ser un hombre integralmente culto, preparado, por ejemplo, en metodología de la comunicación y la expresión, estudioso de la historia, del fenómeno artístico y de su desarrollo, así como de las ciencias sociales. Debe haberse contestado tres preguntas fundamentales: ¿por qué y para qué hace el crítico su labor y a quién debe servir con ella? [...] Sólo así, el crítico pasará a ser un colaborador del creador y del público. [54]

De acuerdo. Sin embargo, habría que agregar que para llegar a ser tal "colaborador", este crítico debería además ser objetivo, nada tendencioso en los juicios que emita, y de gran integridad moral. Y también, siguiendo en líneas generales la opinión de Octavio Paz, el crítico tiene que aprender a leer las obras en el contexto universal, como Caillois leyó a Borges: en suma, debe "mostrar que las obras hispanoamericanas son 'una literatura', un campo de relaciones antagónicas; [y debe] describir las relaciones de esa literatura con las otras". [55]

En cuanto a la comunidad, remito al lector de nuevo a las ideas del dramaturgo norteamericano Arthur Miller, quien insiste en sus entrevistas en que el problema del teatro en los Estados Unidos no es que no haya bastantes buenos escritores, sino que no saben cómo retribuirlos, y en la mayoría de los casos, el dramaturgo no recibe paga alguna. Así, en este mundo de transacciones y negocios, lo que no se paga, "tiende a no existir". Miller propone como solución que "la comunidad contribuya a mantener las artes". Pone al Alley Theatre de Houston como ejemplo de que su idea es factible: el edificio que se levanta majestuoso en el corazón de Houston fue construido con el dinero de los miembros de la comunidad, que de dólar en dólar lograron reunir los millones necesarios, y hoy se mantiene independiente del comercialismo de Broadway que está reduciendo el teatro a una infraestructura. Para dar énfasis al tema de que la comunidad debe apoyar ampliamente el arte y la literatura, Miller relata la siguiente anécdota:

> hace algunos años, cuando él exponía tales ideas, un hombre del público se levantó y le dijo que no entendía lo que estaba diciendo, ya que él manufacturaba zapatos "y si mis zapatos no se venden, quiebra mi empresa y me tengo que retirar. ¿Por qué cree usted que sus piezas teatrales deben seguir ofreciéndose al público si no tienen demanda en el mercado?".

Miller le dio la siguiente respuesta: "Bien, ¿podría usted darme el nombre de algún zapatero de la antigua Grecia? [56]

Las siguientes palabras de García Márquez podrían servir de respuesta a la pregunta del zapatero, lo que he venido diciendo a lo largo de estas páginas:

Hay que acabar con la mala idea de que el escritor es un parásito a quien la sociedad está obligada a mantener [...]. Quisiera recordarles, en fin, que una hermosa novela de amor no traiciona a nadie ni retrasa la marcha del mundo, porque toda obra de arte contribuye al progreso de la Humanidad y la Humanidad actual no puede progresar sino en un solo sentido. En síntesis, creo que el deber revolucionario del escritor es escribir bien. Ese es su compromioso [...]. ¿Que cuál sería la novela ideal? Una novela absolutamente libre, que no sólo inquiete por su contenido político y social, sino por su poder penetración en la realidad; y mejor aún si es capaz de voltear la realidad al revés para mostrar cómo es del otro lado. [57]

Es obvio que el problema, complejo y álgido, no queda resuelto, sino planteado únicamente. Meditar sobre él y sus diversas facetas, y tratar de resolverlo, es deber de intelectuales, profesionales, escritores, editores, lectores, gobernantes; lo es hasta de los hombres de negocios con una conciencia clara de que un país donde las artes y las letras están amenazadas por deficiencias económicas, es una nación que no privilegia la dialéctica del progreso, ni la aceptación de las estructuras que imponen los tiempos nuevos.

Y nosotros, los escritores, no debemos olvidar que nuestro único válido compromiso ha de ser con el quehacer literario, y las únicas obligaciones son, como una vez expresó Edward Albee, reinventar la forma cada vez que se escribe, y siempre intentar ir más allá de donde el drama, la novela, el cuento o el poema fueron dejados. En cierta manera esto equivale a la necesidad expresada por García Márquez de que los escritores escriban buenos libros.

Entre las espinas y los laureles de nuestro quehacer literario debemos cumplir con la difícil tarea de expresar siempre verdades, y expresarlas según los altos dictados de la más auténtica creación. Siempre convencidos de que la obra no se escribe con prisa para sacarla de inmediato a la luz pública: ha de crecer y madurar lenta y reposadamente dentro de nosotros hasta que un día avasalle los límites del ser y salga arrastrando en su cauce pedazos de nosotros mismos transformados en metáforas con las raíces clavadas en la entraña de la realidad.

Para cerrar estas divagaciones con algo positivo, quiero dejar consignado aquí que en la conferencia que dio en la Universidad

Rice de Houston, durante su reciente visita a los EE.UU., el poeta cubano Norberto Codina Boeras explicó que la sociedad cubana es más pluralista en ideas y discusiones de lo que la gente piensa, aunque es cierto que no fue así siempre. Agregó que

> durante la década de los setenta, período llamado por los intelectuales "Negra Década", las fuerzas pro-soviéticas del gobierno intentaron imponer ideales dogmáticos a los escritores. Estos fueron forzados a seguir el realismo social. [...] En especial se esperaba de ellos textos que celebraran la revolución. El resultado de esto fue el estancamiento artístico y literario.

Codina Boeras dice que ahora, en cambio, Cuba se aventura en áreas antes prohibidas, como publicar textos de y sobre autores de la emigración, los cuales fueron ignorados por la cultura oficial cubana. Agrega que su revista *La Gaceta de Cuba,* de la cual él ha sido director desde hace ocho años, está corrigiendo tales errores. Su meta: "que no haya un solo ejemplar de 'La Gaceta' en el que la cultura cubana, tanto la de la isla como la de afuera, no esté presente, ya que el concepto de nación no lo limita la geografía". [58]

NOTAS

[1] Raúl H. Castagnino, *Escritores hispanoamericanos desde otros ángulos de simpatía* (Buenos Aires: Editorial Nova, 1971): 337-38.

[2] Juan Liscano, "Crítica a la crítica literaria", *El Nacional* (Caracas) martes 19 de noviembre de 1974: A.4.

[3] Camilo de Brigard Silva, "El infortunio comercial de Silva" en José Asunción Silva, *Obras completas* (Bogotá: Banco de la República de Colombia, 1965), citado por Castagnino, *Escritores hispanoamericanos:* 164.

[4] Georg Lukács, *Problemas del realismo* (México: Fondo de Cultura Económica): 403, 406, 411 y 413.

[5] Alicia Jurado, *Genio y figura de Jorge Luis Borges* (Buenos Aires: Editorial Universitaria de Buenos Aires, 1964): 45.

[6] José Antonio Portuondo, *El heroísmo intelectual* (México: Editorial Tezontle, 1955): 117. Las cursivas son del autor.

[7] Juana Rosa Pita, "La palabra en el espejo: conversación con Enrique Labrador Ruiz". *Revista Cultura* (El Salvador) 71 (enero-diciembre, 1981): 109.

[8] *Of Human Rights* (Otoño de 1977): 15-20.

[9] Mempo Giardinelli, carta del 19 de febrero de 1984 a Rima de Vallbona (Archivo personal).

[10] Baccio Salvo, carta dirigida a Rima de Vallbona desde Santiago de Chile, con fecha 26 de julio de 1983: 1. (Archivo personal).

[11] Enrique Labrador Ruiz, carta dirigida a Rima de Vallbona en marzo de 1975 (Archivo personal).

[12] Pita, *La palabra...*: 100.

[13] Stephen L. Tanner. "Mario Vargas Llosa: *Aunt Julia and the Scriptwriter*", *Chronicles of Culture* N° 4 (Abril de 1983): 22. Ramón Oviero, "Gabriel García Márquez: ¿Y después del otoño...?" (entrevista) *Revista El* (México) 78 (marzo de 1976): 39.

[14] Pita, *"La palabra..."*: 103.

[15] R.Z. Sheppard, "Where the Fiction is Fantástica", *Time Magazine* (7 de marzo de 1983): 78. La traducción es mía.

[16] Sheppard, "Where the Fiction...": 78.

[17] Miguel Fernández-Braso, *Gabriel García Márquez* (Madrid: Editorial Azur, 1969): 53-54.

[18] Fernández-Braso, *Gabriel García Márquez*: 57.

[19] Enrique Anderson Imbert, *Historia de la literatura Hispanoamericana,* Vol. I (México: Fondo de Cultura Económica, 1970): 244.

[20] Daniel Samper, "Una tierra donde la imaginación nunca está lejos del poder - En América Latina, los escritores ejercen mucho poder político", *Diario Mundial* (Colombia), febrero de 1986: 11.

[21] Rima de Vallbona, *"María la noche:* Erotismo, remembranzas tropicales y misterio", *Ancora -Suplemento Literario de La Nación* (Costa Rica), domingo 9 de marzo de 1986: 4-D.

[22] Vallbona, *"María la noche..."*: 2D-4D.

[23] John Demers, "Theatrical Concern -Broadway Audiences too 'Rarefied' for Miller", *The Houston Post,* 13 de Febrero de 1983: 9-F

[24] Demers, "Theatrical Concern...": 9-F.

[25] Demers, "Theatrical Concern...": 9-F.

[26] Laurence Zuckerman, "The Carson of the Literary Set", *Time Magazine* (julio 23, 1987): 64.

[27] José Enrique Rodó, *Ariel* (La Plata, Argentina: Editorial Calomino, 1948): 68, 75 y 86.

[28] Ana Basualdo, "Juan Goytisolo Paisajes de nuestra vida cultural", *Cultura* (España), 20 de noviembre de 1982: 5.

[29] Rima de Vallbona, "Por los pasillos de Jorge Luis Borges", *Insula* NJ 274 (octubre-noviembre de 1969): 4.

[30] Sheppard, "Where the fiction...": 78.

[31] José Emilio Pacheco, ponencia presentada en una mesa redonda durante el Congreso del Instituto Internacional de Literatura Iberoamericana celebrado en Austin, Texas, en marzo de 1981.

[32] Ramón Oviero, "Gabriel García Márquez: ¿y después del otoño...?": *El* (México), 78 (marzo de 1976): 40-41.

[33] Jaime del Palacio, tomado de *Bookmaking* (New York: R.R. Bowker Co., 1979) y publicado en la *Revista del Colegio de México* (1985): 6-7.

[34] Fernández-Braso, *Gabriel García Márquez:* 106.

[35] Octavio Paz, *Corriente Alterna,* 2a. ed. (México: Siglo Veintiuno Editores, S.A., 1968): 42.

[36] Mempo Giardinelli, carta a Rima de Vallbona.

[37] Telecurso sobre *"Writer's Workshop: John Gardner"*, preparado por el TV Canal Educativo de la Universidad de Carolina del Sur y trasmitido el 11 de febrero de 1984 en KUHT-TV de la Universidad de Houston, Texas. Rodó dijo también que "La obra mejor es la que se realiza sin las impaciencias del éxito inmediato". *Ariel:* 94.

[38] Eunice Odio, carta inédita, sin fecha, como todas las que ella escribió. Se cree que fue dirigida a López Vallecillos Director de la EDUCA, quien preparaba en 1974 la edición de una antología de la poesía de Eunice.

[39] Yolanda Oreamuno, "El ambiente tico y los mitos tropicales", en *"A lo largo del corto camino"* (San José: Editorial Costa Rica, 1961): 19-20.

[40] Eunice Odio, carta inédita.

[41] J. Corominas, *Diccionario etimológico de la lengua castellana,* Vol. III (Madrid: Editorial Gredos, 1954).

[42] Octavio Paz, *Corriente alterna:* 42. También el crítico Sanguineti dice que "la historia de la palabra éxito encierra el secreto de la estética romántica burguesa". Esto representa para él la "mercalización estética".

[43] Carta que un poeta costarricense (cuyo nombre no doy a conocer para no crearle mala atmósfera en el ámbito literario de Costa Rica) dirigió a Rima de Vallbona con fecha 7 de febrero de 1984. Archivo personal.

[44] Virginia Zúñiga Tristán, carta dirigida a Rima de Vallbona el 13 de marzo de 1984. Archivo personal.

[45] L. Sánchez Bardón, "El negocio del Premio Planeta", *Tiempo* (España), 24 de octubre de 1983: 120.

[46] José Guilherme Merquior, "Situación del escritor" en *América Latina en su literatura,* César Fernández, ed. (México: Siglo veintiuno Editores, S.A., 1972): 373.

[47] Miyó Vestrini, "El dólar paraliza la industria editorial del país", *Diario de Caracas* (Venezuela), jueves 25 de agosto de 1983: 22.

[48] Miyó Vestrini, "El dólar paraliza...": 22.

[49] Maruja Torres, "El gobierno español concede un crédito de 1.500 millones de pesetas para apoyar la exportación editorial a Latinoamérica", *El País* (España), lunes 30 de abril de 1984: 20.

[50] Eduardo Chamorro, "El báculo del autor", *Cambio 16* (España) 585 (14 de febrero de 1983): 78-80.

[51] Paz, *Corriente alterna:* 43-44.

[52] Margarita Carrera, *Ensayos —contra reloj—* (Guatemala: Serviprensa Centroamericana, 1980): 130-32.

[53] Paz, *Corriente alterna:* 44.

[54] María Bonilla, "El papel del crítico en el quehacer teatral", *Repertorio Americano* (Costa Rica) 6. 2 (enero-febrero-marzo de 1980): 32.

[55] Paz, *Corriente alterna:* 43.

[56] Pat Brown, "Arthur Miller Receives the Alley Award", *Alley Theatre - MARQUEE (Temporada de 1983-1984)* 4 (marzo-abril, 1984): 3. La traducción es mía.

[57] Fernández-Braso: *Gabriel García Márquez:* 59.

[58] David D. Medina, "Speaking of cuba-Poet, Editor Offers Insight into Country's Literary Culture", *Rice News* (Houston) 11 (octubre 26, 1995): 7.

DESDE MIAMI DE NUEVO CON RIMA DE VALLBONA *
Belkis Cuza Malé

Fue en el inmenso aeropuerto de Dallas-Fort Worth donde conocí a Rima de Vallbona, quien entonces estaba de paso a San Diego; yo, de visita en Texas. Nunca antes nos habíamos visto, pero sí intercambiado llamadas telefónicas. Me gustaba desde entonces cómo expresaba su mundo, su delicadeza de mujer sensible, acogedora. Pero, sentadas a la mesa de uno de esos restaurantes del aeropuerto, empecé realmente a conocerla. Rima es la novelista, la escritora de *Mundo, demonio y mujer,* la novela publicada por Arte Público Press. Puesto que desde entonces ha pasado el tiempo y esa entrevista se va a incluir en el libro dedicado a la obra de Rima de Vallbona, consideré conveniente actualizarla, esta vez por teléfono, para darle a los lectores una imagen más completa de esta narradora y de su cosmovisión:

—**Belkis:** *Háblame un poco de ti.*
—**Rima:** Nací en San José, Costa Rica, pero al año me llevaron a un pueblo que se llama Guadalupe y que queda a unos quince minutos de la capital en autobús, de manera que yo crecí entre cafetales, casas de adobe y calles de tierra. Mi apego a partir de entonces ha sido al campo, a la naturaleza, a los ríos, y en especial a la exuberante Meseta Central de mi país que está rodeada de unas montañas gigantescas de color azul; a decir verdad, siempre he vivido enamorada de ellas. Crecí así, en el campo y mi felicidad era irme todos los días con mis hermanos a pasearnos por aquellos sitios, a bañarnos en las pozas, a robar frutas en los aledaños del pueblo. Mi padre era muy, muy rígido y exigente, razón por la que no nos permitía salir de la casa, si no era para ir a la escuela. Por lo mismo, en cuanto él salía de casa, escapábamos con permiso de mi madre. En realidad en el pueblo éramos la familia más rica y la razón por la cual fuimos a vivir a Guadalupe fue por la salud de mi padre, quien necesitaba vivir a una cierta altura por problemas del corazón, y el clima del pueblo le sentaba muy bien; además, quedaba cerca

de donde él tenía su negocio de compra y venta de bienes raíces. Mi padre era un hombre de mucha empresa y muy arriesgado en los negocios; se arruinó como dos o tres veces en su vida y no acababa de arruinarse, cuando ya estaba otra vez riquísimo y requetebién.

A él le debo mucho mi tendencia a la aventura, a los viajes, a lanzarme a hacer cosas nuevas, a probar nuevos y riesgosos caminos. Realmente nuestra vida era regalona, pues en aquellos tiempos teníamos coche, cámara y proyector de películas, algo que entonces era muy raro. Y como si eso fuera poco, algunas noches veíamos películas en nuestra propia casa, como hoy se ven los videos.

—**Belkis:** *¿No ibas a la escuela?*

—**Rima:** Sí, mi padre hizo algo que en aquel tiempo yo no lo entendí, pero se lo he agradecido toda mi vida: teniendo todos los medios económicos para estudiar en un plantel educativo de primera categoría, me matriculó en el del pueblo. Guardo recuerdos imborrables de momentos vividos en la Escuela Pilar Jiménez; en mi cuento autobiográfico "El árbol del chumico", el cual está en mi libro *Mujeres y agonías,* proyecté lo infeliz que me sentía entonces, en la rica niña protagonista que es rechazada por sus compañeritos de clase. Se trata de una especie de fábula tejida alrededor del árbol del chumico, oriundo de mi país. Este produce una especie de vainas, dentro de las cuales se redondean unas hermosas semillas negras y duras, muy duras, que son las canicas de los niños pobres en Costa Rica. De manera que el que no puede comprar canicas, sube al árbol del chumico cuando las vainas están maduras y hace acopio de canicas. Mi escuelita de entonces tenía ese árbol al que subían los chiquillos tal como lo cuento ahí. A mí me lastimaba el contraste extremado entre esos niños, pobres y descalzos, pero que eran felices, y yo, rica y desgraciada porque no me permitían integrarme a sus juegos. Aquellos niños me dejaron entrever una verdad que he venido comprobando a lo largo de mi vida: la felicidad no consiste en poseer ni dinero, ni mansiones, ni nada material, sino en algo intangible.

—**Belkis:** *¿Te avergonzaba saberte diferente a tus compañeritos?*

—**Rima:** Sí, pero no era sólo por diferencias sociales. Yo era una niña muy torpe que no podía jugar a la pelota como ellos;

además, en los días y horas de ocio me gustaba mucho leer los hermosos libros que me obsequiaba mi padre, mientras esos niños trabajaban de peones o de chiquillos de mandados. Y como si eso fuera poco, siendo la menor de seis hijos, me sentía la más inepta e inútil del mundo. Todos, hasta los menos inteligentes y muy incapaces me parecían superiores a mí.

—**Belkis:** *¿Y cómo te sobrepusiste a ese sentimiento que te inferiorizaba?*

—**Rima:** Me salvó del fracaso total una simple frase referida a mí. Mi padre quien no sabía que yo lo escuchaba, le dijo a un amigo que de sus hijos, yo era la más inteligente y especial de todos y con un orgullo que le chispeaba en la mirada, me presentó al amigo. A partir de entonces esas palabras que escuché a hurtadillas me han acompañado, y han sido el móvil que me ha empujado hacia adelante y me ha levantado hasta en los momentos en que he estado más hundida. "No puedo ni debo defraudar a mi padre", me he dicho a mí misma consciente e inconscientemente y vuelvo a erguirme, aunque vencida. Creo que todo lo bueno y positivo que he hecho hasta ahora ha sido para no defraudar a mi padre.

—**Belkis:** *Cuéntame más de tus estudios.*

—**Rima:** Comenzó la Segunda Guerra Mundial, mi padre murió muy joven y a partir de entonces empezaron en nuestras vidas los problemas económicos. Mi madre nos hizo creer que habíamos quedado en la pura miseria. Mi hermano menor y yo sabíamos que no era así. A partir de entonces nos criamos en la pobreza, tanto que mis hermanos, quienes habían hecho estudios en Alemania, tuvieron que hacer trabajos hasta de peones. O sea, que desde el momento que murió mi padre a mis ocho años, pasamos una vida muy dura, con hambres y privaciones de toda clase. Estos sucesos los recogí en mi primera novela, *Noche en vela* en la que hay mucho de imaginación mezclada con la verdad.

Cuando estudiaba en la Universidad de Costa Rica, mi madre vino a decirme que ella no podía permitir que mi hermana se casara porque era quien mantenía a la familia y su matrimonio representaría la miseria total en nuestras vidas; igual que en la novela *Como agua para chocolate* de Laura Esquivel. En ese momento, con dolor de mi alma, dejé la universidad y entré a trabajar para entregarle el sueldo a mi madre y mantener a la familia. Era un trabajo duro el que yo tenía, de ocho horas, sentada frente a la máquina de escribir, tecleteándola y copiando aburridas y repetidas cartas. Recién pasada la Revolución del 48, en la que peleamos los ticos para defender nuestros derechos, yo fui la primera secretaria del primer Contralor General de la República de Costa Rica. Ahí, en la Contraloría General pasé un par de años sufriendo el infierno de la rutina. A partir de entonces decidí estudiar francés en la Alianza Francesa después de terminados mis deberes oficinescos. De la Alianza obtuve una beca, y como si Dios estuviera de parte mía, mi hermano se ganó el premio mayor de la lotería. Entonces me fui a estudiar el francés y la literatura a la Sorbona.

Allá, en París, fue donde inicié mi relación con el doctor Vallbona. De ahí, mi nombre, que algunos han creído que se trata de un seudónimo. Mi nombre de soltera es Rima Gretchen Rothe. Por parte de mis padres soy de origen alemán, aunque te confieso que no hablo ni jota de alemán y en cambio, me siento muy costarricense. Bueno, pero retomando el hilo de los estudios, te cuento que pasé después a la Universidad de Salamanca, regresé a Costa Rica y terminé mis estudios de filosofía y letras en la Universidad de Costa Rica; me faltaba sólo la tesis para recibir la licenciatura, pero sólo la obtuve, con muchos sacrificios, durmiendo muy poco durante las noches y trajinando mucho en la casa durante el día, cuando recién acababa de nacer mi tercera hija.

—**Belkis:** *¿Y cuándo se manifestó tu vocación de escritora?*
—*Rima:* Creo que desde muy niña. Recuerdo que algunas noches mis hermanos y yo nos contábamos cuentos desde nuestras respectivas camas. Algunos de ellos yo los inventaba y a veces los escribía en pequeños libritos improvisados cuyo destino fue siempre el canasto de la basura. Además, con mis hermanas y luego con una prima hermana jugábamos a las muñecas y cada día desarrollábamos un episodio nuevo tratando de imitar la vida, por supuesto, lo mejor de la vida. Después, en plena adolescencia escribí algunas novelas superrománticas y salpicadas de sentimentalismos. También desarrollé argumentos, siempre saturados de pasión, en dibujitos de historieta, a la manera de las novelas de Corín Tellado, aunque ella

todavía no había aparecido en el panorama del folletín popular; lo que yo imitaba eran las historietas de *Superman* y de *Mandrake el Mago;* éstas de aventura y acción; las mías, llenas de lágrimas, sonrisas, lunas llenas, besos y finales felices.

—**Belkis:** *¿Y cuándo comenzaste a escribir tu primera novela?*
—**Rima:** En la época en que salí para París, ya tenía pequeños trozos escritos sobre diversos temas, que guardaba en un cuaderno especial. Poco después, comencé a borronear esa primera novela, *Noche en vela*. Pensaba que quería ser escritora, pero nunca me pasó por la mente llegar a publicar ni un solo libro. Y ya lo sabes, escritor que no publica, en realidad no es escritor; en aquel entonces ignoraba que son los lectores, el público, los que hacen a los creadores. Mientras yo estaba en Costa Rica, mi novio y futuro esposo, Carlos, permanecía en los Estados Unidos, realizando una excepcional carrera de médico. Durante unos tres años seguimos escribiéndonos, o sea, que de cierto modo esas cartas me sirvieron a mí de práctica para escribir. Debo reconocer que en realidad antes yo había pasado escribiendo en mi diario, sobre todo cuando entré a la pubertad. Entonces, y a pesar de mi poca edad me confronté con la nada.

—**Belkis:** *¿La nada? A ver, explícame eso.*
—**Rima:** Sí, Belkis, por esos años se apoderó de mí ese aterrador aniquilamiento del espíritu que de pronto se queda flotando en un tenebroso vacío. Yo ni había oído hablar de Sartre, ni de Camus, ni del nihilismo, cuando sufrí ese proceso. Más tarde, cuando leí en Francia *La Nausée* me vi espejada en sus páginas. La experiencia devastadora de la nada, tal como yo la experimenté, la capté con plena candidez en *Noche en vela,* sin ceñirme a las ideas filosóficas del momento. Para que tengas idea de lo que digo te voy a leer ese pasaje, en el que habla la protagonista Luisa:

> Me paseaba bajo los naranjos y de pronto, como si el mundo, los objetos, las casas, el cielo y yo, no existiéramos. El alma, ¿dónde estaba el alma? Yo no la sentía, se me había ido con mi presencia, con mi olfato, con mis sensaciones. Fue una experiencia indescriptible, amarga, que quitaba encanto a mi vida. En verdad

no hay nada comparable en este mundo a la sensación horrible de no ser nada...

A partir de entonces me endilgaron, y creo que con razón, la reputación de escritora existencialista. El encuentro con la nada fue precisamente lo que me llevó a buscar a Dios como una tabla de salvación. Debo aclararte que yo había crecido en el mismo ambiente anticlerical y semiateo en el que creció la protagonista de mi novela, Luisa. Como ves, también en esta novela he volcado mucho de mí misma, sobre todo mis temores, agonías, dudas y emociones.

—**Belkis:** *Cuéntame algo más de tu posición religiosa, pues hay quien reconoce en tu obra una fuerte crítica a los representantes de la iglesia católica, curas y monjas.*
—**Rima:** Como antes te dije, crecí en un hogar antireligioso que también describí en esa primera novela de la que tanto te he hablado. Para que tengas una idea, te leo uno de los tantos pasajes en el que se celebra en familia la Navidad y Luisa comenta:

> Fui feliz, pero tuve todo el tiempo la vaga sensación de que algo faltaba. Entonces no sabía qué y pensaba en mi madre, pero no era eso. Ahora lo sé: aquella noche grande y especial porque nacía el Niño Dios, nada ni nadie hacía la menor alusión a ese nacimiento; no había un belén, no se dijo una palabra. Yo miré inquieta hacia el cielo buscando algo; la veía, sí, la hermosa estrella inmensa y luminosa, diferente a todas, señalando senderos ignotos. En esos momentos las campanas de la iglesia anunciaban la Misa de Gallo y sus repiques resonaron en el aire y en la casa sin belén —sin fe— con voz de siglos que seguiría por los siglos... ¿hasta la eternidad?

Considero que quizás lo que me impulsa a escribir, ya lo dije en mi corta autobiografía, ha sido mi eterno preguntarme por qué este absurdo nacer y vivir sólo para morir y ser pasto de los gusanos. Sin embargo, el antídoto que eliminó mi falta de fe, nació también de mí misma, primero, cuando me aferré a Dios para salvarme de la nada. Después, al contemplar el mundo a mi alrededor y a pesar de las guerras, injusticias y miserias, me maravillo de formar parte de este milagro —porque es un verdadero milagro— de la creación. Debo confesarte que desde mis años niños vivo con el espíritu y los ojos abiertos a la cadena de prodigios que se despliegan ante mí día tras día en el universo. Cuando contemplo la intrincada urdimbre del cuerpo humano y los poderes de nuestra mente, me convenzo de que vale la pena vivir y ser testigo de este portentoso suceso. Dios creció en mi fe, no en los templos, ni de las palabras de teólogos o filósofos, sino al contemplar esta magistral creación misteriosa que no puede ser producto del caos, ni de una ciega energía cósmica, sino de una mente superior que lo planea todo con una metódica perfección. Es fácil hacer una escultura de arcilla —yo he practicado un poco ese arte como aficionada. Sin embargo, todo este entramado del cuerpo humano compuesto de venas, arterias, cartílagos, piel, corazón, cerebro, ¿qué poder ciego podría crearlo? ¡Pensar que aunque la ciencia de hoy ha avanzado tanto, todavía los sabios no han podido dilucidar dónde está ubicada la inteligencia! Debo reconocer, además, que tal vez preparó el camino de la fe mi encuentro con San Agustín y sus *Confesiones* en mi primer año de filosofía en la Universidad de Costa Rica. Este y *La Biblia* representaron un gran impacto en mi existencia. En *Noche en vela* es obvia la huella de este libro sagrado, el cual conocí en contacto con unos misioneros protestantes que vivían frente a nuestra casa, tal como lo cuento en esa novela. Te confieso que no soy muy amiga de ir a la iglesia y menos de darme golpes hipócritas en el pecho, pero sí soy muy religiosa.

—**Belkis:** *¿Y qué aceptación tuvo en tu país tu primera novela?*
—***Rima:*** Como fue clasificada en el quinto lugar del Premio Nadal de novela en España, fue acogida bastante bien, tanto, que para sorpresa mía me otorgaron el Premio Nacional de Novela "Aquileo J. Echeverría". Esto, con el "éxito" del Nadal, fue mi espaldarazo para entrar con pie firme en el difícil campo de las letras. Algo que demuestra la gran acogida de esa novela es el hecho de que se puso en la lista de lecturas de los estudiantes del colegio y ya pronto se publica la quinta edición. Además, los críticos han reconocido que esa novela apareció junto con *Los perros no ladraron* de Carmen Naranjo, para reiniciar la corriente introspectiva que Yolanda Oreamuno había iniciado hacía unos diecisiete años como reacción al costumbrismo que en aquel entonces todavía

estaba en todo su apogeo. En su prólogo a la segunda edición de mi novela, el Dr. Jézer González señala que en relación con la narrativa de Yolanda Oreamuno, *Noche en vela* representaba una:

> mayor maestría de las formas de la novela, y en diferente dirección espiritual. No se trata, pues, de una continuación de la manera de novelar impulsada por Yolanda Oreamuno, sino de otra iniciativa dentro de las posibilidades de las nuevas formas que el relato novelesco ha adquirido en la primera mital del siglo. Rima presta atención no sólo a las técnicas narrativas aparecidas en otras literaturas, sino, también, a las que se han dado en la nueva narrativa hispanoamericana, de modo particular en Jorge Luis Borges, cuya influencia podría percibirse no tan sólo en alusiones al cuento "Las ruinas circulares", sino también en la estructura misma de la situación del relato, en particular en la relación entre el tiempo que la narradora emplea en recordar el pasado: algunos momentos de la noche en vela, y lo recordado y relatado, que abarca unos ocho años de su vida.

—**Belkis:** *¿Y lo de la crítica en tu obra a los servidores de la fe, que antes mencioné, pero no tocaste el tema, puedes explicarlo?*
—**Rima:** Sí, claro, es muy simple: el escritor trata de captar en sus libros la realidad en todas sus facetas, buenas y malas. Algunas de mis amigas y yo misma hemos vivido las experiencias negativas que se leen en mis textos. Por ejemplo, en España viví como pupila en varios conventos. En uno de Barcelona, yo caí gravemente enferma, tanto que deliraba de fiebre y hasta llegué a perder el sentido. Las monjas no sólo no permitieron que un médico me viera pese a los ruegos de una amiga mía, sino también prohibieron que mis amistades entraran a verme. Y para colmo, ninguna de ellas se cuidaba ni de darme una aspirina, ni de limpiarme, ni nada; en pocas palabras, me dejaron abandonada a mi suerte. Si no hubiese sido por otra pupila que estudiaba medicina, yo no contaría el cuento. "Lo inconfesable", de mi libro *Mujeres y agonías,* narra, sin inventar nada, la obsesión de un sacerdote alumno mío de literatura, de hacer que las mujeres confesaran como los hombres, el pecado de la masturbación, pues según él, al callarlo, pecaba doblemente. Entonces yo, que había crecido a la sombra de la Iglesia Católica, y ya tenía cuatro hijos, durante sus explicaciones decubrí a esas

alturas de mi vida, que la masturbación no era un atributo masculino. Sin embargo, más de una persona habrá pensado, al leer ese cuento, que yo tengo una imaginación pervertida. La verdad es que con ese relato sólo quise que por un lado, las jóvenes aprendieran lo que yo ignoré por tanto tiempo; por el otro lado, me interesaba mostrar la doble intención de unos cuantos mal intencionados servidores del Señor, cuando hablan con sus feligresas o las confiesan.

—**Belkis:** *¿Y cómo es que paraste aquí, en los Estados Unidos?*
—**Rima:** Después de cruzarnos epístolas de amor por mucho tiempo, Carlos me pidió que fuera a Houston, Texas, para casarnos. Hicimos la boda contra la voluntad de las respectivas familias de nosotros dos. No fue una decisión feliz de mi parte, ya que, aunque voluntario, esto representó un verdadero destierro: abandonar el terruño, la familia, los amigos, lengua y costumbres, me trasmitió un doloroso sentimiento de enajenación que tal vez fue la causa de mi desdicha en el matrimonio. A esto se unió la soledad en que viví esos primeros años de matrimonio, durante los cuales mi marido tenía que hacer en el hospital continuas guardias de varios días. Menos mal que vinieron uno a uno mis cuatro hijos, los cuales mitigaron mi infortunio y descalabro. Esto lo acrecentó la actitud de marido prepotente que asumió él a partir del momento de nuestra boda. Pero tú sabes cómo es, en general, el hombre: durante el cortejo y en sus cartas me mostró otra cara y un proceder que me hizo pensar que nuestro matrimonio sería hasta la muerte, como yo lo había soñado, como debería de ser. La verdad, realmente fue muy doloroso para mí tener que enfrentarme a mi fracaso. Podía pedir el divorcio, pero ninguna muchacha decente entonces, al mes de haberse casado, se iba a divorciar; además, no quería dar mi brazo a torcer porque ya lo dije, nuestras familias se habían opuesto a esa boda. Entonces, y por el bien de nuestros hijos, yo tuve que hacer el papel de que mi matrimonio andaba de maravilla; tanto, que como a los diez años mi marido llegó a decirme que él no había visto una pareja que gozara de una relación tan perfecta como la nuestra. Yo le contesté: "Nuestro matrimonio es perfecto para ti, yo tengo que hacer el papel de sacrificada en todo, y ya me he cansado". Se puso muy pálido y a partir de entonces todo fue de mal en peor. Para abreviar, te cuento que estuve casada con él treinta y cuatro años,

aunque mucho antes habíamos vivido separados, pero para guardar las apariencias, todo ese tiempo seguimos juntos en la casa.

—**Belkis:** *¿Pero cómo pudiste romper esa situación después de treinta y cuatro años de casada?*

—**Rima:** Bueno, me dieron apoyo las hijas, especialmente la mayor y la más pequeña, quienes comenzaron a decirme que todavía era tiempo de que yo pudiera tener una vida íntegra, completa, y que a lo mejor podría encontrarme un compañero, lo cual me pareció absurdo, considerando mi edad. Entonces comencé a madurar la idea. Yo vivía cada vez más sola, sobre todo cuando los hijos comenzaron a abandonar el nido para probar sus alas. Pese a mi soledad, seguí representándolo a él en la vida social. Cuando le pedí el divorcio le dije que prefería una soledad *sola sola,* a una soledad con un compañero que nunca estaba conmigo. En *Los infiernos de la mujer y algo más...* hay un cuento, "El corrector de la historia", que está basado en los hechos que yo vivía. Yo me angustiaba tanto al sentirme tan sola que llegué casi a obsesionarme con la camioneta del vecino mío, porque esa camioneta representaba para mí compañía; este cuento te da la medida de la intensa soledad que viví durante mi matrimonio. Saqué entonces la sana conclusión de que yo era para él sólo su ama de llaves, la que se cuidaba de los hijos, le tenía la ropa limpia, la casa en orden, preparaba las comidas y le economizaba todo cuanto podía. No obstante, me reclamaba que yo gastara ochenta dólares en llamadas telefónicas a mi hermana, las cuales hacía para mitigar me soledad. Tienes que tomar en cuenta que además yo trabajaba y aportaba mi sueldo para cubrir parte de los gastos mensuales. Mi primera forma de liberación consistió en quedarme con mi sueldo para mis gastos personales. Y luego, poco a poco, fui aprendiendo a liberarme.

Por aquel entonces ya tenía tres libros publicados. Sin embargo, éstos, mi tesis de licenciada y parte de mi tesis doctoral los tuve que escribir en la mesa del comedor de mi casa, porque yo no tenía ni un escritorio. Ni escritorio ni menos "a room of her own" ("un cuarto para mí misma") como entendió Virginia Woolf la liberación de la mujer. Así, mi segunda liberación fue cuando en mi cumpleaños dije que no quería nada de joyas, ni trajes, ni nada más que un escritorio, y que como todas las recámaras estaban ocupadas por los hijos, lo iba a poner en nuestro dormitorio, sin importarme si combinaba bien o no con el estilo de los muebles. A partir de entonces pude dedicar más tiempo a mi quehacer literario; además, comencé a aceptar invitaciones para dar conferencias y hasta charlas sobre mi obra. Pero para él yo seguía siendo sólo el ama de llaves. Comprenderás, Belkis, que en este callejón sin salida sólo me quedaba el divorcio. Ya divorciada, compré un apartamento o "townhouse" donde vivo actualmente sola, muy sola, pero sin recriminaciones, ni nadie que me disminuya.

—**Belkis:** *¿Cuántos libros has publicado en total?*
—***Rima:*** En total son catorce libros. He publicado en Costa Rica, Argentina, Uruguay, España, y acá, en Estados Unidos. Escribo poesía, y he publicado algunos poemas en pequeñas revistas, pero yo la considero en mi producción literaria algo secundario, de manera que puedo decir que la poesía realmente la toco como con pinzas y con guantes. Ya te hablé bastante de mi primera novela, *Noche en vela* que sacó Premio Nacional. La segunda, *Las sombras que perseguimos,* obtuvo el Premio "Agripina Montes del Valle" de Colombia. La tercera es *Mundo, demonio y mujer.* Ahora he comenzado a escribir otra, pero todavía no le encuentro un título adecuado; en realidad los títulos me vienen al final, a veces mucho después de terminado el libro. En el género del cuento, publiqué *Polvo del camino,* que fue sólo un tanteo muy difícil para mí, pues estaba acostumbrada a la extensión del relato novelesco. Le siguieron *La salamandra rosada, Mujeres y agonías, Cosecha de pecadores, El arcángel del perdón, Los infiernos de la mujer y algo más...* Este último se tradujo al inglés con el título de *Flowering Inferno - Tales of Sinking Hearts.* Además, tengo el librito para estudiantes de secundaria que me pidió el gobierno de Costa Rica, titulado *Yolanda Oreamuno,* sobre la novelista de mi país de la cual te hablé antes. Y luego, otro estudio, *La obra en prosa de Eunice Odio,* sobre esa poeta mexicano-costarricense que es una de las que podría estar en primera fila al lado de los grandes, pero a la que no se le ha dado reconocimiento que se merece, quizás por su actitud rebelde y porque atacó muy acerbamente el comunismo. El valor de su poesía ha sido reconocido por grandes críticos como Juan Liscano y Humberto Díaz-Casanueva. Por último, edité la supuesta

autobiografía de Catalina de Erauso bajo el título de *Vida i sucesos de la Monja Alférez,* con una extensa introducción y notas mías que prueban la veracidad histórica de lo narrado. El año pasado la Editorial Costa Rica publicó *La narrativa de Yolanda Oreamuno,* un largo estudio de los textos de esta escritora con una antología de sus narraciones.

—**Belkis:** *¿Qué horario tienes para escribir con toda tu actividad en la enseñanza?*
—**Rima:** Yo no tengo hora, ni disciplinado horario. No puedo. En *Las sombras que perseguimos* cuento cómo era eso de pasarme sola cambiando pañales, lavando, fregando suelos —en ese hogar que fundé con mi marido llena de esperanzas de felicidad, yo era sólo una especie de sirvienta, ya te lo dije. Me cansé de tal manera, que para escapar y mitigar mi desesperación, me dediqué a escribir mi primera novela que me salió de un tirón, como nunca más lo he podido hacer. Claro, yo no tenía experiencia, date cuenta que fue mi primer intento y ni creía que pudiera llegar a tener algún valor, pero era un desahogo tremendo, una catarsis y la ruptura con la rutina, la que antes dije que para mí es el infierno. En mi cuento "Parábola del Edén imposible" capto mi fastidio en la protagonista, quien vive con:

> el espíritu adormecido por la rutina mecánica del quehacer doméstico, ese quehacer convertido por ella en un rito sagrado, red tejida con minuciosidad para envolverse a sí misma protectoramente contra todo lo demás, contra lo que no fuera su ahora, su limpia-casa, barre-suelos, cambia-pañales, lava-platos, marido-en-la-cama, y final-del-día-vacío-rota-to-da-por-dentro...

—**Belkis:** *Además de la rutina como el infierno mismo, el tema religioso y el de la nada, ¿qué otros temas desarrollas en tu narrativa?*
—**Rima:** La adolescencia y sus angustias, la soledad, la vejez, la muerte, el misterio de la vida, la dilucidación entre lo que llamamos realidad y lo otro, ese vivir "pisando la dudosa luz del día", como lo expresó Góngora, me han obsesionado siempre. También el de la creación y el creador, sea escritor, pintor, escultor

o lo que sea; y por supuesto, el gran Creador, Dios. He tratado también temas escabrosos como el del lesbianismo en "Caña hueca"; el incesto, en "La niña sin amor"; la masturbación de la mujer en "Lo inconfesable"; la homosexualidad y el travestido en "Beto y Betina" y otros más. Sin embargo, mi tema predominante a lo largo de toda mi obra es el de la mujer víctima muchas veces y otras, victimaria.

—**Belkis:** *¿Te consideras una feminista?*
—**Rima:** Mira, Belkis, yo siempre he peleado con esa idea del feminismo, a la manera como algunas mujeres la entienden. Para mí no se trata de rechazar o atacar al hombre. Yo me siento feminista en la medida en la que me he ido liberando del pesado bagaje cultural y tradicional que me inculcaron desde mi nacimiento; lo soy también porque sé que como madre y profesional, he contribuido a la apertura de nuevos e innumerables caminos para las juventudes femeninas que nos han venido siguiendo. Pertenezco a esa generación del cruce entre las formas obsoletas del pasado y las nuevas progresistas de hoy. Como pioneras muchas lo hemos pagado caro, con fracasos, sufrimientos y lágrimas. No obstante, si me metes dentro del feminismo con prejuicios contra el hombre, entonces yo no calzo en él. En primer lugar, porque soy muy femenina y creo fervientemente en que el hombre y la mujer nacieron para complementarse en el amor conyugal y en la concepción y amor a los hijos. A mí me gusta mucho ser mujer y me encanta que los hombres sean galantes y tengan gentilezas conmigo. A mis hijas las he educado muy femeninas y por tanto, aunque ellas son como yo, profesionales, nunca han tenido nada contra el hombre...

—**Belkis:** *¿Tú crees que el movimiento feminista va contra la parte femenina de la mujer?*
—**Rima:** Para mí que le hace daño a la mujer declararse feminista furiosa contra los hombres; podemos protestar contra los machistas o como los llaman aquí, en los EE.UU., los *"male chauvinist pigs"* ("los cerdos chauvinistas") que abusan y golpean a sus mujeres, sean esposas, amantes, hijas o lo que sean. Sin embargo, me molesta mucho ver que se anuncia, por ejemplo, "Congreso de Literatura Femenina" o "Asociación Femenina".

Por qué hacer esa distinción? Los hombres nunca han dicho "Congreso de Literatura Masculina". En ese sentido ellos no nos han discriminado, ya que en sus congresos igual se estudian autores y autoras; lo mismo en las asociaciones. Así, me parece que nosotras nos estamos autodiscriminando. Es absurdo, no tendría por qué ocurrir. Lo lógico es que nos consideremos escritores en general.

—**Belkis:** *¿Pero hay una voz femenina para ti?*
—**Rima:** Eso me fascina, porque yo siento que realmente nosotras escribimos de una manera diferente a los hombres. Hay una serie de cosas y valores y situaciones, que son muy nuestras, y por ser tan nuestras, también las expresamos de manera diferente. Nosotras tenemos apego a las realidades cotidianas, a la cocina, a la tierra, a las plantas, al hijo, a dar de mamar. En otras palabras, a las pulsiones, como lo han expresado Julia Kristeva y otros críticos. Pienso que el hombre se pierde algo vital y trascendental, porque pone la meta en cumplir con el deber, lograr sus ambiciones, alcanzar fama y riquezas. En cambio, dentro de nosotras bulle un mundo de intimidades y de menudencias cotidianas, pero esenciales, que se van manifestando a lo largo de nuestra escritura.

—**Belkis:** *¿No los ves tú a ellos también como víctimas?*
—*Rima:* Precisamente en mi novela *Mundo, demonio y mujer* lo digo. Desgraciadamente creo que las mujeres, como madres, hemos estado formando esa especie de pequeños monstruos machistas, los cuales a su vez nos maltratan y hacen de nosotras sus víctimas. Hay que tomar conciencia de que nosotras mismas somos las que alimentamos su proceder equivocado y por lo mismo somos a la vez su verdugo y el nuestro. Repito lo que he dicho otras veces, que los hombres también tienen que liberarse, y creo que esto ya comienza a verse en la juventud de hoy; al hijo mío, por ejemplo, le enseñé a coser y cocinar y lo obligué en la casa a asumir las mismas responsabilidades que sus hermanas para que el día de mañana no fuera a casarse sólo para que su esposa le resolviera sus necesidades primordiales. Creo que el matrimonio puede ser maravilloso, siempre y cuando haya mutuo amor, respeto, amistad, colaboración, comprensión y solidaridad. ¿No es nada lo que pido a la pareja, verdad? A mis hijas les he inculcado esto y creo que lo han asimilado

muy bien. No he ido nunca contra el matrimonio, a pesar de que me fue mal.

* * *

Igual que en Fort Worth, el tiempo ha volado. Rima es una conversadora infatigable; yo, una curiosa insaciable. Nos despedimos por teléfono y una vez más volví a experimentar, como ocurrió en nuestra primera entrevista, una sensación de lo extraño y familiar que era a un tiempo este nuevo encuentro.

---

* En 1994 hice personalmente esta entrevista a Rima de Vallbona durante mi estada en Fort Worth, mientras efectuaba investigaciones relacionadas con mi libro sobre Elvis Presley, el cual se publicó bajo el título de *Elvis, la tumba sin sosiego o la verdadera historia de Jon Burrows*. Esa entrevista a Rima fue publicada en *Linden Lane Magazine* (Primavera de 1995): 9-10. La presente edición la he actualizado y ampliado desde mi residencia en Miami para dejar mejor informados a los lectores, ya que el tiempo en el aeropuerto, no nos permitió profundizar ciertos aspectos de su obra.

ENTREVISTA CON RIMA DE VALLBONA[1]
Juana Alcira Arancibia
*California State Univesity,
Dominguez Hills*

—*¿Cuáles son tus escritores favoritos?*

—Mis escritores favoritos son y serán siempre: Cervantes, Homero, Dante, Arcipreste de Hita, Fernando de Rojas, Shakespeare, Unamuno, Mann, Virginia Woolf, Colette, St. Exupéry. Los otros se han ido incorporando en mi vida conforme los he ido descubriendo: Borges, Cortázar, Carpentier, Neruda, Jorge Amado, Kundera, Eunice Odio.

—*¿Qué estás escribiendo ahora?*

—Escribo una novela que se titula Debajo del manzano. [2] En ella predomina el tema de la mujer de las últimas generaciones y sus extremos cambios de conducta. El libro se centra más bien en una protagonista que vive y ha vivido apegada a la tradición, pero tiene que conformarse con los cambios actuales a través de sus hijas. El título de la novela procede de los versículos de *El cantar de los cantares*.

—*Además de escribir ficción escribes crítica literaria. ¿Cuáles son las condiciones que debe reunir el crítico?*

—Antes que nada debe hacer una lectura profunda de los textos que pretende analizar. Con el fin de efectuarla debidamente, el crítico debe poseer imaginación y capacidad de observación. A esto debe agregarse una vasta cultura y el hábil manejo y aplicación de un método crítico. Aquellos críticos que hoy hacen malabarismos analíticos en los que en realidad parecen estar creando un nuevo texto en vez de interpretar el que tienen delante, los considero más escritores fracasados que en la crítica han encontrado formas solapadas de desarrollar sus represiones artísticas.

—¿*Qué opinas acerca de las críticas estructuralistas?*

—En cuanto a la crítica estructuralista y semiótica que dicen que ya pasa de moda, creo lo siguiente: si observamos cuidadosamente, es cierto lo que dicen que no hay nada nuevo bajo el sol. En cuanto a la crítica, muchos de los aspectos que ya abarcaba la estilística de los años 50, sólo cambiaron de nombre. Pero si se toma en cuenta que la finalidad de la crítica consiste en aclarar la significación última de un texto, creo que cualquier método o acercamiento son válidos. El lenguaje empleado por estructuralistas, semiotas, deconstruccionistas, etc., es demasiado especializado y por lo mismo se ve reducido a las revistas académicas. Sin embargo, creo que a través de los medios de comunicación el crítico dueño de esos métodos especializados puede simplificarlos y hacer crítica al alcance del público ajeno a ese discurso crítico. No hay que perder de vista una misión importante del crítico, que es la de educar el gusto y la apreciación literaria del público. Desgraciadamente esto se está perdiendo y el público sólo tiene la lista de los *best-sellers* como orientación para sus lecturas.

—¿*Cómo se portó la crítica contigo? ¿Qué es lo que se critica específicamente de tu obra?*

—Desde los comienzos de mi carrera literaria, y para sorpresa mía, la crítica me ha tratado muy bien en general. Cuando me quieren criticar algo específico señalan la ausencia de protesta social en mis páginas porque no trato el sobado tema latinoamericano del explotado y el explotador. No obstante, creo que mi obra toda es una continua protesta como mujer, como escritora, como víctima de las estructuras socio-político-económicas que nos imponen los tiempos actuales.

—¿*Cuál es tu opinión con respecto a la literatura escrita por mujeres? ¿Crees que hay una literatura femenina?*

—Creo que es un error hablar de *"literatura femenina"* porque los hombres que escriben no llaman a la suya *"literatura masculina"*. Es un error también porque de cierta manera, al agruparnos nosotras mismas bajo esa categoría, nos estamos autodiscriminando. Es claro que hay una literatura escrita por mujeres, cuya voz y temas son femeninos. Es una literatura que tiene trazos muy definidos que la distinguen de la escrita por los hombres. Los estudios que se hacen hoy día al respecto atestiguan la presencia de esas marcas femeninas. Lo que quiero decir es que estas diferencias no deben impedir que nuestra obra se integre a la literatura universal. No debemos olvidar que a Santa Teresa, Sor Juana Inés de la Cruz, la Pardo Bazán y la Avellaneda nunca se les separó del conjunto total de escritores hispanos. ¿Por qué ahora insisten en desgajarnos del tronco literario universal? ¡Y quienes lo hacen son nada menos que las mujeres! Quizás en vez de *"literatura femenina"* o *"literatura feminista"* debemos decir *"literatura escrita por mujeres"* y así podríamos fácilmente decir *"literatura escrita por hombres"*.

—*¿Se diferencia de alguna manera de la literatura escrita por el hombre? ¿Cuál es esa diferencia? ¿Crees que la visión del mundo de la mujer es diferente de la del hombre y en esto se diferenciaría la literatura femenina de la literatura escrita por el hombre?*

—En parte, las respuestas a la pregunta anterior mencionan algunas diferencias como la voz lírica o narrativa y los temas; además cuentan los símbolos y palabras claves, el tono y ese lenguaje hecho de pulsiones y analogías, el cual se resiste a ser racional y preciso como el de los escritores hombres. Los recientes estudios que llevan a cabo prestigiosos críticos entre los que predominan las mujeres, arrojan mucha luz al respecto.

—*¿Desde qué punto de vista la mujer ve la vida mientras escribe?*

—Predominantemente la mujer utiliza un punto de vista subjetivo, que es el del protagonista, el cual se expresa en primera persona. Cuando utiliza otras personas, la focalización se vuelve interna o se internaliza y pierde así objetividad.

—¿*Crees que los marcos sociales e históricos han condicionado a las mujeres a preocuparse de asuntos que para los hombres resultarían periféricos y hasta mínimos?*

—Me cuesta dar una respuesta concreta a esta pregunta, ya que si echamos una mirada al pasado, vemos que Sor Juana Inés de la Cruz trató igualmente temas femeninos como difíciles temas que eran del dominio del saber masculino. Y si observamos a la Pardo Bazán sólo el hecho de haberse atrevido a abrir el peliagudo capítulo del naturalismo en el mundo hispánico, podríamos concluir que no son los marcos socio-históricos los que condicionan su literatura. Creo más bien que así como Alejo Carpentier recomendó a los escritores tratar de expresar a nuestra América en todas las formas posibles para familiarizar a los europeos con nuestro entorno y con todo aquello que manipulamos y desconocen los otros, con el fin de dejarlo plasmado para la posteridad, así las mujeres, consciente o inconscientemente, hemos decidido dejar plasmada nuestra intrahistoria de cacerolas, pañales, comidas, espejos, cosméticos, etc. Y en buena hora lo han hecho, pues con los nuevos vientos y la entrada de la mujer en las profesiones antes asignadas al hombre, ésos que llamas "asuntos periféricos" quedarían en el olvido. Además, para mí es en todo esto "periférico" donde se siente la pulsión, la vida que la trascendencia de las tareas femeninas marcó Santa Teresa al afirmar que "hasta en los pucheros está Dios", con esta frase ella quería hacer ver que no porque se ocupara de quehaceres intrascendentes del bajo mundo rutinario, dejaría de elevarse a Dios o Este se resistiría a unirse con ella.

—¿*Cómo piensas que debe estar estructurado el cuento perfecto? Anderson Imbert dijo, en una oportunidad, que el cuento debe tener una estructura esférica, ser un todo muy bien concluido. ¿Qué opinas tú?*

—En realidad me encanta escribir cuentos y disfruto mucho escribiéndolos precisamente por esa "estructura esférica, ese saber desde el principio dónde está el blanco que espera a la flecha". Sin embargo, cuando me estrené como escritora fue en la novela, la cual escribí de un tirón y sin titubeos. Por lo mismo, cuando intenté probar mi talento en narraciones cortas, me costó un mundo. De ahí que algunos de mis primeros cuentos tengan la extensión de relatos o de novelitas cortas, pienso, por ejemplo, en "Caña hueca". Así como hoy me es difícil terminar una novela, el género cuentístico lo manejo con soltura y cierta habilidad narrativa. No sólo el público prefiere la novela, sino también ese género es el plato predilecto de los editores. La popularidad de la novela creo que se debe al suspenso mantenido a lo largo de las páginas y ese querer saber al fin qué pasó con los protagonistas. En cambio, el cuento requiere del lector una rápida capacidad de entrar y salir de una acción para entrar en otra nueva, lo cual le demanda una continuada atención y participación en el juego creativo y sobre todo concentrarse mucho porque a veces una palabra, una simple frase dan la clave de los cuentos como ocurre con los de Anderson Imbert que son sutilísimos juegos mentales que representan todo un reto intelectual.

—¿De lo que has escrito hasta ahora qué te satisface más?

—Es muy difícil que un auténtico creador quede satisfecho con lo que hace o escribe. Sin embargo, y pese a los defectos que pueda tener, siempre hay una obra que es la preferida. En mi caso me quedo con mi colección de cuentos *Mujeres y agonías*, quizás porque con este libro me di a conocer en los EE. UU., y además con el oficio del cuentista.

—¿Qué escritores han tenido mayor influencia en tu obra?

—Unamuno en cuanto a mi acercamiento existencialista, aunque debo reconocer que esa actitud predominaba en mí antes de conocer los textos de Unamuno. Así, éstos dieron cauce a lo que estaba en mí desparramado. Julio Cortázar junto con Borges me prestaron los modelos de sus cuentos, de los que aprendí mucho. El sensualismo y erotismo de Colette dejaron una marca indeleble en mí. Azorín con sus primores verbales me dejó con ansias de encontrar siempre la palabra exacta, la que no se diluye en inútiles perífrasis. Podría mencionar otros escritores, pues todos y cada uno de los que he leído han dejado huellas en mí.

—*¿Cómo concibes una novela y cómo la desarrollas?*

—En mi caso, cada una de las novelas ha sido concebida y desarrollada de manera diferente. Por ejemplo, *Noche en vela* la concebí en su totalidad de estructura, personajes, temas, etc., desde el principio; en realidad la escribí como si alguien diferente a mí misma me la estuviera dictando. Esto pudo ocurrir porque yo no tenía conocimiento de las nuevas técnicas narrativas, ni del fluir psíquico: es una novela de simple estructura, sin gran trascendencia, pero que ha gustado mucho, sobre todo a los jóvenes, y por lo mismo lleva ya cinco ediciones. En cambio *Las sombras que perseguimos* la hice y rehice como siete u ocho veces, pues nunca estaba contenta con el producto final; además, entonces yo tenía conciencia clara de las nuevas técnicas narrativas y por lo mismo me vi en el deber de incorporarlas a mi oficio de novelista. Este último texto nació de mi obsesión por el tema de la vaga zona que divide la realidad de lo irreal, la verdad de la mentira.

—*¿Crees que la literatura está en un momento de crisis?*

—Desde hace mucho se habla de la crisis de la literatura. Este tema tiene dos lados: el primero, ¿crisis, porque ya ha agotado todas sus posibilidades? El otro: ¿crisis porque se han terminado o se van terminando los lectores o consumidores del producto? En cuanto al primero, debo responder que mientras el mundo siga poblado, hay una garantía de que por tener los seres humanos una capacidad interminable de imaginación y creatividad, seguirá apareciendo una nueva y renovada literatura que continuará atrayendo a los lectores. En cuanto al segundo tema, es cierto que el cine y la televisión atraen más que la lectura de los buenos libros, sin embargo, creo que siempre habrá quienes prefieran conocer los textos en su original impreso en lugar de verlos distorsionados en la pantalla como ocurre en la mayoría de los casos. El placer de la lectura difícilmente podrá ser eliminado por el placer de la imagen proyectada en pantalla. Así, quizás hayan disminuido los lectores porque algunos se han pasado a las filas de los que prefieren hacer un mínimo de esfuerzo utilizando la vía corta de la película, pero para mí, la literatura no está en crisis, aunque de cuando en cuanto padece algunas crisis superables.

—*¿Puedes comentar algunas virtudes y defectos de la literatura latinoamericana?*

—Como virtud, admiro en la actual narrativa latinoamericana, por ejemplo, cómo asimiló la protesta que la había venido caracterizando desde los comienzos y la integró, con mayor vigor, en el realismo mágico. Esa protesta monda y lironda, en muchas ocasiones, fue un defecto de nuestro pasado literario, ya que convertía nuestros textos ficticios en reportajes o ensayos cargados de acusaciones de crímenes y abusos.

Otra virtud de nuestras letras consiste en la capacidad que tiene el escritor latinoamericano de enriquecer el discurso literario con nuevas, ricas y sugestivas formas lingüísticas, las cuales no son dictadas por la Real Academia de la Lengua Española ni se someten a sus prefijados moldes. Los abusos cometidos por algunos escritores, quienes llevan esto a excesos, serían otro defecto.

Podría hacer una larga lista, pero temo extenderme mucho. Por lo mismo sólo voy a comentar lo siguiente: nuestra literatura en realidad comienza a obtener reconocimiento universal cuando encuentra la expresión de su propia identidad en su entorno geocultural y abandona las normas literarias extranjerizantes; también cuando se lanza a explorar todos los ámbitos de la imaginación y la maravilla. Estos dos aspectos cuentan para mí entre las virtudes que colocan a nuestra literatura en las primeras líneas de la creación literaria mundial.

—*¿Te parece que en la actualidad hay una decadencia en la apreciación de los valores humanos? ¿Tienes fe, esperanza de que la conciencia humana vuelva a despertarse y a triunfar sobre las malas tendencias?*

—A lo largo de la historia de la humanidad se han manifestado etapas marcadas por la ausencia de valores humanos. En la *Biblia* se pueden apreciar muy bien definidas esas etapas, las cuales terminan con una peste o un castigo monumental. En la actualidad, desgraciadamente, estamos dominados por el materialismo, la codicia, la violencia, la ambición y la lujuria. Así como en la *Biblia*, después del diluvio universal regresó la paloma al arca con un ramito verde que anunciaba la proximidad de la tierra, yo tengo esperanza de que pronto se vuelva a despertar la conciencia humana y se apacigüen las malas pasiones.

—*¿El escritor debe estar dispuesto a romper condicionamientos sociales, políticos, económicos, etc., en favor de su labor como creador?*

—Considero que ésta es una condición primordial de todo escritor, pues de otra manera su obra no tendría razón de ser. El escritor debe despertar la conciencia del público de su tiempo presentándole las duras realidades que muchas veces por intereses creados se le ocultan en los niveles social, político, económico y hasta artístico. Con esta actitud es probable que se quede solo pero vale la pena mantener la autenticidad y seguir siendo fiel a los propios principios. No se trata de hacer una literatura de protesta como la que se escribía a principios de siglo. Como dice Brecht, hay muchas formas solapadas de decir con crudeza pero con humor lo que está prohibido decir; un buen escritor encontrará siempre la manera de llevar al público sus inquietudes y las de su tiempo.

—*¿Hay dos tipos de literaturas: una para las mayorías y otra para las minorías?*

—Es inevitable, creo, que existan en la literatura esos dos tipos porque en realidad corresponden a dos actitudes del público. Si miramos al pasado de la literatura española vemos que un escritor tan popular en el teatro como Lope de Vega, cuando escribe poesía asume dos actitudes diferentes, una barroca, complicada y hasta oscura, que se acomoda a los convencionalismos ocultos, en cambio los romances suyos son deliciosamente ligeros, graciosos y accesibles a todo público. Lo mismo ocurre con Góngora que fue la ultraesencia de lo barroco. En nuestro tiempo la Nueva Narrativa Latinoamericana (en especial García Márquez e Isabel Allende) tiene el mérito especial de darles a todos los públicos el placer de la lectura; esto es lo que ha hecho de sus libros *best sellers* no sólo en el mercado hispánico, sino también en el internacional. Lograr esa bien realizada fusión de la literatura culta y popular debería ser la meta de todos nosotros. Desgraciadamente al "vulgo", como lo llamaba Lope de Vega, sólo le interesa que le cuenten sucesos de la manera más amena y no le vengan con temas que no le atraen como el del arte o el de la literatura o muchos otros que hoy persisten en nuestra literatura.

—*¿Hasta qué punto contribuye tu obra a la transformación del mundo?*

—La contribución de una obra a su tiempo y su mundo en cuanto a transformarlo, sólo se puede medir pasadas varias generaciones. Sin embargo, la crítica comienza ya a hablar del atrevimiento y valor mío para tocar temas que antes nadie se había atrevido a tocar como el lesbianismo, la masturbación femenina, etc. Lo importante de dichos temas es que los trato desde la insoluble tragedia humana de la soledad y la necesidad de compensar las frustraciones que imponen los convencionalismos sociales. No se trata sólo de describir o narrar situaciones "pecaminosas", sino más bien de integrarlas dentro de mi cosmovisión literaria y quitarles el barniz de pecado para asimilarlas a la experiencia humana.

NOTAS

[1] Esta entrevista fue publicada en *Revista Alba de América* 8 (1990): 353-60.

[2] *Debajo del manzano* fue el título original que pasó a ser *Mundo, demomio y mujer*. Este se publicó en Houston, Texas: Arte Público Press, 1991.

RIMA DE VALLBONA nació en Costa Rica. Es profesora de español en la Universidad de St. Thomas (Houston, Texas), donde ha estado enseñando desde 1964. Tiene el grado de Licenciada en Filosofía y Letras de la Universidad de Costa Rica y un Doctorado en Lenguas Modernas de Middlebury Colleje, Vermont. La doctora Vallbona ha recibido además diplomas de La Sorbona, Francia y de la Universidad de Salamanca, España.

Ha publicado los siguientes libros: *Noche en vela* (novela), 1968; *Yolanda Oreamuno* (Estudio literario), 1971; *Polvo del camino* (cuentos), 1973; *La salamandra rosada,* (Cuentos), 1979; *La obra en prosa de Eunice Odio* (estudio literario), 1981; *Mujeres y agonías* (cuentos), 1982; *Las sombras que perseguimos,* (novela), 1983; *Baraja de soledades* (cuentos), 1983; *Cosecha de pecadores* (cuentos), 1983; *La narrativa de Yolanda Oreamuno, 1976* (Estudio introductorio y compilación total de sus cuentos), y *Tormy, la prodigiosa gata de Donaldito,* 1997 (Cuento infantil).

Muchos de sus artículos de investigaciones, cuentos y poemas han sido publicados en revistas literarias de España, Francia, Costa Rica, Uruguay, etc.

Algunos de los premios literarios que ha recibido son: el Premio Nacional *"Aquileo J. Echeverría"* de Novela (1968) de Costa Rica; el Premio *"Jorge Luis Borges"* sobre cuento (1977); el Premio *"Agripina Montes del Valle"* de novela latinoamericana de Colombia (1978) y el "Premio *"Áncora"* del Suplemento Literario *"Ancora"* del Diario *La Nación* de 1983-1984 al mejor libro en Costa Rica.

BIBLIOGRAFIA DE Y SOBRE RIMA DE VALLBONA

Luis A. Jiménez
Florida Southern College

I. PUBLICACIONES.

A. LIBROS

a. Académicos:

Yolanda Oreamuno (estudio literario). San José: Editorial del Ministerio de Cultura, 1972. 159 pp.

Bases para el análisis literario (texto de análisis literario para estudiantes subgraduados) Copias Xerox. 180 pp.

La obra en prosa de Eunice Odio (estudio literario y antología). San José: Editorial Costa Rica, 1981. 299 pp.

Rima Vallbona (ed.) Eunice Odio. *Los elementos terrestres.* San José: Editorial Costa Rica, 1984. 2ª Ed. Madrid, España: Ediciones Torremozas S.L., 1989.

Vida i sucesos de la Monja Alférez, (Edición crítica. Introducción, notas y bibliografía por Rima de Vallbona). Tempe, Arizona: Arizona State University Press, 1992. 236 pp.

La narrativa de Yolanda Oreamuno (Análisis literario y antología). San José: Editorial Costa Rica, 1996: "Yolanda Oreamuno: en busca de nuevos derroteros literarios" (Introducción por Vallbona): 16-122. "Textos narrativos de Yolanda Oreamuno":123-350.

b. Creación:

Noche en vela (novela). San José: Editorial Costa Rica, 1968: 239 pp. 2ª Edición, San José: Editorial Fernández Lobo, 1978. 3ª Edición, San José: EUNED, 1983. 4ª Edición, San José: Editorial Costa Rica, 1984 (Incluida entre las 25 mejores novelas del país. Edición de lujo en celebración del 25° aniversario de la Editorial Costa Rica). 5ª Edición, San José: Editorial Costa Rica, 1997.

Polvo del camino (cuentos) San José: Editorial Autores Unidos, 1971: 129 pp.

La salamandra rosada (cuentos). Montevideo, Uruguay: Editorial Geminis, 1979: 119 pp.

Mujeres y agonías (cuentos). Houston, Texas: Arte Público Press, 1982: 100 pp.

Baraja de soledades (cuentos). Barcelona: Ediciones Rondas, 1983: 32 pp.

Las sombras que perseguimos (novela). San José: Editorial Costa Rica, 1983: 285 pp.

Cosecha de pecadores (cuentos). San José: Editorial Costa Rica, 1988: 138 pp.

El arcángel del perdón (viñetas literarias con un prólogo de Enrique Anderson Imbert). Buenos Aires: Ayala Palacio Ediciones Universitarias, 1990: 108 pp.

Mundo, demonio y mujer (novela). Houston: Arte Público Press, 1991: 320 pp.

Los infiernos de la mujer y algo más... (cuentos). Madrid, España: Ediciones Torremozas, 1992: 93 pp.

Flowering Inferno: Tales of Sinking Hearts (Cuentos). Tr. Liliam L. Tagle. Pittsburgh: Latin American Review Press, 1994: 92 pp.

Tormy, la prodigiosa gata de Donaldito (Cuento infantil). San José, Costa Rica: Mesén Editores, S.A., 1997: 35 pp.

B. ARTICULOS Y ENSAYOS EN REVISTAS LITERARIAS

"Divagaciones sobre *Nihil*" (ensayo). *La Nación* (San José) julio 2, 1967: 8.

"La crítica en Costa Rica" (ensayo). *La Prensa Libre* (San José) marzo 25, 1968.

"Ausentemente presente" (ensayo sobre el escritor Mario González Feo). *La Nación* (San José), junio 5, 1969: 58 y 64.

"Por los pasillos de Jorge Luis Borges" (ensayo). *Insula* (Madrid, España), 274 (octubre-noviembre, 1969): 4.

"Edward Albee: el arte y el público" (ensayo). *Indice* (Madrid), 248 (1968): 32-33.

"Yolanda Oreamuno: el estigma del escritor" (ensayo). *Cuadernos Hispanoamericanos* (Madrid), 270 (diciembre de 1972): 1-27.

"Hispanic Literature at the Secondary Level" (ensayo). *Bulletin of the Texas Foreign Language Association* 8. 4 (mayo de 1975): 4-5.

"La antipoesía de Virginia Grütter" (ensayo). *Troquel* (Costa Rica), 11 (junio de 1977): 16-17.

"El tiempo en siete relatos de Alejo Carpentier" (ensayo). *Troquel* (Costa Rica). 1ª parte: 13 (agosto de 1977): 5-11. 2ª parte *Troquel* 14 (septiembre de 1977): 22-28.

"A Homeless Writer" (ensayo sobre Eunice Odio, escritora costarricense) y tres cuentos de Rima de Vallbona traducidos al inglés. Victoria Urbano (ed.). *Five Women Writers of Costa Rica*, Beaumont, Texas: Lamar University Printing Press, 1978: 44-50 y 111-23, respectivamente.

"Trayectoria actual de la poesía femenina en Costa Rica" (ensayo). *Káñina, Revista de Artes y Letras de la Universidad de Costa Rica* 2. 3-4 (julio-diciembre de 1978): 15-29.

"La mujer latinoamericana a través de los siglos" (ensayo). Una serie de artículos mensuales desde octubre de 1980, en *Información* (Houston, Texas).

"El escritor en Hispanoamérica" (ensayo). *Información*, 1ª parte (mayo de 1981): 11, y la 2ª parte (Junio de 1981): 14.

"Eunice Odio: Rescate de un poeta" (ensayo). *Revista Interamericana de Bibliografía (Inter-American Review of Bibliography)* 31. 2 (1981): 199-214.

"Las mujeres en los conventos del Nuevo Mundo" (ensayo). *Garcín - Libro de Cultura* (Uruguay), 1ª parte, 5 (marzo-octubre 1982): 35-37. 2ª parte, 6 (noviembre-diciembre 1982): 46-49. *Ancora* (Costa Rica), 1ª parte (agosto12,1984): 2. 2ª parte (agosto 19, 1984): 2-3.

"Octavio Paz: prosa en movimiento". *Káñina, Revista de la Universidad de Costa Rica* 5. 1-2 (enero-diciembre 1982): 5.

"Espinas y laureles en el quehacer literario de Latinoamérica" (ensayo). *Ancora* (Costa Rica):

* 1ª parte: "La ingrata tarea del escritor", noviembre 13, 1983: 1 y 4.
*2ª parte: "Literatura de compromiso vs. Literatura de evasión", abril 1, 1984: 1 y 4.
*3ª parte: "¿Nuevas perspectivas en el quehacer literario?", junio 3, 1984: 2-3.
*4ª parte: "Situación del escritor en Latinoamérica", julio 24, 1984: 3-4.

"Alegorización de la realidad dominicana en *Al final del arcoiris*" *(ensayo)*. *Isla Abierta* (República Dominicana):

*1ª parte: "En busca de la realidad del pueblo dominicano", 137 (marzo 1984): 8-11.
*2ª parte: "Proceso desmitificador de la novela", 138 (abril 1984): 16-18. Publicado también en *Káñina, Revista de artes y letras de la Universidad de Costa Rica* 7. 1-2 (1984): 67-76.

"La mujer conquistadora: la Monja Alférez doña Catalina de Erauso" (ensayo). *Ancora* (Costa Rica), octubre 28, 1984: 1 y 4.

"Bibliografía de y sobre Yolanda Oreamuno" (ensayo). *Alba de América* (EE.UU.) 4-5 (1985): 415-29.

"Estudio valorativo de la obra de Eunice Odio" (ensayo). *Revista Atenea* (Puerto Rico) 1-2 (1985): 91-101.

"La mujer guerrera" (ensayo). *Ancora*, 9 de febrero de 1986: 2, y abril 20, 1986, p 2-D & 3-D.

"*María la noche* - Erotismo, remembranzas tropicales y misterio" (ensayo). *Ancora*, marzo 9, 1986: 2-D y 4-D.

"La Musa de Guatemala" (ensayo). *Ancora*, junio 8, 1986: 2-D.

"Análisis ideológico de la poesía costarricense" (ensayo). *Ancora* (Costa Rica), noviembre 24, 1985: 1-D y 4-D. También en *Cuadernos de poética* (República Dominicana) 9 (mayo - agosto, 1986): 45-53.

"El populismo pictórico de Mario González" (ensayo). *Ancora*, noviembre 2, 1986: 1D-3D.

"La mujer pobladora" (ensayo). *Ancora*, diciembre 1, 1986: 2 & 4.

"*La ruta de su evasión* de Yolanda Oreamuno: escritura proustiana suplementada" (ensayo). *Revista Iberoamericana* 138-139 (enero-junio, 1987): 193-217.

"Estudio valorativo de la obra de Eunice Odio" (ensayo). *Revista Atenea* (Puerto Rico), 1-2 (1985): 91-101.

"Loreina Santos Silva en el umbral de la soledad" (ensayo). *Ancora* (Costa Rica):

* 1ª parte, marzo 6, 1988: 2D-3D.
* 2ª parte, marzo 13, 1988: 3D-4D.

"*Los delitos de Pandora* de Julieta Dobles" (ensayo). *Ancora* (Costa Rica), febrero 26, 1989: 1-D, 3-D.

"Julieta Dobles: de la poesía intimista al lirismo trascendental" (ensayo). *Alba de América* 18-19 (1992): 273-88.

"Escritura femenina durante la colonia" (ensayo). *Letras de Buenos Aires* (Argentina), 22 (1990): 25-35.

"Humor carnavalesco en los cuentos de Jorge Kattán Zablah" (ensayo). *Confluencia* (University of Northern Colorado) 2 (1991): 149-55. También en *Taller de Letras* (Universidad Centroamericana José Simeón Cañas, El Salvador) 140 (marzo-abril, 1991).

"Una temprana vocación" (ensayo). *Alba de América* (California), 20-21 (julio, 1993): 69-78.

"Los conventos coloniales como espacios liberadores y de creación literaria para la mujer" (ensayo). *Revista de Filología y Lingüística, Universidad de Costa Rica*, Vol.I Extraordinario (1995): 7-23.

C. RESEÑAS DE LIBROS

"Jiménez, Esmeralda. *Las astillas del viento*" *Letras Femeninas* 3. 2 (otoño, 1977): 54-56.

Yvette E. Miller y Charles M. Tatum, eds. *Latin American Women Writers; Yesterday y Today. Hispania* 62. 3 (mayo-septiembre 1979): 408-09. Y *Foro Literario* 2. 4 (2º Semestre, 1978): 66-67.

Monge, Carlos Francisco. *La imagen separada - Modelos ideológicos de la poesía costarricense 1950-1980. Hispania* 69 (mayo 1986): 322.

Burgos, Fernando. *La novela moderna hispanoamericana (Un ensayo sobre el concepto literario de modernidad)*. *Inter-American Review of Bibliography* 4 (1986): 487-88.

D. CUENTOS Y POEMAS

"Una rosa al viento" y "Cementerio de camiones" (cuento). *La Nación* (Costa Rica) marzo 29, 1969: 33-31.

"Día de tinieblas" (cuento). *La República* (San José, Costa Rica), enero, 1976: 6.

"El árbol del chumico" (cuento). *Letras Femeninas* (University of Colorado), 1 (primavera 1975): 20-21, y en *Posdata* (San José, Costa Rica), enero 1976: 6.

"El impostor" (cuento). *El Urogallo* (Madrid, España) 34-35 (1975): 54-58.

"Bajo pena de muerte" (cuento). *Ancora* (Costa Rica) 220 (agosto 15, 1976): 4-5.

"Parábola del amor imposible" (cuento). *El Cuento - Revista de Imaginación* (Mexico) 75 (enero, febrero, 1977): 136-138.

"L'Imposteur" (cuento). Trad., Juliette Decreus. *Fer de Lance* 99 (julio-septiembre, 1977): 27-30.

"El árbol del chumico" y un comentario sobre la obra literaria de Rima de Vallbona por Marco A. Morales. *El Centinela* (Uruguay), diciembre 9, 1977: 8.

"Más allá de la carne" (cuento). *Foro Literario* (Uruguay) 3 (Primer Semestre 1978): 15-17. También en *Letras Femeninas* (Beaumont, Texas) 1(primavera 1978): 105-108.

"Les Noces d'argent de Penélope" (cuento). Trad., Juliette Decreus. *Fer de Lance* (Francia) 101-102 (enero-junio 1978): 13-18.

"A árvore do chumico" (cuento). Trad., Graciela Paternó de Ibarra. *Mulher, Suplemento de Folha da Tarde* (Brasil), octubre 21, 1978.

"Bien au-delà de la chair" (cuento). Trad., Juliette Decreus. *Fer de Lance* (Francia) 103 (julio-septiembre 1979): 14-17.

"Penélope en sus bodas de plata" (cuento). *Foro Literario* (Uruguay) 5 (1er Semestre, 1979): 15-20.

"Beto y Betina" (cuento). *Zona Franca* (Venezuela), 18 (mayo-agosto 1980): 44-47.

"Le Tréfonds de la surprise" (cuento). Trad., Juliette Decreus. *Fer de Lance* (Francia) 111-112 (julio-diciembre 1980): 12-14.

"El hondón de las sorpresas"(cuento). *Revista Chicano-Riqueña* (Houston) 4 (otoño 1980): 35-37.

"Con los muertos al cinto" (cuento). *Letras Femeninas* (Beaumont, Texas) 7.2 (otoño 1981): 29-35.

"Ame en Peine" (cuento). Trad., Juliette Decreus. *Fer de Lance* (Francia) 115-116 (julio-septiembre 1981): 33-37.

"Desde aquí" (cuento). *Garcín - Libro de Cultura* (Uruguay) 3 (noviembre 1981): 56-59.

"El monstruo de las cosas" (cuento). *Maize* (EE.UU.) 5. 1-2 (otoño-invierno 1981-1982): 62-64.

"Nanita triste" (poema). *La Urpila* (Uruguay) 4-5 (septiembre 1981 - enero 1982): 5-6.

"El muro" (cuento). *La Costa de Oro* (Uruguay) 21 (febrero 1982): 14-15.

"Tierra de secano" (cuento). *Letras Femeninas* (Beaumont, Texas) 1 (primavera 1983): 80-83.

"Iniciación" (cuento). *Cuaderno Literario Azor* (España) 37 (enero-marzo 1983): 49-50.

"Los buenos" (cuento). *Análisis* (República Dominicana) 84 (octubre 1983): 24-25.

"El nagual de mi amiga Irene" (cuento). *La Palabra* (Arizona State University) 1-2 (primavera-otoño 1983): 151-57.

"Los males venideros" (cuento). *Alba de América* (Instituto Literario y Cultura Hispánico, California) 2-3 (1984): 221-27.

"Mientras el Niño-Dios duerme entre almohadones de raso" (cuento). *Foro Literario* 13 (Primer semestre 1985): 9-12.

"Cosecha de pecadores" (relato). *Ancora*, 1ª parte: octubre 20, 1985: 1D-4D. 2a. parte: octubre 27, 1985: 3D-4D.

"Búsqueda perpetua" (poema). *La Urpila* (Uruguay) 22 (noviembre-diciembre 1985): 11. También en *La Urpila* (Uruguay) 53-54 (julio - diciembre, 1996): 26-28.

"En el mar de la nada" (poema). *La Urpila* 23-24 (febrero-julio 1986): 11.

"Infame retorno" (cuento). *Cultura* (El Salvador) 73 (enero 1984-diciembre 1985): 49-57.

"Tu voz de mar" (poema). Ed., Teresinka Pereira. *International Poetry*, Boulder, Colorado: International Writers Association, University of Colorado, 1987: 113.

"El muro" y "Más allá de la carne" (cuentos) *Ancora* (Costa Rica), marzo 22, 1987: 1D-2D y 4D.

"El hondón de las sorpresas" (cuento). *Ancora* (Costa Rica), junio 7, 1987: 3D.

"Libelo de repudio" (cuento). *El Gato Tuerto* (Miami, EE.UU.), verano 1987, 8.

"Una vez más Caín y Abel" (cuento). *Ancora* (Costa Rica), enero 31, 1988: 1D & 4D.

"Augusto discípulo de Pitágoras" (cuento). *SUMMA - Revista de Cultura e Información* (México) 3 (diciembre 1987): 93-100. También publicado en *Brújula / Compass* (Nueva York) 16 (1993): 8-10.

"Iniciación" (cuento). *Puro Cuento* (Argentina) 7 (noviembre-diciembre 1987): 46.

"El juego de los grandes" (cuento). *Maga - Revista Panameña de Cultura* (Panamá) 11-12 (1987): 129-30.

"El legado de la Venerable María de Jesús de Agreda" (cuento). *Letras Femeninas* (Boulder, Colorado) 1-2 (1988): 158-63.

"La Tierra Prometida del Norte" (capítulo de una novela). *The Americas Review* 1 (primavera 1988): 92-100.

"Surcos profundos de soledad" y "El saco vacío de las horas" (poemas), *La Urpila* (Uruguay) 28-29 (julio 1987 - enero 1988): 22, y 31(julio-diciembre, 1988): 22.

"Justicia distributiva" y "El infierno" (cuentos). *Ancora* (Costa Rica), enero 15, 1989: 1-D.

"La muerte nació contigo" (poema). *La Urpila* (Uruguay) 32(enero-abril 1989): 18-19.

"Milagro secreto" (poema). *La Urpila* 34 (septiembre-diciembre, 1989): 22.

"Sulcos Fecundos de Solidao" (poema). Ed., Teresinka Pereira. *Monitor campista* 253 (noviembre 1989): 4.

"El Corrector de la historia" (cuento). *Ancora* (agosto 6, 1989): 3-D. También en *Napenay* (Argentina) 9-10 (diciembre 1990): 70-73.

"Profundidad insondable" (poema). *Arboleda* (España) 17 (junio 1990): 15.

"En el mar de la nada" (poema). *Arboleda* (España), 18 (septiembre 1990): 17. También en *La Urpila* 35(ene.-abril 1990): 29.

"Silencio y vacío" (poema). *Arboleda* 18 (junio 1991).

"Saturnalia" (cuento). *Alaluz, Revista de Poesía, Narración y ensayo* (California State University) 24.1-2 (primavera-otoño 1992): 81-83.

"La tejedora de palabras" (cuento). *The Americas Review* (Houston, Texas) 3-4 (otoño-invierno 1992 - Edición del XX aniversario): 116-23.

"Los frutos de la verdad"(cuento). *Linden Lane Magazine* (Princeton), 1 (marzo, 1993): 3.

"Mi alteránimus" (Parábola). *Ancora* (Costa Rica), febrero 28, 1993): 1-D. También en *Linden Lane Magazine* (Princeton), 1 (marzo, 1993): 3.

"Misterio de piedra" (cuento). *Cuadernos de Poética* (República Dominicana) 21 (septiembre-diciembre 1993): 59-66.

"Una modesta eternidad" (cuento). *Luz en Arte y Literatura* (Miami, Florida) 5 (noviembre 1993): 113-16.

"El carro de la rutina" (cuento). *Suplemento Literario Voces* (San Francisco, California), abril 1, 1994: 3.

"El sueño de otro sueño" (cuento). *Letras Femeninas* (Cornell University, Ithaca) Número extraordinario conmemorativo 1974-1994: 181-87.

"El paraíso niño" (Poema navideño). *La Urpila* (Uruguay) 53-54 (julio-diciembre, 1996): 26-28. También en *Linden Lane Magazine* 3-4 (septiembre - diciembre, 1996): 21.

E. ANTOLOGIAS, DICCIONARIOS, ENCICLOPEDIAS, ETC.

a. Ensayos, artículos, prólogos, capítulos de libros, etc.

"Búsqueda de Minerva en los ritos de las palabras" (prólogo) en Cándido Gerón. *Minerva: en el temblor de las mudas paredes*. Santo Domingo: Editorial Santo Domingo, 1983: 45-49.

"La palabra ilimitada de Eunice Odio: *Los elementos terrestres*" (prólogo) en Eunice Odio. *Los elementos terrestres*, Rima de Vallbona, ed. San José: Editorial Costa Rica, 1984: 11-36.

"Jean Peytard et la Méthode Sémiotique dans l'Enseignement de la littérature" en *Ça parle... Hommage au Professor Jean Peytard* (ensayo-testimonio). Middlebury, Vermont: Ecole Française, Middlebury College, 1986: 97-100.

"Costa Rica" (capítulo) en *Handbook of Latin American Literature*. David William Foster (ed.). Nueva York y Londres: Garland Publishing Inc., 1987: 191-202.

"Estructuras narrativas en los cuentos de Yolanda Oreamuno" (ensayo) en *Evaluación de la literatura femenina de Latinoamérica* (II Simposio Internacional de Literatura, Instituto Literario y Cultural Hispánico de California). San José, Costa Rica: Editorial Universitaria Centroamericana - EDUCA, 1987: 27-42.

"Amparo Dávila", "Catalina de Erauso", "Eunice Odio" y "Yolanda Oreamuno" (anotaciones). Ed., Diane E. Marting. *Women Writers of Spanish America - An Annotated Bio-Bibliographical Guide*. Nueva York: Greenwood Press, 1987: 109-111, 124-25, 281-83 y 284-85 respectivamente.

"Erotismo, remembranzas tropicales y misterio en *María la noche* de Anacristina Rossi" (ensayo-entrevista) en *Mujer y sociedad en América*. Ed., Juana Arancibia. San José: EDUCA, 1988: 117-35.

"Loreina Santos Silva" (ensayo biográfico) en *Biographical Dictionary of Hispanic Literature in the United States (The Literature of Puerto Ricans, Cuban Americans, and other Hispanic Writers)*. Ed., Nicolás Kanellos. Nueva York: Greenwood Press, 1989: 283-89.

"Eunice Odio y el discurso poético 'innumerable'" (Prólogo) en Eunice Odio. *Los elementos terrestres*. Ed. Luzmaría Jiménez Fano. Madrid: Ediciones Torremozas, S. L., 1989: 9-20.

"Eunice Odio" (ensayo bio-bibliográfico). Trad., Bertie Acker. *Women Writers of Spanish America - An Annoted Bio-Bibliographical Guide*. Ed., Diane E. Marting. Nueva York: Greenwood Press, 1990: 382-93. También en español, *Escritoras de Hispanoamérica - Una guía bio-bibliográfica*. Ed., Diane E. Marting. Bogotá: Siglo XXI Editores de Colombia, S.A.,1991: 406-17.

"Spanish American Writers (colonial)" (ensayo). Trad., Bertie Acker. *Women Studies Encyclopedia*, Vol. II, *Literature, Arts, and Learning*. Ed., Helen Tierney.Nueva York: Greenwood Press, 1990: 318-21. Una segunda edición aumentada, está en preparación.

"Colonial Convents in the New World" (ensayo). Trad., Bertie Acker. *Women's Studies Encyclopedia*, Vol. III. *History, Philosophy, and Religion*. Ed., Helen Tierney. Nueva York: Greenwood Press, 1991: 92-93.

b. Cuentos, poemas, etc., incluidos en antologías.

"The Chumico Tree" (cuento). Incluido en una antología de escritores contemporáneos hispanoamericanos traducidos al inglés y publicada por la University of Tulsa. Oklahoma: *Nimrod -Latin American Voices*, otoño-invierno, 1973: 62-63. "The Chumico Tree" fue leído también en dos programas de T.V. dedicados a escritores hispanoamericanos en Canal 2 de Tulsa, Oklahoma.

"Chumico Tree," "Penelope's Silver Wedding Anniversary," y "Parable of the Impossible Eden" (cuentos). Trad. Nuri Vallbona. *Five Women Writers of Costa Rica*. Ed., Victoria Urbano. Beaumont, Texas: Asociación de Literatura Femenina Hispánica, 1978: 111-123.

"El juego de los grandes" (cuento). *Letras Femeninas en América (Anthology of Latin American Women Writers)*. Montevideo, Uruguay: Asociación de Literatura Femenina Hispánica, 1981: 163-69.

Varios poemas en *Poesía compartida - quince poetas latinoamericanos de hoy*. Ed., Rubinstein Moreira. Montevideo, Uruguay: Ediciones Urpila, 1983: 48-50.

"Alma en pena" (cuento). *Woman of her Word - Hispanic Women Writers* (Ejemplar especial de *Revista Chicano-Riqueña*) (EE.UU.) 3-4 (otoño-invierno, 1983): 122-26.

"Penélope en sus bodas de plata" (cuento) en *Puerta abierta - La nueva escritora latino-americana*. Eds. Caridad L. Silva-Velázquez y Nora Erro-Orthoman. México: Editorial Joaquín Mortiz, 1986: 259-65. Bibliografía: 338-40. También en *Nosotras y ellos*. Ed. Belén Lagos Oteíza. San José: Editorial Nueva Década, 1988: 27-32.

"Penelope on her Silver Wedding Anniversary" (cuento). Ed. y Trad. Barbara Paschke. *Clamor of Innocence - Stories from Central America*. San Francisco: City Lights Books, 1988: 26-32.

"Penelope's Silver Wedding Anniversary" (cuento). Trad. Mary Gómez Parham. *Cuentos by Latin America: The Magic and the Real*. Ed. Celia Correas de Zapata. Houston: Arte Público Press, 1989: 196-201. También en *The Time of Our Lives*. Eds. Dena Taylor y Amber Coverdale Sumrall, Freedom, California: The Crossing Press, 1993.

"Profundidad insondable" (poema). *International Poetry 1989*. Ed. Teresinka Pereira. Moorehead, MN: International Writers y Artists Association, 1989: 13.

"Milagro secreto" y "Profundidad insondable" (poemas). *VII Antologia de poesía contemporánea*. Ed. Luís Felipe Soares. Lisboa, Portugal: Livros Universo, 1990: 414-15.

"The Good Guys" y "The Wall" (Cuentos). Trad. Elizabeth Gamble Miller. *When New Flowers Bloomed: Cuentos by Women Writers from Costa Rica and Panamá*. Ed. Enrique Jaramillo Levi. Pittsburgh, Pennsylvania: Latin American Literary Review Press, 1991: 127-132.

"The Secret World of Grandmma Anacleta" (cuento). Trad. Bertie Acker. *Beyond the order - A New Age in Latin American Women's Fiction*. Eds. Nora Erro-Peralta y Caridad Silva-Núñez. Pittsburgh: Cleis Press Inc., 1991: 190-202.

"Saturnalia" (cuento). *Relatos de mujeres - Antología de narradoras de Costa Rica*. Ed. Linda Berrón. San José, Costa Rica: Editorial Mujeres S. A., 1993: 149-54.

"La tejedora de palabras" (cuento). *Cuentos hispanos de los Estados Unidos*. Ed. Julián Olivares. Houston, Texas: Arte Público Press, 1993: 217-30.

"The Chumico Tree" (cuento). Trad., Mary Gómez Parham. "Mistery Stone" (cuento). Trad. Barbara Paschke. *Costa Rica - Traveler's Literary Companion*. Ed. Barbara Ras. San Francisco, California: Whereabouts Press, 1994: 34-36 y 73-80 respectivamente.

"Caracolada" (cuento infantil). *Había una vez... un montón de veces*. San José, Costa Rica: Farben, Grupo Editorial Norma, 1994: 110-15.

"Gigó" (cuento). *Lecturas guiadas - Textos literarios y no literarios* (texto para enseñar la lengua materna a estudiantes de primer nivel). Eds. Héctor Balsas y Anaís Pereira. Montevideo, Uruguay: A. Monteverde & Cía. S.A., 1994: 9-10.

"Cáliz depositario de tu imagen" (poema). *International Poetry*. Ed. Teresinka Pereira. Bluffton, Ohio: International Writers and Artists Association, 1995: 51.

"Penélope en sus bodas de plata" (cuento). *En contacto - Lecturas intermedias*, 5ª edición. Eds. Mary McVey Gill, Brenda Wegmann y Teresa Méndez-Faith. Nueva York: Harcourt Brace College Publishers, 1995: 62-66.

"El carro de la rutina" (cuento). *Imponiendo presencias - Breve antología de otros narradores expatriados latinoamericanos*. Eds. Martivón Galindo y Armando Molina. San Francisco, California: Editorial Solaris, 1995.

"El Nagual de mi amiga Irene" (cuento). *Relatos de mujeres II*. Ed. Luzmaría Jiménez Faro. Madrid: Ediciones Torremozas, S.L., 1996: 121-31.

F. SOMETIDOS O ACEPTADOS PARA PUBLICACION

A. ENSAYOS, CAPITULOS, ETC. SOMETIDOS O ACEPTADOS:

a. "Corona fúnebre para Eunice Odio a los veinte años de su muerte" (ensayo, original de 17 pp.)
b. "Yolanda Oreamuno en el recuerdo de Lilia Ramos" (ensayo, original de 19 pp.).

Ambos serán incluidos en *Central American Women Writers*. Ed. Janet Gold.

"La intertextualidad como recurso de transgresión y subversión en algunos cuentos de Jorge Kattán Zablah", se publicará en 1997 en la revista *Sociocriticism* de la University Paul Valéry, Montpellier, Francia.

"*Lieutenant Nun*" (reseña). Eds. Michele Stepo y Gabriel Stepo. Será publicada en *Review: Latin American Literature and Arts*, (2º Semestre, 1997).

B. CUENTOS, POEMAS, ETC.

"Rima Speaks" y cuentos de Rima de Vallbona serán publicados en la University of Natal, South Africa.

"Caña hueca", "Balada de un sueño", "Mi Alteránimus" y "La tejedora de palabras" (cuentos). Serán incluidos en una antología de Escritoras costarricenses. Ed. Víctor Rojas.

"La tejedora de palabras" (cuento). Será incluido en *Cuentos hispanoamericanos en el siglo XX*. Ed. Fernando de Burgos. Madrid: Editorial Castalia. Será publicado en 1997.

G. EN PREPARACION

Latin American Colonial Women Poets. La investigación en progreso.

De Costa Rica al mundo: Ensayos de literatura costarricense. Manuscrito en sus últimas revisiones.

El último denario (drama). Manuscrito de 110 pp.

Autobiografías de monjas durante la Epoca Colonial. Investigación en progreso.

II. CRITICA DE SU OBRA, ENTREVISTAS Y RESEÑAS

Sotela Borrasé, Vanesa. "Interesantes momentos de charla con Rima Vallbona" (entrevista). *La Prensa Libre* (Costa Rica), julio 22, 1967.

Loaiza, Norma. "Rima Gretel Rothe de Vallbona" (entrevista). *La República* (Costa Rica), julio 10, 1967.

Anderson, Helen. "A Texas Setting for Novelas Españolas" (entrevista). *The Houston Post*, marzo 6, 1967. La misma entrevista fue traducida al español y publicada bajo el título de "Ambiente tejano donde se han escrito novelas españolas", *La Nación* (Costa Rica), abril 9, 1967.

Trejos de Steffen, Inés. "*Noche en vela* de Rima de Vallbona" (reseña). *La Prensa Libre* (Costa Rica), abril 19, 1969.

Cañas, Alberto F. "*Noche en vela*, primera novela de Rima Vallbona" (reseña). *La República* (Costa Rica), marzo 17, 1968.

Tasca, Susana. "La novela espléndida de Rima de Vallbona" (reseña). *La Prensa Libre* (Costa Rica), julio 3, 1968.

González Feo, Mario. "Divagaciones apasionadas" (reseña). *La Nación* (Costa Rica), julio 7, 1968.

Saltor, Octavio. "Contrapunto" (reseña). *Templo* (España), mayo 1969.

Decreus, Juliette. "Rima R. de Vallbona - Romancier du Costa Rica" (Ensayo literario). *Fer de Lance* (Francia), 83 (julio, agosto, y septiembre 1973): 14-19.

Durán Cubillo, Ofelia. *Rasgos del relato moderno en el tiempo de "Noche en vela" de Rima Vallbona*. Tesis para obtener el título de "Licenciada" en Filología Española, presentada en la Universidad de Costa Rica, 1976.

Lázcaris, Constantino. "*Noche en vela*" (reseña). *La Nación*, marzo 1977 y *Letras Femeninas* 4. 1 (primavera, 1978): 106-108.

Aldaya, Alicia G.R. "Three Short Stories by Rima Vallbona". *Five Women Writers of Costa Rica*. Ed. Victoria Urbano. Beaumont, Texas: Lamar University Printing Press, 1978: 124-27.

Testa, Celia. "Desde Texas con letras hispanas" (reportaje periodístico). *El País* (Montevideo, Uruguay), junio 18, 1978.

Fernández, Hugo. "Rima de Vallbona, desde el norte con mucho amor" (reportaje periodístico). *Femenino* (Uruguay), junio 25, 1978.

Ramos, Lilia. "Rima Vallbona o *Noche en vela*" (ensayo). *Fulgores en mi ocaso*. San José: Editorial Costa Rica, 1979: 86-88.

Johnson, Roberta. "The Paradigmatic Story Mode of Carmen Naranjo, Eunice Odio, Yolanda Oreamuno, Victoria Urbano, y Rima Vallbona" (ensayo). *Letras Femeninas* 1 (primavera 1980): 14-24.

Karsen, Sonja. "*Five Women Writers of Costa Rica*" (reseña). *Hispania* 63 (diciembre 1980): 785.

Porras, José A. "*La salamandra rosada*" (reseña). *La República*, marzo 7, 1981: 9.

Chase, Alfonso. "Eunice vista por Rima de Vallbona" (reportaje). *La República* (Costa Rica), agosto 15, 1981: 9.

Barahona Jiménez, Luis. "La estética en los novelistas del siglo XX (Período 1920 - 75) Rima Rothe de Vallbona" (capítulo). *Apuntes para la historia de las ideas estéticas en Costa Rica*. San José: Editorial del Ministerio de Cultura, 1982: 88-90.

Cerezo Dardón, Hugo. *La obra en prosa de Eunice Odio* (reseña). *La Prensa Libre* (Guatemala), diciembre 13, 1981: 12. También en *Análisis* (República Dominicana) 69-70 (mayo-junio, 1982): 47-48.

Fajardo, Miguel. "Eunice, Eunice Odio" (reseña). *La República* (Costa Rica), enero 17, 1982. También en *Análisis* (República Dominicana), 69-70 (mayo-junio, 1982): 20-22.

Gerón, Cándido. "Eunice Odio: poetisa costarricense" (reseña). *La noticia* (República Dominicana), marzo 31, 1982: 8.

Monté, Nydia. "*Mujeres y agonías*", un libro que Ud. debe leer". (Entrevista). *Información* (Houston), abril 1, 1982: 7.

Baeza Flores, Alberto. "Eunice, la mágica peregrina" (reseña). *Revista Cultural 2001* (Venezuela), abril 4, 1982: 14.

Rivera, Ana de. "Una escritora costarricense en los Estados Unidos" (Entrevista). *La República* (Costa Rica), abril 18, 1982: 16.

Parle, Dennis. "Vallbona, Rima. *La obra en prosa de Eunice Odio*" (reseña). *SCOLAS Bulletin* (EE.UU.) 5. 3 (primavera 1982): 6.

Novo Pena, Silva. "*Mujeres y agonías*" (reseña). *La Voz* (Houston), julio 1, 1982: 10.

Moreira, Rubinstein. "*La obra en prosa de Eunice Odio*" (reseña). *El Diario Español* (Uruguay), julio 17, 1982: 12.

Baeza Flores, Alberto. "La salamandra rosada" (reseña). *Ancora* (Costa Rica), octubre, 1982. También en *Siglo XXI - Momento* (Venezuela), agosto, 1982.

Fajardo, Miguel. "Yolanda Oreamuno presentada por Rima de Vallbona" (reseña). *Análisis* (República Dominicana) 73 (octubre 1982): 39-40.

Fajardo, Miguel. "Rima de Vallbona - una narrativa básica" (ensayo). *Análisis* 73 (octubre 1982): 41-42.

Jurado Morales, José. "*Mujeres y agonías* de Rima de Vallbona" (reseña). *Cuaderno Literario Azor* 36 (octubre, noviembre, diciembre 1982): 68.

Acker, Bertie. "*Mujeres y agonías* by Rima de Vallbona" (reseña). *SCOLAS Bulletin* 6. 2 (invierno 1982-83): 1-2.

Bartolomé Pons, Esther. "Los cuentos de Rima Vallbona: dignificación de un género" (ensayo). *Devenir* (España) 7 (invierno 1982): 11-12.

Reseña en *Books of the Southwest* (EE.UU.) 290 (enero 1983).

Zúñiga-Tristán, Virginia. *Mujeres y agonías* (reseña). *Káñina Revista Artes y Letras, Universidad de Costa Rica* 5. 1-2 (enero-diciembre 1982): 126.

Luesma-Castán, Miguel. "Rima de Vallbona: *Baraja de Soledades*" (reseña). *Heraldo de Aragón* (España), domingo 26 de junio, 1983: 3.

Tcachuk, Alejandra. *La obra en prosa de Eunice Odio* (reseña). *Hispania* 66 (mayo 1983).

Acker, Bertie. "Revelación y hermetismo en *Mujeres y agonías*, Los nuevos cuentos de Rima de Vallbona" (ensayo). *Análisis* (República Dominicana), 80-81 (junio-julio 1983): 41-42.

Ricci, Iris M. *La obra en prosa de Eunice Odio* (reseña). *Foro Literario* (Uruguay) 11 (Primer semestre 1983): 48.

Fernández de Ulibarri, Rocío. (entrevista) "Vallbona en el límite de lo real". *Ancora* (Costa Rica), agosto 21, 1983: 2-3.

Zúñiga-Tristán, Virgina. *"Las sombras que perseguimos"* (Reseña). *Ancora* (Costa Rica), agosto 21, 1983: 2-3.

Aldaya, Alicia J. R. *"La obra en prosa de Eunice Odio"* (Reseña). *The South Central Bulletin* 1-2 (primavera - verano, 1983): 30. También *Letras Femeninas* 2 (otoño 1983): 60.

Tatter, Federico. *"Baraja de soledades"* (reseña). *La Ciudad* (Chile), octubre 4, 1983: 5.

Salvo, Baccio. *"Baraja de soledades"* (reseña). *Análisis* (República Dominicana) 84 (octubre 1983): 23.

Oberhelman, Harley D. (Texas Tech University). *"Las sombras que perseguimos"* (reseña). *SCOLAS Bulletin* (invierno 1983-84): 5-6.

Grüber, Vivian M. *"Mujeres y agonías"* (reseña). *The South Central Bulletin* (invierno 1983): 134.

Vélez, Joseph F. "Una novela fascinante: *Las sombras que perseguimos*" (reseña). *Ovaciones* (México), abril 6, 1984: 8.

Constanzó, Carlos M. "Sobre Rima de Vallbona" (ensayo). *Análisis* (República Dominicana) 90 (marzo 1984): 38.

Cerezo Dardón, Hugo. *A la luz de los libros - Bibliografía Guatemalteca comentada (1980-1981)* (ensayo). Guatemala: Editorial Universitaria, 1984: 181-85.

Agosín, Marjorie. *"Mujeres y agonías"* (reseña). *Third Woman* 2. 1 (1984): 114-15.

Vélez, Joseph F. "Libro de agonías" Reseña sobre *Mujeres y agonías*. *Ovaciones* (México), julio 26, 1984: 8.

Vargas, Sonia. "Recuperación de valores femeninos" (entrevista). *La Nación Internacional*, agosto 1984: 23.

"El cuidadoso estilo de Rima de Vallbona" (ensayo). *Ancora* (Costa Rica), enero 20, 1985: 6.

Dowling, Lee H. "Point of View in Rima de Vallbona's Novel *Las sombras que perseguimos*" (ensayo). *Revista Chicano-Riqueña* 1 (primavera 1985): 64-73.

Lojo de Beuter, María Rosa. *"Las sombras que perseguimos"* (reseña). *Alba de América* 4-5 (1985): 374-76.

Lindstrom, Naomi. Reseña sobre *Los elementos terrestres* y el prólogo de Vallbona. *SCHOLAS Bulletin* 10. 1 (primavera 1985): 8.

Miranda Hevia, Alicia. "Sombra, dolor y realidad en Rima de Vallbona" (reseña). *La República* (Costa Rica), marzo 7, 1986: 11.

Armas, Wilson. *Las sombras que perseguimos* (reseña). *Foro literario* 14 (2º Semestre 1985): 54-55.

Amber, Angeles. *Las sombras que perseguimos* (reseña). *La Religión* (Venezuela), noviembre 10, 1985: 5.

Miranda Hevia, Alicia. "Narrar, una opción femenina" (reseña). *La República*, agosto 22, 1986.

López Morales, Berta. "*Mujeres y agonías*" (reseña). *La discusión* (Chillán, Chile), septiembre 5, 1986.

Dowling, Lee. "Rima de Vallbona: desafíos ideológicos y perspectivas de la narración en su obra literaria" (ensayo). *Letras* (Costa Rica) 11-12 (1986): 193-214.

Chase, Cida S. "El mundo femenino en algunos cuentos de Rima de Vallbona" (ensayo). *Revista Iberoamericana* 138-139 (enero-junio 1987): 403-18.

Dowling, Lee. "Rima Gretel Rothe de Vallbona" (ensayo). *Women Writers of Spanish America - An annotated Bio-Bibliographical Guide*. Ed. Diane E. Marting. Nueva York: Greenwood Press, 1987: 335-37.

Sandoval de Fonseca, Virginia. "*Las sombras que perseguimos* o práctica de relectura" (ensayo). *Evaluación de la literatura femenina de Latinoamérica*. San José, Costa Rica: Editorial Universitaria Centroamericana - EDUCA, 1987: 67-79.

Páez de Ruiz, María de Jesús. "Mito y realidad en *Mujeres y agonías* de Rima de Vallbona" (ensayo). *Evaluación de la literatura femenina de Latinoamerica*. San José, Costa Rica: EDUCA, 1987: 81-90.

Cerda, Flora et al. *La problemática de la mujer contemporánea en la narrativa de Rima de Vallbona*. Tesis de Maestría, Universidad de Costa Rica, noviembre 1987. 146p.

Lojo, María Rosa. "*Mujeres y agonías*" (reseña). *Letras Femeninas* 1-2 (1987): 112-13.

López Oroz, María Luisa y Belén Lagos Oteíza. "Aproximaciones a la temática en *Las sombras que perseguimos*" (ensayo). *Revista Estudios* (Universidad de Costa Rica), 7 (noviembre 1987): 227-34.

Beltrán, Jorge. "El fatídico encuentro con la nada" (entrevista). *La Prensa* (Argentina), mayo 10, 1988: 3.

Franz, Thomas R., *Los elementos terrestres*" (reseña). *SUMMA - Revista de Cultura e Información* (México) 3 (diciembre 1987): 181-84.

Chase, Alfonso. "Nuevos cuentos de Rima de Vallbona" (reseña). *La República* (Costa Rica), mayo 23, 1988: 18.

Arce, Luis Enrique. "El valor de Rima de Vallbona" (reportaje). *La República* (Costa Rica), enero 1989.

Amoretti, María. "Entre la permanencia y el exilio" (ensayo). *Ancora* (Costa Rica), febrero 1989: 1.

Dowling, Lee. "Rima de Vallbona" (ensayo). *Biographical Dictionary of Hispanic Literature in the United States (The Literature of Puerto Ricans, Cuban Americans, and other Hispanic Writers)*. Ed. Nicolás Kanellos. Nueva York: Greenwood Press, 1989: 329-36.

Galván, Delia. "*Cosecha de pecadores*" (reseña). *Cuadernos de ALDEEU* 1 (abril 1990): 120-23.

Chase, Cida S. *Cosecha de Pecadores* (reseña). *Alba de América* (California) 14-15 (julio 1990): 353-60.

Galván, Delia V. "Medios de distanciamiento de la realidad en *Cosecha de Pecadores* de Rima de Vallbona" (ensayo). *Encuentro de la literatura con la ciencia y el arte*. Ed. Juana Arancibia. Buenos Aires: Ediciones OCruxaves, 1990: 451-62.

Lojo, María Rosa. "*Cosecha de pecadores*" (Reseña). *Letras Femeninas* 1-2(1990): 169-70.

Molina, Nory y Julia E. Patiño. "La escritura femenina en 'Balada de un sueño' de Rima de Vallbona" (ensayo). *Encuentro de la literatura con la ciencia y el arte*. San José, Costa Rica: EDUCA, 1991: 207-20.

Miranda Hevia, Alicia. "Evanescente arcano" (capítulo). *Las sílabas azules - Proposición de lecturas.* San José, Costa Rica, Ediciones Guayacán, 1991: 55-68.

Rosas, Yolanda. *"Los infiernos de la mujer y algo más..."* (reseña). *Alba de América* 18-19 (1992): 395-96.

Durán Cubillo, Ofelia. "Rasgos del relato moderno en el orden temporal de *Noche en vela*". Káñina, *Revista de Artes y Letras de la Universidad de Costa Rica* 16. 2 (1992): 9-16.

Kalina, Rosita. "Un libro polémico - Una nueva novela de la costarricense Rima de Vallbona circula en el mercado norteamericano de habla hispana" (reseña). *Ancora* (Costa Rica), diciembre 1992: 3-D.

Mares, E.A. "Novel Rewarding for Those Who Read Spanish" (reseña). *Texas Books in Review* (otoño, 1992): 13.

Parham, Mary. "Men in the Short Stories of Rima de Vallbona (Ensayo). *Confluencia - Revista Hispánica de Cultura y Literatura* (Greeley, Colorado) 1(otoño 1992): 39-49.

Castilla, Julia Mercedes. "Novelist Vallbona Depicts Life of Hispanic Feminists" (reseña). *¡Viva! Magazine, The Houston Post* (Reseña), octubre 8, 1993:F-8.

Cartín de Guier, Estrella. "Noche abismal" (Ensayo). *Ancora*, noviembre 1993: 4-D.

Cartín de Guier, Estrella. *"Los infiernos de la mujer y algo más..."* (reseña). *La Nación* (Costa Rica), noviembre 24, 1993: 15-A.

Durán Cubillo, Ofelia. "Rasgos del relato moderno en la frecuencia de *Noche en vela*". Káñina, *Revista de Artes y Letras de la Universidad de Costa Rica* 17. 2 (1992): 9-15.

Campeny-Queralt, María Rosa. "Prisioneras de la tradición - *Los infiernos de la mujer y algo más...*" (reseña). *Suplemento Voces de Horizontes* (San Francisco, California), marzo 4, 1994:IV.

Jiménez, Luis A. *"Los infiernos de la mujer..."* (reseña). *Linden Lane Magazine* (New Jersey) 1 (marzo de 1994): 8.

Chase, Cida S. *"Mundo, demonio y mujer"* (reseña). *Alba de América* (Westminster, California) 22-23 (1994): 547-49.

Galindo, Martivón, *"Mundo, demonio y mujer"* (reseña). *Voces - Suplemento Artes y Letras de Horizontes* (San Francisco, California: octubre 1995: 4. También en *Ars - Revista de la Dirección de Artes* (San Salvador) 7 (otoño 1995): 87-88.

Uhrhan Irving, Evelyn, *"Flowering Inferno: Tales of Sinking Hearts"* (reseña) *World Literature Today* (invierno, 1995).

"Vida i sucesos de la Monja Alférez" (reseña). *Cuadernos de Poética* 23 (1994): 75-79.

Andrist, Debra D. "Revisiones y reversos de Rima de Vallbona: 'Beto y Betina'". *Revista de Filología y Lingüística de la Universidad de Costa Rica* (número extraordinario) 1 (1995): 75-80.

Chen Sham, Jorge. "Formas de narración íntima y el estatuto discursivo en *Las sombras que perseguimos*". *Revista de Filología y Lingüística de la Universidad de Costa Rica* (número extraordinario) 1 (1995): 75-80.

Goergen, Juana I., *"Vida i sucesos de la Monja Alférez"* (reseña). *Hispania* 2 (mayo 1995): 298.

Fabre, Niza, *"Vida i sucesos..."* (reseña). *Círculo: Revista de Cultura* (1995): 239-41.

Campeny-Queralt, María Rosa, *"Los infiernos de la mujer y algo más..."* (reseña). *Alba de América* 26-27 (1996).

Chase, Cida, "Rima de Vallbona: Discurso y temática" (Ensayo). *Alaluz - Revista de Poesía, Narración y Ensayo* (primavera-otoño 1996): 97-106.

TABULA GRATULATORIA

El Instituto Literario y Cultural Hispánico agradece a las siguientes personas e instituciones, así como a quienes recordaron a sus queridos seres desaparecidos, las suscripciones que hicieron posible la publicación de este volumen de *Protestas, interrogantes y agonías en la obra de Rima de Vallbona:*

Miriam Bustos Arratia
María Salgado
Elías y Georgina Sabat Rivers
Cecilia Espinoza Ludwig
Ellen Lismore Leeder
Esther P. Mocega González
Jorge Kattán Zablah
Hilda Perera Díaz
Jorge Weibel
Becky Bowling
Herlinda Charpentier Saitz
Rafael Lara Martínez
Sally Cabrera
Hilda Chen-Apuy
Alarri Herrera Picado
Ana María de Paiva-Bohnn
Ana María Fagundo
James Agustín Castañeda
Eladio Cortés
Robert Avalón
Don y Mary Hogan
Thelma Sandoval
Vicente Alvarenga
Vivian M. Gruber
Mario A. Esquivel Tobar
Daisy Murillo (In Memoriam)
Marta M. Lacasa
Oscar Montanaro Meza
Alexandra Meléndez

Universidad de Costa Rica,
Departamento de Lengua y Literatura
Elio y Esther Gray Alba Buffill
Drexel Libray, Saint Joseph's University
Frente de Afirmación Hispanista
Luzmaría Jiménez-Faro
Lidiette Miranda de Fendt
Iris Milano (In Memoriam)
Timothy Hagerty
María Eugenia Monge Otárola
Miguel Fajardo (In Memoriam)
Norma Oconitrillo Mata
Lilliana Fischer de Vries
Norma Suiffet
María Eugenia Valverde A. de Arce
Lilia Fischer-Ruiz
Hillman Library, University of Pittsburgh
Abelardo Bonilla (In Memoriam)
Vesta Rothe de González
Ferdinand Hermann Rothe (In Memoriam)
Estrella Cartín de Guier
Eric Decreus (In Memoriam)
Norma Pérez Martín
Egidia Villena de Batallanos (In Memoriam)
Emilio Carilla (In Memoriam)
Ivette E. Miller (Latin American Literary Review Press)
Eloísa Usaga de Valverde
José Chen Acón (In Memoriam)
Elsa Zambosco-Thomas
Emilio Martínez de Paula